Kerstin Schweighöfer
Auf Heineken könn wir uns eineken

Zu diesem Buch:

Nach ihrem Romanistikstudium träumt Kerstin Schweighöfer
von Champagner und einem romantischen Tête-à-Tête mit
einem Jean-Irgendwas. Doch wie immer hat das Leben einen
anderen Plan, und Kerstin trifft Jan-Kees, bei dem einfach alles stimmt – außer die Nationalität. Jan Kees ist Holländer.
Kiffer, Kühe, Tulpen und Tomaten? Soll das ihr großes Los gewesen sein? Oder können Holländer doch mehr, als deutsche
Autobahnen zu verstopfen? Ein Buch für alle, die bereit sind,
unser oft belächeltes Nachbarland neu zu entdecken – und für
eine Dose Heineken den Champagner schon mal stehen lassen.

Kerstin Schweighöfer studierte in München Romanistik, Polito-
logie und Kunstgeschichte und absolvierte die Henri-Nannen-
Schule in Hamburg. Seit 1990 lebt sie als Auslandskorrespondentin in den Niederlanden und arbeitet unter anderem für
die ARD-Hörfunkanstalten, den Deutschlandfunk, das Nachrichtenmagazin *Focus* und das Kunstmagazin *Art*.

Kerstin Schweighöfer

Auf Heineken
könn wir uns eineken

Mein fabelhaftes Leben zwischen Kiffern und Kalvinisten

Piper München Zürich

Mehr über unsere Autoren und Bücher:
www.piper.de

Dieses Buch basiert auf den Erlebnissen von Kerstin Schweighöfer.
Um sie gestalterisch in den Gesamttext einzuordnen, spielt die Autorin
mit der Verschränkung von Wahrheit und Fiktion und hat Namen
und andere Details geändert.

MIX
Papier aus verantwor-
tungsvollen Quellen
FSC® C083411

Originalausgabe
März 2012
© Piper Verlag GmbH, München 2012
Umschlagkonzeption: semper smile, München
Umschlaggestaltung: Birgit Kohlhaas, Egling
Umschlagabbildungen: Birgit Kohlhaas, Egling
Satz: Kösel, Krugzell
Gesetzt aus der Scala
Papier: Munken Print von Arctic Paper Munkedals AB, Schweden
Druck und Bindung: CPI – Clausen & Bosse, Leck
Printed in Germany   ISBN 978-3-492-27292-6

Meinen Eltern gewidmet

Inhalt

Einleitung   11

1. Kapitel   13
Warum ich von Haute Couture und anderen französischen
Verführungen träume, aber Renoir gegen Rembrandt eintausche,
als in Spanien Rudi-Carrell-Deutsch ertönt und ich neben einem
Holländer wach werde

2. Kapitel   19
In dem ich erfahre, dass die Niederländer dem lieben Gott
Konkurrenz machen können, in Platznot gerate und weit unter
Normalnull Hochgefühle bekomme

3. Kapitel   24
Wieso ich beim Einparken Albträume bekomme, nach einem
Wochenende die Nachbarn von Jan Kees besser kenne als meine
eigenen und feststellen muss, dass Privatsphäre in Holland ein
soziales Happening ist

4. Kapitel   33
In dem Jan Kees seinem besten Freund mal wieder eine Unterhose
ausleihen muss, während ich Rembrandt auf den Fersen bin,
zur Voyeurin werde und mir von einem Engelchen auf die Zunge
pinkeln lasse

5. Kapitel   44
Wie ich zur stolzen Hausbesitzerin werde, das vertikale Wohnen
entdecke und mich deshalb von meinem rosa Schlafsofa trennen
muss

6. Kapitel   50
Warum aus meinem ersten Kaffeekränzchen eine Lektion in Sachen
Einbürgerung wird, manche Niederländer eine Kartoffel in der Kehle
haben und normales Verhalten für sie schon verrückt genug ist

7. Kapitel   57
In dem ich erfahren muss, dass französischer Chic in den Poldern unangebracht ist, und ich Willems Freundin bei meinem ersten Survival-Wochenende in den Ardennen beweise, dass ich kein Weichei bin

8. Kapitel   65
Wieso ich mir als deutscher Patient vorkomme wie unter Barbaren, in der kulinarischen Wüste lande und mit Buttermilch statt Kir Royal zum Aperitif abgespeist werde

9. Kapitel   80
In dem Marieke ihrem Hockeyspieler den Laufpass gibt, während ich die Belgier erstmals mit niederländischen Augen betrachte und im Amsterdamer Rotlichtbezirk nachvollziehe, wieso etwas Verbotenes durchaus erlaubt werden kann

10. Kapitel   90
In dem mir Marieke erklärt, wie eine anständige Niederländerin ihr Kind bekommt, während ich die Niederländer erstmals mit belgischen Augen betrachte und mir am Strand vorkomme wie im Winterurlaub in der Schweiz

11. Kapitel   103
Warum ich mich von Daphne beim Nederlands-Lernen striezen lassen muss, Mevrouw Mulders Teetassen zum Klirren bringe und entdecke, was die zweite Lautverschiebung mit Fellatio zu tun hat

12. Kapitel   112
Wie mich ein paar strenge Nonnen einer Art Gehirnwäsche unterziehen und ich nebenbei auch noch lerne, was Amsterdam mit New York zu tun hat und Jan Kees mit dem Amerikanischen Bürgerkrieg

13. Kapitel   128
Wieso mein Mikrofon vor allzu redseligen Passanten geschützt werden muss, niederländische Chefs nicht mit der Faust auf den Tisch schlagen und das Suchen nach Kompromissen eine nationale Sucht ist

14. Kapitel 137

Weshalb die Niederländer die Jobs wechseln wie andere die Hemden, auf dem Klo ein Ziel vor Augen brauchen und doch nicht ganz so informell sind wie ihr Ruf

15. Kapitel 154

In dem mir klar wird, warum Sexie-Hexie-Oma zur fröhlichen Witwe werden konnte, ihre Landsleute hemmungslos Rabattmarken sammeln und selbst noch die Teesäckchen zum Trocknen auf die Leine hängen

16. Kapitel 165

Wieso die Niederländer von zwei Wällen naschen, ein Gewissen der Nation brauchen und Janines Mann seiner Frau auch noch Jahre nach seinem Tod Albträume beschert

17. Kapitel 177

In dem ich meinen ersten niederländischen Kindergeburtstag überlebe, in die hohe Kunst des Radklauens eingeweiht werde und mit dem Versuch, auf meiner eigenen Geburtstagsfeier deutsche Sitten einzuführen, kläglich scheitere

18. Kapitel 190

Wie ich das Königreich der Radfahrer erobere, in Amsterdam den ultimativen Einbürgerungskurs bestehe und im besten Koffieshop der Stadt Visionen von Märklin-Eisenbahnen bekomme

19. Kapitel 207

In dem Christine mich mit einem Hüpfpenis beglückt und nach-vollziehen kann, was Omas Rad mit dem EM-Sieg der Niederländer 1988 zu tun hat, aber immer noch findet, dass Frank Rijkaard 1990 besser die Spucke hätte wegbleiben können

20. Kapitel 225

In dem ich aus Heimweh in der Krakerszene lande, auf den Hund komme und mit dem Besenstiel Morsezeichen geben lerne

21. Kapitel 232

In dem die Niederländer ihr Vietnam erleben, Adriaan sich als Feigling ausschimpfen lassen muss und Den Haag zum Zentrum der Weltpolitik wird

22. Kapitel 241
Wie ich mit deutschen Erziehungsmethoden niederländische Mittelmäßigkeit zu bestreiten versuche, Daphne mit einem Pornoblatt erwische und entsetzt feststellen muss, dass der Nikolaus in den Niederlanden kein asexuelles Wesen ist

23. Kapitel 257
In dem ich lerne, dass Sinterklaas wichtiger ist als das Christkind, und mithelfe, ihn mit Proteststickern und Verbotsschildern vor seinem Feind, dem Weihnachtsmann, zu schützen

24. Kapitel 266
In dem ich nach einer unheimlichen Begegnung mit einem Bakfiets Nina kennenlerne, bei ihrem Lieblingsitaliener alles über Einbürgerungskurse erfahre und dank ihres Ehemannes auch noch in die hohe Kunst des Deichbaus eingeweiht werde

25. Kapitel 280
Wieso eine ganze Nation vom Eisfieber infiziert wird, Eischirurgen nach einem nassen Vorspiel Überstunden einlegen müssen und sich Willem auf seinem Hausboot vorkommt wie ein Entdeckungsreisender auf Nowaja Semlja

26. Kapitel 293
Weshalb niederländische Patienten ihre Hausärzte nicht mehr um ein Verbrechen bitten müssen, Den Haag den internationalen Alleingang wagt und Mevrouw Visser zu neuen, unbekannten Ufern aufbrechen darf

27. Kapitel 299
In dem die Zuhälter und Nutten in Mariekes Nachbarschaft im Amsterdamer Rotlichtviertel zu ehrenwerten Leuten der Relaxbranche werden sollen und Pim endlich heiraten könnte – wenn er dazu jemanden hätte

28. Kapitel 305
In dem Jan Kees doch noch den Bus nimmt, den er vor mehr als zehn Jahren verpasst hatte, ich am Tropf meiner Freunde hänge und bei der Hochzeit von Willem Alexander und Maxima Rotz und Wasser heule

29. Kapitel   319
Wie der Schlachtuf »Moet kunnen« in den Poldern verhallt, der schöne Adriaan rehabilitiert wird und ein populistischer Rechtsexzentriker Den Haag aus dem Dornröschenschlaf reißt

30. Kapitel   328
In dem die niederländische Gesellschaft aus den Angeln gehoben wird, Khaled auswandern will, ich schwarzsehe und Nina unverdrossen versucht, ihre marokkanische Schwiegertochter zu importieren

31. Kapitel   334
Wieso mein Bilderbuchholländer auf einer Zugfahrt fast das Zeitliche segnet, aber nach einer zweiten Reise erfolgreich wiederbelebt werden kann, obwohl ich bereits seine Beerdigung eingeplant hatte

32. Kapitel   340
In dem uns ein Klavier spielender Bilderbuchholländer mit einem Aquakonzert verzaubert, Willem zum Pionier des Aquawohnens wird – und aus meiner Vernunftehe mit diesem Kikkerlandje doch noch Liebe

Nachspann   349

Ausblick   352

Einleitung

Auf einmal sah ich ihn wieder genau vor mir: widerspenstige schwarze Locken, dunkle Augen und eine sonnengebräunte olivfarbene Haut. So ein mediterraner Typ halt, aus Aix oder Avignon, der es in Paris zu etwas gebracht hatte – als Galerist oder vielleicht sogar selbst als Künstler.

Grinsend schüttelte ich den Kopf und holte den Käse aus dem Kühlschrank, um ihn in Würfel zu schneiden. Wir hatten ein paar Freunde zum Abendessen eingeladen. Es lag wohl an der Parisreise, die ich gerade gebucht hatte, dass ich plötzlich wieder an meinen Traummann denken musste ...

Auf der Terrasse von »Les Deux Magots« in Saint-Germain-des-Prés wollte ich mit ihm Champagner schlürfen und eng umschlungen die Seine entlangspazieren. »*Mon chérie, mon trésor*«, würde er mir dabei mit unvergleichlichem Schmelz in der Stimme ins Ohr flüstern, oder was immer ein verliebter Franzose eben so von sich gab.

»*Oh, schatje, wat lekker!*«, rief mein Liebster und nahm sich gleich drei Käsewürfel auf einmal von dem Teller, den ich gerade auf den Terrassentisch gestellt hatte. Ich sah ihm nach, wie er zurück in den Garten lief, um den Rasenmäher wegzuräumen. Athletisch gebaut war er ja, Locken hatte er auch – aber die waren weizenblond, die Augen graugrün und die Haut leicht gerötet, denn diese Nordlichter vertrugen einfach keine Sonne.

»Du hast wieder vergessen, dich einzucremen«, rief ich ihm entgegen, als er zurückkam.

»Ist doch egal«, lachte er und ließ sich auf einen Stuhl fallen, um seine *Klompen* abzustreifen, die Holzschuhe: »Für Gartenarbeit sind die einfach ideal, *lieverd*, ich werde dir demnächst auch ein Paar bestellen!«

So weit würde es gerade noch kommen! Ich verdrehte die Augen und hörte meine Freundin Christine im fernen München in schallendes Gelächter ausbrechen. Dabei war die an allem schuld! Wenn ich nach abgeschlossenem Volontariat und Romanistikstudium von etwas geträumt hatte, dann von den Champs-Élysées, von Champagner und Chanel. Vom Quartier Latin und dem Louvre. Und von einem Jean-Luc oder Jean-Louis, der mich zu hinreißenden Artikeln inspirieren würde.

Doch es wurden Klompen statt Haute Couture, Rembrandt statt Renoir und Gouda statt Camembert. Und aus Jean-Luc wurde Jan Kees. Dank Christine verliebte ich mich in einen Holländer. Und bekam ungefragt ein Land dazu, dem ich bislang die kalte Schulter gezeigt hatte. Holland, das war für mich als frankophile Süddeutsche ganz weit weg. Damit verband ich, wenn überhaupt, Gedanken an Wohnwagenurlauber, die im Sommer unsere Straßen unsicher machten und im Winter die Pisten. Aber das sollte die längste Zeit so gewesen sein.

1. Kapitel   Warum ich von Haute Couture und anderen französischen Verführungen träume, aber Renoir gegen Rembrandt eintausche, als in Spanien Rudi-Carrell-Deutsch ertönt und ich neben einem Holländer wach werde

Strafend blickte mich Christine an und klappte die Menükarte zu, die sie ohnehin schon auswendig kannte. Denn wir saßen wie so oft bei unserem Lieblingsgriechen in der Schleißheimer Straße in Schwabing.

»Was heißt hier Einkaufsbummel in Paris oder Sonnenbaden in Biarritz!«, sagte sie kopfschüttelnd und strich sich die langen blonden Haare glatt. In ein paar Monaten würde ich meine erste Stelle als Redakteurin bei einer Münchner Wochenzeitschrift antreten. Und wenn ich denn vor dem Start ins Berufsleben unbedingt noch Urlaub machen wollte, dann sollte ich ihrer Ansicht nach die Zeit nutzen, um eine neue Sprache zu lernen.

»Griechisch wahrscheinlich«, meinte ich trocken und beschloss, dieses Mal die gefüllten Auberginen zu nehmen.

»Nein, im Ernst!«, entgegnete meine Freundin. »Ich denke da an Spanisch. Das fällt dir als Romanistin sowieso ganz leicht, das passt zu Französisch und ist eine echte Weltsprache.« Christine hatte bereits ein kleines Fischerdorf zwischen Málaga und Granada im Sinn, wo sie vor Jahren einen Sprachkurs absolviert hatte. »Die Gegend, Kerstin ... Und der Kurs hat wirklich Spaß gemacht!«

Meine Freundin ließ sich nicht beirren – und ich mich nach dem zweiten Glas Demestica, zwischen Bauernsalat und gefüllter Aubergine, erweichen. Und so kam es, dass ich im Mai 1988 mitten in einem gottverlassenen Fischerdorf in Andalusien landete.

Es war schon gegen Mitternacht, Christine und ich waren gerade mit dem letzten Bus vom Flughafen Málaga angekommen. »Ich guck mal schnell, in welchem Haus wir untergebracht sind«, sagte meine Freundin und ließ mich samt den Koffern auf der bereits leeren Terrasse des *Manolo* zurück, des einzigen Restaurants im ganzen Dorf.

Ich war müde von der langen Reise, wollte einfach nur meine Ruhe haben und zog einen zweiten Stuhl heran, um die Beine hochzulegen. Da erschien ein langer junger Mann auf der dunklen Terrasse.

»*Buenas noches*«, sagte er, als er sich zwei Tische weiter weg hinsetzte, und obwohl es nur zwei Worte waren, klang es, als ob er fließend Spanisch spräche – was, wie ich später feststellte, auch der Fall war.

»*Hola*«, antwortete ich, so viel Spanisch konnte ich gerade noch.

Im Mondlicht sah ich, dass er blonde Haare hatte. Kombiniert mit seiner beachtlichen Länge und der Tatsache, dass er sofort eine Packung Javaanse Jongens aus der Tasche holte, um sich eine Zigarette zu drehen, schloss ich, dass er Holländer sein könnte – jedenfalls irgend so ein Nordlicht, das mit seinen Spanischkenntnissen angeben musste. »Und dich hielt ich für eine launische, schlecht erzogene Zicke, die ihre Beine einfach auf Stühle legt!«, bekannte er mir später.

Das war dann am zweiten Abend bei *Manolo*. Da war es nicht nur wesentlich heller und voller, da wechselten wir auch weitaus mehr Worte. Ich erfuhr, dass er aus Leiden kam, einem Provinzstädtchen irgendwo zwischen Den Haag und Amsterdam. Ich hatte schon einmal davon gehört. War nicht Rembrandt dort geboren?

Dreiunddreißig Jahre war er alt, geschieden, eine kleine Tochter. Und sein Name war Jan Kees.

»Jan Kees mit kurzem a«, stellte er umgehend klar, »also ›Jann‹ und nicht ›Jaan‹, wie alle Deutschen immer sagen.« Was übrigens auch für Linda de Mol gelte: Die heiße nicht Linda de »Mool«, sondern de »Moll«.

»Eigentlich wollte ich nach Granada, aber ich habe den Bus

verpasst«, erzählte Jan Kees. »Da bin ich hier in diesem Dorf hängen geblieben – wer weiß, wofür das gut ist«, fügte er hinzu und sah mich ein bisschen zu lange an. Nur ein kleines bisschen, aber lange genug, um mir zu signalisieren: »Dem gefällst du offenbar.«

Wir saßen zu viert am Tisch. Jan Kees war mit einem gewissen Erich bei *Manolo* erschienen, einem etwas zu kurz geratenen Postboten aus Immenstaad am Bodensee, der angesichts aller besetzten Tische sofort ungeniert fragte, ob er sich mit Jan Kees zu uns setzen könne.

Wir lachten viel an diesem Abend, denn Jan Kees erwies sich als geborener Entertainer. Er sprach nicht nur fließend Spanisch, sondern auch Deutsch und hatte überhaupt ein großes Faible für Fremdsprachen, einen *talenknobbel*, wie die Niederländer das nennen. Wenn er wollte, fiel er wie auf Knopfdruck in dieses genuschelte Rudi-Carrell-Deutsch, mit dem »s«-Laut, der mit ganz spitzem Mund geformt wird, sodass es fast schon zischt, also irgendwo auf der Hälfte zwischen Seife und Scheife liegt, und dem langen »e«, das den typischen »eeeiii«-Klang bekommt: leeiisen statt lesen. Christine und ich und auch Erich, der Postbote, brachen in schallendes Gelächter aus.

Nach gut einer Stunde allerdings hatten Jan Kees und ich nur noch Augen für uns. Ich habe noch heute ein schlechtes Gewissen, dass ich Christine den größten Teil des Abends diesem Erich auslieferte. Den hatte ich sofort übersehen. Bei Jan Kees hingegen, so musste ich angenehm überrascht feststellen, war mir am Abend zuvor auf der dunklen Terrasse bei Mondlicht doch einiges entgangen. Er trug einen schwarzen Rollkragenpullover, der einen reizvollen Kontrast zu seinen hellblonden Locken bildete. Die tanzten dank Salzwasser und Seewind besonders kühn und widerspenstig um seine Stirn herum, worüber er sich allerdings nur allzu sehr bewusst war: »Deshalb habe ich den dunklen Rolli ja auch extra angezogen«, verriet er mir eine Woche später, als wir erstmals zusammen in einem Bett aufwachten.

»Au weia«, dachte ich unter der Dusche. »Da ist aber einer eitel!«

Dass ich unter dieser Dusche landen würde, hätte ich an unserem ersten gemeinsamen Abend noch für ausgeschlossen gehalten, auch wenn wir heftig flirteten.

»Du hast ja ständig eine Antwort parat, ganz egal, in welcher Sprache«, sagte ich zu ihm. »Bist du immer so schnell?«

Es war natürlich nicht unbedingt eine besonders geistreiche Frage, ebenso wenig wie die Antwort, die er mir gab, aber das war nicht ausschlaggebend, auf die Spannung kam es an, und die war bereits so hoch, dass man in der Luft ein Surren hätte hören müssen.

»Nein, ich bin nicht *immer* so schnell«, antwortete Jan Kees, wie ich es erwartet hatte, und schaute mir tief in die braunen Augen. »Für manche Dinge nehme ich mir Zeit, sehr viel Zeit!«

Ich schaute genauso tief zurück und stellte fest, dass seine Augen graugrün waren, das linke vielleicht sogar etwas grüner als das rechte. Oder lag das am Licht? Jedenfalls fühlte ich mich unglaublich sicher. Was konnte mir schon passieren? Verlieben würde ich mich ganz bestimmt nicht in ihn. Mein Traumtyp sah schließlich ganz anders aus!

Doch was geschah? Gleich nach diesem ersten gemeinsamen Abendessen bei *Manolo* machte ich in der Hoffnung, irgendwo im Dorf auf Jan Kees zu stoßen, so auffallend viele Umwege, dass Christine bald wusste, was los war: »Du, zum Spanischunterricht ist es links herum echt kürzer, da brauchst du nicht an der Pension von diesem Holländer vorbeizulaufen.«

Eines Nachmittags kamen wir gerade am Strand an, als Jan Kees seine Sachen bereits zusammengepackt hatte und weggehen wollte. Wirklich blödes Timing, dachte ich. Und er machte noch nicht einmal Anstalten zu bleiben, nur weil ich auf der Bildfläche erschienen war. Obwohl ich selbst das auch nie im Leben gemacht hätte, da würde man sich viel zu viel Blöße geben. Aber ich wusste genau, dass er auf dem Pfad nach oben ins Dorf mindestens einmal runter an den Strand gucken würde, und deshalb warf ich mich todesmutig in die Anfang Mai noch ziemlich kühlen Wellen und mimte braun gebrannt, wie ich bereits war, in meinem neuen Bikini das supersportliche Naturkind, das im Wasser ganz in seinem Element ist.

»Du hast es aber lange ausgehalten!«, wunderte sich Christine, als ich völlig durchgefroren wieder an Land kam. Doch die Rechnung ging auf: Wie Jan Kees mir später in einem seiner Liebesbriefe schrieb, musste er immer wieder an den Anblick dieser attraktiven jungen Frau zurückdenken, die selbstvergessen und eins mit der Natur in den Wellen spielte ...

Den ersten Liebesbrief erhielt ich noch in Spanien, er schickte ihn zu *Manolo,* und der Brief kam gerade noch rechtzeitig an, bevor Christine und ich in den Bus stiegen, um zurück zum Flughafen nach Málaga zu fahren. Wir waren eine gute Woche länger geblieben als Jan Kees. Der hatte seinen Rückflug nach Amsterdam noch um einen Tag hinausschieben können, aber dann half nichts mehr: Wir mussten Abschied nehmen.

Ich weiß noch genau, wie ich ihm hinterherguckte, als er ins Taxi stieg. Es war in aller Herrgottsfrühe, so gegen fünf Uhr. Ein Bus fuhr um diese Zeit noch nicht. Ich hatte die letzte Nacht bei ihm in der Pension verbracht, in einem kleinen Zimmer im Erdgeschoss mit direktem Zugang zur Terrasse und zur Straße. Es war neblig an diesem Morgen, alles schien ein bisschen unwirklich. Um die Palmen, die vor der Pension am Straßenrand standen, tanzten weiße Schwaden.

Jan Kees winkte ein letztes Mal, dann verschwand das Taxi mit ihm um die Ecke. Ich blieb eine ganze Weile im Türrahmen stehen und starrte nach draußen.

Noch eine Woche, dann würde ich hinter meinem Schreibtisch in München an meinem ersten Arbeitsplatz sitzen – in der Hoffnung, ein paar Jahre später als Auslandskorrespondentin in Paris zu landen. Aber vielleicht war es ja Zeit für eine vorsichtige Kursänderung? Nachdenklich guckte ich in den Himmel, der bereits immer heller wurde und wieder einen prächtigen Sonnentag versprach.

Hatte ich nicht schon immer eine Schwäche gehabt für die holländischen Meister aus dem goldenen 17. Jahrhundert –

für Jan van Goyen, Jan Steen oder Vermeer? Es gab doch noch etwas anderes als französische Impressionisten. Und waren die Grachtengürtel in altholländischen Städten wie Leiden nicht wirklich hinreißend, die Seine oder Loire hingegen völlig überbewertet? Außerdem: Das Image von Jan Kees' Heimat war gar nicht mal so schlecht. Der Bilderbuchholländer galt als liberal und innovativ, als progressiv, pragmatisch und unkompliziert. Er traute sich, Wege einzuschlagen, zu denen seinen Nachbarn der Mut fehlte. Man brauchte doch nur an die Drogenpolitik zu denken, an Abtreibung oder Prostitution.

Ich warf einen letzten Blick auf die immer noch in Nebelschwaden gehüllten Palmen. Dann kroch ich traurig und unschlüssig zurück in das noch warme Bett.

Eine Woche später überreichte mir Manolo höchstpersönlich auf seiner Terrasse den ersten Liebesbrief von Jan Kees. Selig sank ich zurück auf meinen Stuhl, ließ mein Essen kalt werden und sogar den Wein stehen, um stattdessen immer wieder die vier eng beschriebenen Seiten zu lesen, die er mir geschickt hatte. Besonders die letzten Zeilen ließen mein Herz höherschlagen: Ob ich ihn im Juni nicht in Leiden besuchen wolle, es gab da in Deutschland doch einen Feiertag, wir könnten ein langes gemeinsames Wochenende einplanen ...

Christine verdrehte nur die Augen: »Du liebe Güte, Kerstin, dich hat es vielleicht erwischt!«

Darüber war ich mir selbst inzwischen auch im Klaren. Es war offenbar Zeit, die Segel neu zu hissen: Fortan würde mein Kompass nicht länger von München nach Paris weisen und Nordwest anzeigen, sondern Nordnordwest: Guten Mutes und bis über beide Ohren verliebt, nahm ich Kurs auf die alte Universitäts- und Rembrandtstadt Leiden.

2. Kapitel   In dem ich erfahre, dass die Niederländer dem
lieben Gott Konkurrenz machen können, in Platznot gerate
und weit unter Normalnull Hochgefühle bekomme

Die Stewardess auf meinem ersten Flug nach Amsterdam
war – wie konnte es anders sein – blond. Sie sah aus wie Frau
Antje, die ihre Käsetracht gegen das hellblaue KLM-Kostüm
eingetauscht hat. Und sie sprach auch diesen für deutsche
Ohren so drolligen holländischen Akzent.

»Wenn Sie Ihre Handtasche ins Gepäckfach verfrachten,
bleibt Ihnen mehr Raum für Ihre Beine!«, schlug sie fürsorg-
lich vor und half mir auch sogleich, ihren Vorschlag in die Tat
umzusetzen, wonach ich mich tatsächlich ein bisschen länger
machen konnte. Aber wirklich nur ein bisschen.

Der mangelnde Fußraum in der Economy Class und auch
die schmalen Pritschen der Liegewagen, auf denen ich in den
kommenden zwei Jahren regelmäßig durch die Nacht Richtung Leiden rollen sollte, waren ein Vorbote dessen, was mich
in meiner neuen Heimat erwartete. Immerhin hatte ich vor,
nicht nur eines der kleinsten, sondern auch der dichtbesiedeltsten Länder der Welt kennenzulernen. Die Folge: Alles fiel
ein bisschen kleiner aus als in Deutschland, jeder Quadrat-
zentimeter wurde genutzt.

Doch darüber war ich mir bei meinem ersten Flug nach
Amsterdam noch nicht bewusst. Und hätte ich es gewusst,
wäre es mir vermutlich schnurzpiepegal gewesen. Dazu war
ich viel zu verliebt. Oder wie Christine seufzend zu diagnos-
tizieren pflegte: »Total unzurechnungsfähig.«

Grinsend legte ich den Sicherheitsgurt an. In rund einer
Stunde würde ich Jan Kees zum ersten Mal wiedersehen, gut
sechs Wochen nachdem ich ihn in Spanien kennengelernt
hatte. SMS gab es damals noch nicht, und E-Mails waren die

Ausnahme, deshalb schrieben wir uns mit Briefen die Finger wund und telefonierten nächtelang.

Es war fürchterlich romantisch, und sämtliche Freundinnen und Kolleginnen in der Redaktion wollten mitgenießen und bis ins kleinste Detail auf dem Laufenden gehalten werden. *»Je t'aime* brauchst du jetzt ja nicht mehr zu sagen«, bekam ich regelmäßig zu hören. Ich brachte ihnen bei, was »Ich liebe dich« auf Holländisch heißt, und dann wollten sie diesen Satz immer wieder aufs Neue von mir hören und lachten sich kaputt: *»Ik hou van jou.«*

»Kann ich den mitnehmen?«, riss mich die nette Stewardess aus den Gedanken und räumte den Kaffeebecher vor mir auf dem Klapptisch weg. Ich guckte raus und war wieder in der Gegenwart: Wir flogen ja schon über Holland! Beim Anflug auf den Amsterdamer Flughafen Schiphol präsentierte sich mir die Heimat von Jan Kees nicht nur so flach wie ein Bügelbrett, sondern auch fein säuberlich und von Kanälen durchzogen in geometrische Flächen und Bahnen eingeteilt. Kein Wunder, dass Mondrian ein Holländer war!

»Unberührte Natur ist für uns Niederländer die Ausnahme«, erklärte mir die Stewardess. »Wir machen alles nutzbar, uns bleibt ja auch kaum eine andere Wahl.« Schließlich würde ich gleich in einem Land landen, das auf der Weltbühne eigentlich nicht vorgesehen und sozusagen außerplanmäßig entstanden war. Nicht umsonst, klärte mich die Stewardess auf, lautet ein niederländisches Sprichwort: »Gott schuf die Welt und die Niederländer die Niederlande.«

Ich war beeindruckt und packte erwartungsvoll meine Siebensachen zusammen. Gleich würde der Purser die erlösenden Worte sprechen: *»Dames en Heren, we naderen nu Luchthaven Schiphol.«* Viel *Nederlands* verstand ich zwar noch nicht, aber eines stand fest: Es klang anders, ganz anders als der Sound der samtig-rostigen Rockstimme von Patrick Bruel oder die verheißungsvollen Töne von Michel Fugain, der mich mit seiner *Belle Histoire* zum Träumen gebracht hatte. Was für Liebeslieder die Holländer wohl hatten? Gab es die überhaupt?

Ich musste an Uli zurückdenken, meine Nachbarin in München. Sie hatte mich an diesem Morgen zum Flughafen gebracht. Uli war frankophil wie ich und hatte sich gerade eine neue CD mit den neunundsechzig größten französischen Hits aller Zeiten gekauft, *Les Meilleurs 69*. Im Chor mit France Gall kreischten wir begeistert *Ella, elle l'a*, als wir uns München-Riem näherten. Dass sich meine Verliebtheitsgefühle geografisch etwas verirrt hatten, konnte meine Nachbarin mir zwar nachsehen. Aber zum Abschied blickte sie mir trotzdem noch einmal tief in die müden Augen und gab mir warnende Worte mit auf den Weg: »Weißt du eigentlich, was du da tust? Egal, ob Franzose oder Kaaskop: Eigentlich fliegst du zu einem wildfremden Kerl, den du nur im Urlaub gesehen hast. Wer weiß, was der alles mit dir anstellt!«

Aber Uli kannte halt die großen graugrünen Augen dieses wildfremden Kerls nicht ... und die Vorstellung, schon bald bei ihm zu sein, jagte mir deshalb bloß äußerst wohlige Schauer über den Rücken. Und so wildfremd war er ja auch nicht. Immerhin wusste ich, dass er bei einer großen Unternehmensberatungsfirma in Leiden arbeitete und dass seine kleine Tochter, Daphne hieß sie, jedes zweite Wochenende bei ihm verbrachte. Sie war gerade fünf Jahre alt geworden.

Beim Herabsteigen der Rolltreppe in Schiphol aber bekam ich es dann doch ein bisschen mit der Angst zu tun: Was, wenn ich mich geirrt hatte? Wenn Jan Kees ohne andalusische Sonne, Strand und Flamenco auf einmal blass und langweilig geworden war? Mit Ferienlieben war das ja so eine Sache, schnell konnte aus der rosaroten Brille die schwarze Audrey-Hepburn-Sonnenbrille werden. Andererseits: Notfalls würde ich mir eben ein Hotel in Amsterdam leisten und dort allein auf Entdeckungsreise gehen.

Doch dann sah ich ihn schon von Weitem hinter der Glasscheibe bei der Passkontrolle stehen: Baumhoch überragte Jan Kees selbst die meisten Holländer um ihn herum. Das dunkle Hemd, das er an diesem Tag leger über der hellblauen Jeans trug, hatte er sicher wieder ganz bewusst gewählt, denn es betonte seine athletische Figur. Und die vorwitzigen blonden Locken tanzten ihm noch immer unkontrollierbar auf der Stirn herum.

Erleichtert stellte ich fest, dass er genauso aussah wie in meiner Erinnerung ... genauso gut! Ich hatte ihn nicht verklärt. Und die holländischen Sommer, auch das konstatierte ich nicht ohne Erleichterung, die konnten so schlecht nicht sein: Schließlich waren seine Haare noch heller als in Spanien, fast schon weizenblond.

Dennoch standen wir uns im ersten Moment etwas ratlos gegenüber und suchten nach Worten.

»Hallo«, machte Jan Kees schließlich den Anfang, und es klang etwas verlegen. Viel mehr brachte ich auch nicht heraus und kam mir vor wie ein Schulmädchen.

Dann ergriff er aber zum Glück einfach meine Hand und zog mich an sich. Das Eis war gebrochen, ich lag wieder in seinen Armen und spürte dasselbe Hochgefühl wie bei unserer letzten Begegnung – auch wenn wir uns diesmal viereinhalb Meter unter Normalnull befanden.

»Normalerweise würden die Nordseewellen hier gut drei Meter über unseren Köpfen zusammenschlagen«, offenbarte mir Jan Kees, als wir uns auf dem Weg zu seinem Auto befanden. Eigentlich wäre dieses Land sowieso nichts anderes als eine einzige unnütze und vollkommen unwirtliche Pfütze. Die Niederländer aber hätten die Nordsee so lange drainiert, bis sie dem Meer eine bebaubare Fläche nach der anderen abringen konnten, sagte er nicht ohne Stolz, sichtlich froh, ein Gesprächsthema gefunden zu haben. Ich schmunzelte insgeheim darüber: Wir fremdelten halt immer noch ein bisschen, und das verleitete ihn offenbar dazu, den starken Holländer zu markieren, der die See gezähmt hatte.

»Ihr hättet euch ruhig noch ein bisschen mehr ins Zeug legen können«, lästerte ich auf der Fahrt nach Leiden, »denn ihr macht euch hier ja alle ganz schön den Platz streitig.«

Stadt- und Landleben, so stellte ich verwundert fest, prallten in diesem Land nämlich ganz abrupt aufeinander. In Frankreich oder Deutschland dauerte es in der Regel eine Weile, bis man die Stadt verlassen hatte und auf dem Land war. Hier gab es diese Übergangszone nicht: Die Schafe weideten unmittelbar rechts und links der Autobahn, ohne sich vom vorbeibrausenden Verkehr stören zu lassen. Und als wir an Trabantenstädten wie Hoofddorp vorbeibrausten, standen direkt vor modernen Bürohochhäusern aus Glas und Stahl gemächlich wiederkäuende schwarz-weiße Kühe. Sie sahen aus wie Versatzstücke in einer Spielzeug-Kulissenlandschaft, die eine Riesenhand auf Bestellung aufgestellt hatte.

»Wie schön, dass du rechtzeitig zu meinem Eintreffen so viele Kühe und Schafe organisieren konntest«, witzelte ich.

»*Geen probleem, Mevrouw* – die Segelboote links habe ich auch speziell für Sie geordert«, frotzelte Jan Kees zurück, als wir an der soundsovielten Wasserfläche mit dem soundsovielten Jachthafen vorbeifuhren.

Wir entspannten uns langsam, und völlig unerwartet packte er dann seinen *talenknobbel* aus und gab, wie schon in Spanien, den Rudi Carrell für mich, worauf ich prompt wieder Bauchweh vor Lachen bekam. Das Eis schien endgültig gebrochen zu sein.

Doch dann, wir hatten das Ortsschild Leiden bereits hinter uns gelassen, verging mir das Lachen urplötzlich. Stattdessen gellten in meinem Kopf Ulis Abschiedsworte. Das war, als Jan Kees einen Parkplatz suchte.

3. Kapitel Wieso ich beim Einparken Albträume bekomme, nach einem Wochenende die Nachbarn von Jan Kees besser kenne als meine eigenen und feststellen muss, dass Privatsphäre in Holland ein soziales Happening ist

Ich war im dichtbesiedeltsten Land Europas gelandet. Jeder Zentimeter zählte, und dieser Satz galt wirklich überall. Ohne mit der Wimper zu zucken, steuerte Jan Kees auf einen Parkplatz direkt an der Gracht zu, wo nichts, aber auch gar nichts den freien Fall in den Kanal bremsen würde. Was ich ganz besonders schlimm fand: Er versuchte auch noch, parallel zum Ufer einzuparken. Ich war wie gelähmt – und beim Aussteigen unendlich erleichtert, dass ich nicht hinter, sondern neben ihm saß, sonst hätten meine Beine beim Aufmachen der Autotür über dem Wasser gebaumelt.

Mein Freund sah das alles vollkommen entspannt: »Was ist denn los, du bist ja auf einmal so blass um die Nase?«, meinte er, während er auf meiner Seite des Wagens herauskrabbelte – notgedrungen, sonst wäre er ja ins Wasser geplumpst.

»Sind hier nicht schon wahnsinnig viele Autos unverhofft im Wasser gelandet?« Ich war einigermaßen fassungslos.

»Ach, auf unseren Grachtenböden tummeln sich neben jeder Menge rostiger Räder schon auch einige Autos.« Selbst Kronprinz Willem Alexander habe sich schon einmal im Abstand verschätzt: »Das war während seiner Studentenzeit hier in Leiden, als er sich den Beinamen *Prins Pils* verdiente.« Vor allem praktische kleine Stadtautos seien gefährdet, Clios oder Fiat Pandas. Wobei nicht ausgeschlossen war, dass missgünstige oder auch bloß angetrunkene übermütige Flegel da ab und zu etwas nachhalfen. Mitte der Neunzigerjahre, als die ersten Smarts auf den Markt kamen, sollte dieses Phänomen dann als »Smart-Schmeißen« legendär werden.

»Die Feuerwehr hat jedenfalls schon resigniert und rückt nur noch dann an, wenn Menschenleben auf dem Spiel stehen«, meinte Jan Kees trocken. »Deshalb springen viele Leute ihrem Auto hinterher und rufen: ›Hilfe, Hilfe!‹«

Ich konnte darüber nur den Kopf schütteln. Mir wollte nicht einleuchten, warum man nicht längs der Kanalufer Barrieren anbrachte, einfache Stahlbügel, mehr nicht. So viel deutschen Ordnungssinn hielten aber nicht nur die niederländischen Behörden für überflüssig, sondern auch Jan Kees: »Geht doch auch so in den meisten Fällen gut«, befand er schulterzuckend und schloss sein Auto ab.

Immerhin zeigte sein Vater Piet etwas mehr Verständnis für meinen Ordnungssinn und mein Unbehagen gegenüber allzu wassernahen Parkplätzen. Er war Fahrlehrer und wohnte in Leiden direkt am *Oude Rijn*, dem Alten Rhein, in einem schnuckeligen kleinen Haus, altholländisch eingerichtet mit Perserteppich auf dem Tisch und großem Ohrensessel. Piet hatte den Hungerwinter 1944/45 überlebt, war als junger Soldat nach Indonesien in den Unabhängigkeitskrieg geschickt worden und ein Kalvinist par excellence: streng, gläubig und sparsam. Was das genau bedeutete, sollte ich später noch zur Genüge zu spüren bekommen. Fürs Erste konnte er eine deutsche Schwiegertochter nur begrüßen, denn jene vermeintlich typisch deutsche Eigenschaft, der Ordnungssinn beziehungsweise die mangelnde Lockerheit, sagte ihm nicht nur zu, damit war er selbst reichlich gesegnet. Noch heute ist es ihm deshalb ein Rätsel, wie in aller Welt es ausgerechnet ihm passieren konnte, dass er eines Tages beim Abendessen vom Küchenfenster aus mit ansehen musste, wie sein funkelnagelneuer roter Peugeot, den er sich gerade erst vor zwei Tagen gekauft hatte, langsam, aber unaufhaltsam Richtung Fluss zu rollen begann und dann samt Fahrschulschild auf dem Dach in den Fluten des Rheins verschwand. Er musste vergessen haben, die Handbremse anzuziehen, eine Nachlässigkeit, die sich der alte Piet niemals ganz verzieh.

Jan Kees wohnte, wie so viele Singles oder kinderlose Pärchen, in einem typisch holländischen Apartmentkomplex mit Läden im Erdgeschoss, und zwar im zweiten von insgesamt acht Stockwerken – genau wie ich in München. Und doch war alles ganz anders. Noch bevor ich überhaupt seine Wohnung betreten hatte, fiel mir der erste Unterschied auf: Während ich meine Hausnummer in München mit Dutzenden anderer Mitbewohner teilen musste, hatte Jan Kees eine eigene. Die prangte nicht nur unten am Briefkasten bei den Klingeln, sondern auch oben an seiner Haustür. Und die wiederum lag nicht wie bei mir rechts oder links an einem langen, dunklen deutschen Gang, sondern draußen im Freien an der Hofseite des Hauses auf einem Laubengang mit Balkonbrüstung – und zwar, wie es für niederländische Apartmentkomplexe üblich ist, zwischen dem Schlafzimmer- und dem Küchenfenster. Wer so wie Jan Kees seine Wohnung gleich neben Treppenhaus und Lift hatte, musste alle anderen Mitbewohner auf diesem Laubengang an sich vorbeiziehen lassen; nur wer ganz hinten wohnte, hatte seine Ruhe. Na ja, so wussten immerhin alle schnell, dass Jan Kees eine neue Freundin hatte. Für unsere sozialen Kontakte war die Lage ungemein förderlich und für die soziale Kontrolle auch. Ich dachte an mein Auslandssemester in Lyon zurück und wie lange es damals gedauert hatte, die förmlichen Franzosen, die so viel Wert auf Etikette legen, überhaupt erst mal oder gar besser kennenzulernen. Hier hingegen verliert man keine Zeit. Der Holländer fackelt nicht lange, und gewisse Umgangsformen scheinen ihm fremd zu sein.

Unser Nachbar Rijn (sprich: Re-in), ein gemütlicher rundlicher Familienmensch, der gerade sein erstes Enkelkind erwartete, machte sich noch nicht einmal die Mühe, sich mit einem kurzen Anruf anzukündigen oder wenigstens anständig zu klingeln. Er klopfte einfach ans Küchenfenster, wenn er uns dort sitzen sah.

»Na, ihr Turteltäubchen!«, rief er dann fröhlich. »Ihr kommt aber noch auf ein *glaasje Jenever* vorbei, bevor es wieder Richtung München geht!« Natürlich taten wir das. Eine andere Wahl hatten wir von unserem Präsentierteller aus auch kaum. Wir brachten es einfach nicht übers Herz, die Jalousien bei meinem nächsten Besuch verblenden zu lassen. Erstens hätte es die Leute nur neugierig gemacht, das gehörte sich hier schlichtweg nicht, dann würden die Nachbarn ja bloß denken, wir hätten etwas zu verbergen. Zweitens meinte Rijn es nur gut und war wirklich lieb. Er führte ein mittelständisches Unternehmen, das Billardtische produzierte und in den Beneluxländern vertrieb.

»In Kürze nehmen wir auch den deutschen Markt in Angriff«, drohte er lachend. Rijn sprach nicht ganz so gut Deutsch wie Jan Kees, was ihn aber nicht davon abhalten sollte, nichts unversucht und ungesagt zu lassen, um mich auf mein neues Leben als Wahlholländerin vorzubereiten.

Das begann schon gleich an meinem ersten Abend in Leiden. Nachdem er mich am Küchentisch entdeckt hatte und daraufhin das Fenster klirren ließ, setzte er sich ungeniert zwischen uns und dachte vorläufig nicht mehr daran, wieder aufzustehen. Rijn war die niederländische Ausgabe eines Bayern in Hamburg und machte mir klar, dass Nord-Süd-Gefälle nicht nur großen Ländern vorbehalten sind: Die Steilheit dieser Gefälle kann sich sogar umgekehrt proportional zur Größe eines Landes verhalten.

»Hat dir Jan Kees eigentlich schon erklärt, dass wir Niederländer nicht alle auch gleich Holländer sind?«, fragte mich Rijn und schob unsere Teller vom Abendessen zur Seite, um Platz zu machen für das Weinglas, das Jan Kees ihm gerade gereicht hatte. So wie fast alle bisher duzte er mich ungefragt. »Streng genommen dürfen bloß die Einwohner der beiden Provinzen Süd- und Nordholland so heißen«, dozierte er. Nur weil dort das meiste Geld verdient werde, zufälligerweise auch noch so bekannte Städte wie Den Haag, Rotterdam und Amsterdam dort lägen, die sich ziemlich wichtig nähmen, seufzte Rijn, müsse es sich der Rest des Landes gefallen lassen, mit den Holländern über einen Kamm geschoren zu werden.

Rijn und seine Frau Nelleke legten demnach Wert darauf, Niederländer und keine Holländer zu sein. Sie kamen von *beneden de grote rivieren*, von »unterhalb der großen Flüsse«, womit das *Hollands Diep* gemeint ist, ein Zusammenstrom großer Flüsse, der südlich von Rotterdam von einer gewaltigen Brücke überspannt wird. Jenseits dieser Brücke beginnt mit der Provinz Noord-Brabant der tiefe und katholische niederländische Süden. »Dort denken die Leute nicht nur ans Geldverdienen wie hier bei den gestressten Kalvinisten«, lästerte Rijn und schwärmte von seiner Heimatstadt Breda unweit der belgischen Grenze: »Die ist schon richtig flämisch angehaucht und hat eine Kathedrale, fast so schön wie die von Antwerpen.«

Ich hatte mich schon immer sehr für Kunstgeschichte interessiert, sie dann sogar im Nebenfach studiert, und dachte deshalb sofort an Velázquez' *Übergabe von Breda,* eine Szene aus dem niederländischen Unabhängigkeitskrieg, als Breda von den katholischen Spaniern zurückerobert wurde.

»*Klopt!*«, staunte Rijn. »Stimmt!«, und war merklich beeindruckt von meinem Wissen. »Deshalb sind die meisten Menschen unterhalb der großen Flüsse eben auch katholisch, was übrigens für eine ganze Reihe weiterer Provinzen in den Niederlanden gilt«, stellte er klar. Das sei nämlich auch so ein weitverbreiteter Irrtum: »Es gibt in den Niederlanden weitaus mehr Katholiken als Kalvinisten.«

»Was aber vor allem daran liegt, dass mehr Kalvinisten als Katholiken zu Atheisten geworden sind«, warf Jan Kees ein, doch das überhörte Rijn geflissentlich.

Stattdessen betonte er, heilfroh darüber zu sein, als katholischer Niederländer durchs Leben zu gehen. »Schau mal, Kerstin, wir dürfen immerhin beichten und müssen unsere Sünden nicht bis ans Ende unserer Tage mit uns herumschleppen.«

Ich dachte an Claudia, eine ehemalige Kommilitonin aus dem tiefkatholischen Passau, mit der ich in München Französisch studiert hatte: Die ging sonntags immer in die Kirche zum Beichten, um ihren Freund dann erneut nach Strich und Faden zu betrügen. Rijn hatte nicht ganz unrecht, da war was dran.

Auch seien die Katholiken viel lebenslustiger, weil sie sich nicht ständig vor Gott beweisen müssten. Die Kalvinisten stünden doch immer unter dem Druck, sich auf Erden fürs Himmelreich auszuzeichnen. Arbeit, Arbeit, Arbeit. Das sei schon kein Zuckerschlecken, meinte Rijn und rollte dabei mit den Augen. »Das beginnt bei denen schon im Kindergarten! Wir Katholiken halten uns da lieber an Psalm 127: ›Den seinen gibt es der Herrgott im Schlafe.‹ Deshalb sind wir auch nicht so knauserig«, betonte er und schenkte sich noch ein Glas von unserem Rotwein ein. »Eigentlich sind wir die besseren Niederländer: genauso direkt wie die Kalvinisten, aber unbeschwerter. Und auch nicht so plump. Hier oben *boven de grote rivieren* erzählt man sich ja sofort ungefragt die intimsten Dinge. Diese ungenierte Offenheit ist doch ganz klar eine Ersatzbeichte, oder?«

Rijns Frage schien mir rhetorisch. Doch der beste Beweis für seine These klopfte noch am selben Abend ans Fenster.

»Habt ihr vielleicht zwei Eier für mich?«, lasen wir Marieke von den Lippen ab, und sie blickte dabei drein, als kenne sie unsere Antwort schon. »Ich habe den ganzen Tag noch nichts gegessen, mein Kühlschrank ist total leer.« Was er eigentlich immer war, wie ich schnell feststellen sollte.

Marieke wohnte schräg unter uns, ein Stockwerk tiefer. Sie konnte nicht kochen, anscheinend auch nicht einkaufen und war in allem, was den Haushalt betraf, so ungeschickt, dass ständig irgendetwas kaputtging. Jan Kees beeilte sich, ihr die Eier, Mayo, Schnittkäse, ganz egal, was sie gerade benötigte, ohne Umwege zu geben, bevor sie mit ihren zwei linken Händen etwas anrühren konnte. Auch das Weinglas holte er gerade noch rechtzeitig vor ihr aus dem Küchenschrank und schenkte ihr vorsichtshalber selbst ein.

Marieke war ungeschminkt, zumindest dachte man das, hatte die blonden Haare zum Pferdeschwanz geknotet und trug fast immer Markenjeans, ein weißes T-Shirt, kombiniert mit teuren Lederschuhen und einer noch teureren Lederjacke. Kurzum, sie war *een hockey-meisje*, wie mich Rijn und Jan Kees später aufklärten, »ein Hockeymädchen«. Sollte das

Image der N-i-e-d-e-r-l-ä-n-d-er (Holländer würde ich in Rijns Gegenwart nicht einmal mehr denken!), ach so liberal und klassenlos zu sein, etwa Risse haben?

In der Tat gibt es eine kleine, feine *upperclass*, die am liebsten unter sich bleibt, vorzugsweise den Amsterdamer Grachtengürtel bevölkert oder – so wie Mariekes Eltern – hinter alten Bäumen versteckt in einer Villa mit Reetdach in den Dünen im schicken Wassenaar bei Den Haag wohnt.

Kochen zu lernen erübrigte sich deshalb für Marieke. Das würden über kurz oder lang Dienstboten erledigen: Schon bald würde sie standesgemäß heiraten, im nächsten Jahr, sobald sie ihr Jurastudium abgeschlossen hätte. Sie hatte sich gerade in einen Spieler aus der Hockey-Nationalmannschaft verliebt, dessen Familie nicht nur seit Generationen den Hockeyschläger schwang, sondern auch in Den Haag die Geschicke des Landes mitbestimmte. Jan Kees und Rijn hatten ihn ein paarmal in der Sportschau gesehen. »Ein echter Sportsmann und ziemlich gut aussehend!«, stellten beide neidlos fest.

»*Klopt*, er ist wirklich super«, seufzte Marieke beseelt, bevor sie plötzlich herumdruckste: »Ich muss euch unbedingt was erzählen, sonst platze ich!«

»Jetzt kommt's«, raunte Rijn mir zu. »Hab ich's dir nicht gesagt?«

Ich hatte längst nicht alles verstanden, Marieke war wieder ins Niederländische gefallen, aber Rijn und Jan Kees übersetzten abwechselnd für mich. Ganz offenbar war Marieke dabei, *en détail* einen ihrer nicht gerade seltenen One-Night-Stands zum Besten zu geben. Als sie die nachdenklichen Mienen von Jan Kees und Rijn bemerkte, wich ihr das breite Grinsen dann aber doch aus dem Gesicht: »Was habt ihr denn? Warum guckt ihr denn auf einmal so komisch?«

»Na ja«, hob Rijn an. »Du bist doch inzwischen so gut wie verlobt, oder?«

Dieser Einwand ließ Marieke ziemlich unbeeindruckt. Stattdessen bekam ich zum ersten Mal jene beiden magischen Worte zu hören, die niederländische Babyboomer immer dann zu gebrauchen pflegten, wenn sie versuchten, etwas salonfähig zu machen, das gemessen an gängigen Moralvorstellungen, Regeln oder Vorschriften eigentlich nicht mehr im grünen Bereich war: »*Moet kunnen*«, sagte Marieke, was auf Deutsch etwa »muss drin sein« oder »muss möglich sein« bedeutet.

Ich horchte auf. Das musste ich unbedingt Christine erzählen! Immerhin sah mich Marieke an diesem Abend zum ersten Mal. Ich jedenfalls würde so etwas allerhöchstens meiner allerbesten Freundin beichten, aber doch nicht meinen Nachbarn und schon gar nicht im Beisein einer Wildfremden. Die, wie mir schien, sehr freimütigen Holländerinnen kannten nicht nur bei One-Night-Stands und Seitensprüngen keine Hemmungen – sie redeten auch frei von der Leber weg darüber, als gehe es um die letzte Sitzung im Büro oder ein Kaffeekränzchen! Wobei ich zugeben muss, dass Marieke angesichts der Kritik, die ihr von Rijn und Jan Kees entgegenschlug, doch etwas aus dem Gleichgewicht geriet. So etwas war sie nicht gewohnt. Jedenfalls sah sie auf einmal ein bisschen schuldbewusst aus. Aber wirklich nur ein klitzekleines bisschen. Und wahrscheinlich fühlte sie sich nur deshalb schuldig, weil sie sich dabei ertappte, dass sie sich *nicht* schuldig fühlte.

So ließen wir sie und unsere Eier ziehen. Rijn bugsierten wir bald darauf ebenfalls erfolgreich hinaus auf den Laubengang. Es war schon spät, und auch wir wollten noch einen tollen Abend erleben – für den wir die beiden weiß Gott nicht brauchten.

Der Samstag war unser Lieblingstag, ich wünschte mir immer, dass er ewig dauern würde, denn er stand noch nicht im Zeichen des Abschieds so wie der Sonntag: Dann schliefen wir aus und frühstückten gemütlich, aber die Uhr lief bereits gegen uns und mahnte zum Aufbruch Richtung Flughafen.

Wie viel unbeschwerter waren da die Samstage!

Jan Kees bummelte mit mir durch seine Stadt und zeigte mir immer neue verträumte Winkel und romantische Plätze.

Ich entdeckte, dass es in Leiden überraschend viele Museen gibt, wir besuchten jedes Mal ein anderes. Mein Liebster führte mich in den Hortus Botanicus, einen der ältesten in ganz Europa, wo sich vor vierhundert Jahren die erste Tulpe durch holländischen Boden gebohrt hatte. Und natürlich kannte ich bald auch die gemütlichsten Cafés und urigsten Kneipen, in denen sich Jan Kees mit seinen Freunden am liebsten auf ein *biertje* traf. Schon nach ein paar Monaten war Leiden nicht mehr nur seine, sondern auch unsere Stadt.

4. Kapitel   In dem Jan Kees seinem besten Freund mal wieder eine Unterhose ausleihen muss, während ich Rembrandt auf den Fersen bin, zur Voyeurin werde und mir von einem Engelchen auf die Zunge pinkeln lasse

»*Goede morgen, meisje!*«, rief mir Arie, der Blumenhändler, gut gelaunt zu. »*Nog steeds zo verliefd* – noch immer so verliebt?«

Er baute seinen Stand wie immer einen Steinwurf von der *Waag* entfernt auf, jener markanten weißen Brücke mitten in der Leidener Altstadt, auf der die Händler früher ihre Waren abgewogen hatten. Hinter ihm entlang der Gracht standen schon unzählige Wassereimer bereit, in die Arie Hunderte von Blumen stellen würde: Tulpen in allen Farben, denn die blühten schon lange nicht mehr bloß im Frühling, sondern das ganze Jahr über, dazu Rosen, Anemonen, Amaryllis, Pfingstrosen, Ranunkeln … Das Blumenmeer, das er entstehen ließ, war so bunt, dass mir fast schwindlig wurde. Arie spielte gerne den Charmeur und schenkte mir jedes Mal eine andere Blume. »Heute sind die Nelken besonders schön!«, entschied er und reichte mir im Vorbeischlendern ein Prachtexemplar in Weiß: »Die kannst du dir ans Revers stecken, so wie Prinz Bernhard – die weiße Nelke ist sein Markenzeichen.«

Es war wie so oft ein früher Samstagmorgen, Jan Kees hatte mich gerade vom Flughafen oder Bahnhof abgeholt. Dann ist Leiden am stimmungsvollsten: Katzen huschen übers Kopfsteinpflaster, während ein Händler nach dem anderen seine Waren ausbreitet, und im Wasser der Grachten spiegeln sich das Grün der Laubbäume und die Silhouetten der alten Backsteinhäuser. Mit ihren reich verzierten weißen Giebeln sehen sie aus wie Lebkuchen mit Zuckerguss. Fast schon kitschig, so fand ich, diese Grachtenidylle!

Im Vergleich zu München oder Paris sind holländische Städte vor allem eines: so ... klein. Ich kam mir vor wie in einer Puppenstube. Alles ist niedlich und schnuckelig und überschaubar. Allein schon die Zahlen sprechen für sich: Paris bringt es auf mehr als zehn Millionen Einwohner, die größte niederländische Stadt hingegen, Amsterdam, noch nicht einmal auf eine Million. Leiden hatte damals gerade mal an die hunderttausend Einwohner. Kaum vorstellbar, dass diese Stadt im 17. Jahrhundert die zweitgrößte im Königreich war!

Ich fand mich im Wirrwarr der engen Straßen und Gässchen des Grachtengürtels schnell gut zurecht: Bald kannte ich nicht nur die mächtige Pieterskerk, in der die Eltern von Rembrandt begraben liegen, sondern auch die schicksten – viele waren es ja nicht – Boutiquen der Stadt. Blind fand ich das schiefe Backsteinhaus mit der Lateinischen Schule, in der der berühmte Müllerssohn vor vierhundert Jahren lesen und schreiben gelernt hatte – und den kleinen Schmuckladen ein paar Gassen weiter, wo es so tolle Ohrringe gab. Und trotz der verrückten Klamotten und der ausgefallenen Ohrringe fühlte ich mich zu Tracy Chevaliers *Girl with a Pearl Earring* ins Goldene Jahrhundert zurückversetzt: Die alte Frau mit der Schürze, die gerade einen Eimer Wasser vor die Tür aufs Kopfsteinpflaster geschüttet und den Blick auf den schmalen Flur mit den blau-weißen Wandkacheln freigegeben hatte – das sah doch genauso aus wie auf den Genrebildern von Vermeer! Und der von Wolken dramatisch bewegte Himmel, der war tatsächlich so hoch wie auf den Meisterwerken von Jan van Goyen oder Jacob van Ruisdael, die ich in der Alten Pinakothek in München so ausführlich studiert hatte: Zwei Drittel sind Himmel, ein Drittel Horizont.

Nach aristokratischen Prunkbauten oder Palästen allerdings, mit denen in Frankreich selbst viele Provinzstädte aufwarten können, hielt ich vergeblich Ausschau. Das Imposanteste, was eine mittelgroße niederländische Stadt architektonisch zu bieten hat, ist ungefähr so groß wie das Durchschnittswohnhaus mit schmiedeeisernen Balkongittern an der Avenue de la République in Paris, wo meine französische Kommilitonin Françoise gewohnt hatte. Und auch der Wohnblock mit Christines Altbauwohnung in München ist höher als so mancher adlige Stadtpalast in Den Haag oder Amsterdam.

Der Adel hatte in den Niederlanden einfach nicht genug Zeit, groß Spuren zu hinterlassen, denn die aufmüpfigen, selbstbewussten Bürger hinter den Deichen lehrten ihn schon lange vor der Französischen Revolution das Fürchten und bliesen zur Republik, um fortan selbst ein wichtiges Wort mitzureden. Das war nach dem Bildersturm und dem Aufstand gegen die Spanier 1568. Wie sehr diese Bürger schon damals vor Selbstbewusstsein strotzten, beweist das auf mehr als 13 000 Pfählen gebaute ehemalige Amsterdamer Rathaus auf dem Dam, das für niederländische Verhältnisse doch sehr stattlich ausgefallen ist: Damit demonstrierte das Amsterdamer Bürgertum seine Macht – und das, so betonte mein Liebster stolz, »während sich nur vierhundertdreißig Kilometer weiter südwestlich Sonnenkönig Ludwig XIV. sein Versailles baute und der Rest Europas fest im Griff des Absolutismus war«.

Seit dem Bildersturm habe auch der Papst in den Niederlanden nicht mehr viel zu melden, fuhr Jan Kees fort. Deshalb seien beeindruckende Gotteshäuser wie die Madeleine oder Notre-Dame in Paris hier ebenfalls eine Seltenheit: »Als Kalvinisten finden wir das übertrieben und protzig«, stellte mein Freund klar, während wir die *Kerkbrug* überquerten, eine der vielen alten Zugbrücken von Leiden.

Wie immer staunte ich über den Hochbetrieb auf den Grachten, wo von Stunde zu Stunde mehr Menschen unterwegs waren, klein und groß, jung und alt, um einzukaufen oder sich einfach nur treiben zu lassen – in teuren Motorbooten oder winzigen Nussschalen, Hauptsache, das Gefährt ging nicht unter.

Gestaunt habe ich auch über das bunte Geld, das aussah wie Spielzeuggeld, besonders der knallgelbe Fünfzig-Gulden-Schein mit den Sonnenblumen. Oder über die Zettelchen mit einer Nummer, die man beim Bäcker oder Metzger ziehen muss, wenn man irgendwann einmal an die Reihe kommen will – ohne wartet man vergeblich, wie ich schnell bei meinem ersten Soloeinkauf feststellte. Und ich staunte über die seltsamen Verkehrsschilder, die ich nicht kannte und die hier vor vielen Ampeln standen: »*Stop voor Rood*« stand darauf.

»Was soll denn das heißen?«, fragte ich Jan Kees, obwohl ich es ahnte. Aber ich wollte es einfach nicht glauben.

»Das heißt, dass Autofahrer bei rotem Licht bitte stoppen sollen«, antwortete Jan Kees wie befürchtet. Ich schluckte die nächste Frage – weshalb sie das nicht auch ohne Schild tun – herunter: Ich hatte schon bemerkt, dass sich hier auch auffallend viele Radler und Fußgänger von einer roten Ampel nicht weiter beeindrucken ließen, wieso also sollten es die Autofahrer tun? Mit Regeln und Vorschriften, so viel war klar, nahm man es in diesem Land halt nicht so genau.

Ich staunte – und ich schauderte. Ob der Rüpelhaftigkeit an Bushaltestellen oder auf Bahnsteigen, wo einem die anderen Reisenden kaum die Gelegenheit gaben auszusteigen. Ob der Widerwilligkeit, mit der man hier in Geschäften oder Restaurants bedient wurde. Irgendwie gaben mir die Verkäufer und Ober, auch wenn sie ganz nett waren, jedes Mal das Gefühl, dass ich besser daran täte, ihnen als Kundin nicht zur Last zu fallen. Und als ich für meinen Vater in Leiden einen Schlips zum Geburtstag kaufen wollte, der umständlich erreichbar ganz hinten im Schaufenster hing, dachte die Verkäuferin gar nicht daran, in Bewegung zu kommen, sondern meinte nur: »Der ist sehr teuer, den können Sie sich sowieso nicht leisten.« Worauf mir erst mal die Spucke wegblieb.

Aber im Gegensatz zu den Franzosen kennen die Niederländer eben keine ausgeprägte höfische Kultur, Etikette ist ihnen deshalb fremd, und da hinter den Deichen alle gleich behandelt werden müssen, hat auch das Bildungsbürgertum so gut wie keinen Einfluss. Folge: Mit guten Manieren hat dieses Volk nicht sonderlich viel am Hut.

Ich schauderte auch ob des weichen Brotes, für das »luftig« wohl noch eine Untertreibung ist, da man die Scheiben mühelos zu einem Krümel zusammendrücken kann, wenn man es drauf ankommen lässt. Dieses Brot gibt es zwar in allen Schattierungen, von hellbraun bis braun und dunklem Vollkorn, aber dennoch sieht es immer aus wie ... Toastbrot! Von einer gescheiten Kruste wie beim Sonnenlaib der Münchner Hofpfisterei kann keine Rede sein. Selbst ein Baguette kann damit aufwarten! Doch was hier in den Regalen liegt, hat keinen Biss, das lässt sich auch zahnlos schlucken.

Und dann dieser komische Flüssigpudding, den sie hier *Vla* nennen und der in Milchpackungen verkauft wird, was ohne Niederländischkenntnisse für unangenehme Überraschungen sorgen kann – wenn man nicht gerade Pudding im Kaffee haben will.

Besser gefiel mir da schon, was auf dem Markt feilgeboten wurde: Neben Ingwer gab es beim Gemüsehändler Pastinaken und Paksoi, Feigen und Datteln, beim Vietnamesen hätte ich eine *loempia* nach der anderen verdrücken können, so *lekker* fand ich die kleinen Frühlingsröllchen. Und beim Fischhändler ließ ich mir erklären, wie man hier fachgerecht einen Hering zu sich nimmt: Der Kopf wird in den Nacken gelegt, der Fisch beim Schwanz gepackt – und gleitet dann langsam in den Mund.

»Naaa«, fragte der Fischhändler und guckte mich erwartungsvoll an, »ist das nicht so, als ob dir ein Engelchen auf die Zunge pinkelt?«

Ich hätte mich fast verschluckt, doch nachdem mir Jan Kees erklärt hatte, dass das ein Ausdruck höchsten kulinarischen Genusses ist, *lekker!* noch toppte, machte ich gute Miene zum bösen Spiel. Denn Omega 3 hin, Omega 3 her: »Hering ist nicht mein Fall«, gestand ich meinem Freund kleinlaut und dachte sehnsüchtig an die *fruits-de-mer*-Platte zurück, die ich mir im letzten Sommer in Arcachon genehmigt hatte.

»Dann versuch's doch mal mit einem *broodje garnaal*«, riet mir Jan Kees, einem Krabbenbrötchen. »Oder nimm *kibbeling!*« Dabei handelte es sich um frittierte Stückchen vom Fischfilet. Und tatsächlich, an denen fand ich zum Glück so viel Gefallen, dass die Erinnerungen an Arcachon verblassten.

An ein Mittagessen war im Anschluss an unseren kleinen Marktbummel nach meiner *kibbeling*-Völlerei nicht mehr zu denken, stattdessen genehmigten wir uns in Jan Kees' Lieblingscafé einen Kaffee. Inmitten der Boote und Marktstände saßen wir auf der schwimmenden Terrasse von *Annies Verjaardag*, was übersetzt »Annies Geburtstag« hieß.

»Wie in aller Welt kann man eine Kneipe denn so nennen?«, wunderte ich mich.

Die Bedienung musste kurz nachdenken: »Das ist alles schon so lange her«, erklärte sie, »aber ich glaube, das kommt, weil die Frau, die am Eröffnungstag oben drüber wohnte, gerade ihren Geburtstag feierte und Annie hieß.«

Noch mehr als über die ungewöhnlichen Restaurantnamen in diesem Land wunderte ich mich über die Fenster, hinter denen die Menschen hier wohnen. Sie fallen nicht nur außergewöhnlich groß aus, sondern in der Regel auch gardinenlos.

»Da kann man ja vorne rein- und hinten wieder rausgucken«, stellte ich fest. Bei diesen Wohnungen handele es sich um *Doorzonwoningen*, erklärte mir Jan Kees, dem größten Glück der Niederländer: Diese sogenannten Sonnendurchscheinwohnungen haben ein Wohnzimmer, das sich über die volle Tiefe des Hauses erstreckt, dessen Vorder- und Rückseite nahezu vollkommen verglast sind. Wie eine große Woge schwappt das Licht vorne rein und hinten wieder raus und flutet das Wohnzimmer regelrecht. Jeder, der vorbeigeht, kann nicht nur ausgiebig die gesamte Wohneinrichtung studieren und nachprüfen, welche Hochglanzmagazine die Bewohner lesen, sondern auch, was sie im Garten treiben und was gerade auf dem Grill liegt.

»Warum auch nicht? Wenn man nichts zu verbergen hat, braucht man sich auch nicht zu verstecken, oder?« Für Jan Kees war damit alles gesagt, da schlug wieder einmal die kalvinistische Erziehung seines Vaters durch.

Ich hingegen entdeckte, bei allem Verständnis, sehr wohl Nachteile dieser allgegenwärtigen Transparenz. Zumindest was mich betraf, denn in mir brachte sie nicht unbedingt das Beste zum Vorschein. Aber ich konnte nicht anders, ich wurde zur Voyeurin und spähte durch jedes Fenster, an dem wir vorbeiliefen.

»Nun guck doch nicht so«, zischte Jan Kees gequält.

Aber warum sollte ich mich schämen? Die Leute hinter den Fenstern waren mindestens genauso neugierig wie ich davor – Jan Kees hatte mich doch gerade selbst auf die kleinen runden Spiegel hingewiesen, *spionnetjes,* die verschämt-versteckt an so manchem Grachtenhaus hängen. Und zwar in einem Winkel, der zulässt, dass Tante Jannie von ihrem Ohrensessel aus unbemerkt beobachten kann, wer gerade um die Ecke kommt.

Auch scheint es den Leuten völlig egal zu sein, ob sie begafft werden, im Gegenteil. Die meisten wollen sogar, dass geguckt wird! Dazu braucht man sich nur die Fensterbänke anzuschauen – die sind ebenso liebevoll wie exhibitionistisch mit Nippes und Delftblau-Blumentöpfen dekoriert, als handle es sich um Schaufenster. Und dann gibt es auch noch Niederländer, die ganz ungeniert den öffentlichen Raum zu privaten Zwecken nutzen: »Denk nur an Willem!«, hielt ich Jan Kees vor.

Willem war Jan Kees' bester Freund und Fotograf. Er wohnte mitten in Leiden und stellte wie so viele Stadtbewohner, die ohne Vorgärtchen auskommen müssen, bei schönem Wetter einfach seine Küchenstühle aufs Trottoir, manchmal samt Tisch, um dort, von den blühenden Stockrosen an der Hauswand geschützt, ungeachtet aller Passanten und Autos ebenso ungeniert wie gemütlich zu Abend zu essen oder in aller Seelenruhe ein Buch zu lesen.

Ungeniert war auch Willems Direktheit. Da stellte er selbst noch Marieke in den Schatten, die immerhin genug »Klasse« besaß, um eine gewisse Dezenz an den Tag zu legen. Willem war beides völlig fremd. Er war das wandelnde Klischee des lockeren Holländers, der als Student in den wilden Sechzigerjahren zur Revolte gegen das prüde und verstaubte kalvinistische Korsett der Nachkriegsjahre geblasen und das Amsterdamer *Maagdenhuis* gestürmt hatte, aufgrund der Wohnungsnot als überzeugter *Kraker* in der Hausbesetzerszene aktiv gewesen und deshalb auch 1980 bei der Krönung von Königin Beatrix demonstrierend durch Amsterdams Straßen gezogen war: »*Zonder woning geen kroning*, ohne Wohnung keine Krönung, haben wir damals in großen Lettern auf Wände und Mauern gemalt«, erzählte er fast wehmütig, als wir wie so oft an Samstagnachmittagen beim Vorbeischlendern auf ein *kopje koffie* auf seiner Straßenterrasse hängen geblieben waren.

Auf dem Tisch neben ihm lag wie immer eine angebrochene Tüte *drop*. Dieses Naschzeug einfach nur als Lakritz zu bezeichnen wäre unangemessen. Nicht umsonst sprechen die Niederländer vom »schwarzen Gold«. *Drop* gibt es in allen erdenklichen Formen und Farben: als Taler, Rauten, Schnecken, Autos und Äffchen, süß, salzig, mit Honiggeschmack oder doppelt salzig. Die finde ich nach wie vor am furchtbarsten. Willem hingegen verdrückt alle Sorten in rauen Mengen, er hat immer eine Tüte dieses schwarzen Goldes bei sich, denn er gehört zum großen Heer der *drop*-Junkies.

»Selbst wenn ich beschließen sollte auszuwandern, brauchte ich nicht auf *drop* zu verzichten«, wusste er an diesem Samstagnachmittag zu berichten: Ein paar pfiffige Unternehmer hatten soeben mehrere Internetfirmen für weltweiten *drop*-Versand gegründet und beglückten damit niederländische Emigranten von Dubai bis Kanada. Eine Cousine von Jan Kees in Toronto hatte bereits ein *drop*-Abonnement abgeschlossen: Für umgerechnet 110 Euro pro Jahr ließ sie sich jeden Monat mit einem Kilo *drop* eindecken, natürlich immer mit einer anderen Sorte.

»Das ist doch ein beruhigender Gedanke!«, fand Willem und nahm sich ein paar doppeltsalzige Äffchen aus seiner Tüte.

Er kam gerade von einer Fotoreportage aus Südfrankreich zurück. Das Ergebnis lag aufgeschlagen neben der *drop*-Tüte auf dem Tisch, eine Seite-3-Reportage im *Leidsch Dagblad*, der Lokalzeitung, über eine Gruppentherapie für jugendliche Straftäter: Um sie auf den rechten Pfad zu bringen, hatte das Gefängnis sie zehn Tage lang mit Rucksack und Zelt an die

Côte d'Azur geschickt. »Sie mussten jeden Tag zwanzig Kilometer laufen«, erzählte Willem fröhlich kauend mit immer brauner werdenden Zähnen.

»Klingt trotzdem nicht wirklich nach Strafe«, gab ich zu bedenken.

»*Nee*«, belehrte mich Willem. »Das war ja auch gar nicht der Sinn der Sache, wir Holländer versuchen es immer erst im Guten.«

»Aha«, sagte ich und spürte einmal mehr, dass zwischen meiner alten und neuen Heimat Welten lagen.

Kennengelernt hatte ich Willem, genauso wie Rijn und Marieke, gleich an meinem ersten Wochenende bei Jan Kees. Am Sonntagabend, kurz bevor mich Jan Kees zurück nach Schiphol brachte, klopfte er gegen das Küchenfenster. Als ich ihm die Tür öffnete, rauschte er mit einem »Hallihallo« an mir vorbei ins Wohnzimmer, blickte sich suchend nach Jan Kees um und rief: »Kannst du mir vielleicht ein paar saubere Socken leihen und eine Unterhose?«

Jan Kees schien sich nicht weiter über die Bitte zu wundern. Wie sich herausstellte, hatte Willem mal wieder Krach mit seiner Freundin, woraufhin die ihn, wie so oft, vor die Tür gesetzt hatte. Er übernachtete in solchen Notfällen in seiner alten Studentenbude, die er zum Glück nicht aufgegeben hatte, die aber spartanisch ausgestattet war. Jan Kees brauchte eine Weile, um die Unterhose samt Socken zusammenzusuchen, und diese Zeit nutzte Willem, um mich genauer zu mustern.

»Du bist also die Neue von Jan Kees ...« Er hielt kurz inne und kam dann ohne Umschweife zur Sache. »Und? Ist er die Liebe deines Lebens?«

Hätte ich sonst alle Jean-Lucs dieser Welt einfach so in den Wind geschrieben und mich für den teuren Flug in Unkosten gestürzt? »Ja!« Dafür müsse man schon über beide Ohren ineinander verliebt sein, erwiderte ich.

»Geradezu unerträglich« waren wir sogar, wie Christine konstatierte, als sie uns später zusammen in München sah.

»Lieber Himmel, könnt ihr vielleicht etwas weniger strahlen?«

Nein, konnten wir nicht. Wir spürten beide, dass dies weit mehr war als ein fortgesetzter Urlaubsflirt. Und so waren wir denn auch ständig mit dem Gedanken beschäftigt, wo und wann wir uns wiedersehen könnten, wenngleich uns die Pendelei zunehmend eine Last wurde. Sicher, es gab auch schöne Erinnerungen an die nächtlichen Zugfahrten, aber die waren rar. Einmal begleiteten mich Christine und meine Nachbarin Uli nach Leiden. Da machte ich kein Auge zu, weil wir uns die ganze Nacht mit dem Schaffner um die Ohren schlugen: Der durfte zwar nur Apfelsaft trinken, weil er im Dienst war, amüsierte sich aber trotzdem köstlich, während wir eine Flasche Rotwein nach der anderen leerten. Der Zug schaukelte zwischendurch so sehr, dass auch mal was danebenging und Christine ihren weißen Jogginganzug ruinierte.

Ein anderes Mal überraschte ich Jan Kees. Da war ich es, die eines Samstagsmorgens völlig unerwartet an sein Küchenfenster klopfte, als er sich gerade einen Kaffee kochte. Ganz spontan hatte ich noch einen Platz im Liegewagen ergattern können, bloß an das Geld für den Bus hatte ich nicht gedacht und nur D-Mark bei mir.

»Oje, ich habe keine Gulden«, stammelte ich, als ich am Leidener Bahnhof in den Bus einstieg. Doch der Busfahrer winkte nur freundlich ab: »Setz dich, ich nehm dich auch so mit.« Ich hätte ihn knutschen können! Ob ein deutscher Busfahrer mir auch seinen Segen fürs Schwarzfahren erteilt hätte?

Rund zwei Jahre nachdem ich Jan Kees in Spanien kennengelernt hatte, sollte es eine weitere denkwürdige Reise geben. Diese war aber keineswegs so lustig wie der Spontantrip oder feucht-fröhlich wie mit Uli und Christine. Es war eher der Tropfen, der das Fass zum Überlaufen brachte. Ich lag im Nachtzug auf einer Pritsche im Liegewagen und wurde plötzlich unsanft aus dem Halbschlaf gerissen. Ein Reisender, der irgendwann mitten in der Nacht zwischen Köln und Stuttgart zugestiegen war, hatte im Halbdunkel des Zugabteils ange-

nommen, die oberste Pritsche wäre noch frei, und mir seine
volle Reisetasche mitten aufs Gesicht gestellt. Ich sah zuerst
schwarz – und dann rot.

»Sind Sie bekloppt oder was?«, rief ich und rappelte mich
nur langsam wieder auf: Das Maß war gestrichen voll.

Ein paar Monate später, Anfang 1990, zuckelte mein gemiete-
ter Lieferwagen über die Autobahn Richtung Nordnordwest.

Vor gut zehn Jahren hatte ich schon einmal in einem solchen Lieferwagen gesessen, zusammen mit Monika, mit der
ich im Kreis Konstanz Abitur gemacht hatte: Nach einem
tränenreichen Abschied von Mitschülern, Freunden, Eltern
und Geschwistern waren wir auf dem Weg nach München,
um uns unsere erste und gemeinsame Studentenwohnung
einzurichten.

Nun hatte ich mich tränenreich von ehemaligen Kommilitonen, Freunden und Kollegen verabschiedet. Allerdings befand ich mich nicht, wie ursprünglich geplant, auf der
Autobahn Richtung Paris, um dort meinen Traumjob als Korrespondentin anzutreten und bei Jean-Luc oder Jean-Louis
einzuziehen – nein, ich war auf dem Weg nach Leiden zu Jan
Kees.

Am Steuer saß Christines Freund Franz, meine Freundin
daneben, und ganz hinten, zwischen Möbeln, Büchern und
Klamotten, da hockte ich. Mit der einen Hand hielt ich meinen geliebten Croton fest, eine Zimmerpflanze, die ich schon
vor Jahren beim Tengelmann um die Ecke gekauft hatte, mit
der anderen einen großen Picknickkorb. Darin hatte ich nicht
nur Unmengen frischer Brezeln verstaut, sondern auch einen
riesigen Brotlaib aus der Münchner Hofpfisterei, den ich in
Leiden sofort einfrieren würde. Ich wusste ja schon, dass es
in Holland mit Sauerteig und Laugengebäck nicht weit her
war.

5. Kapitel Wie ich zur stolzen Hausbesitzerin werde, das vertikale Wohnen entdecke und mich deshalb von meinem rosa Schlafsofa trennen muss

Ungeniert kletterten wir auf die Gartenbank und drückten unsere Nasen an der Scheibe platt. Sogar Jan Kees vergaß für einen Moment seine calvinistische Zurückhaltung. Erstens stand das Haus ja leer, zweitens hing im Vorgarten ein Schild: *Te koop* – »Zu verkaufen«. Es lag an einem Kanal mit einem Anlegesteg. Wir müssten nur die Straße überqueren, um in unser (noch) imaginäres Boot zu steigen.

»*Dat is het!*«, rief mein Liebster. Ebenso begeistert wie erleichtert stimmte ich ihm zu. Drei Mal schon hatte ich aus diesem oder jenem Grund ein Veto eingelegt. Aber ich wollte einfach nicht in irgendeiner seelenlosen Neubausiedlung landen, einer *Vinex-locatie*, wie das hier hieß. Da konnte es in Jan Kees' Apartment zu zweit noch so eng werden.

Doch was ich hier sah, ließ mein Herz höherschlagen: ein niedliches altes und typisch holländisches Backsteinreihenhäuschen mit weiß verziertem Giebel und – wie konnte es auch anders sein – einem *Doorzon*-Wohnzimmer! Es hatte in der Mitte sogar elegante Schiebetüren aus Glas, die sich bei Bedarf zuziehen ließen, damit daraus zwei Zimmer würden. Das farbige Bleiglas am oberen Teil der Fenster zauberte bunte Sonnenflecken aufs Parkett. Ich schielte, so gut es ging, nach rechts durch die Wohnzimmertür Richtung Küche: »Die hat ja sogar eine Anrichte mit einem Spülbecken aus Granit!«, rief ich, gefolgt von einem lauten: »Aua!« Vor lauter Begeisterung hatte ich das Gleichgewicht verloren und mir an der Gartenbank das Knie gestoßen.

»Die müsste unbedingt mal gestrichen werden«, ertönte eine Stimme hinter uns. Ertappt drehten wir uns um. Vor uns stand die wohl schärfste Oma, die ich je gesehen hatte: mit Schmollmund und rosa schimmerndem Lippenstift, einer leuchtenden, extravaganten Brille auf der Stupsnase und wilden blonden, hochgesteckten Locken, die sich nur mit Mühe mit einer Haarspange am Hinterkopf in Zaum halten ließen. Brigitte Bardot würde vor Neid in Ohnmacht fallen. Zwar war es inzwischen nicht mehr ganz so schwer, besser auszusehen als das einstige blonde Gift aus Saint-Tropez. Doch Janine, so hieß die Sexie-Hexie-Oma, wie ich sie fortan nennen würde, hätte ihr wahrscheinlich auch schon vor fünfzig Jahren die Show gestohlen. Jetzt war sie über sechzig und schon seit Langem Witwe. »Ich habe hier fast vierzig Jahre gewohnt und vier Kinder zur Welt gebracht«, erzählte sie uns.

Janine hatte längst gleich gegenüber, in dem kleinen Apartmentkomplex hinter den Birkenbäumen auf der anderen Seite des Kanals, eine Wohnung bezogen: »Das wurde mir einfach zu viel, das Treppensteigen, der Garten …« Sie musste nur noch die richtigen Käufer für ihr Haus finden.

Es war einfach alles zu schön, um wahr zu sein. Endlich hatten wir unser erstes richtiges gemeinsames Zuhause gefunden! »Ich werde dich über die Schwelle tragen, *schatje!*«, lachte Jan Kees, als wir eines Abends wieder einmal eng umschlungen vor unserem zukünftigen Haus standen, um uns vorzustellen, wie wir es einrichten würden. Sogar der Preis, den Janine uns nannte, stimmte – verglichen mit Deutschland, wo wir sicher mindestens dreimal so viel hingelegt hätten. Oder bloß gemietet. Doch hier mitten in den Poldern, knapp unter Normalnull, war dieses schnuckelige kleine Haus mit dem tiefen Garten an der Rückseite und dem großen Apfelbaum erschwinglich und würde bald mir gehören. Na ja, zumindest die Hälfte. Und die würde streng genommen auch nicht mir, sondern der Bank gehören, die mir das Geld dafür lieh. Die Zinsen für die Hypothek konnte ich nämlich von der Steuer absetzen, ein europäisches Unikum, das nur in den Niederlanden möglich ist. Eigenes Vermögen braucht man hier nicht, um ein Haus zu kaufen. Die Folge ist, dass knapp sechzig Prozent aller Niederländer, die zwischen eigenen vier Wänden wohnen, es zusammen auf mehr als doppelt so viele Schulden wie der gesamte Staat – nämlich 610 Milliarden – bringen. Da vor allem Reiche mit Luxusvillen am meisten von dieser Regelung profitieren, fordern die linken Parteien schon seit Jahren, noch vergeblich, sie zumindest zu begrenzen.

Ich jedenfalls war stolz und aufgeregt zugleich: Mir g-e-h-ö-r-t-e ein Haus! Jan Kees war bei unserem Notartermin deutlich leidenschaftsloser, er kannte es nicht anders. Für die Holländer ist es nicht nur ganz normal, ein Haus zu kaufen, statt es nur zu mieten: Während sich ein Deutscher doch meistens erst dann wieder von seinem Hausbesitz trennt, wenn er in der Horizontale rausgetragen werden muss, wechseln sie ihre Bleibe auch noch wie andere die Oberhemden – vorausgesetzt, sie machen dabei *wooncarriere*, was heißt, es muss jedes Mal ein bisschen größer und schicker werden. Was konkret in unserem Falle bedeuten würde, dass wir das nächste Mal mindestens mit einem Stockwerk mehr aufwarten oder in ein Zweifamilienhaus umziehen mussten.

Vorläufig allerdings waren wir mit unserem Traumhäuschen überglücklich, auch wenn es einen kleinen Schönheitsfehler hatte – zumindest wenn man deutsche Verhältnisse gewohnt war: Wie alle Reihenhäuser fiel es sehr schmal aus. In den Niederlanden wird vorwiegend vertikal gewohnt. Sechs bis sieben Meter breit – und dann ab in die Höhe. Der Eingangsbereich fällt daher oft so klein aus, dass man sich noch nicht mal um die eigene Achse drehen kann. Ich muss nicht erklären, dass Partys, wie ich sie aus Deutschland kannte, bei denen die Gäste sich entweder im Flur oder in der Küche tummeln, eher die Ausnahme sind.

Spiegelproduzenten hatten ihre wahre Freude an mir. Um zumindest den Schein von räumlicher Großzügigkeit zu erwecken, wurde ich zum Großabnehmer und feilte an der Optik, so gut es ging. Am liebsten hätte ich an jeder Wand zehn Spiegel aufgehängt! Am weitesten ging ich auf dem Klo. Wir hatten zwei, eines oben im Bad, das noch nicht einmal zwei mal zwei Meter maß, und eines unten im Erdgeschoss.

Das hatte die gefühlte Größe eines Vorratsschranks und wurde deshalb rundherum verspiegelt. Am Abstand zwischen Kloschüssel und Tür änderte das zwar nichts – man stieß sich immer noch den Kopf an der Tür, wenn man nach dem Sitzen wieder aufstand. Aber immerhin wirkte jetzt alles dreimal größer. Nachteil allerdings war, dass sich die weitaus meisten Männer trotz unübersehbaren Verbotsschilds auf der Innenseite des Klodeckels (»Pinkeln im Stehen verboten!«) nun erst recht nicht mehr hinsetzten. Der Grund, und daran hatte ich nun wirklich nicht gedacht: Im Stehen konnten sie ihr edelstes Teil dank der Rundumverspiegelung nun gleich von drei Seiten begutachten.

»Wirklich ein männerfreundliches Klo!«, stellte Willem denn auch nach dem ersten Benutzen zufrieden fest. Worauf ich mich an ein Warnschild erinnerte, das ich einst irgendwo auf einem Klo gesehen hatte. Das hängte ich nun auch bei uns auf, und zwar mitten auf dem zentralen Spiegel, in Augenhöhe: »Warning: Objects in these mirrors appear larger than they really are!«

Noch gefährlicher als die Nutzung der Toilette waren die Treppen in unserem ersten gemeinsamen holländischen Zuhause: Die waren so steil, dass man auf allen vieren hochkrabbeln konnte. Jeden Verfasser deutscher DIN-Vorschriften hätte bei diesem Anblick das kalte Grausen gepackt.

Bevor ich mir aber Sorgen machen konnte, mir irgendwann einmal das Genick zu brechen, mussten wir erst einmal einziehen. Die steilen Treppenhäuser erwiesen sich in mehrfacher Hinsicht als tückisch. So war es trotz vereinter Anstrengungen und Berechnungen nicht möglich, bestimmte Möbelstücke nach oben zu verfrachten. Nicht umsonst haben die Fassaden der alten Grachtenhäuser oben unterm First einen Flaschenzug und sind leicht nach vorne geneigt, damit beim Hochziehen nichts dagegenknallt. Aber auch das nützt nichts, wenn die Fenster im oberen Stock unterm Dach zu klein ausgefallen sind. Mein sperriger Archivschrank jedenfalls passte da nicht durch. Da blieb mir nichts anderes übrig, als mich in der typisch holländischen Flexibilität zu üben und mein Büro nicht wie geplant ganz oben einzurichten, sondern im ersten Stock zu bleiben.

Meinem pastellfarbenen (sic!) Schlafsofa allerdings trauere ich noch heute nach: Von dem musste ich mich verabschieden, das ließ sich selbst unter Anwendung von Gewalt noch nicht einmal in den ersten Stock verfrachten.

»Das schenken wir meinem Vater, dann bleibt es in der Familie«, sagte Jan Kees und drückte mir einen tröstenden Kuss auf die Nase. Woraufhin sich der alte Piet damit hocherfreut ein Gästezimmer einrichtete.

Zum Dank unterstützte er uns kräftig beim Streichen und Weißeln. Auch Marieke rückte an, doch die schickten wir wegen ihrer zwei linken Hände umgehend zum Brötchenkaufen, da konnte sie nicht viel kaputt machen. Geschmiert wurden sie allerdings von Janine, die sich ebenfalls blicken ließ und prompt mit dem ebenfalls verwitweten Piet heftig zu flirten anfing. Nebenbei beäugte sie vermeintlich unauffällig, ob wir ihrem früheren Heim auch keine Gewalt antaten. Dabei legte sie einiges von der viel zitierten holländischen Toleranz an den Tag. Dass wir die Wände im Schlafzimmer rauchblau gestrichen hatten, fand Gnade vor ihren Augen: »*Moet kunnen!*«, brummte Janine mit leicht zur Seite geneigtem Kopf. Beim Anblick des Klos allerdings erstarben ihr diese beiden Worte auf den Lippen: Dass ich es rundherum mit Spiegeln gepflastert hatte, mochte angehen, aber ich hatte die wenigen Wandflächen, die hinter diesen Spiegeln noch sichtbar waren, rabenschwarz gefärbt. Was wirklich schick aussah. Fanden jedenfalls Jan Kees und ich.

»*Allemachtig!*«, sagte Janine nur, ein Ausdruck, den sie, wie ich im Laufe der Jahre merken sollte, immer gebrauchte, wenn sie über etwas ungeheuer staunen musste.

Auch Willem und Rijn tauchten voller Tatendrang Roller und Pinsel in die Farbtöpfe. Natürlich waren sie gleich am ersten Tag zum Helfen angerückt, Rijn nicht ohne eine große Flasche *Jenever* und Willem mit einer Tüte *drop*.

Ob das, was dann geschah, an einem Glas zu viel lag, wissen wir nicht, Willem schweigt noch immer beharrlich darüber.

Tatsache war, dass er abends auf dem Nachhauseweg mit dem Rad die letzte Rechtskurve vor dem Radkeller nicht mehr ganz so elegant nehmen konnte und buchstäblich auf die Nase fiel. Seine Freundin war wenig erbaut darüber, sodass er den Rest dieser Nacht wieder einmal in seiner Studentenbude verbrachte und sich bei uns tags darauf mit einem großen Pflaster auf der Nase das Nötigste für den Tag holte, auch wenn wir dafür tief in den Umzugskartons herumkramen mussten.

Ein paar Tage später stand ein Blumentopf mit einer prachtvoll blühenden, prallrunden orangefarbenen Chrysantheme vor der Tür, versehen mit einem Kärtchen, auf dem *Hartelijk welkom!* stand.

Das Willkommensgeschenk kam von unseren Nachbarn rechts, einem Rentnerehepaar, das ein bisschen etepetete war und der lebende Beweis dafür, dass doch nicht alle Holländer so locker vom Hocker sind. Mevrouw Mulder jedenfalls, so hieß sie, trank englischen Tee statt gewöhnlichen *koffie* und hatte mir, schon gleich nachdem ich erstmals die Waschmaschine im Einsatz gehabt hatte, zu verstehen gegeben, dass ich zum Aufhängen der Wäsche besser nur die Balkoninnenseite benutzen sollte, keinesfalls aber ein zweites Mal auf die Idee kommen dürfe, den Wäscheständer an der Außenseite der Balkonbrüstung aufzuhängen. An Sonntagen, wenn sie in ihrem Garten Gäste empfing, schon gleich gar nicht, denen könne der Anblick meiner Waschlappen und Handtücher nicht zugemutet werden. Dass sie sich dafür, um auch nur einen Zipfel davon zu erahnen, den Hals verrenken mussten, war ihr egal. »Wir sind hier ja nicht in Neapel«, stellte Mevrouw Mulder klar.

»Weißt du was?«, flüsterte mir Jan Kees ins Ohr, als sie sich umgedreht hatte. »Von jetzt an hängst du unsere Wäsche erst recht raus, gerade an diesen Sonntagen!« Er schlang die Arme noch ein bisschen fester um mich und biss mir dann ganz leicht ins Ohrläppchen: »Und vor allem deine Dessous!«

6. Kapitel   Warum aus meinem ersten Kaffeekränzchen eine Lektion in Sachen Einbürgerung wird, manche Niederländer eine Kartoffel in der Kehle haben und normales Verhalten für sie schon verrückt genug ist

Der Blumentopf war ein deutliches Signal, dass die Mulders erwarteten, zum obligaten Willkommensdrink geladen zu werden, natürlich vor allem, um zu sehen, was sich seit dem Auszug von Sexie-Hexie-Janine in deren Wänden getan hatte. Wie Jan Kees mir klarmachte, war es dabei üblich, gleich das ganze Haus vorzuzeigen, und man beging gemeinsam mit dem Gast Zimmer für Zimmer. Ich schluckte, beschloss dann aber, in die Charmeoffensive zu gehen, und lud für den nächsten Sonntag zu Kaffee und Kuchen. Jan Kees war nicht da, der hatte seiner kleinen Tochter schon vor Langem versprochen, endlich einmal in den »Efteling« zu gehen, den beliebtesten Märchenfreizeitpark der Niederlande bei Tilburg: »Ich bin ja heute Abend wieder zurück, *lieverd*«, sagte er. »Schaffst du das?«

Ich schaffte das. Um den Mulders nicht völlig alleine ausgeliefert zu sein, warf ich auch bei den Nachbarn links und weiter rechts eine Einladung in den Briefkasten. Zur Linken wohnte eine geschiedene Lehrerin mit ihrem Vater, einem pensionierten Uniprofessor, der dauernd eine dicke Zigarre zwischen den Lippen hängen hatte. Eine etwas unglückselige Verbindung, die zwischen Vater und Tochter, denn die beiden stritten ständig, und zwar so laut, dass wir alles mit anhören mussten. Weiter rechts neben den Mulders wohnte eine junge Architektenfamilie mit zwei kleinen Kindern. Die fand ich am nettesten.

Auf ihr Kommen allerdings wartete ich an diesem Sonntagnachmittag vergeblich. Alle sechs erschienen erst am Abend nach den Acht-Uhr-Nachrichten, als ich die Kaffeetafel längst wieder abgeräumt hatte und einigermaßen ratlos in der Küche hockte. Kaffee und Kuchen im deutschen Sinn ist dem Holländer nämlich gar kein Begriff. Die bei uns üblichen Nachmittage in Cafés oder zu Hause, die schon mal zu wahren Tortenorgien und -schlachten ausarten können, sind ihm vollkommen fremd. Hier trifft man sich zu späterer Stunde auf ein *kopje koffie* und ein *koekje*, einen Keks. Ich hätte es wissen müssen, mein Schwiegervater in spe hatte es mir ja schließlich schon ein paarmal vorexerziert, wenn wir abends noch schnell bei ihm vorbeischauten. Es hatte immer etwas von einem Ritual, wenn er dann zu seinem schweren dunklen Eichenholzwohnzimmerschrank schritt, die Keksdose herausholte wie den Heiligen Gral, aus der sich alle genau ein *koekje* nehmen durften, worauf die Dose ebenso sorgfältig wie schnell wieder verschlossen wurde und im Schrank verschwand.

Mit nur einem *koekje* mussten sich auch jene beiden US-Diplomaten abspeisen lassen, die 1947 den damaligen niederländischen Premierminister Willem Drees zu Hause aufsuchten. Sie kamen, um über die Höhe der Marshallhilfe zu verhandeln, mit der die Amerikaner Europa nach dem Zweiten Weltkrieg beim Wiederaufbau finanziell unterstützen wollten. Die Premiersgattin servierte den beiden hohen Gästen eine Tasse Tee und ein *koekje* der Marke Verkade, so will es die Legende. Worauf die Niederländer prompt eine Milliarde Dollar bekamen, relativ gesehen, den von allen europäischen Ländern höchsten Betrag: »In einem Land, wo selbst der Premierminister so sparsam lebt, ist unser Geld gut aufgehoben«, soll einer der beiden Diplomaten hinterher gesagt haben.

Ich ließ mir mein Erstaunen über das späte Erscheinen meiner Gäste jedenfalls nicht anmerken, setzte sie ins Wohnzimmer, kochte neben Kaffee auch eine Kanne Tee für Mevrouw Mulder und sorgte dann für eine Sensation, als ich den Marmorkuchen auf den Tisch stellte, den ich am Vormittag gebacken hatte. Ungläubig guckten mich alle an: »*Wat zeg je daar? Selbst gebacken?!*«, riefen sie zu sechst im Chor, und angesichts ihres großen Erstaunens begann ich zu ahnen, dass es mit den Backkünsten der Niederländerinnen nicht weit her sein konnte. Jedenfalls stärkte mein Marmorkuchen nicht nur unversehens den Ruf deutscher Frauen, wahre Künstlerinnen am Rührbesen zu sein, er entpuppte sich auch als wahrer Türöffner in die Herzen meiner neuen Nachbarn. Denen schmeckte es so gut, dass sie sogar ihre kalvinistische Zurückhaltung vergaßen und ein zweites Stück nicht ablehnten – bloß Mevrouw Mulder zierte sich ein bisschen und wollte wirklich nur »*een heeeeel klein stukje!*«, ein ganz, ganz kleines Stück.

Bald summte es in unserem Wohnzimmer wie in einem Bienenkorb. »Ja, also *Kirs*ten ...«, hub Mevrouw Mulder an, die noch nie den Namen Kerstin gehört hatte und ihn konsequent in immer neuen Varianten falsch aussprach.

»Es ist *Kers*-tin, erst das E und dann das I«, unterbrach ich sie.

»*Goed*«, fuhr sie fort, »also, Kers*ten*, seit wann trinkst du denn ebenfalls Tee?« Es war ihr nicht entgangen, dass ich den Kaffee nicht anrührte.

»Na ja«, entgegnete ich. »Ich weiß nicht, wie ihr das hier alle macht, aber ich kann, wenn ich so spät am Abend noch Kaffee trinke, nicht schlafen.«

»So ein Unsinn«, brummte der pensionierte Uniprofessor. Ton hieß er, Ton van Anton, und er hatte es bislang zum Glück nicht gewagt, eine seiner Stinkezigarren anzustecken.

»*Klopt*, das sagen alle Deutschen«, pflichtete ihm Stef bei, der schlaksige junge Architekt, und wandte sich lachend an seine Frau: »Weißt du noch, Michelle, im letzten Sommer beim Camping in Frankreich?«

»Ja«, entgegnete die. »Da haben wir einen ganzen Haufen Deutsche getroffen, aber jedes Mal, wenn wir sie abends auf ein *kopje koffie* einladen wollten, kam sofort die typisch deutsche Reaktion: ›Um Gottes willen, dann kann ich ja nicht schlafen!‹«

Stef und Michelle hielten sich an den ungeschriebenen Dresscode für Architekten, der weltweite Gültigkeit zu besitzen scheint, denn auch an ihnen war noch nicht einmal der Tupfer einer leuchtenden Farbe zu entdecken: Sie waren, wie es sich für ihre Zunft gehört, dunkel gekleidet mit Rollkragenpullover, Michelle ganz in Schwarz, Stef hatte immerhin so viel Mut, sich ins Graue zu wagen. Er arbeitete für ein bekanntes Architekturbüro, das seinen Sitz so wie das des weltberühmten Architekten Rem Koolhaas in Rotterdam hatte.

Michelle hingegen hatte es zusammen mit zwei Kollegen vor ein paar Monaten gewagt, sich selbstständig zu machen. Die drei hatten soeben ihren ersten Wettbewerb gewonnen: Sie durften in der Medienstadt Hilversum, wo sich fast alle Fernseh- und Radioanstalten befinden, für einen öffentlich-rechtlichen Sender ein neues Verwaltungsgebäude bauen, einen ziemlich gewagten Entwurf mit einer kühnen Welle aus Glas und Stahl auf dem Dach.

Jetzt war es an mir zu staunen: »Nicht zu fassen, ihr seid doch gerade erst Anfang dreißig«, wunderte ich mich, denn ich kannte mich auf dem Gebiet ein bisschen aus, da sowohl mein Vater als auch mein Bruder Architekten sind.

»Tja, bei uns muss man halt nicht erst sechzig werden wie in Deutschland, um wirklich wichtige Aufträge zu bekommen«, klärte mich Stef auf. Er hatte einen Freund in Frankfurt, der ebenfalls Architekt war: »Der beneidet uns auch deshalb immer wieder, weil wir uns kreativ so austoben können! Wir Niederländer umarmen das Neue halt viel schneller als ihr, wir haben weniger Angst vor Innovationen.«

»Und bei uns muss auch nicht alles so furchtbar solide und teuer sein«, ergänzte seine Frau Michelle. »Wir brauchen nicht gleich das Beste vom Besten wie in Deutschland.«

»Wie meinst du das denn?«, wollte ich wissen und entdeckte an mir ein wachsendes Bedürfnis, mein Geburtsland zu verteidigen.

»Na ja, bei euch muss immer alles größer und besser und teurer sein«, rückte Michelle mit der Sprache raus. »Für uns tut's auch ein einfacher Holzfußboden, bei euch soll es da das feinste Parkett sein.« Warum musste man die Badezimmer bis zur Decke fliesen, ein Meter achtzig reichten doch auch! Und die Leitungen – das war mir selbst in meinem eigenen Haus schon aufgefallen –, die wurden hier nicht alle in die Mauern integriert, manche verliefen sichtbar entlang der Zimmerwände. Das war natürlich viel billiger, aber in Deutschland undenkbar.

»Wir haben auch weniger Hemmungen, uns zu einer Ikea-Küche zu bekennen«, setzte Michelle noch eins drauf, worauf Mevrouw Mulder den Zeitpunkt für gekommen hielt, ihre Teetasse abzusetzen und sich einzumischen.

»Das Bedürfnis, mit teuren Dingen zu protzen, ist bei uns halt einfach nicht so ausgeprägt«, brachte sie die Diskussion mit einem Ton der moralischen Überlegenheit auf den Punkt. »Kennst du etwa noch nicht die zwei wichtigsten Lebensweisheiten der Niederländer?« Ich musste passen, worauf Mevrouw Mulder diese Bildungslücke sofort schloss: »*Doe gewoon, dan doe je al gek genoeg*, heißt die eine«, dozierte sie, auf Deutsch etwa: »Benimm dich normal, das ist schon verrückt genug.« Und die zweite: »*Steek je hoofd niet te ver boven het maaiveld, anders wordt-ie afgehakt*« – »Streck den Kopf nicht zu weit aus dem Kornfeld, sonst wird er abgemäht.«

Ich schluckte: »Lieber Himmel, das klingt aber barbarisch.« Ich dachte an den netten Busfahrer zurück, der mich schwarzfahren ließ, und an die Südfrankreichtherapie für junge Straftäter: »Und ich dachte, ihr Niederländer seid eine so warme, weiche Gesellschaft, die es immer erst im Guten versucht …«

»Das ist auch so, *Kirsten*«, sagte Mevrouw Mulder, und jetzt verriet der Ton in ihrer Stimme, dass sie Kritik weitaus besser austeilen als einstecken konnte. »Aber wir mögen halt keine Extreme, niemand sollte aus der Reihe tanzen.«

»Ja, aber«, fragte ich mit der Unschuld des Neuankömmlings, »führt das nicht zu fürchterlicher Mittelmäßigkeit?«

Auf dieses Wort schien Lineke, die Lehrerin, gewartet zu haben. Die ganze Zeit hatte sie schweigend zugehört, nun begann sie wie von der Wespe gestochen zu schimpfen: »Genau das ist ja unser Problem!« Sie sah ein bisschen säuerlich aus und war das lebende Klischee einer Mathelehrerin. »Leistung zählt bei uns nicht, in dieser Hinsicht könnten wir uns wirklich an euch Deutschen ein Beispiel nehmen«, erregte sie sich. »Für uns Niederländer ist Ehrgeiz ja leider ein Schimpfwort!«

Lineke sprach, so wie ihr Vater, etwas komisch, ganz hinten im Mund – gerade so, als hätte sie wie einst Audrey Hepburn, der als Eliza in *My Fair Lady* Sprachmanieren beigebracht werden sollten, einen Haufen Murmeln zwischen den Zähnen. Die Eltern von Marieke redeten auch so. Später erklärte mir Jan Kees, dass dies der typische Akademikerslang der intellektuellen Elite der Niederlande sei oder, besser gesagt: all derjenigen, die unbedingt demonstrieren wollen, dass auch sie dazugehören. Mit Murmeln allerdings, stellte mein Liebster richtig, hatte das nichts zu tun. Diesen Leuten war eine »Kartoffel in der Kehle stecken geblieben«, so hieß das hier: Sie redeten mit einer »*aardappel in de keel*«.

Kartoffeln oder Murmeln, Tatsache war, dass Lineke sich entrüstete. »Mein Sohn Aernout war immer Klassenbester, er wollte eigentlich Medizin studieren, doch was passiert? Stattdessen muss er jetzt erst mal auf Biologie ausweichen.«

»Ja, eine Schande ist das«, mischte sich Opa Ton hustend und prustend ein und begann sein Sakko nach Zigarren abzuklopfen.

Ich hoffte inständig, dass er sie nicht finden würde, und entgegnete mitfühlend: »Sicher der Numerus clausus?«

»Von wegen!«, wetterte Lineke weiter. Aernout hatte ein Einserabitur hingelegt, genauer gesagt ein Zehnerabitur, denn in den Niederlanden gibt es Noten von eins bis zehn, wobei die höchste auch die beste ist. »Nein, mit dem Numerus clausus hat das nichts zu tun. Mein Sohn wurde *uitgeloot*.«

»*Uitgeloot?*«, wiederholte ich verständnislos.

»Ja, *uitgeloot*«, seufzte Lineke. »Das bedeutet, dass er nicht das richtige Los gezogen hat. Denn in unserem grenzenlosen Wahn, gerecht und demokratisch und egalitär zu sein, werden bei uns die Studienplätze verlost.« Deshalb musste Aernout nun ein Studienjahr warten, auf die nächste Tombola. »Das ist doch unfassbar, oder? Das glaubt einem im Ausland doch keiner!«

Stimmt, da musste ich ihr recht geben, das fand ich wirklich seltsam.

Mevrouw Mulder allerdings hielt so viel Kritik an ihrem Heimatland – für sie die beste aller Welten – sichtlich für unangebracht, erst recht von einer Zugereisten, die von Tuten und Blasen keine Ahnung hatte: »Die besten Abiturienten werden ja nicht unbedingt auch die besten Ärzte, Kersten«, meinte sie spitz. »Wir Holländer legen Wert auf Zurückhaltung, wir wollen, wie ich dir schon sagte, nicht protzen oder auffallen – auch nicht mit Leistung.« Worauf sie eine wirkungsvolle Pause einlegte und mich eingehend musterte. »Das gilt übrigens *für alle* Lebensbereiche«, meinte sie noch ein bisschen spitzer, während ihr Blick erst auf meinen schwarzen Minirock fiel und dann an meinen sündhaft teuren roten Pumps hängen blieb, die ich mir vor einem Jahr bei meinem letzten Parisbesuch geleistet hatte.

Auf einmal fühlte ich mich etwas unbehaglich und *slightly but certainly overdressed*. Doch da kam zum Glück Jan Kees nach Hause.

7. Kapitel   In dem ich erfahren muss, dass französischer Chic in den Poldern unangebracht ist, und ich Willems Freundin bei meinem ersten Survival-Wochenende in den Ardennen beweise, dass ich kein Weichei bin

Seufzend holte ich den Schuhkarton aus dem Schrank, um meine roten Pumps wegzuräumen. Ich strich ein letztes Mal über das feine Wildleder – gerade so, als handle es sich um ein exotisches Tier, von dem ich mich schweren Herzens zu trennen beschlossen hatte, da es hier bei mir in meiner neuen Umgebung ja doch nie heimisch werden würde. Pariser Chic ist vielen Niederländerinnen immer noch so fremd wie das angebliche Leben auf dem Mars. Die Frauen hier tragen am liebsten Hosen und Schlabberpullis. Das gilt auch für die Männer. In diesem Land, wo alles egalitär zu sein hat, scheinen selbst geschlechtsspezifische Unterschiede unerwünscht zu sein, jedenfalls werden sie durch die Kleidung nicht unterstrichen, sondern unterdrückt. Mit dem Ergebnis, dass alle irgendwie gleich aussehen. Hauptsache, es ist bequem und praktisch.

Vielleicht liegt es daran, dass sich in Hosen am leichtesten *fietsen* lässt, Rad fahren. Immerhin schwingen sich hier sowohl Männer als auch Frauen bei Wind und Wetter unerschrocken aufs Rad. Im Minirock ist das ja doch eher ein schwieriges Unterfangen. Das wusste ich inzwischen aus eigener Erfahrung, nachdem ich beinahe meinen ersten Zahnarzttermin verpasst hätte und mich deshalb, radlos, wie ich anfangs war, kurzerhand auf das *fiets* van Jan Kees geschwungen hatte. Na ja, schwingen ... Jan Kees hatte, wie es sich gehört, ein *herenfiets* – und ich nicht nur einen kurzen, sondern auch engen Rock an. Wie ich auf den Sattel kam, weiß ich nicht mehr so genau, wie runter, noch weniger. Aber das Gesicht des Mannes, der mir beim Durchqueren des Stadtparks entgegenkam, werde ich nie vergessen. Dabei kann ich ihm noch nicht einmal den Vorwurf machen, lüstern oder anzüglich geguckt zu haben. Er schien einfach nur fassungslos. Dennoch giftete ich ihn im Vorbeifahren an: »Noch nie 'ne Frau im Minirock gesehen?« und war mir noch im selben Moment im Klaren darüber, dass dies die falsche Frage gewesen war. Die richtige hätte lauten müssen: »Noch nie 'ne Frau im Minirock auf dem Rad gesehen?«

Es ist ja nicht so, dass die Niederländerinnen niemals Miniröcke anziehen, das kommt schon ab und zu mal vor. Doch sie schaffen es, selbst noch dem allerschärfsten Modell das allerletzte Quäntchen Sex-Appeal zu nehmen, indem sie dazu dicke Wollstrümpfe und klobige Boots tragen.

Dass es Schuhproduzenten gibt, die federleichte Modelle mit schlanken, hohen Absätzen produzieren, scheint ihnen völlig entgangen zu sein. Auch Janine, unsere Sexie-Hexie-Oma, lief vorzugsweise auf flachen Schuhen herum. Immerhin trug sie kokette Ballerinas, kombiniert mit schmalen Siebenachtelhosen à la BB oder Sophia Loren. Aber das war dann auch schon der höchste aller Genüsse, frivoler wurde es nicht. *Hockeymeisje* Marieke mit ihren Markenjeans und Lederjacken lag in der Mitte, sie war die Edelausgabe des Polderlooks. Und das andere Extrem, das verkörperte Hedy, die Freundin von Willem.

Lange Zeit hatte ich mich gefragt, ob Willem seine Freundin bloß erfunden hatte, denn auch wenn sie ihn regelmäßig vor die Tür setzte: Zu Gesicht bekam ich sie in den ersten Monaten nie. Denn Hedy kraxelte dauernd in kleinasiatischen Gebirgen herum auf der Suche nach wilden Tulpen. Sie war Botanikerin und spezialisiert auf das Züchten von Tulpen, wobei es ihr die Urausgabe der *tulipa* am meisten angetan hatte, und die stammte nun mal aus Kleinasien. Um sie zu finden, brauchte es zwar die Mentalität eines Schatzsuchers, kombiniert mit der eines Bergsteigers, denn was der berühmte Heuhaufen für die Stecknadel ist, sind die Berggipfel

Kleinasiens für die wilde Tulpe. Doch davon ließ sich Hedy nicht abschrecken, sie war ein echtes Naturkind mit wilden honigblonden Locken. Als sie mir zum ersten Mal gegenüberstand, musste ich mich beherrschen, um nicht spontan laut »Hedy, Hedy, deine Welt sind die Be-e-e-erge!« zu singen.

Diese Frau strotzte nur so vor Gesundheit. Unwillkürlich wurde man in ihrer Gegenwart unangenehm daran erinnert, dass man seinen Lebenswandel doch eigentlich schon vor Langem hatte bessern wollen und es vielleicht angebracht wäre, sich zumindest wieder mal vom Arzt durchchecken zu lassen.

Eigentlich hatte Hedy nur eine Schwäche: Sie kam an keiner Frittenbude vorbei, und dort gab sie sich nicht bloß mit einem *patatje met mayo* zufrieden, also der klassischen Variante mit Mayonnaise. Nein, Hedy stand auf *patatje oorlog*, da werden die Fritten von einem dicken Klacks Mayo und *Pindasaus*, Erdnusssoße, bedeckt. Wörtlich übersetzt heißt diese Variante »Frittenkrieg«, eine nicht ganz unzutreffende Namensgebung: Allein schon der Anblick der braungelblichen Masse ist eine regelrechte Netzhautattacke, ganz zu schweigen von den Blutgefäßen, die sich schmerzhaft verengen, während der Cholesterinspiegel stöhnend steigt und aus den Gesichtsporen reihenweise dicke Pickel sprießen.

Da Hedy jedoch so oft in kleinasiatischen Gebirgen herumkraxelte, wo Frittenbuden eher dünn gesät sind, sah ihr Teint trotzdem makellos aus. Und dann erst ihre vom vielen Kraxeln und Wandern perfekt geformten Beine! Was ließen die sich reizvoll verpacken in Seiden- oder gar Netzstrümpfen! Doch Hedy verbarg sie immer in weiten Hosen. Dass ich dennoch in den Genuss ihres Anblicks kam, lag an einem Survival-Wochenende, das wir zusammen mit Hedy und Willem in den Ardennen verbrachten.

Die Ardennen sind für die Niederländer das, was für Deutsche ohne Meeresnähe der Bodensee oder irgendein anderes großen Binnengewässer ist, wo sie, wenn sie das Bedürfnis spüren, zumindest die Illusion der Weite der Meere schnuppern können. Die Holländer hingegen fahren über die Grenze in die belgischen oder luxemburgischen Ardennen, sobald sie zu vergessen drohen, dass es auf der Welt auch noch unberührte Natur gibt mit Erhebungen, die die Bezeichnung »Berg« wirklich verdienen und höher sind als der mit rund dreihundert Metern höchste Berg der Niederlande, der Pietersberg bei Maastricht. Und da sie bei solchen Gelegenheiten dem Rest der Welt und auch sich selbst gerne beweisen, dass sie in der Lage sind, auch in dieser für sie einer Wildnis gleichenden Umgebung problemlos zu überleben, holen sie den Rucksack vom Speicher, füllen ihn mit Schlafsack samt Zelt und unterziehen sich der gleichen Therapie, die sie gerne jugendlichen Straftätern auferlegen – aber dann völlig freiwillig und tausend Kilometer weiter nördlich unter klimatisch weitaus raueren Umständen. Und das Ganze heißt dann auch nicht Therapie, sondern Survivaltrip.

Mir war dieses Bedürfnis völlig fremd, aber ich wollte kein Spielverderber sein, obwohl ich es für mehr als gewagt hielt, Anfang November in den Ardennen zu zelten.

»Da könnte es ja schneien!«, gab ich vorsichtig zu bedenken.

»*Klopt!*«, entgegneten Willem und Jan Kees im Chor und hatten dabei ein solch seltsames Glänzen in den Augen, dass ich wusste, jeder Widerstand war zwecklos. Stattdessen machte ich gute Miene zum bösen Spiel. Immerhin stand mein Ruf als bergerprobte Importliebe aus dem fernen und wegen seiner Alpennähe für die Niederländer furchtbar exotischen Süddeutschland auf dem Spiel. Für meine neuen Freunde, das durfte ich nicht vergessen, war ich die Heidi. Dank meiner wanderbegeisterten Eltern, die mich und meine Geschwister in unserer Kindheit so viele Gipfel in den Dolomiten, in Österreich und der Schweiz hinaufgescheucht hatten, dass ich Anfang zwanzig erst mal jahrelang keinen Berg mehr sehen konnte, machte ich auch nicht schlapp. Selbst den steilsten Ardennenberg – und die Ardennen, so musste ich mit der Arroganz der Vorälplerin anerkennend zugeben, hatten es in sich! – erklomm ich problemlos, wobei ich mit jedem Gipfel in Hedys Achtung merklich stieg. Die

Neue von Jan Kees, hörte ich sie förmlich denken, die ist kein Weichei.

Bloß: *Mir* machte es im Gegensatz zu den drei Flachländern keinen Spaß, im Schneetreiben mit je einem Kilo Lehm unterm rechten und linken Wanderschuh vom Überqueren des letzten Kartoffelackers in den nächsten Waldhang einzutauchen und – bergauf, bergab – von einem gottverlassenen Dorf zum nächsten zu ziehen, wobei mich nur die Hoffnung weitertrieb, dass irgendwo vielleicht doch endlich ein Café oder eine Kneipe zum Aufwärmen offen sein würde.

»Heute Abend auf dem Campingplatz sitzen wir schön im Warmen beim Essen und bei einem großen Glas Bier oder Rotwein. Die haben da ein kleines Restaurant mit großem Kaminfeuer!«, tröstete mich Willem und hielt mir dieses Versprechen vor die Nase wie einem Esel die Karotte, während er selbst bei jedem neuen Gipfel mehr in Verzückung geriet und an den Gurten seines Rucksacks zerrte wie ein mit den Hufen scharrendes Pferd, das sich kaum zügeln lässt. Denn Willem machte mit seiner Hedy vorzugsweise Rucksackurlaube in den Bergen, wo sie dann von Hütte zu Hütte zogen. Ich begann zu begreifen, weshalb die beiden trotz der regelmäßigen Rausschmisse so gut zusammenpassten. Und da Willem dieselbe zügellose Begeisterung zuweilen auch beim Essen und Trinken an den Tag legte, brauchte er einfach jemanden wie Hedy, die dann energisch die Handbremse anzog.

Der Campingplatz lag tatsächlich wie im Reiseführer beschrieben malerisch am Waldrand, was wir allerdings erst am nächsten Morgen feststellten, da es bei unserem Eintreffen längst dunkel war. Was hingegen nicht stimmte, waren die Schließungszeiten von Restaurant und Laden: Die Saison war bereits seit einer Woche zu Ende und alles zu, der Campingplatz selbst bloß wegen einer Handvoll Dauercamper noch offen. Angesichts unserer enttäuschten Gesichter (auf dem meinen muss sich im Gegensatz zu denen der drei anderen eher so etwas wie blankes Entsetzen breitgemacht haben) ergriff den Campingplatzchef zwar so viel Mitleid, dass er aus dem Keller noch zwei Büchsen Ravioli für uns holte, aber mehr konnte er nicht für uns tun.

Eine gute Stunde später hatten wir im Schein der Taschenlampen unsere beiden Leichtgewichtzelte aufgestellt, wobei Willem und Hedy sich als das weitaus besser eingespielte Team erwiesen und auch deutlich besser ausgerüstet waren als wir: Beide hatten die Hände frei und trugen die Taschenlampe als echte Outdoorfreaks lässig und cool als Stirnband.

»Habt ihr euch so was etwa noch nicht angeschafft?«, erkundigte sich Hedy verständnislos, als unser Zelt aufs Neue einstürzte und uns zum ersten Mal, seit wir uns in Spanien kennengelernt hatten, eine echte Beziehungskrise drohte. »Ich glaube, ich habe da noch eine zweite Lampe übrig«, warf Hedy ein, bevor wir uns die ersten tief verletzenden Bemerkungen an den Kopf werfen konnten. »Kerstin, die kannst du behalten, wenn wir wieder daheim sind.«

Sie ahnte nicht, wie sehr ich diesen Moment herbeisehnte, selbst noch als das Zelt dann endlich stand und wir in den Duschräumen des Campingplatzes auf dem Boden saßen, die Wanderschuhe neben uns und mit dem Rücken an die zum Glück funktionierenden Heizkörper gelehnt. Hingebungsvoll wärmte Hedy die Ravioli auf ihrem in kleinasiatischen Gebirgen erprobten Minicampingkocher auf, den sie, gut gerüstet, wie sie nun mal war, glücklicherweise mit dabeihatte.

»Man muss für jede Lebenslage gewappnet sein!«, dozierte sie und verteilte als neuen Beweis dieser Lebensphilosophie vier Plastikgabeln. Deshalb hatte sie auch ein paar Säckchen Pfefferminztee dabei, den wir nach den Ravioli schlürften, indem wir dabei Wer-bin-ich spielten, was ich mit vierzehn im Bus auf einem Schulausflug zum letzten Mal gemacht hatte: Ist die Person weiblich? Kenne ich sie? Aus dem Showbiz? Meine drei Superkalvinisten amüsierten sich prächtig.

»*Hä-hä! Gezellig, jongens!*«, meinte auch Jan Kees mit dem für Niederländer so typischen Seufzer der ultimativen Gemütlichkeit. »*Het leven is goed!*«

Ich hingegen spielte nur deshalb mit, weil der Gedanke daran, in das eiskalte Zelt schlüpfen zu müssen, noch grausliger war als die weiß gekachelte Duschraumromantik. Wie gerne hätte ich mich besinnungslos betrunken, um diese Nacht zu überstehen, aber mit Pfefferminztee war das ein ziemlich hoffnungsloses Unterfangen. Zu allem Übel glitt ich in meinen Wandersocken dann auch noch auf den glatten Fliesen aus und stieß mir an der WC-Tür den großen Zeh, der nun höllisch wehtat.

Trotz allem schlief ich in dieser Nacht erstaunlicherweise wie ein Murmeltier. Das muss an den dreißig Kilometern gelegen haben, die wir nach diesem Wandertag in den Knochen hatten. Und dank des Polarschlafsackes, den mir Hedy geliehen hatte (»Bis minus fünfundzwanzig Grad kein Problem, *echt niet*, Kerstin!«), kann ich auch nicht behaupten, dass ich wirklich fror. Zum Einschlafen allerdings gaben Jan Kees und ich uns nur einen wirklich sehr, sehr spitzen Kuss, da wir uns beide bereits in unsere Schlafsäcke eingeigelt hatten, den Reißverschluss bis zum Kinn hochgezogen, und keiner bereit war, sich auch nur einen Millimeter zu rühren – und das, obwohl wir uns längst wieder vertragen hatten.

Am nächsten Morgen musste ich dann, wie ich es in meinen schlimmsten Träumen vorhergesehen hatte, Schnee und Eis vom Zelt kratzen und – noch katastrophaler – *ohne* Kaffee! – mit meinem dicken Zeh, der immer noch ziemlich wehtat, zum nächsten Bahnhof marschieren, wo wir dann mit dem Zug zurück zum Auto fuhren.

Aber zum Abschluss unseres Survival-Wochenendes machten Willem und Hedy dann einiges wieder gut und luden uns bei sich zu Hause zum Abendessen ein. Sie wollten die neue Pastamaschine ausprobieren, die sie sich gerade geleistet hatten. Als wir dann gemeinsam bei Tagliatelle und Tomatensoße, beide selbst gemacht, samt einer großen Flasche Rotwein am Tisch saßen, konnte auch ich wieder überzeugt sagen: »*Het leven is goed, jongens!*«

Vor dem Essen hielt Hedy Wort und schenkte mir ihre zweite Survival-Stirnband-Taschenlampe: »Komm schnell mit nach oben!«, sagte sie und stieg vor mir in den ersten Stock, oder besser gesagt: kletterte, denn die Treppe in ihrem

Altstadthäuschen war – was ich für unvorstellbar gehalten hatte – noch steiler als die bei uns und verdiente eher die Bezeichnung Leiter.

Als Hedy dann nach der Lampe kramte, konnte ich einen Blick in ihren Kleiderschrank werfen und stellte wie erwartet fest, dass dort in der Tat kein einziger Rock hing und sich lediglich robustes Schuhwerk breitmachte. Beim Anblick meines Schrankinhalts würde sie wahrscheinlich in Ohnmacht fallen ... erst recht nach der Konfrontation mit meiner Schuhsammlung!

Bei der Erinnerung an unsere Wanderung musste ich laut auflachen. Grinsend verstaute ich den Schuhkarton mit den roten Pumps – allerdings doch nicht ganz hinten im Schrank. Denn, und das schwor ich mir, als ich die Tür zumachte: Mein Schrankinhalt würde nie so aussehen wie der von Hedy. Ich war ja durchaus zum Einbürgern und Integrieren bereit – aber alles hatte seine Grenzen! Außerdem gab es genug andere Bereiche, wo ich nicht darum herumkam, Zugeständnisse zu machen.

8. Kapitel Wieso ich mir als deutscher Patient vorkomme wie unter Barbaren, in der kulinarischen Wüste lande und mit Buttermilch statt Kir Royal zum Aperitif abgespeist werde

Die Stimme meiner Mutter am Telefon klang beunruhigt. »Kind, das musst du röntgen lassen«, sagte sie. Ich war ganz ihrer Meinung, denn mein großer Zeh tat immer noch weh und war auch stark geschwollen, aber, so antwortete ich: »Mein Hausarzt hält das nicht für nötig!«

»Dein Hausarzt? Du musst zum Orthopäden!«

Auch darin konnte ich meiner Mutter nur beipflichten. Aber ich lebte ja nun in den Niederlanden, und wer hier zum Facharzt will, muss davon erst einmal seinen Hausarzt überzeugen, der hat in diesem Land schon immer die Funktion eines Filters gehabt. Und dieser Filter ist in der Regel ziemlich undurchlässig: In den Niederlanden finden gut neunzig Prozent aller Arztbesuche beim Hausarzt statt. Und der, so musste ich mit einer Mischung aus Bewunderung und Entsetzen feststellen, ist ein regelrechter Alleskönner und nimmt seinen Facharztkollegen jede Menge Arbeit ab: Er erledigt den Abstrich für die Gebärmutterhalskrebskontrolle, schneidet gut gelaunt Muttermale aus der Haut, um dann fröhlich alles wieder zusammenzunähen. Und er erkennt, ob man sich etwas gebrochen hat oder nicht.

»Das ist bloß eine starke Stauchung«, diagnostizierte mir denn auch Dr. Veerman, unser junger und eigentlich recht netter Hausarzt.

»Wieso, können Sie etwa hellsehen?«, hätte ich am liebsten gekontert, denn Dr. Veerman hatte schließlich nur ein paarmal auf meinem dicken Zeh herumgedrückt. Doch diese Bemerkung schluckte ich herunter, zum Glück, denn Dr. Veerman sollte recht behalten.

Es dauerte zwar lange, aber nach drei Monaten ging es meinem Zeh wieder so gut wie vor der ungewollten Begegnung mit der Klotür in den Ardennen. Daran hätte auch ein Röntgenbild nichts geändert, bloß: Ohne war es halt billiger. Und das war ausschlaggebend. Ein guter Kalvinist wirft auch dann nicht mit Geld um sich, wenn es um seine Gesundheit geht. Diese Einstellung setzt sich inzwischen zwar auch in Deutschland durch, aber in den Niederlanden war das schon immer so. »Nicht klagen, sondern ertragen«, lautet hier das Motto. Anders ausgedrückt: »Was dich nicht umbringt, macht dich stark.«

Deshalb sind niederländische Hausärzte auch beim Verschreiben von Medikamenten äußerst zurückhaltend. »Brauche ich nicht wenigstens eine Salbe oder etwas, damit die Schwellung zurückgeht?«, fragte ich Dr. Veerman, nachdem mein großer Zeh und ich uns damit abgefunden hatten, dass wir ohne Röntgenfoto würden weiterleben müssen.

»Ach, das schwillt schon von selbst wieder ab, Salben sind doch nur Geldmacherei. Gönn deinem Fuß einfach etwas Ruhe«, antwortete mein Hausarzt und reichte mir mit einem strahlenden Lächeln zum Abschied die Hand. Ich traute meinen Ohren kaum, das war ich als deutscher Patient nicht gewohnt.

»Der hat mich doch tatsächlich ohne Rezept weggeschickt«, klagte ich noch am selben Abend meinem Liebsten in der Küche mein Leid.

»Wieso denn auch nicht, das macht der doch fast immer so«, antwortete Jan Kees und rührte in einem Topf herum, denn an diesem Abend war er mit dem Kochen dran.

Mir kam das seltsam vor. Also recherchierte ich später nach und entdeckte, dass tatsächlich kaum ein Volk so wenig Pillen und Medikamente schluckt wie die Niederländer – und kaum eines so viel wie die Deutschen und die Franzosen! Auch Antibiotika verschreibt ein niederländischer Hausarzt wirklich nur dann, wenn es nicht anders geht. Was den wesentlichen Vorteil hat, dass es hier viel weniger Antibiotikaresistenzen gibt – und damit auch weniger Krankenhauskeime.

Und die sind ja vor allem in Deutschland ein immer größer werdendes Problem.

»Ich finde sowieso, die deutschen Patienten sind ziemlich verwöhnt«, sagte mein Liebster und rührte weiter in seinem Kochtopf. Er glaubte sich dieses Urteil nach dem letzten Besuch bei meinen Eltern in Süddeutschland herausnehmen zu dürfen: »Diese eine Nachbarin von euch, Margit heißt sie, glaub ich, die war doch gerade operiert worden und kam aus der Kur zurück.«

»Na und?«, entgegnete ich.

»Kuren gibt es bei uns nicht«, stellte Jan Kees klar und hielt einen Moment mit dem Rühren inne. Da könne sich ein Niederländer nur an die Stirn fassen, das sei doch AB-SO-LUT überflüssig!

»Und dann hat diese Margit auch noch so von der Chefarztbehandlung geschwärmt, die ihr zuvor im Krankenhaus widerfahren ist.«

»Na und?«, entgegnete ich erneut.

»So etwas gibt es bei uns auch nicht«, stellte Jan Kees entrüstet klar. »Das ist ja FÜRCH-TER-LICH elitär!« Es fehlte nicht viel, und mein Liebster hätte sich beim bloßen Gedanken daran geschüttelt.

Das tat kurz darauf ich an seiner Stelle. Und zwar nicht nur, weil ich als verwöhnter deutscher Patient das niederländische Gesundheitssystem als AB-SO-LUT barbarisch empfand und mir vornahm, im Ernstfall jenseits der Grenze mein Heil zu suchen. Es gab mehr in diesem Land, das sich nur schwer schlucken ließ – und zwar buchstäblich.

»Sag mal, was kochst du da eigentlich?«, fragte ich misstrauisch. Gerade hatte Jan Kees den Kochtopfdeckel gelüftet und den Blick auf eine undefinierbare gelblichgrüne Masse freigegeben.

»Das ist *andijviestamppot*«, erklärte er gut gelaunt.

»*Andijvie-wat*?«, fragte ich zurück.

»*Andijviestamppot*«, erklärte mir mein Liebster geduldig, und mit leichtem Entsetzen konstatierte ich, dass ihm bereits das Wasser im Mund zusammenlief. »*Stamppot*, das ist Kartoffelbrei, und *andijvie* sind Endivien.« Ich kannte die Endivie nur als Salat. Wie in aller Welt konnte er sie nur als Gemüse missbrauchen, gnadenlos zerkochen und unter Kartoffelbrei rühren? Für die Niederländer jedoch ist das eine Delikatesse: »Mmh, *schatje, heerlijk!*«, schwärmte denn auch Jan Kees, als er die Schüssel auf den Tisch stellte.

Vincent van Gogh war nicht weit genug gegangen: Er hätte seine berühmten *aardappeleters* nicht vor einen Topf dampfende Kartoffeln setzen sollen, sondern vor dampfenden Kartoffel*brei*. Denn auf *stamppot* sind die Niederländer geradezu versessen, und sie schrecken auch nicht davor zurück, ihm alles Mögliche unterzujubeln: Grünkohl mit Wurst, Rüben mit Zwiebeln oder *andijvie* mit Speck- oder Käsewürfeln – bei besonderen Anlässen sogar beides. Hauptsache, es ist weich und matschig.

In dieser Konsistenz jedenfalls essen die Menschen in diesem Land ihre Nahrungsmittel am liebsten. Ich fragte mich lange, warum das so ist, und konnte keine Antwort finden. Vielleicht wegen des angeblich so rauen maritimen Klimas, das zugegebenermaßen vom mediterranen etwas abweicht? Oder wegen des jahrhundertealten Kampfes gegen das Wasser? Vielleicht will man dann zumindest beim Essen keinen Widerstand fühlen?

In der Tat ist auffallend viel Essbares weich, angefangen beim schlappen Toastbrot bis hin zum Nationalgericht *pannenkoek*, sozusagen die Weichausgabe der Pizza oder die Polderversion: So wie die Italiener ihre Pizze, belegen auch die Holländer ihre *pannenkoeken* mit allem Möglichen. Und das war meine Rettung: Schnell wurden die *pannenkoeken* so wie die Krabbenbrötchen und die *lekkerbekjes* für mich zu kleinen Oasen in der kulinarischen Wüste.

Sollte aus Versehen etwas auf niederländischen Tellern landen, das vom Gebiss einen gewissen Mindesteinsatz verlangen könnte, dann wird es mit der Gabel so lange zerquetscht, bis eine *stamppot*-artige Masse entsteht und jeglicher Widerstand erlischt. »*Prakken*« nennen die Niederländer diesen Missbrauch der Gabel, den auch Jan Kees meisterlich beherrschte. Fassungslos musste ich bei einem unserer ersten Abendessen zu Hause dabei zusehen, wie er meine liebevoll geschichtete und wunderbar gelungene Quiche aus mehreren Lagen völlig gefühllos zerlegte, zerdrückte und dann auch noch zu verrühren versuchte.

»Entschuldige bitte, dass ich dir nicht gleich *stamppot* vorgesetzt habe!«, giftete ich ihn an.

Doch er schaute mich nur aus seinen großen, unschuldigen graugrünen Augen an: »*Schatje,* was hast du denn? Im Magen sieht es doch genauso aus! Das machen wir hier so, das heißt *prakken.*«

Auf die Optik schienen mir die Niederländer beim Essen wenig Wert zu legen. Ich musste wohl froh sein, dass mein Liebster einer Generation angehörte, die sich an so exotische Speisen wie Spaghetti gewöhnt hatte oder gar so weit ging, sich ganz revolutionär eine Pastamaschine zuzulegen wie Willem und Hedy. Meinem Schwiegervater in spe jedenfalls brauchte ich damit nicht zu kommen. Bei seinem ersten Abendessen in unserem neuen Haus hatte ich meine Lieblingsspaghetti gekocht, mit denen man eigentlich nichts falsch machen konnte und die auf jeder Party in München ein Riesenerfolg gewesen waren. Doch was tat Piet? Der verlangte als Erstes ein Messer, um sie zu zerlegen, stocherte sichtbar lustlos auf seinem Teller herum und leerte ihn – auch das war ihm deutlich anzusehen – nur aus Höflichkeit. Allerdings brachte er es nicht mehr fertig, auch noch die Bemerkung herunterzuschlucken, dass er solche *slierten,* oder wie diese langen Würmer auch heißen mochten, nicht wirklich brauchte. Denn am liebsten hatte der alte Piet jeden Tag aufs Neue, Woche um Woche, Jahr um Jahr einfach nur Fleisch, Gemüse und Kartoffeln: *vlees, groenten, aardappelen.* Das war die kulinarische Dreifaltigkeit der Kalvinisten.

Dabei konnte ich meinem Schwiegervater noch nicht einmal vorwerfen, seine Grenzen in Sachen Essen nicht gesprengt zu haben: Immerhin mochte er *Saté met Pindasaus,* Fleischspießchen mit Erdnusssoße. Aber das war wie mit

Hans und Hänschen, das hatte er schon als junger Soldat in Indonesien zu essen gelernt, und das war als kulinarisches Kolonialerbe auch längst Bestandteil der Polderküche geworden.

Ich hatte nichts gegen diese Einflüsse einzuwenden, im Gegenteil, trotz meiner doch eher pazifistischen Grundeinstellung war ich sogar heilfroh über den Eroberungsdrang, den meine neuen Landsleute als Seefahrernation im goldenen 17. Jahrhundert in Südostasien an den Tag gelegt hatten. Denn das bescherte mir vierhundert Jahre später meine größte kulinarische Oase: die Reistafel. Wenn wir so richtig Hunger hatten und viel Zeit, gab es nichts Schöneres, als an einem Restauranttisch zu sitzen, der mit unzähligen dampfenden kleinen Schüsselchen bedeckt war, aus denen die unterschiedlichsten exotischen Gerüche aufstiegen, einer verführerischer als der andere, mal mit Kokos, mal mit Curry, mal mit *pindas*. Schnell hatten Jan Kees und ich auch unseren Lieblingsindonesier gefunden, ein ganz kleines Restaurant gleich neben dem Stadhuis in der Korbmachergasse, dem Mandenmakerssteeg. Dort ließen wir uns regelmäßig blicken, und der Küchenchef wusste bald genau, welchen Scharfheitsgrad er uns bei der *rijsttafel* zumuten konnte.

Holländer vom alten Schlag wie mein Schwiegervater in spe hielten das Verzehren einer *rijsttafel* natürlich für Zeit- wie auch für Geldverschwendung. Über die Schwelle eines Restaurants hatte man sich sowieso nur dann zu wagen, wenn es wirklich unvermeidlich war, wie zum Beispiel bei Hochzeiten oder runden Geburtstagen. Und dann suchte man auch nicht irgendein Restaurant auf, nein, es sollte schon ein Van der Valk sein. Denn da wurde man nicht über den Tisch gezogen, sondern konnte für sein Geld wenigstens auch richtig satt werden. Oder wie der Holländer zu sagen pflegt, wenn er ein Schnäppchen macht oder für das Wenige, das er bietet, wider Erwarten viel zurückbekommt: Da sitzt er »*voor een dubbelte op de eerste rij*«, für zweimal fünf Cent in der ersten Reihe.

Kein Wunder also, dass für die meisten Niederländer das erste Restaurant, das sie in ihrem Leben von innen zu sehen bekommen, ein Van-der-Valk-Restaurant ist – und bei vielen bleibt das im Laufe ihres Lebens auch so. Immerhin ist die gleichnamige Familiendynastie, deren Restaurants und Motels die Nation inzwischen flächendeckend überziehen, dank kalvinistischer Tugenden wie »hart arbeiten und nicht klagen« groß geworden. Paterfamilias Gerrit van der Valk, der wie eine Art Godfather an der Spitze des Unternehmens stand und mit siebenunddreißig Enkelkindern gesegnet war, galt als väterlich und *bikkelhard*, beinhart: Alle kleinen van der Valks wurden, sobald sie zwölf waren, in der Bedienung eingesetzt, damit sie das Fach von der Pike auf lernten, bevor ihnen die Leitung einer Filiale anvertraut wurde. Ome Gerrit, der Onkel, war auch mit fünfundsiebzig noch topfit, und als er gefragt wurde, warum, sagte er: »Jeden Tag Gemüse, nicht zu viel Kartoffeln und ein großes Stück Fleisch.«

Ich muss niemandem erklären, dass er Piet damit aus dem Herzen sprach und dass dieser, wenn ein Restaurantbesuch unvermeidlich wurde, denn auch das nächste Van-der-Valk-Restaurant aufsuchte: die *Haagsche Schouw*, malerisch am *Oude Rijn* gelegen mit grün-roten Fensterläden. Hinter denen saßen auch wir, als er selbst fünfundsiebzig wurde – und zwar an einem ellenlangen Tisch, denn auch Jan Kees' Vater stammte aus einer kinderreichen Familie. Er hatte zwölf Brüder und Schwestern, von denen die weitaus meisten noch lebten. Das galt auch für die sieben Geschwister seiner verstorbenen Frau, und alle hatten unzählige Neffen und Nichten im Schlepptau. Manche waren in den Fünfzigerjahren nach Kanada oder Australien ausgewandert, aber für dieses große Familienereignis extra angereist. Der alte Piet thronte am Tischende, und auch er hätte sich wie ein Paterfamilias fühlen können, wenn er mit seiner Fahrschule etwas mehr Expansionsdrang bewiesen hätte und nicht das jüngste der dreizehn Geschwister gewesen wäre.

Ich saß eingekeilt zwischen Jan Kees und seiner inzwischen achtjährigen Tochter Daphne, die ich zu diesem Anlass in ein Blümchenkleid mit Spitze von H & M gesteckt hatte. Mit ihren weizenblonden Zöpfchen sah sie zum Anbeißen aus und benahm sich auch tadellos, was allerdings vor allem daran lag, dass alles nicht allzu lange dauerte und Kinder hier mit der Zauberformel »*kippepootjes met friet en appelmoes*« bezirzt wurden: Hähnchenschlegel mit Pommes frites und einer großen Portion Apfelmus, auf dem eine knallrote Cocktailkirsche thronte. Dieses von einer Kirsche gekrönte *appelmoes*, so erfuhr ich, ist so etwas wie ein Markenzeichen und weckt bei ganzen Generationen von Niederländern Kindheitserinnerungen an ihren ersten Restaurantbesuch: »Genau das habe ich als Kind auch gegessen«, bekannte Annemieke, jene Cousine von Jan Kees mit dem *drop*-Abonnement aus Toronto, die uns schräg gegenübersaß und zum Geburtstag ihres Onkels angereist war.

Annemieke selbst entschied sich wie die meisten Erwachsenen für *tomatensoep*, eine für die Holländer typische Vorspeise, gefolgt von einer *aardappel-groenten-vlees*-Kombination. Welch eine Überraschung! Auch in mir wurden Kindheitserinnerungen wach, denn zum Nachtisch gab es eine Portion Eis mit Papierschirmchen: Das hatte ich, als ich so alt war wie Daphne, mal auf einer Bodenseerundfahrt mit dem Dampfschiff bekommen. Zur Feier des Tages genehmigte sich Piet zusammen mit seinen Brüdern und Schwagern schließlich noch einen *Oude Jenever*.

»*Proost!*«, sagten sie im Chor, und das war's dann auch schon. Ein Restaurant würden sie erst wieder aufsuchen, wenn der nächste runde Geburtstag drohte, was angesichts der beiden kinderreichen Familien allerdings schon bald der Fall sein konnte. Dieses Festessen jedenfalls war nach noch nicht einmal zwei Stunden abgeschlossen. Die Franzosen, so wusste ich nur allzu gut aus eigener Erfahrung, waren dann in der Regel noch nicht einmal bei der Hauptspeise angelangt.

Aber für die Niederländer ist Essen halt eher eine Art notwendiges Übel, für das man Arbeiten und Geldverdienen unterbrechen muss und das man deshalb möglichst schnell hinter sich bringen sollte. Schon der in Holland lebende portugiesische Schriftsteller Rentes de Carvalho hatte konstatiert, dass Nichtstun für die Niederländer unerträglich sei: »Zeit zu verlieren ist für sie nicht nur Sünde, sondern auch ein Beweis von Schlappheit.«

Daran liegt es vielleicht auch, dass bei diesem alten Handelsvolk erst am Abend warm gegessen wird, nach getaner Arbeit. Das Mittagessen ähnelt einer Zwischenmahlzeit – einem *Quickie*, den man notfalls auch im Stehen hinter sich bringen kann: Man verdrückt ein *broodje kaas* oder deckt sich am Schnellimbiss mit einer *kroket* ein: einer Art zu groß geratener Kartoffelkrokette, aber gefüllt mit einer undefinierbaren Mischung, in der sich bestenfalls auch Fleisch befinden sollte. In runder Form sind diese Kroketten auch als *bitterballen* bekannt und werden beim Aperitif in Senf getunkt.

Wer glaubt, der kulinarische Tiefpunkt sei damit erreicht, irrt: Noch schlimmer als *kroket* und *bitterbal* ist die *frikandel,* die ist länger und dünner als die *kroket,* nackt, da ohne Paniermehl, gummiartig, schlapp und weich (nein, ich bringe jetzt keine sexuellen Vergleiche) – und wohl gerade deshalb der Lieblingssnack der Niederländer. Am liebsten ziehen sie ihn sich »aus der Mauer«, sprich: aus dem Essautomaten, denn das geht am schnellsten: Geld rein, Glasklappe auf, *frikandel* raus.

Rijn zog sich seine letzte *frikandel* immer auf seiner spätabendlichen Gassirunde mit seinem Hund, einem Labrador. Wegen des braunen Fells hatte er ihm den Namen einer beliebten Schokoladensorte verpasst: *Kwatta.* Diese letzte Runde liebte Kwatta am meisten, denn sein Herrchen vergaß nicht, auch ihn jedes Mal mit einer *frikandel* aus der Mauer zu beglücken: Happ – und weg war sie.

»Ich würde damit ja noch nicht einmal meinen Hund füttern«, erlaubte ich mir zu sagen.

»Hast aber keinen«, konterte Rijn.

Viel stilvoller und raffinierter geht es auch bei Geschäftsessen nicht zu. Das merkte ich recht schnell, nachdem ich als freie Auslandskorrespondentin für deutsche Medien zu arbeiten begann und regelmäßig im internationalen Pressezentrum Nieuwspoort in Den Haag an Presseessen teilnahm, sogenannten *working lunches.* Und egal, ob es nun Minister waren oder andere Schlüsselfiguren aus der niederländischen Wirtschaft und Gesellschaft – jedes Mal standen auf dem Tisch zwei große, mit Zellophan verpackte *Broodjes*-Berge und daneben Kannen mit einer weißen Flüssigkeit.

»Ist das Milch?«, fragte ich flüsternd die Korrespondentin der französischen Nachrichtenagentur afp, die neben mir saß.

»*Attention*«, raunte sie zurück. »Links, das ist Milch, rechts Buttermilch.« Daraufhin guckte sie mich vielsagend von der Seite an und meinte mit sichtlichem Schaudern: »*Incroyable, non?*«

Viele ausländische Gesprächspartner wie die Chefankläger der internationalen Tribunale oder Europaparlamentarier auf Den-Haag-Besuch werden ihr da vermutlich beipflichten. Während selbst der niederländische Ministerpräsident mit der größten Selbstverständlichkeit sein Glas Milch trinkt und ein *broodje* verputzt, erstarren die ausländischen Repräsentanten in der Regel erst mal wie vom Donner gerührt, vor allem wenn sie aus kulinarischen Hochburgen wie Paris oder Brüssel kommen, wo auch mittags stundenlang getafelt wird, inklusive Aperitif und Wein. Da kommt es angesichts der Buttermilch schon mal vor, dass so mancher hohe Gast aus dem Ausland beschließt, das Mittagessen lieber ganz ausfallen als sich mit so etwas abspeisen zu lassen.

Mit dem Abendessen gibt sich der Niederländer ein kleines bisschen mehr Mühe. Es findet in der Regel um Punkt sechs Uhr statt. Dann herrscht auf Straßen und in Geschäften gähnende Leere, denn da sitzt der Niederländer am Tisch. Und dabei will er auch nicht gestört werden, noch nicht einmal von seinen engsten Freunden. Denn die Abendmahlzeit ist für ihn etwas ganz Intimes – »fast schon wie Sex!«, fand der nepalesische Anthropologe Rajendra Pradhan.

Ich musste laut lachen, als ich dieses Zitat in einem Zeitungsartikel las: Wenn das so wäre, hätte ich meine Koffer wirklich längst wieder gepackt oder wäre vermutlich gar nicht erst bei Jan Kees eingezogen. Unser Sex war zum Glück dann doch etwas raffinierter als die niederländische Küche!

Von einem liebevollen Vorspiel kann selbst bei der Zubereitung der warmen Hauptmahlzeit keine Rede sein. Um dies festzustellen, reicht ein Blick in die Regale der Supermärkte: Dort häuften sich schon Anfang der Neunzigerjahre die Plastiksäckchen mit fix und fertig geschnittenen Gemüse- und Salatmischungen, für einen Aufpreis sogar schon gewaschen. Selbst die Kartoffeln gab es vorgekocht, geschält und geschnippelt zu kaufen. Es brauchte alles nur noch in einen Topf geworfen und auf den Herd gestellt zu werden.

Nun verstand ich auch, weshalb mein selbst gebackener Marmorkuchen beim ersten Kaffeekränzchen mit den Nachbarn so viel Aufsehen erregt hatte: Die Niederländerinnen zaubern ihre Sandkuchen und *appeltaarten*, wenn sie nicht vom Bäcker stammen, aus eingeschweißten Verpackungen oder rühren sie aus Backmischungen an. Backmischungen! Meine Freundinnen in Deutschland würden sich mit Grausen abwenden. Niemals, auch wenn ich nun in Holland lebte, würde so etwas in meinem Einkaufswagen landen. Das schwor ich mir – so wie ich mir geschworen hatte, mir beim Inhalt meines Kleiderschranks treu zu bleiben.

Zugleich entwickelte ich geradezu missionarischen Eifer. Mein erstes Opfer war Daphne. Die stand schon bald begeistert mit mir in der Küche und rührte fasziniert im Kuchenteig herum.

Ansonsten hielt ich mich an die legendären Worte von Altfußballer Johan Cruyff: *Ieder nadeel heeft zijn voordeel* – Jeder Nachteil hat seinen Vorteil. Ist Buttermilch nicht ausgezeichnet für den Teint und hat auch noch wenig Kalorien? Und mal ganz abgesehen von den schlabbrigen *broodjes*: Der Käse, mit dem sie belegt waren, entpuppte sich als kulinarischer Lichtblick – Ehre, wem Ehre gebührt: »Vergiss, was Du vakuumverpackt an Gouda oder Leerdammer in deutschen Supermarktregalen antriffst«, schrieb ich voller Begeisterung an Christine ins ferne München. »Bei Deinem nächsten Besuch musst Du Dich hier unbedingt mit echtem holländischen Bauernkäse eindecken, mit *boerenkaas*.« Und zwar auf dem Markt oder in einem der vielen kleinen Käselädchen, wahlweise *jong* oder *belegen*, was pikant bedeutet, mit Kümmel,

Schnittlauch oder *au naturel*, entweder als Stück aus einer wagenradgroßen Käsetorte oder als ganze Käsekugel. Mit der beglückte ich bei meinem ersten Heimatbesuch auch meine beiden Geschwister, denen nichts Besseres einfiel, als damit erst mal Handball zu spielen.

Selbst wurde ich ebenfalls zum Großabnehmer und konnte es kaum erwarten, bis montags am späten Nachmittag *kaasboer* Ed vor der Tür stand, unser Käsehändler, der bewies, dass es auch schwarz gelockte Holländer gibt. Ed hatte das Geschäft seines Vaters übernommen und bediente seine Kunden ganz nostalgisch an der Tür so wie bei uns früher der Milchmann. Er strotzte nur so vor Elan und Fröhlichkeit; jedes Mal, wenn ich die Haustür öffnete, schien eine Welle der Lebensfreude durch unseren Flur zu wogen.

»Haaaaaaaaallo!«, pflegte Ed zu sagen, wobei er die zweite Silbe losließ wie das Projektil einer Spatzenschleuder und strahlte wie ein Honigkuchenpferd. » *Wat mag het zijn* – was darf es sein?« Ich begleitete ihn dann zu seinem Lieferwagen, unter dessen Heckklappe er eine Käsetheke mit Dutzenden von Sorten hervorzauberte, um mich jedes Mal vor die Qual der Wahl zu stellen.

Wissenschaftlern zufolge hat der große Käsekonsum der Niederländer wesentlich mit dazu beigetragen, dass sie wie kein anderes Volk auf Erden in die Höhe schossen. Männer, so recherchierte ich nach, wurden durchschnittlich 1,84 Meter groß, Frauen brachten es auf 1,71 Meter. Damit waren sie jeweils fünf Zentimeter länger als der Rest Europas – und das waren bloß Durchschnittswerte. Ich brauchte ja nur meinen Liebsten anzuschauen: Denn um Jan Kees, der es auf gute 1,90 Meter brachte, in die Augen zu blicken, musste ich auf einen Schemel steigen. Auch die Frauen hier überragten mich alle, ich war mit meinen 1,68 Metern immer die Kleinste. »Du bist hier ja auch eine Art Südländerin im hohen Norden«, witzelte Jan Kees.

Den Forschern zufolge, so recherchierte ich weiter, waren zwar die Gene für das Wachstum eines Volkes ausschlaggebend: Jedes Volk hatte eine Obergrenze, die es im Laufe mehrerer Generationen erreichte – und in guten Zeiten, ohne Krieg und Hungersnot, wuchsen Kindern ihren Eltern immer ein paar Zentimeter über den Kopf. Aber es gab offenbar noch ein paar wachstumsfördernde Faktoren, die hinzukamen – viel Bewegung zum Beispiel und eiweißreiche Ernährung: »Und wir Niederländer, das hast du ja selbst schon gemerkt, fahren nun mal sehr viel Rad und konsumieren jede Menge Milch und Käse«, erläuterte mir Jan Kees.

Ich nickte zustimmend: »Vergiss die Buttermilch nicht.«

Jan Kees hatte sogar schon überlegt, sich einer Stiftung anzuschließen, die sich für die Probleme zu lang geratener Mitbürger einsetzte. »*Languit*«, hieß sie, zu Deutsch »lang aufgeschossen«. Denn Schreibtische waren zu niedrig, Besenstiele zu kurz, Autos zu klein, und auch Jan Kees musste sich regelrecht falten, bevor er sich in einen dieser blau-gelben Doppeldeckerzüge setzen konnte.

»Ein Bekannter von mir hat neulich einen Prozess angestrengt, um eine Genehmigung für einen Schlafzimmeranbau zu bekommen«, wusste mir Sexie-Hexie-Janine zu berichten, als sie eines Morgens auf ein *kopje koffie* hereinschneite. Der Mann sei über 2,10 Meter, nach Jahren des Suchens habe er endlich ein extra langes Bett gefunden – doch das passe nun nicht mehr in sein altes Schlafzimmer. »Und stell dir vor, eine meiner Enkeltöchter, die schluckt jetzt sogar Hormone, um ihr Wachstum zu bremsen!« Mit einem tiefen Seufzer rückte sich Janine die Brille auf der Stupsnase zurecht; sie hatte sich an diesem Tag für ein quietschrosa Modell entschieden. »Die arme Kleine! Schon mit dreizehn war sie 1,74 groß!« Lotje hieß das Kind, mit kurzem o, wie Lottje. »Jeden Morgen hat sie ängstlich nachgeprüft, ob sie über Nacht weiter gewachsen war.« Die kleinen waagrechten Bleistiftstriche auf ihrer Zimmertür seien noch immer zu sehen. »Wenn Lotje auf einer Klassenfete mit einem Jungen tanzen musste, der ihr nur bis zur Brust reichte, war sie todunglücklich.« Dank der Hormone jedoch hofft nun die ganze Familie, dass Lotje es bei 1,78 Metern belässt und somit zu wachsen aufhört. »Dann kann sie ihre Länge immer noch nutzen, um

Fotomodell zu werden«, meinte Janine, denn sie war sehr praktisch eingestellt. Worauf sie einen Moment nachdenklich schwieg und dann beim Absetzen der Kaffeetasse zu bedenken gab: »Vorausgesetzt, sie geht nicht weiter in die Breite.« Die jungen Dinger heutzutage, die hätten ja kaum noch Disziplin, seufzte Sexie-Hexie-Oma, die selbst immer noch eine tadellose Figur hatte: »Die kommen an keinem Jamin-Laden vorbei.«

Jamin war ein *snoepgoed*-Geschäft, eine Naschladenkette. Sie durfte in keiner niederländischen Einkaufsstraße fehlen, auch in der Leidener Haarlemmerstraat nicht – und wenn ich Daphne mit dabeihatte, kam auch ich nicht daran vorbei. Erinnert sich jemand an das Pippi-Langstrumpf-Kapitel, in dem Pippi alle Kinder in dem kleinen schwedischen Dorf in den bunten Bonbonladen einlud, wo sich jeder nach Herzenslust durchnaschen durfte, bis ihm schlecht wurde? Genau das würden auch niederländische Naschkatzen, und zwar große wie kleine, beim Betreten eines Jamin-Ladens gerne tun: An den Wänden ringsherum von oben bis unten hängen Boxen mit Naschwaren in allen erdenklichen Formen und den grellsten Farben. In jeder Box steckt praktischerweise ein Schäufelchen, mit dem sich auch noch die größte der kegelförmigen Plastiktüten, die in Reichweite zum Abreißen hängen, problemlos füllen lassen – bis an den Rand, mit maximal einem Kilo.

Ähnlich paradiesisch wie bei Jamin fühlte sich Daphne nur in der Frühstücksabteilung eines Supermarktes zwischen den *hagelslag*-Packungen. *Hagelslag* sind bunte Zucker- oder Schokoladenstreusel, mit denen unsereiner Torten dekoriert. Aber so wie die Niederländer nicht davor zurückschrecken, Salat als Gemüse zu missbrauchen, scheuen sie sich auch nicht, Kuchendekorationen zu Brotbelag umzufunktionieren.

Hagelslag darf so wie das Glas *pindakaas*, Erdnussbutter, auf einem anständigen niederländischen Frühstückstisch nicht fehlen, damit wachsen hier fast alle Kinder auf. Und sowohl Daphne als auch Jan Kees gerieten dabei so ins Streufieber, dass ich endlich den Nutzen der kleinen Tischstaubsauger erkannte und mir erstmals in meinem Leben einen anschaffte – denn je größer das Streufieber, desto mehr geht daneben.

So wie *drop* gibt es auch *hagelslag* in allen erdenklichen Formen, Farben und Geschmäckern: mit weißer, brauner und dunkler Schokolade, als Flocken, rot-orange-gelb mit Fruchtgeschmack oder als *muisjes*, Mäuschen, mit Anisgeschmack. Mit *muisjes* bestreut man zur Geburt eines Kindes traditionell Zwieback, der dann an die Besucher verteilt wird – ist es ein *jongen*, gibt es hellblaue *muisjes*, bei einem *meisje* haben sie rosa zu sein.

Meine ersten *muisjes* waren rosa. Ich aß sie zusammen mit Jan Kees, Willem und Rijn in Amsterdam – und zwar bei Tessa, der fünf Tage alten Tochter von Marieke. Die war nicht nur völlig anders als geplant umgezogen, sondern auch schneller, als sie wollte, ins Mutterglück geraten. Sechs Jahre nachdem ich sie in der Küche von Jan Kees' Apartment kennengelernt hatte, kam Tessa zur Welt, und zwar ziemlich genau neun Monate nach Mariekes letztem One-Night-Stand.

9. Kapitel
In dem Marieke ihrem Hockeyspieler den Laufpass gibt, während ich die Belgier erstmals mit niederländischen Augen betrachte und im Amsterdamer Rotlichtbezirk nachvollziehe, wieso etwas Verbotenes durchaus erlaubt werden kann

Mit Marieke hatten wir regelmäßig Kontakt, auch wenn wir jetzt nicht mehr im selben Haus wohnten. Sie schaute oft bei uns vorbei, oder wir trafen uns in der Stadt auf einen Kaffee oder ein Glas Wein. Bei dieser Gelegenheit erfuhren wir dann auch immer en détail die neuesten Entwicklungen in ihrem Liebesleben. Da ihr Hockeyspieler darin zunehmend ins Abseits geriet, verwunderte es uns nicht sonderlich, als sie uns eines Tages eröffnete, dass sie ihm den Laufpass gegeben hatte. Er mochte noch so gut aussehend sein – aber ohne auch nur ein Quäntchen jener magischen Anziehungskraft, die Paare zu Liebespaaren macht, half das nichts. Tessas Erzeuger hingegen brauchte sie nur anzugucken, und schon flogen die Funken.

Nach der ersten Nacht versuchte sie eine Woche lang hartnäckig, seine Existenz zu vergessen und ihn in die lange Reihe ihrer One-Night-Stands einzuordnen – vergeblich.

»Ich kriege ihn nicht mehr aus meinem System«, eröffnete sie uns eines Samstagabends, als wir sie zum Spaghettiessen eingeladen hatten. Dass sie zu diesem Zeitpunkt bereits schwanger war, wusste sie nicht. »Ich glaube, ich werde ihn jetzt doch mal zurückrufen«, kündigte sie mit einem tiefen Seufzer an und nahm sich noch eine Portion Nudeln. Drei Mal schon hatte er versucht, sie zu erreichen. »Eigentlich ziemlich wenig, oder?«, fand sie. »Und das erste Mal erst nach drei Tagen, eine Frechheit!«

Jedenfalls war sie unfähig, länger Widerstand zu leisten,

und seinem Charme völlig erlegen – während ihre Eltern außerstande waren, dies nachzuvollziehen. Vor allem ihre Mutter unter dem Reetdach ihrer Luxusvilla im fernen Wassenaar war einem Herzanfall nahe.

Wie nur konnte ihre Tochter die beste Partie im ganzen Land abblitzen lassen für einen dahergelaufenen Jurastudenten – einen, der auch noch aus Antwerpen kam! Denn auf die Belgier schauten die Niederländer ein wenig herab, über die machten sie sich gerne lustig, so wie Norddeutsche über Ostfriesen Witze reißen oder die Bayern über die Österreicher. Wobei das Gefühl der moralischen Überlegenheit der Niederländer auf den achtzigjährigen Krieg zurückgeht, den Unabhängigkeitskampf gegen die Spanier, der 1648 mit dem Westfälischen Frieden endete: Seht her, wir im Norden haben es damals geschafft, das spanische Joch abzuwerfen und zur Republik zu blasen – uns fehlte dazu nicht der Mumm so wie euch Weicheiern in den einstigen südlichen Provinzen, dem heutigen Belgien!

Der dahergelaufene Jurastudent hieß Thibaut. Im Gegensatz zu seinem Vorgänger, dem Hockeyspieler, wies er zwar keinerlei Ähnlichkeiten auf mit Brad Pitt, er war eher klein und schlaksig gebaut. Doch mit seinem dunklen Lockenkopf und den braunen Augen hinter der runden Nickelbrille sah er einfach süß aus. Das Beste aber war, dass er Zimmermannsblut in den Adern hatte und aus einer alten Schreinerfamilie stammte: Etwas Besseres hätte Marieke mit ihren zwei linken Händen nicht passieren können, denn Thibaut hatte zwei rechte.

Damit hätte Marieke ihre Eltern vielleicht noch überzeugen können, denn die Niederländer sind in der Regel ja sehr pragmatisch eingestellt. Doch sie setzte noch eins drauf, indem sie Leiden den Rücken kehrte – und damit auch der altehrwürdigen *Faculteit der Rechtsgeleerdheid* der Universität Leiden, wo schon Königin Beatrix die Hörsaalbank gedrückt hatte und mit ihr jeder, der zur juristischen Elite des Landes gehören wollte. Marieke hingegen fasste den ungeheuerlichen Entschluss, ihr Examen in Amsterdam abzulegen, bloß um mit ihrem Liebsten zusammenziehen zu können. *Onge-looflijk!* Und damit nicht genug: Sie wohnte dort auch noch *antikraak* – und zwar, ihre Mutter muss nach Luft geschnappt haben, mitten im Rotlichtbezirk, *op de Walletjes*, auf den Wallen.

Antikraak bedeutete, dass ein Haus von *antikrakern* bewohnt wurde, um es vor den Hausbesetzern, den *krakern*, zu schützen. Denn in den Niederlanden war *kraken* bis 2010 ganz legal – vorausgesetzt, ein Gebäude stand länger als zwölf Monate leer. Dann ging das Recht auf ein Dach über dem Kopf vor das Eigentumsrecht. Aus Angst vor Hausbesetzern wandten sich viele Besitzer leer stehender Immobilien deshalb an eine sogenannte *Antikraak*-Firma, die das betreffende Gebäude dann mit Zwischenmietern besetzte. Schätzungen zufolge wohnten 2009 bis zu 50 000 Niederländer *antikraak* – vor allem Menschen mit wenig Geld wie Künstler und Studenten. Oder Männer, die in Scheidung lebten und schnell ein anderes Dach über dem Kopf brauchten.

Dieses Dach fiel in vielen Fällen sehr ungewöhnlich aus, normalerweise könnten es sich die Zwischenmieter gar nicht leisten. Denn sie landeten in Schlössern, Klöstern, Kasernen und Supermärkten, in Landhäusern, Luxusvillen oder – so wie Thibaut und Marieke – in einem prachtvollen, wenn auch etwas verfallenen alten Patrizierhaus auf den Wallen. Und zwar für »*een appel en een ei*«.

»Dafür haben sie aber auch kaum Rechte und können innerhalb von zwei Wochen wieder vor die Tür gesetzt werden«, schnaubte Willem, als wir uns zusammen mit Jan Kees und Rijn auf den Weg zu Marieke machten, um Baby Tessa erstmals zu bewundern und *muisjes* zu essen. *Kraamvisite* nennen die Niederländer das, wörtlich übersetzt »Wochenbettbesuch«.

Willem hatte für Mariekes Entschluss, *antikraak* zu wohnen, kein gutes Wort übrig. Als Alt-*kraker* waren die *antikraker* für ihn natürliche Feinde. Erstens, so ereiferte er sich, »untergraben die *antikraker* die schwer erkämpften Rechte der normalen Mieter – immerhin haben sie noch weniger Rechte als die *kraker* und bezahlen dafür auch noch!« Das sei einfach nicht solidarisch, wetterte er, als wir den Amsterdamer Hauptbahnhof verlassen hatten und schräg gegenüber auf die Heiliger-Nikolaus-Kirche zusteuerten, um dort ins Rotlichtviertel einzutauchen.

»Zweitens lassen sie sich von Immobilienbesitzern als Instrument für deren Spekulationen missbrauchen.« Das wiederum sei moralisch verwerflich. »Und drittens geht es bei den *Antikraak*-Firmen um Schmarotzer, schließlich verdanken sie ihre Existenz ausschließlich uns: Denn ohne *kraker* keine *antikraker*«, betonte Willem missbilligend, als wäre er selbst noch in der Hausbesetzerszene aktiv, und bog mit uns an der Nikolauskirche links ab auf den *Zeedijk*. »Marieke hätte besser Nägel mit Köpfen machen und wie so viele Amsterdamer Studenten gleich ein Haus *kraken* können.«

Ich fand, dass er ihr da Unrecht tat: »Na hör mal, das kannst du nicht von ihr verlangen. Sie war weiß Gott schon extrem genug, überleg doch nur, aus welchem Nest sie kommt«, sagte ich und blieb stehen, denn Jan Kees hatte endlich einen Tabakladen erspäht, wo er sich mit einer neuen Packung *Javaanse Jongens* eindecken konnte.

»*Klopt!*«, stimmte mir Rijn zu. Der Abstieg vom *Hockeymeisje* zur aktiven Antikrakerin sei schließlich schon steil genug: »Denk doch nur mal an die armen Eltern!«, meinte er. »Da glauben sie, ihr Kind gut durch die Pubertät gelotst zu haben, und dann beginnt es Ende zwanzig doch noch verspätet zu rebellieren. Schrecklich!« Die Erleichterung darüber, dass wenigstens seine älteste Tochter längst unter einer gutbürgerlichen Haube war und ihr dank des zweiten Kindes, das sie gerade bekommen hatte, auch keine Zeit blieb, auf dumme Gedanken zu kommen, war ihm deutlich anzusehen.

Wir standen auf einer Brücke, während Jan Kees sich einen *shag* rollte, und blickten auf eine der ältesten Grachten Amsterdams mit dem unaussprechlichen Namen *Oudezijdsvoorburgwal*.

»*Oude Zijds* bedeutet ›alte Seite‹, und *Voorburgwal* ist der vordere Burgwall«, erklärte mir Rijn.

»Dann gibt es wohl auch einen hinteren?«, mutmaßte ich.

»*Klopt*, das ist der *Oudezijdsachterburgwal* – da wohnt Marieke.«

Die Gracht wurde von pittoresken Lagerhäusern mit unzähligen kleinen Fensterläden gesäumt. An den Brückengeländern machten sich Dutzende abgestellter Räder den Platz streitig, und in der Ferne war der Turm der *Oude Kerk* zu sehen, der Alten Kirche.

Schon bei meinem ersten Amsterdambesuch, gleich nach dem Abitur auf einer Interrailreise, hatte ich mich darüber gewundert, dass diese Postkartenidylle, dieser älteste und malerischste Teil von Amsterdam, zugleich auch der berühmteste Sündenpfuhl der Welt sein sollte – Sodom und Gomorrha für die einen, Visitenkarte des liberalen Hollands für die anderen. Jacques Brel hatte ihn in einem seiner unvergesslichsten Chansons verewigt, *Dans le port d'Amsterdam*, und darin den Matrosen aus aller Welt ein Denkmal gesetzt, die hier »saufen, saufen und nochmals saufen«, so Brel, »*à la santé des putains d'Amsterdam*«, auf das Wohl der Huren von Amsterdam.

Der Hafen hatte sich längst nach Westen verlagert. Statt Akkordeonklängen drang moderne Popmusik aus den Kneipen und Bars. Und süßliche Hanfschwaden, die mich an meinen ersten Coffeeshopbesuch während jener Reise vor zehn Jahren erinnerten, bei dem mir prompt speiübel geworden war.

»Nach Joints dürfte es vor vierhundert Jahren auch schon gerochen haben«, wusste Willem, als wir Richtung *Oude Kerk* weiterliefen. Immerhin sei Hanf, die Pflanze, aus der Hasch und Marihuana gewonnen werden, auch der Grundstoff zur Herstellung von Tauwerk und Segeln. »Da glaubst du doch wohl selbst nicht, dass die Seeleute nicht auch entdeckt haben, dass sie das Zeug rauchen können!«

Aus den Matrosen allerdings waren inzwischen Horden total besoffener und bekiffter Rucksacktouristen geworden, die den Wortfetzen zufolge, die sie lallend von sich gaben, vor allem aus England und Schottland zu kommen schienen. Darunter mischten sich adrette Familienväter, die, den Fotoapparat in der Hand und die Gattin samt Nachwuchs im Gefolge, zumindest optisch den Reiz des Verbotenen naschen wollten.

Ich tat mich hier etwas schwerer mit dem Gucken. Bei gardinenlosen Wohnzimmerfenstern mochte ich eine gewisse Unverfrorenheit entwickelt haben, aber da guckte in der Regel halt auch keiner zurück. Auf den Wallen war das anders: Den Blickkontakt mit den leicht bekleideten Damen in Reizwäsche, die sich in rot umleuchteten Fenstern auf Barhockern oder in Korbsesseln räkelten, scheute ich schon, obwohl die das Begaffen nun weiß Gott gewohnt sein mussten. Rund um die *Oude Kerk*, die von Rotlichtfenstern regelrecht gesäumt war, zwinkerten die Prostituierten meinen drei Begleitern sogar verführerisch zu und lockten mit dem Fingerchen – wonach ich demonstrativ einen Arm um Jan Kees legte und mit dem Zeigefinger der anderen Hand lachend »Oh, nein, nein – der ist besetzt!« gebärdete.

Die Schaufensterauslagen der Sexshops hätte ich gerne in Ruhe etwas ausgiebiger studiert, anstatt im Vorbeigehen nur schnell nach den unzähligen Handschellen, Peitschen, Dildos und Plastikpenissen in allen möglichen Farben, Formen und vor allem Größen zu schielen. Es war doch mal ganz interessant zu sehen, was so alles auf dem Markt ist. Aber für »meine« drei abgebrühten Niederländer schienen solche Schaufenster die normalste Sache der Welt zu sein.

»Komm, wir sind schon viel zu spät dran!«, drängte mein Liebster.

Die Wallen haben im Übrigen mehr zu bieten als Sex, Drugs & Rock 'n' Roll. Das macht sie ja gerade so einzigartig: Dieses Rotlichtviertel ist gleichzeitig ein Kleineleuteviertel. Hier prallen zwei Welten aufeinander, die normalerweise unvereinbar scheinen: So wie die Huren im Schatten der *Oude Kerk* ungeniert ihre Reize feilboten, stellte neben dem Sexklub mit den bunten Plastikpenissen eine Krämersfrau ihre Obstkisten vor ihren Tante-Emma-Laden auf die Straße. Zwischen dem *Koffieshop* mit bekifften Rucksacktouristen und dem Erotikklub, der mit Livesex auf der Bühne lockt, lag eine Pizzeria mit einem Low-Budget-Hotel darüber. Und schräg gegenüber an der Ecke machte sich ein gemütliches Braunes Café breit, das Peter Alexander in seinem Ohrwurm *Die kleine Kneipe in unserer Straße* besungen haben könnte.

Alle zusammen schienen eine ebenso friedliche wie bizarre Symbiose einzugehen, während es hinter diesen Kulissen mit Sicherheit nicht so beschaulich zuging: Da blühten der Drogen- und auch der Frauenhandel, denn so manche Prostituierte, das hatte ich im Vorbeigehen dann doch gesehen, war blutjung und bei Weitem noch nicht achtzehn. Und sie machten auch nicht alle den Eindruck, dass sie diesen Job freiwillig gewählt hatten. Diese sexuellen Genuss in allen Facetten verheißende Parallelwelt hat einen unsichtbaren Part, der grausam und kriminell ist, menschenentwürdigend und ausbeutend und von dem weder Rucksacktouristen noch adrette Familienväter etwas wissen (wollen).

»Was willst du machen, es geht um das älteste Gewerbe der Welt, das lässt sich nicht verbieten«, meinte Willem, als wir den *Oudezijdsachterburgwal* herunterliefen, denn am südlichen Ende wohnten Marieke und Thibaut.

»Diese Unterwelt gibt es auch in anderen Städten, aber da fällt sie halt nicht so auf«, begann auch Jan Kees sein liberales Vaterland zu verteidigen. »Bei uns ist ein Teil dieser Welt zumindest sichtbar – und damit auch kontrollierbar.«

»Und das wiederum ist auch besser für die Frauen!«, ergänzte Willem und guckte suchend auf die Hausnummern.

So zu denken war typisch für die praktischen Niederländer, aber ungewohnt für mich, und auch wenn es noch so einleuchtend erschien: Ich musste erst lernen umzudenken. Wobei mir der Gesichtsausdruck von Rijn, der die letzten Minuten gar nichts mehr gesagt hatte, verriet, dass es auch Niederländer gab, die sich mit dem Umdenken schwertaten, und nicht alle so liberal eingestellt waren wie Willem und Jan Kees.

Auch mein Schwiegervater in spe, da war ich mir ziemlich sicher, hätte als gläubiger Kalvinist angesichts dieses Sündenpfuhls ganz tief durchatmen müssen – wenn wir ihn überhaupt jemals so weit gekriegt hätten, dieses Gebiet zu betreten.

Aber Religion hin, Glaube her, die Niederländer sind halt auch ein altes Handelsvolk und deshalb schon immer auch sehr nüchtern und praktisch eingestellt. Auf dieser Basis konnte in den wilden Sechziger- und Siebzigerjahren der typisch holländische Pragmatismus aufblühen und mit ihm das neue Lebensmotto: »*Moet kunnen.*«

Das galt seitdem für sämtliche gesellschaftlichen Tabuthemen, sprich: für Prostitution, Abtreibung und auch für Kiffen und weiche Drogen. Der gute Calvin mochte sich im Grab umdrehen, seine treuen Gläubigen die Augen hilfesuchend gen Himmel richten, aber was hatte es für einen Sinn, das alles zu verbieten, es würde ja doch weiterhin geschehen, aber dann heimlich, und das war viel gefährlicher und unkontrollierbarer. Da war es doch viel besser, es zumindest zu dulden und zu tolerieren und später vielleicht sogar zu legalisieren.

Gedogen nennen die Niederländer diese gesetzliche Grauzone, in der sie etwas, das eigentlich verboten ist, aus praktischen Gründen unter bestimmten Bedingungen doch erlauben. Und diese Politik des *gedogens* – *gedoogbeleid* lautete die offizielle Bezeichnung – ist nicht nur für Außenstehende zuweilen schwer nachvollziehbar, auch so mancher etwas konservativer eingestellte Niederländer tut sich damit schwer. Bloß hat er seit der Studentenrevolte nicht mehr viel zu melden. Damals hatten sich auch die Niederländer vom Mief der Nachkriegsjahre befreit – mit dem Unterschied, dass dies rabiater geschah als in den Nachbarländern: Denn die Poldernation wurde in den Siebziger- und Achtzigerjahren zum Reich der unbegrenzten Möglichkeiten, zur Spielwiese für soziale Experimente. Und Amsterdam, wo sich John Lennon mit seiner Yoko Ono 1969 zum *bed-in for peace* in ein Hilton-Hotelbett gelegt hatte, wurde zum *capital of freedom* – oder, wie es viele meiner alten Landsleute in Bayern oder Baden-Württemberg gerne nennen: zu Sodom und Gomorrha.

»Hier ist es!«, rief Willem und hielt an.

»*Allemachtig!*«, rief ich. Wir standen vor einem stattlichen alten Patrizierhaus, das deutlich breiter und auch weitaus höher war als das von Jan Kees und mir und zu seinen besten Zeiten mit Sicherheit hochherrschaftlich bewohnt worden war. Inzwischen war der Glanz zwar deutlich verblichen, das Weiß der Fenstersprossen ließ sich nur noch erahnen, und auch die schwere Eingangstür, die drei Treppenstufen hoch zwischen hohen Fenstern lag, müsste unbedingt mal abgeschliffen und gestrichen werden. Aber dennoch: »So steil war Mariekes sozialer Abstieg nun auch wieder nicht«, konstatierte ich. »Damit könnte sich vielleicht sogar ihre Mutter anfreunden!«

»Du vergisst die Nachbarschaft«, lachte Rijn. Die Konditorei links mochte ja noch angehen, aber rechts lag ein schmuddeliges Sexkino, wo man für zehn Gulden, so lange man wollte, alte Sexfilme aus den Sechziger- und Siebzigerjahren gucken konnte.

»Ich biete Nostalgiesex!«, erklärte uns der Kinobetreiber, ein kleiner, rundlicher Mann. Er schloss gerade seinen Laden auf und bewies bei unserem Anblick umgehend holländischen Handelsgeist: »Bei mir kriegt ihr Gruppenrabatt.«

Wir lehnten dankend ab und drückten stattdessen auf die Klingel, die erstaunlicherweise funktionierte. Ich guckte nach oben zum ersten Stock. An einem der hohen Fenster, die sich alle so wie in amerikanischen Filmen durch Hochziehen des unteren Teils öffnen ließen, tat sich was: Ein brauner Wuschelkopf erschien. »Ich komm runter!«, rief Thibaut, und kurz darauf hörten wir seine Schritte auf der Treppe, die dem Knarzen zufolge dringend renoviert werden müsste. Das galt auch für die schwere Eingangstür, die so verzogen war, dass Thibaut sie kaum aufbekam.

»*Welkom!*«, sagte er und strahlte übers ganze Gesicht. »Marieke und die Kleine sind oben und erwarten euch schon!« Er sprach dieses charmante flämische *Nederlands*, das viel weicher und melodischer klingt als das harte niederländische *Nederlands* – halt schon ein bisschen französisch.

Wir standen in einem kleinen Vestibül und folgten Thibaut

durch eine Milchglastür mit Art-déco-Muster in den Hausflur. Die Scheibe war gesprungen, und auch die Marmorfliesen auf dem Boden und die Marmorplatten, mit denen die Wände im Flur rechts und links vertäfelt waren, wiesen viele Risse und Sprünge auf. Aber ich liebe alte, elegante Häuser wie dieses und war völlig hingerissen.

»Du liebe Güte, was ließe sich hieraus mit dem nötigen Kleingeld alles machen«, seufzte ich.

»Das fehlt dem Besitzer halt auch«, sagte Thibaut, als er vor uns die knarzende, aber wunderschön geschwungene Holztreppe hochstieg. »Und er findet eben auch keinen, der ihm das Haus zum gewünschten Preis abkauft.«

»Logisch, das haben Spekulanten ja auch so an sich«, hörte ich Willem hinter mir brummen, der sich diese Bemerkung nicht verkneifen konnte.

»So, da wären wir«, sagte Thibaut und machte die Schlafzimmertür auf.

10. Kapitel
In dem mir Marieke erklärt, wie eine anständige Niederländerin ihr Kind bekommt, während ich die Niederländer erstmals mit belgischen Augen betrachte und mir am Strand vorkomme wie im Winterurlaub in der Schweiz

Marieke thronte auf einem – wie ich sofort mit Kennerblick feststellte – Uralt-Doppelbett-Klassiker von Ikea mit schwarzem Eisengestell unter einer hohen Stuckdecke, von der statt dem einstigen Kronleuchter bloß noch eine Funzel baumelte.

Auch sie strahlte so, dass man glauben konnte, postnatale Depressionen seien bloße Hirngespinste verwirrter Wochenbettlerinnen, und hielt ein kleines Bündel Mensch im Arm, das uns als Tessa vorgestellt wurde.

»Hab ich das nicht toll hingekriegt?«, fragte sie gerade so, als ob sie mit ihren zwei linken Händen selbst die Geburt ihrer Tochter hätte vermasseln können. Die sah zwar noch ein bisschen verdrückt aus, aber krähte fröhlich in einem herzallerliebsten Strampelanzug aus knallrosa Hose mit passendem Blümchenjäckchen, der ziemlich teuer aussah. Thibauts Eltern hatten ihn bei ihrem ersten Besuch aus Antwerpen mitgebracht, denn im Gegensatz zu den Niederländern legen die deutlich unter französischem Einfluss stehenden Belgier schon bei Babys Wert auf eine gewisse Eleganz und greifen dafür auch bereitwillig tiefer in den Geldbeutel.

»Innerhalb von nur einer Stunde hatte ich die Kleine rausgedrückt!«, offenbarte uns Marieke, als hätte sie überraschend leicht ein Hockeyspiel gewonnen.

»Also, es war schon so, dass du seit Stunden Wehen hattest, nur wusstest du eben nicht, dass es Wehen waren«, stellte Thibaut beim Servieren der Zwieback-*Muisjes* klar.

»Na ja«, verteidigte sich Marieke, »als es losging, dachte

ich mir halt: Ach, das wird sicher noch dauern. Wie sollte ich denn wissen, dass es auf einmal ganz schnell gehen würde, ich habe ja vorher auch noch nie ein Kind gekriegt!«

Eine Zeit lang war im Zimmer nur das Knirschen und Krachen der rosa Anisstreusel zu hören, die zwischen den Zähnen zermalmt wurden. Hatte ich doch noch etwas Essbares in diesem Land entdeckt, das wirklich hart war! Konversieren jedenfalls ließ sich mit einem Mund voller *Muisjes* nicht.

»Seit wann bist du denn schon aus dem Krankenhaus zurück?«, fragte ich nach dem Herunterschlucken der letzten Zwiebackreste.

Verständnislos guckte mich Marieke an. »Wieso denn Krankenhaus? Ich war doch nicht krank.«

»Hat Tessa etwa *hier* das Licht der Welt erblickt?«, fragte ich vorsichtig, als ginge es um etwas Unfassbares. Was es für mich ja auch war.

»Ja, wo denn sonst?«, antwortete Marieke immer noch verständnislos. Sollte es etwa so sein, dass Hausgeburten für Niederländerinnen die normalste Sache der Welt waren?

»Selbst unsere Königin Beatrix kam zu Hause zur Welt, im Palast Soestdijk«, bestätigte Marieke meinen furchtbaren Verdacht. Ihre Mutter Juliana habe dazu nur den Hausarzt gebraucht. »Zu Hause ist es ja auch viel *gezelliger* als in einem sterilen Krankenhaus.«

Gezellig ... Als ob das Gebären eines Kindes etwas mit *gezelligheid* zu tun hat!

»Ja, und wie ging das? Kam der Arzt dann hierher, zu euch?«

»O nein, wir wollten keinen Arzt, die Hebamme, die sich die letzten neun Monate um mich gekümmert hat, reichte uns.«

»Du warst nie beim Frauenarzt?«

»Frauenarzt? Wieso denn das? Ich hatte doch keinerlei Komplikationen. Nachdem der Hausarzt mir bestätigt hatte, was ich schon vermutet hatte, nämlich dass ich schwanger war, schickte er mich zu der Hebamme.«

»Ja, und hast du dich nie richtig durchchecken lassen, mit Ultraschall und so?«

»Ultraschall? Thibaut, wie war das noch mal? Ja, ich glaube, einmal haben wir einen Ultraschall machen lassen.«

»Und dann bist du einfach davon ausgegangen, dass schon alles gut gehen wird, und hast auf die Wehen gewartet?«

»Ja, so ungefähr. Und dann haben wir die Hebamme gerufen, die war ruck, zuck da.«

»Und wenn etwas schiefgegangen wäre?«

»*Lieve hemel*, dann hätten sie mich halt doch noch schnell ins nächste Krankenhaus gebracht!« Marieke begann die Geduld zu verlieren: »Wieso seid ihr Deutschen eigentlich so furchtbar pessimistisch und geht immer gleich vom Schlimmsten aus? Wieso seid ihr solche Kontrollfreaks? Manchmal reicht es, einfach der Natur zu vertrauen, die regelt das schon!«

Der Natur zu vertrauen! In Deutschland war dergleichen Anfang der Neunzigerjahre für die meisten undenkbar. Wieso hockte sich Marieke zum Gebären dann nicht gleich so wie die Frauen im Busch unter einen Baum? Aber das sagte ich nicht laut, das dachte ich nur. Vermutlich hätte ich sonst als Antwort bekommen, dass die Niederländerinnen das tatsächlich auch am liebsten so tun würden, aber das Klima es nicht zulässt. Stattdessen erweiterte ich in Gedanken meine »Never to do«-Liste: keine Backmischungen, kein minirock- und pumpsloser Kleiderschrank und – *niemals eine Hausgeburt!*

Thibaut war in der Küche verschwunden, aus der es bald verführerisch zu duften begann. Wie sich herausstellte, hatte er ein Waffeleisen, denn er kam mit einer belgischen Spezialität und wahren Kalorienbombe zurück: selbst gebackenen *wafels* mit warmen Kirschen und einem Berg Schlagsahne. »Mensch, Marieke, du hast aber wirklich *mazzel*«, stellte Rijn nicht ohne Neid fest. »Findest auch noch einen Mann, der eine wahre Küchenfee zu sein scheint!«

Was bei den Belgiern allerdings nicht unbedingt eine Seltenheit ist – setzen sie der moralischen Überlegenheit der *kaaskoppen* doch eine kulinarische entgegen.

»Was glaubst du, wieso Antwerpen tagtäglich von ganzen Horden niederländischer Touristen heimgesucht wird?«, fragte mich Thibaut. Diese *Olanders*, wie sie von den Belgiern genannt werden, wollten nur eines: endlich mal wieder anständig essen und trinken! »Und bei uns kann man wirklich fast schon unerhört gut schlemmen«, stellte Thibaut klar. Nicht umsonst gebe es in Antwerpen ein elftes Gebot, das sich aber nur ganz schwer mit dem kalvinistischen Glauben vereinbaren ließe.

»Und das lautet?«, wollte ich wissen.

»*Gij zult genieten*«, antwortete Thibaut. »Du sollst genießen!« Und mit einem Seitenblick auf Rijn, der trotz seines Mundes voller Schlagsahne und *wafel* protestieren wollte: »Ich weiß, mein Lieber, du bist ein Grenzfall und fast schon flämisch, dich schließe ich aus.«

Unten klingelte es. »Oh, das ist die *kraamzorg*«, sagte Thibaut mit einem Blick auf die Uhr und lief die Treppe runter.

»Was ist denn das?«, fragte ich.

»Das ist eine Frau, die in den ersten Tagen nach der Geburt vorbeikommt und beim Versorgen des Babys hilft«, erklärte mir Marieke. Diese *kraamhulp* packte auch schon mal im Haushalt mit an, half beim Aufräumen oder kochte Kaffee.

Das fand ich ja nun wirklich praktisch. »Und das wird von der Krankenkasse bezahlt?«

»Logo, das ist im Paket mit drin«, sagte Marieke und begrüßte die resolute junge Frau, die gerade reinkam: »*Goeden-middag!*«

Während die beiden Tessa badeten, zeigte uns Thibaut das Haus. Zusammen mit Marieke und dem Baby bewohnte er das Erdgeschoss und den ersten Stock. Ganz oben, in der einstigen Dienstbotenetage, wohnten noch zwei Kommilitonen. »Aber die sehen und hören wir kaum, und die zahlen auch nur ein Drittel der Miete, rund hundertfünfzig Gulden.«

»Heißt das, ihr zahlt alle zusammen bloß vierhundertfünfzig Gulden?«

»Ja«, antwortete Thibaut lachend. »Das ist doch klasse,

oder? Dafür haben wir mehr als hundert Quadratmeter. Wir haben gar nicht genug Möbel, um sie zu füllen!«

Antikraak war doch gar nicht mal so schlecht, fand ich. Worauf Willem, als ob er meine Gedanken lesen könnte, missbilligend meinte: »Aber was ist, wenn ihr wieder vor die Tür gesetzt werdet?«

»Ach, so schnell wird der Eigentümer schon keinen Käufer finden. Die Studenten vor uns, die wohnten hier auch länger als ein Jahr«, antwortete Thibaut und machte die nächste Tür auf: »Wir haben sogar zwei Arbeitszimmer, das hier ist meines, das von Marieke liegt nebenan.«

Bei Thibaut sah es nach Arbeit aus. Auf dem Schreibtisch herrschte ein einziges großes Chaos aus aufgeschlagenen Büchern, dem Rechner und Aktenordnern, umringt von vollgestopften Billy-Bücherregalen, die jeden Moment aus dem Gleichgewicht zu geraten drohten. »Ich schreibe gerade meine Abschlussarbeit«, erklärte er. Wie so viele Chaoten fand er sich selbst in diesem Durcheinander bestens zurecht. Treffsicher fischte er ein paar eng bedruckte und mit Korrekturen übersäte Blätter aus den Stapeln, die neben seinem Rechner lagen: »Die ersten zehn Seiten stehen«, seufzte er grinsend. »Ich hab nur noch drei Monate, aber unter Druck arbeite ich am besten.«

Sein Thema war die Entwicklung des internationalen Rechts von den Tribunalen von Nürnberg und Tokio nach dem Zweiten Weltkrieg bis hin zum UN-Sondertribunal für das ehemalige Jugoslawien, das ICTY. Es war gerade vom UN-Sicherheitsrat ins Leben gerufen worden und sollte in Kürze in Den Haag seine Arbeit aufnehmen, um die Kriegsverbrechen auf dem Balkan zu ahnden.

»Ein Meilenstein«, schwärmte Thibaut, und der Blick in seinen Augen zeigte, dass hier wirklich jemand Jura aus Leidenschaft studierte und nicht bloß, weil es der Vater und der Großvater auch getan hatten. Ob sein Engagement wohl auf Marieke, die mit ihrem Studienfach bisher eher eine ebenso oberflächliche Beziehung eingegangen war wie mit ihrem Hockeyspieler, abfärben würde?

»Marieke beginnt auch, sich dafür zu interessieren, wir haben schon ganze Abende darüber diskutiert«, erzählte Thibaut weiter, als ob auch er meine Gedanken lesen konnte, und kündigte an: »Ich werde mich in jedem Fall in Den Haag bewerben.« Beim ICTY für die Anklagebehörde zu arbeiten, um mutmaßlichen Kriegsverbrechern auf dem Balkan den Prozess zu machen – »das wäre mein Traum!«.

Wir gingen ins Schlafzimmer zurück, um uns zu verabschieden. Es war schon spät, Tessa musste gestillt werden und dann schlafen. Die *kraamzorg* erklärte Marieke gerade, wie sie sich das Baby am besten an den Bauch binden konnte, denn morgen wollten die frisch gebackenen Eltern erstmals mit ihrem Nachwuchs nach draußen.

»Wo geht's denn hin?«, fragte ich.

»Nach Wassenaar zu meinen Eltern«, offenbarte mir Marieke mit einem kleinen Lachen, das sich wie ein Seufzer anhörte. »Es wird Zeit, dass die ihr erstes Enkelkind auch mal zu Gesicht bekommen!«

Ich hatte mich nicht getraut, das heikle Thema anzuschneiden, aber jetzt fing sie ja selbst an, darüber zu reden.

»Waren die wirklich noch nicht hier?«, erkundigte ich mich.

»Nein, immerhin hat meine Mutter ein paarmal angerufen, aber nur heimlich. Es ist vor allem mein Vater, der sich querstellt.«

Ich hatte ihn einmal gesehen, ein gut aussehender, aber knallharter Geschäftsmann. Er leitete ein großes Chemieunternehmen im Rotterdamer Hafen, hatte aber eine Schwäche für Kunst: Da seine Mutter, sprich: Mariekes Oma, eine leidenschaftliche Konzertpianistin gewesen war, förderte er junge Talente: In seinem Park (als Garten ließ sich sein Anwesen in Wassenaar nicht mehr bezeichnen) stand ein Musikpavillon, wo regelmäßig Konzerte vielversprechender Musiker stattfanden, und dann kamen all die Eltern der *Hockeymeisjes* und *-jongens* und was sonst noch Rang und Namen hatte, um andächtig zu lauschen.

»Ach, Papa kann so furchtbar stur sein«, seufzte Marieke,

dieses Mal ohne eine Spur von Lachen, und das nahm ich ihr sofort ab. »Aber«, so meinte sie dann und drückte Klein-Tessa fest an sich: »Wenn Mohammed nicht zum Berg kommt, dann kommt der Berg eben zu Mohammed.«

»Tja, so geht das halt im Leben!«, meinte Rijn, als wir wieder auf dem *Oudezijdsachterburgwal* standen, und zitierte sein Idol John Lennon: *Life is what happens to you when you are busy making other plans* – Leben ist das, was dir passiert, wenn du dabei bist, andere Pläne zu machen.

Stimmt, dachte ich. Auch meine Pläne hatten schließlich ganz anders ausgesehen. Doch nun stand ich halt nicht auf den Champs-Élysées, sondern im Amsterdamer Rotlichtbezirk. Was mit Sicherheit auch nicht uninteressant war. Nachdenklich legte ich den Kopf in den Nacken. Der Himmel war blitzeblau geworden und färbte sich schon ein klein wenig orangefarben. Der Sommer lag in der Luft, man konnte ihn riechen.

»Und was machen wir jetzt mit dem angebrochenen Abend?«, fragte Willem, der alle Zeit der Welt hatte, denn seine Hedy war mal wieder auf kleinasiatischer Tulpenexpedition. Auch Rijn zog es noch nicht nach Hause, denn seine Frau Nelleke, eine warmherzige, etwas mollige Brünette mit flottem Kurzhaarschnitt, verbrachte den Tag mit den beiden Enkelkindern.

»Ich habe eine Idee!«, sagte Jan Kees und legte liebevoll den Arm um mich. Auch er blickte nach oben in den Himmel, der einen grandiosen Sonnenuntergang versprach: »Wir fahren an den Strand!«

Schnell marschierten wir zurück zum Hauptbahnhof, nahmen den nächsten Zug nach Leiden und schwangen uns dann auf unsere Räder, die wir dort am Bahnhof abgestellt hatten. Doch anstatt nach Hause zu radeln, machten wir einen Abstecher an den *Wassenaarse Slag*. Das war sozusagen unser Hausstrand, und wenn es etwas gab, um das mich meine Freunde in Süddeutschland beneideten, dann war es dieser Strand. Die Berge und damit auch das Skifahren mochten in weite Ferne gerückt sein, aber dafür hatte ich nun die Nordsee direkt vor der Haustür. Gut, es windete ein bisschen mehr als am Cap Ferret oder an der Côte d'Azur. Aber dafür ließ sich hier oben fast so gut surfen wie bei Biarritz, und feinen, weißen Sand gab es auch haufenweise, beinahe so viel wie in Arcachon. Da mochte es zwar ein paar Grade wärmer sein, doch »mein Strand«, wie ich ihn bald nannte, der stand mir das ganze Jahr zur Verfügung.

Bisher hatte ich das Strandleben immer nur mit dem Sommer in Verbindung gebracht, mit Schwimmen und In-der-Sonne-Liegen. Doch eng umschlungen über den hart gefrorenen Sand zu laufen, zwischen verschneiten Dünen auf der einen und tosenden Nordseewellen auf der anderen Seite, umgeben von kreischenden Seemöwen – auch das konnte sehr romantisch sein, wie ich schon festgestellt hatte, als ich noch zwischen München und Leiden gependelt war.

Nun aber war Anfang Juni, und der nächste Sommer stand vor der Tür. Als wir auf der kurvenreichen Straße durch die Dünenlandschaft radelten, erblickten wir schon von Weitem die rot-weiß-blaue Flagge auf der Terrasse des Restaurants *St. Moritz aan Zee:* Sie flatterte auf dem höchsten Dünenwipfel im Wind und war zu einer Art Wahrzeichen vom *Wassenaarse Slag* geworden. Weiter unten am Strand standen die ersten Holzbuden, da würden wir später vielleicht einen Happen essen. Erst einmal setzten wir uns für einen Drink auf die Terrasse des *St. Moritz aan Zee.* Sie bietet einen phantastischen Panoramablick – angefangen bei der Pier von Scheveningen ganz links bis hin zur der Skyline von Noordwijk ganz rechts, deren Betonhotelhochbauten mich an ein trutziges Bollwerk erinnerten.

»*Alsjeblieft, drie biertjes en een witte wijn*«, sagte die sportliche Studentin, die uns bediente, und stellte drei Bier und für mich ein Glas Weißwein auf den Tisch. So wie alle, die hier arbeiteten, trug sie ein T-Shirt mit dem Aufdruck *Après-ski-leraar* auf dem Rücken, »Après-Ski-Lehrer«.

Die Sonne hing bereits tief am Himmel wie eine dicke leuchtende Apfelsine und würde bald den Horizont berühren.

Der Tag neigte sich, aber das bunte Treiben vor uns am Strand schien mit jeder Minute größer zu werden: Die Segel unzähliger Surfer schossen über die Wellen, Hundebesitzer jagten ihre Vierbeiner mit Bällen ins Wasser, und regelmäßig zogen Reiter vorbei, die ihre Pferde durch die Brandung galoppieren ließen.

»Königin Beatrix reitet hier auch ab und zu vorbei«, wusste Willem zu berichten, für den der *Wassenaarse Slag* ebenfalls »sein« Strand war und damit eine Art zweites Zuhause. Einmal wurde Willem sogar Zeuge, wie Ihre Königliche Hoheit vom Pferd fiel: »Es bockte und bockte – und da landete sie mit einem eleganten Bogen im Sand.« Aber sportlich, wie sie war, habe sich die resolute Monarchin sofort wieder aufgerappelt und ebenso elegant zurück in den Sattel geschwungen. »Dummerweise hatte ich ausgerechnet an diesem Tag meine Kamera nicht mit dabei«, ärgerte sich Willem. Dabei sei es sozusagen direkt vor seiner Nase passiert: »Ich saß da weiter unten, auf der Terrasse vom *Paviljoen Sport*«, erklärte er und deutete links auf eine der Strandbuden, die sich jeden Sommer am *Wassenaarse Slag* breitmachen.

Diese *strandtenten*, wie sie heißen, machen zusammen mit *St. Moritz aan Zee* den Charme vom *Wassenaarse Slag* aus. Denn mehr gibt es hier nicht, ansonsten ist »unser« Strand völlig naturbelassen und ruhig – ganz im Gegensatz zum touristischen Treiben in den »Halligalli-Badeorten« wie Scheveningen oder Noordwijk, die starke Ähnlichkeiten aufweisen mit den lieblosen spanischen Touristenhochburgen um Torremolinos.

In den Ferienmonaten wimmelt es zwar auch am *Wassenaarse Slag* von deutschen Badegästen aus dem Ruhrgebiet, denn nur einen Steinwurf entfernt, landeinwärts in den Dünen, liegt *Duinrel,* ein beliebter Campingplatz mit Erlebnisbad. Aber so voll wie in Scheveningen wird es nie.

»Hier habt ihr Deutschen noch so richtig Platz, um euch eure Kuhlen zu graben«, witzelte Willem. »Ohne seine Sandkuhle ist ein Deutscher am Strand ja nicht glücklich.«

»Oh, ihr mit euren Klischees«, stöhnte ich. In den Augen

der Niederländer baut sich ein Deutscher am Strand immer sofort eine Kuhle, um darin Bier zu saufen und krebsrot zu werden. Zugegeben, in Scheveningen sieht man diesen Typus auffallend oft, aber ansonsten ist er zum Glück eher die Ausnahme. Was Reklamemacher jedoch nicht davon abhält, ihn exzessiv für Bierreklame zu missbrauchen. In den Neunzigerjahren gab es einen Spot, der zoomte langsam auf den weit offenen Mund eines krebsroten Klischeedeutschen in seiner Strandkuhle ein, bis das Gaumenzäpfchen riesengroß über den Bildschirm flimmerte, worauf ein lautes Rülpsen ertönte und die Biermarke ins Bild kam.

Selbst Derrick alias Horst Tappert hat sich einmal für einen solchen Spot hergegeben: Gut gelaunt prostete er den Fernsehzuschauern aus seiner Kuhle heraus mit einem kühlen Blonden zu, allerdings ohne rot zu werden, in Schlips und Krawatte. Derrick war in den Niederlanden unglaublich beliebt und fast eine Kultserie, viele Standardsätze kannten auch Jan Kees und seine Freunde auswendig, wie zum Beispiel: »Harry, hol schon mal den Wagen.« Den wiederholte auch Willem mit seinem schweren holländischen Akzent gerne immer wieder aufs Neue und amüsierte sich dabei köstlich.

Wir beschlossen, den Standort zu wechseln, und liefen runter zum *Paviljoen Sport*. Auf dessen Holzterrasse hatte Jan Kees – vor meiner Zeit – seinen dreißigsten Geburtstag gefeiert. Und Rijn hatte hier vor beinahe dreißig Jahren geheiratet.

»Unsere Hochzeit war ein *moetje*«, bekannte er, was wörtlich übersetzt »ein Muss« bedeutet, allerdings in der für die Niederländer so typischen Verkleinerungsform, also eigentlich ein »Müsslein«. So nennen sie es, wenn man heiraten muss, weil ein Kind unterwegs ist.

»Blutjung waren wir damals, gerade erst Anfang zwanzig«, erzählte Rijn und schwelgte in Erinnerungen. »Heutzutage muss man deshalb ja nicht mehr unbedingt gleich heiraten.« Aber, so sagte er mit Nachdruck, als wir uns auf der Terrasse des *Paviljoen Sport* einen Tisch suchten: »Ich habe es nie bereut.« Denn ohne seine Nelleke wollte er nicht mehr sein, mit ihr hatte er auch nach fast dreißig Jahren Ehe immer noch unglaublich viel Spaß – was ja wohl auch zu den wichtigsten Ingredienzen für eine gute Beziehung gehört.

»Das war schon damals bei der Hochzeitsfeier so. Wir sind hier im Sand wie die kleinen Kinder die Dünen runtergerutscht, sie im weißen Brautkleid, ich im Frack mit Zylinder – meine frisch gebackene Gattin an der einen Hand und in der anderen die Champagnerflasche.«

Gleich am nächsten Tag fuhren sie in die Flitterwochen, mit dem alten Wohnwagen seines Vaters. Natürlich haben sie sich längst einen eigenen zugelegt, der mittlerweile unbedingt einmal erneuert werden müsste, denn Wohnwagenurlaub machen sie noch immer. Was nach wie vor die bevorzugteste Urlaubsform der gesamten Nation ist: Laut ANWB, dem niederländischen ADAC, haben die Niederländer die größte Wohnwagendichte der Welt.

»Wir wollen uns auch im Urlaub wie zu Hause fühlen – und gleichzeitig grenzenlos frei sein!«, erklärte mir Rijn dieses Phänomen. Das sei nur mit dem Wohnwagen möglich. »Schönere Ferien gibt es nicht!«, schwärmte er. Auch dieses Jahr wollte er deshalb wieder mit seiner Nelleke durch Frankreich zuckeln. »Früher waren die Kinder immer mit dabei!« Zwei Töchter und einen Sohn haben die beiden bekommen: Anna, das *moetje*, die ihnen bereits die beiden Enkel beschert hatte, Anjolie, die studierte noch, und Adriaan, der Sohn. Der hatte die Militärlaufbahn eingeschlagen und wollte sich an der Königlichen Militärakademie KMA in Breda zum Offizier ausbilden lassen – zum Leidwesen seiner Mutter. Immerhin musste ihr Jüngster damit rechnen, zu Auslandsmissionen entsandt zu werden, »und die sind mitunter ja nicht ganz ungefährlich«, so Nelleke sehr realistisch.

Adriaan war Anfang zwanzig und sah aus wie ein zu jung geratener Richard Gere. Ich nannte ihn bald nur noch »Adriaan den Schönen«. Seine beiden Schwestern müssen als Teenager geflucht haben, denn die meisten Schulkameradinnen wollten bestimmt nur deshalb mit ihnen befreundet sein, um sich leichter an den gut aussehenden Bruder heranmachen zu können.

Inzwischen hatte der schöne Adriaan längst eine Freundin gefunden, Frieda hieß sie, eine zierliche Pädagogikstudentin mit den Rundungen an den richtigen Stellen. Die beiden gaben ein wirklich schönes Paar ab, da guckten die meisten Leute zweimal hin, und bald würde Adriaan seiner Frieda auch ganz traditionell einen Antrag machen. Da war sich sein Vater ganz sicher: »Die beiden sind unzertrennlich, seit sie sechzehn sind«, sagte Rijn. »Eigentlich haben sie sich viel zu jung gebunden.«

Aber was wolle man machen, manche *pannetjes* fanden ihr *dekseltje* halt schon sehr früh, seufzte er und guckte dann vorwurfsvoll Jan Kees und mich an. Wir saßen eng umschlungen nebeneinander und genossen den romantischen Sonnenuntergang.

»Bei euch hat's zwar etwas länger gedauert«, lästerte Rijn dann, »aber dafür scheint die Verliebtheitsphase ja gar nicht mehr aufzuhören.«

»*Klopt*, dieses Turteltäubchengetue ist so langsam wirklich nicht mehr angebracht«, tadelte uns auch Willem lachend.

Jetzt berührte die leuchtende Apfelsine fast den Horizont. Es war keine Wolke am Himmel, die Trennungslinie zwischen Luft und Wasser gestochen scharf. Und nur wenige Augenblicke später sollten wir die Sonne in der Nordsee verschwinden sehen.

»Das gibt es nicht oft«, stellte Willem klar und räkelte sich auf seinem Stuhl. »Erinnert mich daran, dass ich nicht vergesse, einen Tisch zu reservieren.« Er wollte sich am kommenden Abend mit ein paar Kollegen treffen und hier essen. »Habt ihr nicht Lust, auch zu kommen?«

Lust hätte ich schon gehabt – aber ich hatte etwas anderes vor: »Ich fahre morgen nach Vught und besuche Mevrouw Visser.«

»Ach, das ist doch die strenge Sprachlehrerin, die dir *Nederlands* beigebracht hat«, erinnerte sich Rijn.

»Fast gut«, antwortete ich. Mevrouw Visser war eigentlich bloß meine Hauswirtin, während ich bald nach meinem Umzug in die Niederlande bei den berüchtigten *Nonnetjes van*

Vught, den Nonnen von Vught, einen Sprachkurs gemacht hatte. Abend für Abend hatte Mevrouw Visser mir in aller Strenge ungefragt Nachhilfe erteilt.

Dieser Klostersprachkurs war der beste Sprachkurs, der mir je untergekommen ist – aber auch der schrecklichste. Dass ich ihn mir trotzdem angetan habe, liegt an den vielen Fettnäpfchen, in die ich nicht mehr treten wollte. Auf einem Teekränzchen von Mevrouw Mulder habe ich einmal sogar sämtliche anwesenden Damen zum Erröten gebracht – und Mevrouw Mulder die Sprache verschlagen. Was etwas heißen wollte.

11. Kapitel Warum ich mich von Daphne beim Nederlands-Lernen striezen lassen muss, Mevrouw Mulders Teetassen zum Klirren bringe und entdecke, was die zweite Lautverschiebung mit Fellatio zu tun hat

Anfangs hatte Jan Kees es mir leicht gemacht und immer Deutsch mit mir geredet. Waren wir in Gesellschaft anderer Niederländer, spielte er geradezu rührend den Dolmetscher. Das war ein echter Liebesbeweis, denn so ähnlich sich die beiden Sprachen auch sind, war die Verständigung manchmal doch sehr mühsam. Jedes Mal, wenn ich Jan Kees in die Augen sah oder wenn er mich im Vorbeigehen kurz liebevoll drückte, spürte ich, wie unglaublich glücklich er darüber war, dass ich meine Zelte in München abgebrochen und mein altes Leben hinter mir gelassen hatte, bloß um mit ihm zusammen sein zu können. Also wollte er mir das Eingewöhnen so leicht wie möglich machen, schließlich sollte ich bleiben und nicht wieder das Weite suchen.

Doch bekanntlich stellt der Alltag die Liebe zuweilen auf harte Proben, jedenfalls wurde das Dolmetscherdasein Jan Kees auf Dauer doch etwas mühsam. Und ich wurde meine Unselbstständigkeit leid. Also bestellte Jan Kees mir im nächsten Buchladen den Langenscheidt-Klassiker *30 Stunden Niederländisch,* ein Kurzlehrbuch für Anfänger. Darüber brüteten wir fortan jeden Mittwochabend und paukten niederländische Grammatik. Um die Aussprache kümmerte sich Daphne, die sich in dieser Hinsicht – so klein sie war – als strenge, aber ausgezeichnete Lehrerin erwies. Und diese Rolle schien ihr mehr als nur Spaß zu machen. Jedenfalls war ich mir insgeheim sicher, eine sadistische Ader an ihr zu entdecken.

»Auöeuü«, sagte Daphne und wiederholte noch mal ganz langsam: »AAAAAUUUUUÖÖÖÖEUUUÜÜÜ!«

Seufzend probierte ich es erneut, doch was aus meinem Mund kam, erinnerte noch am ehesten an ein Katzenjammern, ich konnte diesen verfluchten Diphthong »ui« einfach nicht aussprechen. Überhaupt, was hieß hier Diphthong! In diesen Laut mussten so ziemlich alle Vokale reingepackt werden, die es gab – und nicht bloß zwei!

»Im Französischen ist *ui* ein Kinderspiel«, sagte ich vorwurfsvoll, als wollte ich ein siebenjähriges Mädchen für die niederländische Lautentwicklung verantwortlich machen.

Doch Daphne ließ sich davon nicht weiter beeindrucken. Wir saßen mal wieder im Wohnzimmer am Esstisch, und sie durfte die strenge *Nederlands*-Lehrerin spielen.

»Sprich mir nach, bis du es kannst«, befahl sie. »*Ik kom uit Zuidduitsland en ik woon in een huis in de duinen*«, was so viel hieß wie: Ich komme aus Süddeutschland, und ich wohne in einem Haus in den Dünen.

»Stimmt ja gar nicht«, protestierte ich schwach. »Wir wohnen in der Stadt.«

»Macht nichts«, sagte Daphne unerbittlich.

Und so musste ich den Satz immer wieder laut aufsagen, bis Daphne einigermaßen zufrieden war.

Dank der pädagogischen Qualitäten meiner neuen Familie konnte ich mich im Alltagsleben zwischen Niederländern schon bald irgendwie durchschlagen. Es war ja auch nicht so, dass meine neuen Landsleute es mir schwer machten: Sobald sie merkten, dass ich keine Muttersprachlerin war (und das merkten sie relativ schnell, so etwa nach dem zweiten, dritten Wort …), waren sie so nett, mit mir auf Deutsch weiterzureden oder auf Englisch oder Französisch, je nachdem, was ihnen mehr lag.

Das war wirklich ein Riesenunterschied zu Frankreich oder Spanien, wo die Landessprache für das Wichtigste gehalten wurde und Fremdsprachenkenntnisse relativ unterentwickelt waren. In den Niederlanden hingegen waren an den Schulen lange Zeit gleich drei Fremdsprachen Pflicht, nämlich Englisch, Deutsch und Französisch.

»Chapeau!«, konnte ich da nur sagen, denn in meiner

neuen Wahlheimat sprach selbst noch der einfachste Handwerker zumindest so viel Englisch, dass man sich auch ohne Niederländischkenntnisse mit ihm verständigen konnte. Als bei uns der Wasserhahn kaputt war und ein Klempner anrücken musste, kam ich problemlos mit ihm ins Gespräch: »Mein Deutsch ist nicht so gut«, bekannte er umgehend auf Deutsch, um dann auf Englisch fortzufahren: »But no problem, we can talk English!« Worauf er auch noch mein Englischvokabular bereicherte und mir mitteilte, dass ich einen neuen *water faucet* nötig hätte, einen neuen Wasserhahn.

Aber je besser die Fremdsprachenkenntnisse der Niederländer, desto länger dauert es für alle Nichtniederländer, einigermaßen schnell *Nederlands* zu lernen. Die besten Aussichten haben eigentlich nur Immigranten aus Ländern, deren Sprache die Niederländer üblicherweise nicht beherrschen, also etwa Chinesen oder Russen: Bei denen bleibt auch den Niederländern keine andere Wahl, als geduldig zuzuhören und auf *Nederlands* zu antworten.

Wirklich hilfreich war dieses entgegenkommende Verhalten also nicht. Wobei mich nach einiger Zeit sowieso starke Zweifel erfassten, ob es wirklich aus reiner Nächstenliebe geschah oder vielleicht doch eher nur der Steigerung des eigenen Selbstwertgefühls diente: Immerhin streichelt es das Ego ganz ungemein, wenn man seine Fremdsprachenkenntnisse zum Besten geben kann. Auch ich sagte in der Regel immer umgehend: »Toll, dass ihr Niederländer alle so gut Deutsch könnt!«, wenn mal wieder ein Einheimischer für mich übersetzte.

Später, als ich längst fließend *Nederlands* sprach, sollte sich dieser Verdacht erhärten: Sobald meine Interviewpartner am Telefon entdeckten, dass ich aus Deutschland kam, fielen sie ins Deutsche, um dann jede Frage, die ich hartnäckig weiter in *Nederlands* stellte, ebenso hartnäckig auf Deutsch zu beantworten. Es war eine Art Kräftemessen, das meistens an die fünf Minuten dauerte – bis einer von uns beiden aufgab.

Ganz am Anfang allerdings hätte ich es nicht gewagt, mich darauf einzulassen, allein schon wegen der Aussprache. Da quälte mich nicht nur dieser verflixteste aller Diphthonge *ui* – auch das *g* hat es in sich. Es muss wie das »ch« in »ach« ausgesprochen werden. Die Schweizer tun sich beim Erlernen dieser Sprache deshalb wesentlich leichter: Denn wer *Chäschüchli im Chuchi-chäschtli* aussprechen kann, für den sind Sätze wie *»gister heb ik goed gegeten«* (gestern habe ich gut gegessen) Peanuts. Als ich meinen Freunden und Bekannten in München verkündete, dass ich *Nederlands* zu lernen gedachte, kam denn auch wiederholt die stereotype Frage: »Lässt sich diese Halskrankheit auch lernen?«

Trotz allem machte ich langsam, aber sicher Fortschritte. Zum einen gibt es einfache Basisregeln, mit deren Hilfe viele Texte auf einmal verständlich werden: *eu* wird wie ö ausgesprochen, der deutsche Eurokommissar Günter Verheugen war hier also ein Herr Verhögen; *oe* wird wie u ausgesprochen, was den Fußballer Ronald Koeman zu einem Herrn Kuhmann macht. Und *ij* wird zu »e-i«: *Ijsselmeer* – Eißelmer. Oder *Rijksmuseum*, Reiksmuseum – Reichsmuseum.

Zum anderen, so merkte ich recht schnell, sind eigentlich zwei Adjektive völlig ausreichend, um auf Holländisch mitreden zu können oder zumindest den Eindruck zu erwecken. Diese beiden Worte sind *lekker* und *leuk*. Denn als *lekker* oder *leuk* lässt sich im Prinzip alles bezeichnen, egal, ob groß oder klein, Männlein oder Weiblein, Objekt oder Lebewesen, Mensch oder Tier.

Lekker finden die Niederländer nämlich bei Weitem nicht nur Essen und Trinken, sondern einfach alles, was man sich sonst noch so gönnt und was einem guttut: also neben dem *kopje koffie* auch der Spaziergang am Strand, die leichte Sommerbrise – oder ein gut aussehender Mitmensch, egal, ob Mann oder Frau. *Lekker ding* heißt der oder die dann. Und der oder dem würde man/frau dann durchaus auch gerne an die Wäsche. Oder wie Christine zu sagen pflegte: »Den würden wir nicht von der Bettkante stoßen, oder?« Ein *lekker ding* halt.

So wie der schöne Adriaan, der jüngste Spross von Rijn. Oder die sportliche junge Studentin, die uns auf der Terrasse des *St. Moritz aan Zee* bedient hatte.

»*Lekker ding!*«, konstatierte denn auch Willem – immerhin erst, nachdem sie sich bereits wieder so weit entfernt hatte, dass sie es nicht mehr hören konnte.

»*Hähä, lekker!*«, seufzte daraufhin Jan Kees, als er sich in seinem Korbstuhl zurücklehnte und die Aussicht genoss. »*Het leven is goed, jongens!*«

»*Hähä, lekker!*«, setzte Rijn noch eins drauf, nachdem er den ersten Schluck Bier getrunken hatte.

»Sagt mal, *jongens*«, fragte ich kopfschüttelnd, »gibt euer Wortschatz noch was anderes her als *lekker?*«

Ja, das gibt er. *Leuk* zum Beispiel, sprich: löök. Dieses Adjektiv bleibt zwar ein bisschen mehr auf Distanz und ist weniger sinnlich als *lekker*, bezeichnet aber ebenso alles, was auf Gefallen stößt und Spaß macht. *Leuk* kann die letzte Fete sein, der neue Job, der neue Kollege, die Bootsfahrt oder das neue Kleid: Wenn die Freundin sagt: »*Oh, wat leuk!*«, kann man davon ausgehen, dass es einem steht. Es ist sehr praktisch – egal, ob fein, toll, gut, nett oder schön, die Niederländer brauchen dafür nicht lange nach Worten zu suchen, eines reicht vollkommen aus: *leuk*. Und je langgezogener es ausgesprochen wird, desto größer ist die Begeisterung. Lööööök!

Neben *lekker* und *leuk* gibt es allerdings etwas, das noch inflationärer gebraucht wird, nämlich die Verkleinerungsform durch das Anhängen von *je* oder – um die Aussprache flüssiger zu machen – *tje*: Aus dem *kop* wird ein *kopje*, aus dem *bier* ein *biertje*, und *huis* wird zu *huisje*.

Diese seltsame Angewohnheit, alles verniedlichen zu wollen, machte ich mir zunutze, wenn ich mit den Artikeln nicht klarkam: Die sind nämlich etwas knifflig, da es zwei gibt: *de*, was sowohl männlich als auch weiblich ist, und *het*, das. Bloß: Was ist *de* und was *het?* Wenn ich mir nicht sicher bin, wähle ich noch heute einfach die Verkleinerungsform und ziehe mich so aus der Affäre: Denn sobald ich ein *je* oder *tje* dranhänge, ist es mit Sicherheit *het*: *de meid*, aber *het meisje*. Und selbst wenn meine Sätze manchmal mit *je* regelrecht gespickt sind – wirklich auffallen wird das niemandem, denn die Niederländer selbst tun es ja auch.

Von der Verniedlichungsform ausgenommen werden eigentlich nur Schwerverbrecher, das sind *zware criminelen* – und niemandem würde es einfallen, sie *crimineeltjes* zu nennen. Auch Personen, die einen gewissen Respekt ausstrahlen sollten, also Polizisten, Lehrer oder die Königin, werden nicht verniedlicht. Wahrscheinlich ist es so, weil in diesem Land, in dem das Obrigkeitsdenken, gelinde ausgedrückt, nicht besonders stark ausgeprägt ist, sonst auch noch der letzte Rest an Respekt auf der Strecke bleiben und totale Anarchie herrschen würde. Und so käme es keinem Niederländer in den Sinn, aus seiner Königin ein *koninginnetje* zu machen, ein Königinnenlein.

Ansonsten sind aber noch nicht einmal Namen davor sicher, und so wird aus *Hein* eben *Heintje*. Wobei die Niederländer bei Namen auch noch die Unsitte haben, sie abzukürzen. Schreckliche Verunstaltungen sind die Folge dieser Silbenamputationen: »Was ist denn das für ein Frauenname?«, raunte ich Jan Kees auf einer Party zu, nachdem mir eine *Fietje* vorgestellt worden war.

»Oh, ganz einfach«, erklärte mir Jan Kees. »Das ist eigentlich Sophie. Doch das kürzen wir ab zu *Fie* und hängen dann noch ein *tje* an: Fietje.« Kann man einen der schönsten klassischen Namen noch schlimmer verstümmeln?

Aus mir selbst wurde übrigens – dank sei Daphne – schnell ein *Kersje*, was auch noch etwas bedeutet, nämlich so viel wie »Kirschlein«. Wirklich ganz allerliebst.

Auch vor der Herkunft der Wörter zeigen die Niederländer wenig Respekt. Dazu braucht man sich nur anzugucken, was sie aus einem Philosophen machen – der ist hier ein *filosoof*. Besonders weh tut es mir als Romanistin, wenn es um französische Wörter geht. Und da hatte sich eine ganze Reihe eingeschlichen, nachdem Napoléon in seinem Eroberungswahn 1806 kurzerhand beschlossen hatte, aus den Niederlanden wieder ein Königreich zu machen und seinen kleinen Bruder Louis Napoléon in diesem merkwürdigen Land hinter den Deichen auf den Thron zu setzen. So schlich sich unter anderen das Wort *cadeau* ein, Geschenk. Woraus die pragmatischen Niederländer ebenso respektlos wie kaltblütig *kado* machten. Schließlich spricht man's ja auch so aus, weshalb sollte man da gekünstelt tun? *Doe gewoon, dan doe je al gek genoeg.* Da haben wir's mal wieder: Benimm dich normal, das ist schon verrückt genug.

Immerhin haben die Niederländer dem Wort »sorry«, mit dem sie so wie die Engländer ihr Bedauern ausdrücken, keine Gewalt angetan und daraus kein »sori« oder »sorie« gemacht.

Eines sollte man trotz allem nicht tun, nämlich die niederländische Sprache in aller Arroganz zu unterschätzen. Gerade wir Deutschen können dieser Neigung nur schwer widerstehen. Bester Beweis war mein deutscher Schwager: Der meinte, ich solle endlich aufhören, über *Nederlands* zu klagen, so schwer könne das alles ja nicht sein, es ginge doch bloß um eine Art deutschen Dialekt.

Ich warnte ihn, dass es erstens keine bessere Methode gebe, sich in den Niederlanden unbeliebt zu machen – erst recht als Deutscher –, und er zweitens völlig danebenläge, denn *Nederlands* ist durchaus eine eigenständige Sprache.

Dass ich in dieser Hinsicht so mit Wissen glänzen konnte, lag an Jan Kees: »Deutsch und Niederländisch sind Schwestern, die sich unterschiedlich entwickelt haben«, klärte er mich gleich ganz am Anfang unserer Beziehung auf. »So hat das Hochdeutsch im Gegensatz zum Niederländischen die zweite Lautverschiebung von p zu pf oder von k zu ch alleine durchgezogen.« Aus dem *appel* wurde im Deutschen ein Apfel, aus dem *dorp* das Dorf, aus *maken* machen und aus *ik* ich. Was allerdings noch lange nicht heißt, dass diese Lautverschiebung einfach rückgängig gemacht werden kann, wenn man als Deutsche(r) nach einem niederländischen Wort sucht.

»Was glaubst du, was ›pfeifen‹ auf Niederländisch heißt?«, fragte mich Jan Kees, und sein verschmitztes Grinsen hätte mich eigentlich warnen sollen. Stattdessen ging ich ihm voll auf den Leim.

»Na, vielleicht *pijpen?*«, versuchte ich mein Glück.

»*Nee, schatje,* das ist etwas gaaaaaanz anderes«, antwortete er und lachte schallend, worauf ich erfuhr, dass es da eher um die von Männern bevorzugteste Form des sexuellen Genusses geht: *pijpen* heißt, sich als Mann oral bedienen zu lassen. Und pfeifen, das ist *fluiten*.

Na ja, in dieses Fettnäpfchen konnte ich jedenfalls nicht mehr treten. Aber es gab immer noch genug andere: *Bellen* zum Beispiel tun in den Niederlanden nicht die Hunde, sondern die Menschen: wenn sie jemanden anrufen, also telefonieren. *Doof* ist Niederländisch für taub, und der deutsche See heißt hier *het meer*. Der Bodensee ist also *het bodenmeer,* und korrekt übersetzt müsste das Ijsselmeer eigentlich Ijsselsee heißen, denn es ist ja kein Meer, sondern ein Binnengewässer, das vom Abschlussdeich von der *zee* abgetrennt wurde.

Alle Klarheiten beseitigt?

Apropos klar: Wenn einem etwas klar wird oder dämmert, dann sagt man hier nicht »klar!«, sondern »duidelijk!«. Denn *klaar* bedeutet im Niederländischen fertig, aus, Amen und vorbei – *klaar!*

Womit wir erneut beim Sex wären, denn *klaar komen* heißt, den Geschlechtsakt erfolgreich abschließen, mit anderen Worten, einen Orgasmus haben. Ich brauche wohl kaum zu erklären, wie oft ich anfangs zur hellen Freude meiner niederländischen Freunde in dieses Fettnäpfchen trat. Damit kam ich halt einfach nicht klar …

Es gibt allerdings ein noch tieferes Näpfchen, und darin trat ich ausgerechnet bei Mevrouw Mulder. Es geschah, als sie mich zum High Tea geladen hatte und ich mit ihren Bridgedamen auf dem neuen englischen Streifensofa saß. Doch nicht nur das Sofa, auch das Teeservice war neu. Nachdem sie uns mehrfach eröffnet hatte, wie teuer und erlesen es sei, sodass alle Anwesenden aus Angst, etwas kaputt zu machen, erst recht die Tassen auf den Untertassen klirren ließen, erzählte sie uns von ihren zahlreichen Zipperlein. Daraufhin erlaubte ich mir meinerseits, über meine Kreuzschmerzen zu klagen: Meine Zeit als Leistungsturnerin hatte mir *pijn in het kruis* eingebracht, so teilte ich den Damen mit. Ein ebenso peinliches wie betretenes Schweigen trat ein, unterbrochen von einigen Teetassen, die – oder täuschte ich mich da? – nun noch heftiger als zuvor klirrten. Schnell untermalte ich meine Bemerkung mit einer entsprechenden Handbewegung. Dadurch stand zweifelsfrei fest, welche Körperregion ich meinte – worauf mich Mevrouw Mulder ebenso umgehend wie erleichtert korrigierte: »Ach so, du hast RÜCKENschmerzen – *pijn in de rug!*«

Ja, wo denn sonst?, dachte ich, während die Damen wieder an ihrem Tee nippten und weiter plänkelten, sichtlich froh darüber, dass der peinliche Moment vorbei war.

Was daran so peinlich gewesen war, erfuhr ich erst abends beim Zubettgehen. Da klärte mich Jan Kees dann darüber auf, dass man mit *pijn in het kruis* als Mann am besten beim Urologen aufgehoben sei und als Frau beim Gynäkologen. Denn einerseits bedeutet *kruis* zwar tatsächlich Kreuz, aber damit ist nur das christliche Symbol gemeint, also das Kreuz auf dem Kirchturm. Zum anderen aber ist *kruis* der Schritt, also der Schambereich.

»Oh, wie herrlich!« Jan Kees lachte sich kaputt, als ich ihm diesen Vorfall schilderte. Und als er mein betretenes Gesicht sah, meinte er nur: »*Kom op, schat* – es hätte noch viel schlimmer kommen können.« Ich sollte mir mal vorstellen, was passiert wäre, wenn ich gesagt hätte: »Ojeojeoje, ich habe solche Schmerzen in meinem *kruis*, damit komme ich nicht *klaar*, aber darauf werde ich *pijpen!*«

»Du altes Ferkel!«, rief ich, brach dann aber selbst in schallendes Gelächter aus.

12. Kapitel   Wie mich ein paar strenge Nonnen einer Art Gehirnwäsche unterziehen und ich nebenbei auch noch lerne, was Amsterdam mit New York zu tun hat und Jan Kees mit dem Amerikanischen Bürgerkrieg

Nach meinem Intermezzo auf dem Teekränzchen von Mevrouw Mulder fasste ich den Entschluss, Nägel mit Köpfen zu machen. *Learning by doing* – schön und gut, wenn eine echte Basis da war. Und diese Basis musste her.

»Jan Kees, du musst mich für einen Sprachkurs anmelden«, eröffnete ich ihm gleich am nächsten Morgen. »Hast du eine Idee, wo?«

Er hatte eine. Das Beste war für sein *schatje* gerade gut genug. Und das Beste, das waren die *nonnetjes van Vught*. In dieser Klosterschule im Süden des Landes bei Herzogenbusch hatte bereits alles, was Rang und Namen hatte, die Schulbank gedrückt, um eine Fremdsprache zu erlernen – angefangen bei Diplomaten und Politikern bis hin zu Managern und dem europäischen Hochadel: Der italienische Direktor einer amerikanischen Bank in Brüssel, der *Nederlands* lernen musste, der spanische Rechtsanwalt, der Englisch sprechen wollte, der Ingenieur aus Delhi, Thronfolger Philipp von Belgien, der ehemalige niederländische Ministerpräsident Ruud Lubbers – sie alle kamen nach Vught in die Klosterschule *Regina Coeli*, Königin des Himmels. Und nun auch die Redakteurin aus München, die es der Liebe wegen nach Holland verschlagen hatte.

Das Erfolgsrezept der *nonnetjes* kommt einer Art Holzhammermethode gleich. Man darf den Schülern einfach keine Möglichkeit geben, noch an etwas anderes zu denken als an die Sprache, die sie lernen wollen – und das von morgens früh bis abends spät.

»Na, das klingt ja sehr vielversprechend«, sagte ich und packte seufzend meinen Koffer. Eine Woche lang würde ich mich dieser Gehirnwäsche unterziehen. Länger konnte ich mir nicht leisten – und länger hätte ich vermutlich auch nicht überlebt.

»Ich kann nicht mehr!«, stöhnte John, als er am dritten Tag zum gemeinsamen Mittagessen im Speisesaal erschien. John war Exportmanager im besten Mannesalter, eine durch nichts zu erschütternde Rossnatur aus Amerikas Mittelwesten. Doch weil er sich in eine Holländerin verliebt hatte, nach zwei Jahren so wie Jan Kees und ich das Hin- und Herpendeln satthatte und ins Blumenexportgeschäft seines zukünftigen Schwiegervaters einzusteigen gedachte, musste er nun *Nederlands* lernen. Das eröffnete ihm die erschütternde Einsicht, dass selbst seine Unerschütterlichkeit zu erschüttern war.

»Es ist, als würde ich ein Kind bekommen«, stöhnte er weiter, als er mit einem abgrundtiefen Seufzer neben mir am Tisch in seinem Stuhl versank. »›Atmen Sie tief durch, bleiben Sie ganz ruhig!‹, sagt sie alle fünf Minuten zu mir!«

Sie – das war unsere Grammatiklehrerin, die uns jeden Tag aufs Neue in die Zange nahm. Und zwar im Nahkampf, sozusagen von Angesicht zu Angesicht. Denn auf *Regina Coeli* gibt es keine Klassen, es gibt nur Einzelschüler – und die werden keine Minute aus den Augen gelassen. Wir mussten jeden Tag drei Einzelstunden mit drei verschiedenen Lehrern überleben: Die paukten mit uns Grammatik und machten Konversationsübungen, um uns dann mindestens drei Stunden an Hausaufgaben aufzubrummen. An die allerdings konnten wir uns erst machen, wenn wir auch noch die drei Stunden im Sprachlabor hinter uns gebracht hatten.

Dort wurden wir ebenfalls individuell betreut, und es gab kein Entrinnen. Das merkte ich gleich am ersten Tag, als ich den Fehler beging, das Sprachlabor als eine Art Zufluchtsort zu betrachten, wo man wieder zu sich kommen konnte. Deshalb machte ich nur einfache Verneinungen: »Ja, ich kaufe –

nein, ich habe nicht gekauft. Ja, ich esse – nein, ich habe nicht gegessen.«

Leider konnte ich nur knappe zwei Minuten gemütlich vor mich hin verneinen. »Aber Frau Schweighöfer«, erklang vorwurfsvoll die Stimme der Dame vorne am Pult in meinem Kopfhörer. »Das können Sie doch schon längst. Machen Sie doch bitte auf Seite 29 weiter!« Wer in *Regina Coeli* lernt, kann mit allem rechnen – bloß nicht damit, in Ruhe gelassen zu werden.

Zum Atemholen kamen wir allenfalls in den Mittagspausen. Streng ging es allerdings auch hier zu: So mancher ließ das *broodje kaas*, in das er gerade beißen wollte, betreten wieder sinken, wenn Schwester Marie Paul, topfit trotz ihrer fünfundsiebzig Jahre, ihr kleines Glöckchen bimmeln ließ und mit einer winzigen Spur des Vorwurfs in der Stimme meinte: »*Dames en Heren*, wir wollen doch nicht das gemeinsame Tischgebet vergessen!«

Schwester Marie Paul kam aus der Schweiz und war die gute Seele im Hause. Sie war schon 1962 mit dabei, als die ersten Schüler unterrichtet wurden: vier afrikanische Mädchen aus einer Missionarsstation. Auch dreißig Jahre später kümmerte sie sich noch rührend um die Schüler und wollte genau wissen, woher wir kamen und warum wir hier waren.

»Wenn Sie ins Blumengeschäft einsteigen wollen, dann lernen Sie hier sicher, Verkaufsgespräche zu führen?«, erkundigte sie sich bei John, nachdem sie sich uns gegenüber an den Tisch gesetzt hatte. Natürlich auf Niederländisch, was sonst!

»*Right*«, antwortete John trotzig, denn er hatte sich bereits wieder so weit erholt, dass er sich traute, aufmüpfig zu werden und ins Englisch zu fallen: »Und ich lerne auch den Fachjargon dieser Branche kennen. Kerstin, wusstest du schon, dass Blumenzwiebeln hier *bollen* heißen?«

Viel weiter kam er in seiner Muttersprache allerdings nicht. »*Wat heeft u daar gezegd?*«, fragte Schwester Marie Paul mit einem bezaubernd unschuldigen Lächeln, als ob sie kein Englisch verstünde – worauf John sofort seufzend probierte, diesen Satz auch auf *Nederlands* rauszuquetschen. Er mochte zwar aus dem rauen Mittelwesten kommen, aber reizenden alten Damen gegenüber unhöflich zu werden, das brachte auch er nicht übers Herz – Nonnen gegenüber schon gleich gar nicht.

All das macht das ganz Besondere dieser Schule aus: Erstens wird man, ob man nun will oder nicht, bei der Stange gehalten, zweitens ist der Lehrplan praxisorientiert und ganz individuell auf die Wünsche jedes einzelnen Schülers zugeschnitten. Politiker lernen Reden schwingen, Manager Verkaufsgespräche führen. Und während John der Fachjargon des *Bollen*-Geschäfts eingetrichtert wurde, musste ich als Journalistin täglich die Zeitungen durchforsten und vor dem Kassettenrekorder Radionachrichten hören. Wobei die Dozentin so lange hartnäckig zurückspulte, bis ich endlich etwas begriffen hatte.

Ich lernte, mich am Telefon vorzustellen, ein Bewerbungsschreiben aufzusetzen, ein Bewerbungsgespräch zu führen. Mein Computer ging kaputt – wen rief ich an, was sagte ich? Und wie stellte ich meine Begleiter vor?

Ständig wurde ich freundlich, aber bestimmt verbessert. Machte ich einen Fehler zum dritten Mal, wurde der Ton schärfer. »Was haben Sie da schon wieder gesagt?« Ich würde es nie wieder sagen.

Besonders schwer hatten es meine drei Lehrer, mir das Wort »klar!« auszutreiben, das mir jedes Mal, wenn ich etwas verstanden hatte, reflexartig rausrutschte. Aber »*Klaar!*« hieß in diesem Land ja fertig, Amen, aus oder vorbei. »*Duidelijk!*« musste es heißen. Ich weiß nicht, wie oft mir schon das »k« von »klar« auf der Zunge lag und es mir angesichts des strafenden Blicks meines strengen Gegenübers und des warnenden Zeigefingers, der sich drohend aufzurichten begann, im allerallerallerletzten Moment doch noch gelang, die Lippen zu einem »d« zu runden, sodass letztendlich glücklicherweise doch noch ein »*Duidelijk!*« herausrutschte.

»*Goed zo!*«, wurde ich dann immer gelobt, und es wird keinen weiter wundern, dass ich mir vorkam wie ein Hund.

Fehlte bloß, dass mir jemand den Kopf tätschelte und mir zur Belohnung einen Keks gab.

Ich hatte noch nicht einmal die Möglichkeit, meinen Frust bei meinem Liebsten abzulassen. Denn der sprach mit mir seit meinem Einzug ins Kloster kein Wort Deutsch mehr – obwohl er es inzwischen wirklich perfekt konnte. Johns zukünftige Frau hatte da mehr Mitleid. Das merkte ich, als ich Zeuge eines Telefongesprächs zwischen den beiden wurde. Liesbeth hieß sie, aber John nannte sie nur Liz. Ich sollte sie noch näher kennenlernen, denn das gemeinsame Überleben dieses Sprachkurses wurde für John und mich zur Basis einer lebenslangen Freundschaft.

Jedenfalls hatte auch Liz in den letzten Jahren die Möglichkeit gehabt, ihre Fremdsprachenkenntnisse zu perfektionieren, in ihrem Falle Englisch. Aber wenn sie nun darauf gehofft hatte, nach drei Tagen *Regina Coeli* mit ihrem Liebsten endlich ein paar Worte in ihrer Muttersprache wechseln zu können, dann hatte sie sich gewaltig geirrt.

»Hallo, Schatz, wie geht's?«, hörte ich sie gut gelaunt auf Niederländisch am Telefon fragen.

»*Fine*«, sagte John.

»Macht dein Niederländisch Fortschritte?«

»*Yes.*«

»*Oh, you don't want to talk Dutch?*«

»*No.*«

John hatte sogar die Möglichkeit, abends abzuschalten, denn er übernachtete in einem Hotel. Immerhin war er so mitfühlend, mir nicht von seinen angenehmen Abenden an der Hotelbar zu erzählen, wo er sich bei einem guten Glas Wein völlig entspannte, womöglich auch noch zu den perlenden Klängen eines Pianos.

Denn ich hatte mich dafür entschieden, privat zu übernachten – und zwar einen Steinwurf von den Klostermauern entfernt bei Mevrouw Visser, einer ehemaligen Lehrerin von *Regina Coeli* im Ruhestand.

Mevrouw Visser war Witwe und mit ihren Silberlöckchen eine alte Dame wie aus dem Bilderbuch. Sie wohnte in einem kleinen alten Backsteinhaus, in dem die Zeit stillgestanden zu haben schien. Es war noch genauso eingerichtet wie vor Ausbruch des Zweiten Weltkriegs: im Wohnzimmer zwei große Ohrensessel, auf dem Tisch ein Perserteppich und an der Wand neben einer laut tickenden Wanduhr ein schwerer dunkler Schrank. Aus dem pflegte Mevrouw Visser so wie mein Schwiegervater in spe eine Kekstrommel hervorzuzaubern – aber auch eine Flasche Sherry. Und dann tranken wir noch ein Gläschen, bevor ich mich in das winzige Gästezimmer unterm Dach verzog, das sehr spartanisch eingerichtet war mit Feldbett, Schrank, Stuhl und Waschbecken. Eine Heizung gab es nicht, dafür zwei Wolldecken. Aber meistens schlief ich wie ein Murmeltier, fiel innerhalb einer Minute wie ein Sack in den Schlaf – und träumte schon in der dritten Nacht auf Niederländisch.

Daran war Mevrouw Visser wesentlich beteiligt, denn als meine ganz besondere Privatlehrerin für die späten Abendstunden sorgte sie dafür, dass ich nach drei Stunden Einzelunterricht, drei Stunden Sprachlabor und drei Stunden Hausaufgaben auch noch rapportieren musste, wie mein Tag gewesen war – auf *Nederlands*, versteht sich!

Das Gläschen Sherry löste ihre Zunge dabei so sehr, dass sie mir zwischendurch auch immer wieder von ihrem harmonischen Eheleben und ihrem verstorbenen Mann erzählte, allerdings nicht ohne mir dabei so einige Lebensweisheiten in Sachen Liebe und Beziehungen zu vermitteln.

»Weißt du, Kerstin, er muss die Hauptsache in deinem Leben bleiben, das ist die Hauptsache! Aber das vergessen die jungen Frauen heutzutage ja sehr schnell«, erklärte sie mit fester Stimme. »Wenn du ihm dieses Gefühl geben kannst, geht alles wie von selbst, dann umschifft ihr sämtliche Probleme!«

»Tja, aber sollte es nicht so sein, dass auch ich die Hauptsache in *seinem* Leben bin?«, gab ich zu bedenken.

Ihrem Gesichtsausdruck zufolge fand Mevrouw Visser das wesentlich unwichtiger. Aber auch wenn ihr dieser emanzipatorische Anspruch eindeutig zu weit ging: Immerhin bewies sie so viel Weltoffenheit und Toleranz, dass sie zumindest umzudenken versuchte. »*Zou kunnen*«, meinte sie nach einem Schlückchen Sherry, wenn auch mit bedenklicher Miene: »Könnte sein.«

Manchmal wurden aus einem Glas Sherry auch zwei. Das geschah immer dann, wenn Mevrouw Visser versuchte, mich davon zu überzeugen, dass *Nederlands*, sprachgeschichtlich gesehen, eigentlich ein Schwergewicht war, auch wenn es inzwischen nur noch von rund 25 Millionen Menschen weltweit gesprochen wurde. Zum Vergleich: Mein heiß geliebtes Französisch brachte es auf 200 Millionen.

Doch Mevrouw Visser war mit Leib und Seele Sprachlehrerin, selbst wenn sie inzwischen seit Jahren pensioniert war. Außerdem verspürte auch sie so wie auffallend viele ihrer Landsleute diesen unwiderstehlichen Drang, dem Rest der Welt bei jeder Gelegenheit aufs Neue zu beweisen, worin ein kleines Land ganz groß sein kann.

»Weißt du eigentlich, dass wir die gesamte internationale Schifffahrtssprache geprägt haben?«, fragte sie eines Abends. Erwartungsvoll guckte sie mich an, bevor sie aufzuzählen begann: »Backbord oder steuerbord, Matrose, Kajüte oder Hering, Deck oder Dock: Das sind ursprünglich alles niederländische Worte.«

Ganz zu schweigen von den vielen berühmten Malern wie Rembrandt oder Ruysdael: »Die haben wir Niederländer in unserem goldenen 17. Jahrhundert ja wie keine andere Nation geradezu am Fließband produziert!« Und die hätten mit ihren Meisterwerken dann dafür gesorgt, dass *Nederlands* auch auf diesem Gebiet in anderen Sprachen seine Spuren hinterlassen konnte: Aus der niederländischen *schets*, der Skizze, wurde im Englischen *sketch*, aus dem *ezel*, der Staffelei, *easel*. »Und aus unserem Wort *landschap* wurde nicht nur das englische *landscape*«, rieb mir die alte Dame voller Stolz unter diese Nase, »daraus wurde auch die deutsche Landschaft!«

Am letzten Abend erfuhr ich dann auch noch, dass *Nederlands* sogar das Zeug gehabt hätte, so wie Englisch zu einer

Weltsprache aufzusteigen. Ich hatte da starke Zweifel, doch diese Bedenken versuchte Mevrouw Visser umgehend zu zerstreuen: »*Jazeker!* Nederlands hätte eine Weltsprache werden können – wenn wir als Handelsnation nicht bloß Wert aufs Geldverdienen gelegt hätten!«

Man musste doch nur mal gucken, wie die anderen Kolonialmächte mit ihren Kolonien umgesprungen waren, die wurden nicht bloß ausgebeutet, denen wurden obendrein auch noch ein fremder Glauben und eine fremde Sprache aufgedrückt! Warum sonst sprächen die Brasilianer noch heute Portugiesisch, die Kanadier und die Bewohner von Guadeloupe Französisch – von den Englisch sprechenden Commonwealth-Ländern ganz zu schweigen!

»Doch was haben wir Niederländer in Indonesien getan?«, seufzte Mevrouw Visser kopfschüttelnd und rutschte vor bis auf die Kante ihres Ohrensessels: »Handel getrieben, mehr nicht! Wir haben uns auf die Pfefferkörner und die Muskatnüsse gestürzt, die es dort zuhauf gab, und keine Zeit damit verschwendet, den Menschen auch noch *Nederlands* einzutrichtern.«

Was nun allerdings nicht hieß, dass die Niederländer die Menschen in ihren Kolonien mit Samthandschuhen anfassten, das ließ mich meine Hauswirtin dann doch noch wissen, dazu war sie selbstkritisch genug. »Aber«, so sagte sie nach einem Schlückchen Sherry entschieden, »das ist eine andere Geschichte.«

Viel lieber wollte sie mir erzählen, dass es da noch eine zweite, sogar noch größere Chance gegeben hatte, *Nederlands* zu einer Weltsprache zu machen, aber dass die Niederländer sich auch die durch die Lappen hatten gehen lassen: »Das war, als New York noch Nieuw Amsterdam hieß. Kennst du diese Geschichte?«

Mein Kopfschütteln war für Mevrouw Visser das Zeichen, die Sherryflasche aus dem Schrank zu holen, die Gläschen ein zweites Mal zu füllen und mich dann wie eine Märchenerzählerin in die Vergangenheit zu entführen – genauer gesagt, nach Amsterdam, einen Steinwurf vom Hauptbahnhof entfernt, da wo der *Schreierstoren* steht, ein ehemaliger Verteidigungsturm am Hafen.

Von dort aus nämlich waren die holländischen Seefahrer vor vierhundert Jahren in alle Welt gesegelt. Damals hatte man von *Schreierstoren* aus freie Sicht aufs Wasser gehabt – nun ja, räumte Mevrouw Visser ein, so richtig frei sei die Sicht auch damals nicht gewesen, denn man blickte auf die Masten Hunderter Handelsschiffe, die dort angelegt hatten: »Versuch dir das mal vorzustellen, Kerstin, das war ein ganzer Wald aus klirrenden Schiffsmasten.«

Und während ich mich in meinem Ohrensessel zurücklehnte und fast die Augen geschlossen hätte, begann sie zu erzählen – von jenem sturen, eigensinnigen Kapitän namens Henry Hudson, der 1609 aus England eingetroffen war und an einem nebligen Aprilmorgen die Segel setzen wollte, um endlich einen kürzeren Seeweg nach Indien zu finden. Die VOC hatte ihn angeheuert, die berühmte Vereinigte Ostindische Handelskompagnie.

»Der war natürlich sehr daran gelegen, schneller nach Asien zu kommen«, erklärte Mevrouw Visser. Der Umweg um das Kap der Guten Hoffnung am Südzipfel von Südafrika sei halt schon sehr umständlich gewesen. Sechs Monate dauerte die Reise, und wer bis dahin überlebt hatte, schöpfte wieder Hoffnung – deshalb auch der Name des Kaps: »Dort wurden die Vorräte aufgefüllt, und es gab auch wieder frisches Wasser.«

Statt untenherum sollte es Henry Hudson deshalb zur Abwechslung einmal obenherum versuchen – über die Nordostroute, an Russland vorbei. »Wenn einem dieses Kunststück gelingen konnte, dann ihm«, erzählte sie weiter. »Das Wort ›aufgeben‹ kannte er nicht, mit seiner Unnachgiebigkeit hatte er schon mehrere Meutereien an Bord ausgelöst – und jedes Mal überlebt.«

Dieses Mal segelte Henry Hudson auf dem *Halve Maan*, dem Halbmond, einem Schiff, das ihm die VOC zur Verfügung stellte. »Eine Gedenktafel am Schreiersturm erinnert noch heute daran, Kerstin. Da musst du bei deinem nächsten Amsterdambesuch mal drauf achten.«

Doch Hudson hatte seine eigenen Vorstellungen über die beste Route nach Asien, er galt nicht umsonst als äußerst eigensinnig. Einmal auf See, änderte er kurzerhand den Kurs und segelte nach Nordwest statt nach Nordost und überquerte so den Atlantik. Das ging eine Zeit lang auch gut – bis er auf den nordamerikanischen Kontinent stieß, »und der ist ja doch ziemlich breit«, so Mevrouw Visser. »Das Problem war nur, dass Hudson das nicht wusste.«

Dass sich da vor ihm ein unüberwindliches Hindernis auftürmte, wollte er – stur, wie er war – einfach nicht glauben. Erst recht nicht, nachdem er auf die breite Mündung eines Flusses gestoßen war: Unverdrossen und guter Hoffnung segelte er flussaufwärts, doch dann wurde der Fluss leider immer schmaler. Ende vom Lied: Hudson musste wenden, sonst wäre er mit seinem *Halve Maan* stecken geblieben. Statt auf Asien zu treffen, kehrte er unverrichteter Dinge nach Amsterdam zurück.

»Kannst du dir vorstellen, wie frustriert der war?«, fragte Mevrouw Visser gerade so, als hätte sie ihn nach seinem Eintreffen in Amsterdam persönlich gesprochen.

Von der Idee, eine Westdurchfahrt nach Indien zu finden, blieb Hudson trotz allem besessen. Das sollte ihm zum Verhängnis werden. Denn bei seiner letzten Reise begannen seine Seeleute wieder einmal zu meutern – und dieses Mal bekam er sie nicht in den Griff, im Gegenteil. Immerhin waren sie so zivilisiert, ihn nicht einfach über Bord zu werfen, sondern setzten ihn in einem kleinen Beiboot aus. Aber dummerweise war weit und breit kein Land in Sicht: »Es war 1611, mitten im Winter«, erzählte sie mit einem dramatischen Unterton in der Stimme. »Er muss erfroren sein. Die Meeresbucht, in der das geschah, trägt heute seinen Namen: Das ist die Hudson Bay. Aber«, so fuhr sie nach einem Schlückchen Sherry fort, »es gibt zum Glück auch Erfreulicheres zu berichten.« Denn schon kurz nach Hudsons erster Reise auf dem *Halve Maan* hatten die ersten Siedler aus Amsterdam es gewagt, ebenfalls den Atlantik zu überqueren, um sich an den Ufern des von ihm entdeckten Flusses niederzulassen.

»Ich brauche dir ja jetzt wohl nicht zu sagen, wie sie den Fluss nannten, oder?« Mevrouw Visser hatte schon ganz rote Wangen vom Erzählen, aber das konnte auch vom Sherry kommen.

Ich schüttelte den Kopf: Nein, das brauchte sie nicht, es war mir schon klar, dass dies der Hudson River sein musste.

»Dort lebten damals noch Indianer, und denen kauften die Siedler dann ein Stückchen Land ab«, erzählte sie weiter. »›Insel der Hügel‹ hieß es oder in der Sprache der Indianer: ›Manahatta‹.« Sie legte eine Kunstpause ein und guckte mich erwartungsvoll an.

»*Duidelijk*«, sagte ich und bemerkte, dass mir dieses Mal nicht als Allererstes das k von »klar!« auf der Zunge gelegen hatte. Die Gehirnwäsche der *nonnetjes* begann tadellos zu funktionieren. Viel Zeit, darüber zu staunen, blieb mir allerdings nicht, denn meine Hauswirtin guckte mich mit wippenden Silberlöckchen immer noch erwartungsvoll an. »Aus Manahatta wurde natürlich Manhattan«, beeilte ich mich daher zu sagen.

»*Precies* – genau!«, sagte Mevrouw Visser zufrieden und lehnte sich wieder in ihrem Ohrensessel zurück: »Und da, wo das heutige Manhattan liegt, gründeten die niederländischen Siedler dann Nieuw Amsterdam.«

Wobei die holländischen Emigranten keine echten Holländer gewesen wären, wenn sie nicht den für ihre Landsleute so typischen Drang verspürt hätten, *voor een dubbelte op de eerste rij te zitten:* Denn als Gegenleistung für Manahatta lieferten sie den Indianern Pelze und Holz im Wert von gerade mal sechzig Gulden. »Sie haben mit Sicherheit nicht zu viel bezahlt«, musste auch Mevrouw Visser zugeben.

»Aber wie kam es dann, dass aus Nieuw Amsterdam das heutige New York wurde?«, wollte ich wissen.

»Nicht so schnell, Kerstin, nicht so schnell!«, wurde ich getadelt. »Lass Nieuw Amsterdam doch erst einmal die Chance, zu wachsen und aufzublühen!«

Und das tat diese Stadt: Der Handel mit dem Stückchen neu entdeckter Welt wurde sogar so wichtig, dass neben der

Ostindischen auch die Westindische Handelskompagnie gegründet wurde, die sich ganz auf den Westen konzentrierte.

Aber dann brach der zweite Seekrieg gegen die Engländer aus, und die waren dummerweise so in der Übermacht, dass sie von den Holländern verlangen konnten, Nieuw Amsterdam herauszurücken: »Unserem letzten Gouverneur gelang es dann zumindest noch, einen Tauschhandel herauszuschlagen«, seufzte Mevrouw Visser und fragte mich dann: »Weißt du eigentlich, wie der hieß?«

Wie so oft in ihrer Gegenwart musste ich passen, um dann mit einem Aha-Erlebnis belohnt zu werden: »Der hieß Peter Stuyvesant!«

»Ach so!« Jetzt begriff ich auf einmal auch den Duft der großen weiten Welt.

»Tja, und dieser Stuyvesant musste dann 1664 in den sauren Apfel beißen und Nieuw Amsterdam gegen ein Sumpfland namens Surinam im Norden Lateinamerikas eintauschen. Das blieb dann lange Zeit unsere Kolonie und wurde erst im 20. Jahrhundert unabhängig«, erklärte Mevrouw Visser mit einem Gesichtsausdruck, der keinen Zweifel daran ließ, dass ihr Nieuw Amsterdam als Kolonie weitaus lieber gewesen wäre.

Nun, die alte Dame hatte halt mit Fußball nichts am Hut und dachte vermutlich nicht daran, dass die Oranje-Elf 1988 in München ohne Surinam mit Sicherheit kein Fußballeuropameister geworden wäre, weil sie dann auf die entscheidenden Tore gewisser Kicker namens Ruud Gullit oder Frank Rijkaard hätte verzichten müssen. Die hätte man dann nämlich nicht in ein niederländisches Nationaltrikot stecken können – und ich wäre mit Christine nicht inmitten eines Meeres von Oranje-Fans feiernd über die Leopoldstraße gezogen.

Einen kurzen Moment lang schwelgte ich in Erinnerungen. Aber wahrscheinlich hätte ich Mevrouw Visser mit meinem Wissen über Fußball nicht sonderlich beeindrucken können. Deshalb behielt ich es für mich und begab mich stattdessen wieder über den Atlantik an die Mündung des Hudson River:

»War Nieuw Amsterdam nach diesem Tausch gegen Surinam tatsächlich für immer verloren?«

»Nun ja, als drei Jahre später beim Frieden von Breda die Besitzverhältnisse neu geordnet wurden, hätten wir schon die Möglichkeit gehabt, Nieuw Amsterdam zurückzufordern. Aber irgendwie ließ uns unser Handelsinstinkt damals im Stich. Wir zeigten kein Interesse mehr.« Ein ganz schön teurer Einschätzungsfehler, fand Mevrouw Visser.

Aber, so betonte sie und richtete sich in ihrem Sessel auf: Die Engländer mochten in Nieuw Amsterdam zwar die Macht ergriffen und die Stadt in New York umgetauft haben – »doch wir Niederländer gehörten dort weiterhin zur Oberschicht und spielten im kulturellen und wirtschaftlichen Leben eine große Rolle. Denk nur an so prominente Familien wie die Roosevelts oder die Vanderbilts! Die kommen alle aus Holland.«

Ich staunte und dachte an meinen letzten New-York-Besuch zurück: »Im Straßenbild erinnert aber nichts mehr daran, dass diese Stadt einst von Holländern gegründet wurde, oder?«

Es klang eher wie eine Feststellung, und der Blick von Mevrouw Visser verriet mir sofort, dass ich das so nicht hätte sagen dürfen: »Unser Charakter liegt da noch in der Luft, ist das etwa nichts?«, eiferte sie sich. »Was glaubst du, woher es kommt, dass sich die New Yorker so gerne mit Eigenschaften wie Handelsgeist, Kreativität und Toleranz schmücken? Das haben sie alles von uns geerbt.«

Und falls mir das alles immer noch nicht konkret genug sein sollte, dann brauchte ich mir nur die Sprache anzugucken. Denn auch wenn es *Nederlands* wieder nicht gelungen war, zur Weltsprache aufzusteigen: »Sang- und klanglos ließ sich unsere Sprache von der englischen nicht verdrängen«, betonte Mevrouw Visser. »Ganz im Gegenteil, da haben wir deutliche Spuren hinterlassen.«

Und mit einem unverkennbar triumphierenden Blick in den Augen begann sie aufzuzählen: »Die Wall Street, das war früher die *Walstraat*, die hat also nichts mit einer Wand zu tun, sondern mit einem Wall! Harlem geht auf unsere niederländische Stadt Haarlem zurück. Und Brooklyn ist nach Breukelen benannt, das ist ein kleiner Ort bei Utrecht.«

Ich war beeindruckt – und Mevrouw Visser kaum aufzuhalten in ihrem Redefluss: Die Bronx, so eröffnete sie mir, gehe auf den niederländischen Familiennamen *Bronx* zurück, die Bowery auf das holländische Wort für Bauernhof: *boerderij*. Flushing Meadows sei nach der Hafenstadt Vlissingen benannt. »Und Coney Island hieß ursprünglich *konijnen-ijland*: Kanincheninsel.«

Meine Hauswirtin erhob sich, um zum Schrank zu gehen, aber dieses Mal holte sie nicht die Sherryflasche heraus, sondern einen Keks aus der Keksdose. Den hielt sie mir dann vor die Nase: »*Cookie* nennen die Amerikaner das – und dieses Wort kommt ausschließlich im amerikanischen Englisch vor, denn es geht auf unser niederländisches *koekje* zurück.«

Ich nahm den Keks entgegen, und während ich hineinbiss, bombardierte mich Mevrouw Visser mit weiteren Beispielen: Der *pannenkoek* habe den Amerikanern das *pancake* beschert, und aus dem *schatsen*, dem Schlittschuhlaufen, wurde *skating*.

»Und dann habe ich noch etwas ganz Besonderes für dich«, kündigte sie an. »Wie hieß dein Liebster doch gleich?«

»Jan Kees«, antwortete ich.

»Richtig«, sagte Mevrouw Visser und lächelte triumphierend.

Der Liebste holte mich am nächsten Morgen ab. »So, das hast du hinter dir!«, sagte Jan Kees, als wir auf der Autobahn heimwärts Richtung Leiden brausten. Er warf mir einen verliebten Blick zu – immerhin waren wir fast eine Woche getrennt voneinander gewesen, und das waren wir einfach nicht mehr gewohnt.

Er sagte es auf Holländisch – und das war für mich das Zeichen, dass wirklich neue Zeiten angebrochen waren: Deutsch würde Jan Kees mit mir jedenfalls nur noch dann reden, wenn es sich wirklich nicht vermeiden ließ. Zum Beispiel dann, wenn wir an den Bodensee reisten, um meine Eltern und Geschwister zu besuchen. Anfangs fand ich das sehr merkwürdig. Es war, als ob unsere Beziehung auf einmal auf eine andere Ebene gebeamt worden wäre. Wobei mir auch sein Deutsch mit dem hübschen Akzent fehlte, in das hatte ich mich anfangs ja auch mit verliebt.

Aber wenn ich die Sprache dieses Landes, in dem ich nun lebte, wirklich perfekt lernen wollte, dann war das besser so. Und sollten mir die Worte fehlen, dann flickte ich sie einfach auf Deutsch ein, ich hatte ja den Vorteil, dass Jan Kees mich verstand.

»*Klopt!*«, beantwortete ich seine Frage im Auto auf der Rückfahrt also brav auf Holländisch, auch wenn unsere Unterhaltungen nun deutlich langsamer verliefen als früher. »Und weißt du was, dieser Sprachkurs hat mir sehr, sehr viele neue Erkenntnisse eingebracht – auch über deinen Namen.«

»Was du nicht sagst«, entgegnete Jan Kees.

»Bist du dir eigentlich bewusst«, fragte ich ihn, »dass du einen *Allerweltsnamen* trägst?«

»Einen Allerweltsnamen? Wieso denn das?«, wunderte sich mein Schatz. »Okay, Jan, das kommt von Johannes und ist relativ populär. Aber Kees?«

Mit seinem *talenknobbel* hatte er natürlich längst recherchiert, dass Kees auf Cornelius zurückging, was »Gelbhaariger« bedeutet, also Blondschopf.

»Na ja«, fuhr ich fort, »da liefen in Neuengland im 17. und 18. Jahrhundert neben unzähligen Jans halt auch so viele blonde Kaasköppe aus Holland herum, dass die Englisch sprechende Bevölkerung aus Jan und Kees ein neues Wort machte.«

»Was denn für ein Wort?«

Es machte mir Spaß, ihn ein bisschen auf die Folter zu spannen: »Für Scarlett O'Hara jedenfalls war es ein Schimpfwort.«

Jan Kees wusste, dass ich als Teenager *Vom Winde verweht* gleich zweimal verschlungen hatte, einmal sogar auf Englisch, weil das so wie Französisch zu meinen Lieblingsfächern

zählte – und Scarlett O'Hara zu meinen Lieblingsroman-
heldinnen, weil sie niemals ans Aufgeben dachte.

»Die hätte dich vielleicht sogar angespuckt«, eröffnete ich
ihm. »Ganz *ladylike* war sie ja nie, aber in diesem Falle hätte
sie es bestimmt nicht dabei belassen, nur ihre linke Augenbraue hochzuziehen.«

»Ja, das hast du mir erzählt, das mit der Augenbraue konnte
sie perfekt«, antwortete Jan Kees mit einer Spur von Unge-
duld in der Stimme. »Aber warum würde Scarlett O'Hara in
diesem Falle gleich spucken?«

»Weil du zum feindlichen Lager gehörtest, gegen das ihr
Schwarm, dieser unsäglich blasse Ashley, kämpfen musste!«
Kaum zu glauben, dass sie für diesen Ashley ein gestandenes
Mannsbild wie Rhett Butler, der nun echt ein *lekker ding* war,
abblitzen ließ! Das konnte ich eigentlich immer noch nicht
fassen.

Jan Kees allerdings war stärker daran interessiert, mehr
über seinen Namen zu erfahren. »Ashley musste gegen mich
kämpfen?«

»Ja, im Amerikanischen Bürgerkrieg, als die Südstaaten
gegen den Norden kämpften«, antwortete ich und beschloss,
das Geheimnis zu lüften. »Ahnst du es denn immer noch
nicht, *schatje*?«

»Neeeeeee!«

»Ganz einfach: Aus Jan Kees wurde Yankee!«

13. Kapitel   Wieso mein Mikrofon vor allzu redseligen Passanten geschützt werden muss, niederländische Chefs nicht mit der Faust auf den Tisch schlagen und das Suchen nach Kompromissen eine nationale Sucht ist

Der Kontakt zu Mevrouw Visser brach nach den denkwürdigen Abenden in Vught nicht ab. Treu, wie sie war, schickte sie uns an Weihnachten und zu meinem Geburtstag immer eine Karte. Aber auch ohne ihre Grüße hätte ich regelmäßig an sie denken müssen. Zum Beispiel, wenn ich in Amsterdam am *Schreierstoren* vorbeikam und die kleine Gedenktafel erblickte, die daran erinnerte, dass Henry Hudson an dieser Stelle einst mit dem *Halve Maan* in See gestochen war, um letztendlich für die Gründung von Nieuw Amsterdam zu sorgen. Und auch 1997, als Leonardo DiCaprio und Kate Winslet die Kinofans mit der Neuverfilmung des *Titanic*-Dramas zu Tränen rührten. Er verkörperte einen armen Einwanderer, sie hingegen ein Mädchen aus besten amerikanischen Kreisen – und deshalb trug sie auch einen niederländischen Namen: de Wit. Sie repräsentierte die alte Oberschicht, das alte Geld, das immer noch Einfluss hatte, obwohl aus Nieuw Amsterdam längst New York geworden war. Es war genau so, wie es mir Mevrouw Visser in ihrem Ohrensessel erzählt hatte.

Daphne war damals fast schon ein Teenager und alt genug, um hoffnungslos von Leonardo DiCaprio zu schwärmen. Irgendwann habe ich aufgehört zu zählen, aber sie zog sich den *Titanic*-Film an die fünfzehn Mal rein, mindestens sieben Mal im Kino und dann auf Video in ihrem Zimmer. Im Gegensatz zu ihren deutschen Altersgenossen hatten Daphne und ihre Freundinnen dabei einen wesentlichen Vorteil: Jedes Mal, wenn sie aufs Neue miterlebten, wie DiCaprio im eisigen Wasser sein Leben aushauchte, verbesserten sie ihre Englischkenntnisse. Denn in den Niederlanden wird ja nichts synchronisiert, es gibt und gab schon immer alles bloß mit Untertiteln – seien es nun Kinofilme oder Fernsehserien wie *The Bold & the Beautiful* (Reich & schön) und *Married with children* (Eine schrecklich nette Familie). Anfangs fand ich das ausgesprochen grässlich, Filme mit Untertiteln waren für mich als Deutsche etwas, das den dritten Fernsehprogrammen vorbehalten blieb, das guckte ich nur, wenn es sich wirklich nicht vermeiden ließ.

Die Niederländer wiederum fanden nachsynchronisierte Filme eine schreckliche Unsitte. Auch Piet konnte nicht nachvollziehen, wie sich ein ganzes Volk so etwas antun kann: »Oder findest du es etwa normal«, pflegte er mich anzubrummen, »wenn sich John Wayne auf Deutsch ein Bier bestellt oder auf Deutsch zu brüllen beginnt: ›Hände hoch, oder ich schieße!‹?« Furchtbar fand der alte Piet das, ganz, ganz furchtbar.

Schon nach ein paar Monaten sollte sich denn auch meine Meinung dazu um hundertachtzig Grad wenden. Denn hatte man sich erst mal an die Untertitel gewöhnt, so schien es, dann war man ein für alle Mal bekehrt und wollte keine synchronisierten Fassungen mehr ansehen. Erstens, weil es einem dann erst recht peinlich auffiel, wenn die Bewegungen des Mundes nicht mit den gesprochenen Worten übereinstimmten; zweitens, weil man die echten Stimmen der Schauspieler schon bald gewohnt war. Ich jedenfalls traue immer noch meinen Ohren nicht, wenn ich vor einem deutschen Fernseher mit anhören muss, wie Carrie und ihre Freundinnen von *Sex & the City* auf einmal andere Stimmen haben und auch noch tadellos Deutsch sprechen können! Total unnatürlich klingt das!

In meiner neuen Heimat hingegen sprechen Carrie & Co. Englisch und halfen auch mir so ganz nebenbei, meine Englischkenntnisse zu verbessern. Während meiner Arbeit konnte ich sie regelmäßig umsetzen: Sowohl am neu eröffneten Jugoslawientribunal in Den Haag als auch am altehrwürdigen Internationalen Gerichtshof im Haager Friedenspalast ist Englisch die erste Arbeitssprache, auch bei den Pressekonferenzen.

Als freie Auslandskorrespondentin für deutsche Medien fuhr ich für solche Termine jetzt oft ins rund fünfzehn Kilometer entfernte Den Haag. Einen festen Arbeitgeber hatte ich nicht mehr, den hatte ich für Jan Kees aufgegeben; meinen Beruf als Journalistin hingegen wollte ich in jedem Falle weiterhin ausüben. Erstens liebte ich ihn dazu viel zu sehr, zweitens legte ich Wert auf meine Unabhängigkeit, und drittens fand ich es wichtig für die Balance in unserer Beziehung: »Dann brauchst du dir jedenfalls nie den Vorwurf anzuhören, dass ich *alles* für dich aufgegeben habe«, pflegte ich zu Jan Kees zu sagen.

Es machte mir ja auch Spaß, mir eine Existenz mit einem eigenen Pressebüro aufzubauen. Das würde sich später ideal mit Kindern kombinieren lassen, die ich mit Jan Kees bekommen wollte, auch wenn wir noch keine konkreten Pläne hatten. Vorerst jedenfalls kam ich mir vor wie eine Unternehmerin, klein zwar, aber mit Expansionsdrang. Passenderweise hatte ich meinen privaten Unternehmensberater im Haus, denn Jan Kees stand mir mit Tipps und Tricks zur Seite. Es dauerte nicht lange, und ich hatte mir einen festen Kundenstamm aus deutschen Redaktionen aufgebaut, denen ich Themen vorschlug und die sich von selbst mit Aufträgen meldeten: So bestellte der Deutschlandfunk einen Beitrag über die Drogenpolitik, das Nachrichtenmagazin *Focus* ein Interview mit dem ersten Chefankläger des Jugoslawientribunals Richard Goldstone oder das Kunstmagazin *art* einen Bericht über den Diebstahl eines Gemäldes aus dem Amsterdamer Van-Gogh-Museum. Nie hätte ich gedacht, dass mein neues Arbeitsfeld so abwechslungsreich sein könnte, der Gedanke an meinen Traumstandort Paris verblasste immer mehr.

Leider gerieten auch meine Französischkenntnisse ins Hintertreffen, das fand ich weniger schön, da ich diese Sprache nach wie vor innig liebte. Aber meine zweite Fremdsprache war nun Englisch, daran ließ sich nichts ändern.

An der Spitze jedoch lag unangefochten *Nederlands*. Seit

der Gehirnwäsche in Vught hatte es ungeniert zum Siegeszug angesetzt. Und damit nicht genug: Gemäß dem Abba-Ohrwurm *The winner takes it all* begann es nach ein paar Monaten sogar mein Deutsch zu bedrohen. Ebendeshalb, weil die beiden Sprachen Schwestern sind und sich sehr ähneln. Oft macht nur eine einzige Silbe den Unterschied aus. Das Schlimmste war, dass ich oft gar nicht mehr merkte, dass mein Deutsch nicht mehr stimmte und ich direkt aus dem Niederländischen zurückübersetzte.

Wenn sich der SWF, wie die damals noch hießen, meldete und wissen wollte, wann am Internationalen Gerichtshof ein Urteil zu erwarten war, dann entgegnete ich zum Beispiel: »Das kann ich Ihnen leider noch nicht sagen, das frage ich mich auch ab.« Worauf der zuständige Redakteur trocken antwortete: »Sie meinen wohl, dass Sie sich das *fragen*. Abgefragt wird in der Schule!« In den Niederlanden aber ist das nicht so: Sich etwas fragen heißt da *afvragen*.

Oder ich meldete mich bei *art*: »Das Stedelijk Museum in Amsterdam wird verbaut. Wollen Sie, dass ich darüber berichte?«

»Verbaut?«, wunderte sich meine Kollegin am anderen Ende der Leitung. »Sie meinen wohl, es wird *um*gebaut?« Natürlich meinte ich das, aber umbauen hieß auf Niederländisch halt *verbouwen*.

Doch auch wenn meine Muttersprache darunter litt: Mein immer fehlerloser und flüssiger werdendes *Nederlands* öffnete mir Türen und Tore. Meine neuen Landsleute schienen regelrecht dankbar und fast schon gerührt darüber zu sein, dass ich mir die Mühe genommen hatte, mir das Erlernen ihrer Sprache anzutun. Jetzt jedenfalls waren sie in ihrem Redefluss erst recht nicht mehr zu stoppen, das war mir als Süddeutsche sowieso schon gleich am Anfang aufgefallen: dass die Leute hier sehr redselig sind und man sich manchmal sehnlichst wünscht, auf einen Abstellknopf drücken zu können.

Doch diese Redseligkeit hat durchaus ihre positiven Seiten. Kombiniert mit der sprichwörtlichen Offenheit dieses Menschenschlags, sorgt sie bei Radioumfragen auf der Straße dafür, dass man sich als Journalist wie im Schlaraffenland vorkommt: Während sich manche Passanten in Deutschland beim Anblick meines Mikrofons regelrecht wegduckten, am liebsten in eine Seitenstraße geflüchtet wären und mit einem matt gehauchten »Nein, nein, ich sage nichts!« ganz schnell weiterliefen, muss ich in meiner Wahlheimat aufpassen, dass mir das Mikrofon nicht aus der Hand gerissen wird. Oft bekomme ich selbst auf gar nicht gestellte Fragen in aller Ausführlichkeit eine Antwort.

Der Niederländer, so lernte ich, hat grundsätzlich zu allem eine Meinung, auch wenn er von Tuten und Blasen keine Ahnung hat. Offen und ungeniert, wie er ist, hält er mit seinen Ansichten nicht hinter dem Berg – auch dann nicht, wenn es hoch angesehene Respektspersonen betrifft: »Unseren Ministerpräsidenten sollte man auf den Mond schießen, der hat sie doch nicht mehr alle!«, sagte mir eine adrette Oma, die gerade mit frischer Dauerwelle aus dem Friseurladen trat, frank und frei ins Mikrofon, als ich sie fragte, was sie von der Sozialpolitik ihrer Regierung halte. Und dass Königin Beatrix die letzte Zeit so griesgrämig dreinblicke, so versicherte mir ein äußerst gut aussehender Geschäftsmann mit dem Aktenköfferchen in der Hand, das liege mit Sicherheit daran, dass sie schon viel zu lange keinen guten Sex mehr gehabt hätte: »Da sollte Claus mal gut drübergehen, das würde beiden guttun«, schlug er vor, und ich bin mir ziemlich sicher, wenn er nicht so unter Zeitdruck gewesen wäre, hätte er mir auch noch mitgeteilt, wie oft er es selbst pro Woche trieb, mit wem und in welcher Stellung.

Meine deutschen Auftraggeber jedenfalls hatten ihre helle Freude an mir, meine Straßenumfragen standen bei den Hörfunkanstalten hoch im Kurs und stellten die meiner Kollegen aus Ländern mit weitaus zugeknöpfterer Bevölkerung wie etwa Frankreich deutlich in den Schatten.

Auch die Telefonrecherchen könnten in den Niederlanden eigentlich wesentlich einfacher verlaufen als in Deutschland, da in diesem kleinen und zentral regierten Land die Wege kürzer und direkter sind und man keine Irrwege zurücklegen muss, um beim zuständigen Pressesprecher zu landen – wenn, ja wenn diese Pressesprecher nicht dauernd *in vergadering* sein würden: in einer Sitzung. Es hat etwas von einem Spiel: »Hasch mich – ich bin der Pressesprecher!«, denn man erwischt ihn nur mit viel Glück zwischen den beiden Vormittags- oder Nachmittagssitzungen oder vor und nach der Mittagspause. Meistens macht er einem eine lange Nase: »Ätsch, du hast mich verpasst – ich bin schon wieder *in vergadering*.«

Dass ich als Journalistin mit Deadlines zu tun habe, lässt ihn und auch seine Sekretärinnen völlig kalt. Etwas mehr Mitgefühl schlägt mir immer erst dann entgegen, wenn ich meinerseits mit einer Sitzung argumentiere, dann gehöre ich auf einmal dazu. Kleine Kostprobe gefällig?

»Kann er mich bitte noch vor zehn Uhr zurückrufen?«, bitte ich die Sekretärin am Telefon und flöte mit einem wichtigen Unterton in der Stimme: »Nach zehn geht es nicht mehr, da bin ich nämlich *in vergadering!*«

Worauf am anderen Ende der Leitung sofort die verständnisvollen Worte ertönen: »Aber natürlich! Ich werde es ihm sofort ausrichten.«

Vergaderen, eine Sitzung abhalten, scheint eine nationale Krankheit zu sein, eine regelrechte Sucht. Denn in diesem egalitären Land gibt es keine autoritären Chefs, die Entscheidungen fällen dürfen und notfalls auch mal mit der Faust auf den Tisch schlagen. Tun könnten sie das zwar, aber dann würden ihre Untergebenen sie nur verständnislos angucken und sich mit dem Finger an die Stirn tippen. Denn hier in den Poldern hinter den Deichen wird alles ausdiskutiert, jeder gibt so lange seinen Senf dazu, bis man sich auf den kleinsten gemeinsamen Nenner geeinigt hat. Dann hat man zwar eine gemeinsame Basis, eine *draagvlakte*, wie das hier heißt, was durchaus von Vorteil sein kann. Aber der Nachteil ist, dass es Stunden, wenn nicht Tage oder sogar Wochen dauert, bis diese *draagvlakte* zustande kommt. Der niederländische Ausdruck *in vergadering* beschreibt denn auch eher einen Zustand als die Teilnahme an einer Sitzung. Wörtlich übersetzt lautet er »in Sitzung« – so wie »im Urlaub« oder »in Trauer«.

Dieses Konferieren bis zum Umfallen hat einen Beinamen bekommen: »Poldern« wird es genannt. Und da in diesem Land selbst Arbeitgeberverbände und Gewerkschaften ebenso hemmungslos wie hingebungsvoll miteinander poldern, sind hier auch Streiks die Ausnahme – ganz im Gegensatz zu autoritärer eingestellten Nationen wie Frankreich, wo ich während meines Auslandssemesters in Lyon innerhalb von nur wenigen Monaten gleich mehrere Streiks hintereinander miterleben musste. Die Niederländer hingegen, so versicherte mir bei einem meiner ersten Aufträge ein Amsterdamer Gewerkschaftssprecher, ließen es so weit nicht kommen: »Wir suchen immer erst den Königsweg: das Gespräch.«

Diese Haltung senkt nicht nur die Zahl der Streiks, sondern auch die der Arbeitslosen, denn anstatt wie bei uns in Deutschland feindselig und kampfbereit die Hacken in den Sand zu drücken, konnten sich die Sozialpartner hier im Laufe der Jahre immer wieder auf effektive Maßnahmen zur Bekämpfung der Arbeitslosigkeit einigen. Folge war, dass die Nachbarländer, allen voran Deutschland mit seiner hohen Arbeitslosigkeit, in den Neunzigerjahren neidisch über die Grenze schielten. Schnell war vom Poldermodell die Rede – einem Begriff, der es international zu einigem Ansehen brachte. Jedenfalls erzählte der damalige Ministerpräsident Wim Kok uns Auslandskorrespondenten bei einem dieser typisch holländischen Buttermilch-Arbeitsessen im Haager Pressezentrum *Nieuwspoort*, dass das Wort selbst den langen Weg nach Lateinamerika zurückgelegt hätte: Bei einem Staatsbesuch in Chile hörte Kok zwischen unzähligen spanischen Worten auf einmal ganz deutlich »*poldermodel, poldermodel!*« heraus.

Auch bei Jan Kees in der Unternehmensberatungsfirma wurde nach Herzenslust gepoldert, das merkte ich schnell, als ich versuchte, ihn dort mit einem Besuch zu überraschen, aber stattdessen fast jedes Mal bei der Sekretärin landete: Die versicherte mir dann unverdrossen, die Sitzung sei ganz bestimmt bald vorbei, und versuchte mich mit einem Kaffee nach dem anderen zu vertrösten. Augje war ihr Name, sie war wirklich sehr nett. Das galt auch für die Kollegen von Jan Kees und für seinen Chef. Ich lernte sie alle kennen. Das geht hier ganz einfach, weil sämtliche Türen grundsätzlich offen stehen und man nicht wie oft in deutschen Büros in einem langen, dunklen Gang an geschlossenen Türen vorbeigehen muss. Auch die Tür vom Chef steht in der Regel wagenweit offen, und der ist nicht nur ebenso salopp gekleidet wie seine Angestellten, sondern gibt sich auch sehr kollegial als Primus inter Pares.

Mit dem Chef von Jan Kees war das nicht anders: Dass er alle duzte und von allen geduzt wurde, überraschte mich nicht weiter, das hatte ich mir schon gedacht, schließlich hatte ich mich ja selbst auch gleich bei meinem ersten Aufenthalt hier von jedem, so wildfremd er auch sein mochte, duzen lassen müssen. Aber dass der Chef von Jan Kees auch die Sekretärin duzte und die ihn mit der größten Selbstverständlichkeit zurückduzte und ihn noch dazu mit Vornamen ansprach, das fand ich dann doch sehr merkwürdig.

Richtig gewöhnt habe ich mich an die Duzerei übrigens nie. Noch mehr als zehn Jahre später musste ich schlucken, als ich versuchte, einen Termin mit Ruud Lubbers zu bekommen, ehemaliger niederländischer Ministerpräsident und Hoher Flüchtlingskommissar der Vereinten Nationen. Ich hatte ihn bei einer Lesung getroffen und ihm meine Visitenkarte geben können, und schon kurz darauf meldete er sich auf meinem Handy: »Hallo, Kerstin, hier ist Ruud, du wolltest doch einen Termin mit mir ausmachen?«

Ich war perplex, fasste mich dann aber schnell wieder und plauderte durchaus angenehm mit ihm. Dabei duzte ich ihn auch zurück, das schaffte ich gerade noch. Aber ihn mit dem Vornamen anzureden, das brachte ich einfach nicht über die Lippen. Und da ich ja auch nicht ins andere Extrem fallen und *Meneer Lubbers* sagen wollte, also Herr Lubbers, vermied ich krampfhaft jede Form der direkten Anrede.

Aber das Lebensmotto »*Doe gewoon, dan doe je al gek genoeg*«
gilt hier halt für alle – ganz egal, wie weit sie es gebracht haben oder wie reich sie sind. In Deutschland und Frankreich
pflegen sich hohe Politiker oder Wirtschaftsbosse von einem
eigenen Hofstaat zu umgeben, durch den man sich als Journalist wie durch die Schalen einer Zwiebel erst einmal einen
Weg bahnen muss, um an sie heranzukommen. In den Niederlanden hingegen steht man seinem Zielobjekt sofort
ohne Vorwarnung geradezu schutzlos gegenüber – manchmal selbst noch ohne Pressesprecher, der sich entschuldigt,
weil er ja in die nächste Sitzung muss. Und sollte auch die
Sekretärin gerade alle Hände voll zu tun haben, dann findet
ein niederländischer Wirtschaftsboss, egal, wie groß und
mächtig sein Unternehmen auch ist, nichts dabei, den Kaffee
für den Besucher selbst einzuschenken.

»Milch? Zucker?«, fragte auch Frits Goldschmeding, Chef
und Gründer des Zeitarbeitsunternehmens Randstad, als er
mich zum Interview für *Focus* empfing. Freundlich schaute er
mich aus den hellblausten Augen an, in die ich jemals geblickt
hatte, während ich mich – einigermaßen verdattert über diese
unerwartete Frage – auf der anderen Seite seines Schreib-
tischs niederließ. Seinem Büro war nicht anzusehen, dass
hier einer der fünf reichsten Männer der Niederlande arbeitete: Bücherregale, Stühle, ein Schreibtisch mit ein paar Fami-
lienfotos darauf, das war's auch schon, keine Statussymbole,
nichts – ein Kalvinist haut halt nicht auf den Putz, auch wenn
er noch so erfolgreich ist. *Doe gewoon!*

14. Kapitel   Weshalb die Niederländer die Jobs wechseln wie andere die Hemden, auf dem Klo ein Ziel vor Augen brauchen und doch nicht ganz so informell sind wie ihr Ruf

»Unglaublich, das wäre in Deutschland und erst recht in Frankreich unvorstellbar!«, staunte ich noch Tage später an einem Samstagnachmittag, als ich mit Jan Kees in unserem Garten unterm Apfelbaum saß, umgeben von Rijn, Willem und Stef, dem jungen Architekten von nebenan. Statt eines dunklen Rollis trug er ein altes graues T-Shirt (bloß keine Farbe!), denn die Männer hatten Jan Kees geholfen, unsere Terrasse anzulegen, und gönnten sich nach getaner Arbeit nun ein wohlverdientes Bier, während sie ihr Werk zufrieden begutachteten.

Von rechts schallte die Stimme von Stefs ältestem Sohn Sander zu uns herüber, der zwei Gärten weiter am Spielen war. Auch das leichte Brummen des Rasenmähers war zu hören, mit dem sich seine Frau Michelle langsam in den hinteren Teil des Gartens bewegte. Manchmal tauchte ihr blonder Haarschopf ganz kurz über den beiden Koniferenhecken auf, die uns voneinander trennten. Dazwischen lag der picobello gepflegte Garten der Mulders, die wie so oft samstags beim Golfspielen waren.

Links ertönten die Stimmen von Lineke, der Lehrerin, und ihrem Vater, dem alten Ton, die sich mal wieder stritten.

Wir hatten fast schon den Eindruck, dass es für sie zu einer Art Freizeitbeschäftigung geworden war. Andere spielten Tennis miteinander oder die *Siedler von Catan*, Ton und Lineke stritten sich.

»Wie oft habe ich dir schon gesagt, dass du dich an die Hausregeln halten sollst!«, hörten wir Lineke schimpfen, wobei sich ihre schrille Stimme fast überschlug. Wer es nicht besser wusste, hätte geglaubt, sie würde einem ihrer Schüler den Marsch blasen und nicht ihrem alten Vater.

Doch Mitleid war fehl am Platze, denn während der Rauch seiner Zigarre noch unter unserem Apfelbaum zu riechen war, schnaubte der alte Ton hustend und prustend zurück: »Keif doch nicht so rum, du bist ja schlimmer, als deine Mutter es je war, kein Wunder, dass Lex das Weite gesucht hat!« Lex, das war Linekes Exmann.

Wir hielten uns lachend die Hände vor den Mund. »Eins zu eins!«, sagte ich leise genug, damit es jenseits der Hecke niemand hörte, und dachte dann an den Brief an den alten Ton, der heute aus Versehen bei uns auf der Türmatte gelandet war: »Erinner mich dran, dass wir den heute noch rüberbringen«, bat ich Jan Kees. Dann fuhr ich ungeachtet des Gezeters auf der anderen Seite der Hecke fort, von meinem Besuch beim Zeitarbeitskönig Goldschmeding zu erzählen, der mich ziemlich beeindruckt hatte. Immerhin war er schon als Student auf die Idee gekommen, Kommilitonen gegen Entgelt als Leiharbeiter zu entsenden.

»Ich hab früher auch oft für Zeitarbeitsfirmen gearbeitet«, begann Willem zu erzählen. Wohlig seufzend lehnte er sich in seinem Korbsessel zurück und streckte die Arme in die Luft: »Das war ganz am Anfang, als ich mit meiner Ausbildung zum Fotografen fertig war, aber noch nicht so viele Aufträge reinkamen.« Da klapperte er in der Leidener Fußgängerzone sämtliche Zeitarbeitsfirmen ab, die gab es da wie Sand am Meer: »Eine hatte immer was. Das war sehr praktisch, auch wenn es nicht unbedingt etwas mit meinem Beruf zu tun hatte.«

Mal packte Willem in einem Pflegeheim mit an, ein anderes Mal stand er an der Hotelrezeption. »So hatte ich immer Arbeit und damit auch ein Einkommen – und das ist doch viel besser, als Sozialhilfe zu beantragen.«

Jan Kees und Stef konnten ihm da nur beipflichten, auch sie waren bereits als Leiharbeiter im Einsatz gewesen: »Ich hab's nach dem Wehrdienst getan, zur Überbrückung«, erzählte Jan Kees. »Da habe ich ein paar Monate als Kopierer im Parlament gearbeitet. Irgendwas muss man ja tun.«

Für meine niederländischen Freunde, so merkte ich schnell, waren nicht nur Hausgeburten, sondern auch Zeitarbeit die normalste Sache der Welt. Zeitarbeiter durften hier auch bei Behörden eingesetzt werden und sogar in der Luftfahrt, als Ärzte und als Lehrer. Es gab Zeitarbeitsbüros, die sich ganz auf spezielle Branchen spezialisiert hatten.

Auf einen festen Arbeitgeber, dem man wie in Deutschland bis zum Erreichen des Rentenalters treu bleibt, scheinen die Niederländer wenig Wert zu legen. Sie finden es viel wichtiger, eine Arbeit zu haben; den Arbeitgeber kann man dabei ruhig so oft wechseln wie andere die Hemden.

»Das sorgt zwar nicht unbedingt für die Schaffung neuer Arbeitsplätze, aber die Arbeit wird besser verteilt«, dozierte Jan Kees, der sich als Unternehmensberater da natürlich auskannte. Dieses Wissen wollte er nun auch allzu gerne demonstrieren, und ich ließ ihn schmunzelnd gewähren, obwohl ich das seit meinem Interview natürlich längst wusste.

»Und dadurch wiederum kann sich ein Unternehmer viel besser auf den Markt einstellen«, ergänzte Rijn. Als Geschäftsmann mit seiner Billardtischfirma sprach er da aus Erfahrung: »Wenn Not am Mann ist und mehr Tische bestellt werden, als wir produzieren können, stelle ich regelmäßig Zeitarbeitskräfte ein«, erklärte er und schwenkte die leere Bierflasche: »Darf ich mir auch noch eine holen?«

Natürlich durfte er das, er fühlte sich bei uns ja sowieso schon fast wie zu Hause.

Nachdenklich blickte ich ihm hinterher, wie er ins Haus ging. »Wisst ihr eigentlich, dass Leiharbeiter in Deutschland immer noch ein bisschen als eine Art moderne Sklaven gelten?«, fragte ich die anderen drei Männer.

»Kein Wunder, da sind sie ja auch immer noch Arbeitnehmer zweiter Klasse«, antwortete mein Liebster. »Bei uns hingegen hat die Zeitarbeitsbranche ihr Schmuddelimage schon seit Langem abgelegt!«

Denn hier dürfen Leiharbeiter nicht weniger verdienen als ein fester Arbeitnehmer. »Und ihre Rechte bauen sie sich in Phasen auf«, belehrte mich Jan Kees weiter.

»Ja, ich weiß«, unterbrach ich ihn, »erst für die Kranken- und Arbeitslosenversicherung, danach beginnt auch die Zahlung von Rentenbeträgen ...«

»Und nach einem Jahr erlangt man sogar das Recht auf eine Festanstellung beim Zeitarbeitsbüro und bekommt auch dann noch Lohn, wenn man nicht eingesetzt werden kann«, meldete sich Rijn zurück, der aus dem Kühlschrank gleich noch eine Portion Käse samt Holzbrett und Messer mitgebracht hatte. »Das ist doch okay, oder?«, fragte er mit Blick auf den Käse.

»Kein Problem«, sagte ich, denn schon am Montag würde wie immer gut gelaunt unser schwarz gelockter *Kaasboer* Ed wieder vor der Tür stehen.

Rijns älteste Tochter Anna, die mit den beiden kleinen Kindern, hatte jahrelang fest für eine Zeitarbeitsfirma gearbeitet: »Erst beim Innen- und beim Justizministerium, dann beim *Nederlands Dans Theater*«, erzählte er, während er den Käse würfelte. *Kaas uit het vuistje* nennen die Niederländer das, Käse aus dem Fäustchen.

Beim *Dans Theater* habe es ihr eigentlich am besten gefallen, erzählte Rijn weiter, wegen der vielen internationalen Gesellschaften, die für Gastauftritte eintrafen. »Aber da konnte sie leider nicht länger bleiben. Stattdessen landete sie bei einer großen Versicherungsfirma, und da ist sie dann hängen geblieben.«

Denn, und das ist nicht ganz unwichtig: Jeder dritte Zeitarbeiter findet über Zeitarbeit letztendlich eine feste Stelle: »Irgendwann will man halt doch irgendwo Wurzeln schlagen und wirklich dazugehören«, meinte Rijn. Seiner Anna sei es da nicht anders ergangen: »Sie war froh, dass ihr die Versicherungsgesellschaft einen festen Vertrag geboten hat. Da arbeitet sie jetzt schon seit dreieinhalb Jahren – inzwischen natürlich Teilzeit, wegen der beiden kleinen Kinder.«

Natürlich! Rijn schien sich nicht bewusst zu sein, dass dies für deutsche Mütter keineswegs eine Selbstverständlichkeit war. Für die Niederländer hingegen war auch das die normalste Sache der Welt – und nicht nur für die Frauen: »Ich arbeite auch nur vier Tage«, eröffnete mir Stef. »Ich habe freitags frei, Michelle am Montag, und von Dienstag bis Donnerstag gehen die Kinder in die Kita. So ist alles wunderbar geregelt, es darf bloß niemand krank werden«, lachte er.

»Wie geht denn das?«, fragte ich einigermaßen fassungslos. »Ich dachte, du arbeitest für dieses berühmte Architekturbüro in Rotterdam, das selbst dem großen Rem Koolhaas Konkurrenz macht. Ihr könnt euch doch vor Aufträgen kaum retten – und dann Teilzeit?« Ich konnte mir das nicht zusammenreimen.

»Unsere Chefs finden, dass wir nicht nur Workaholics sein dürfen, sondern daneben auch noch so etwas wie ein Privatleben haben sollten, weil das der Firma nur zugutekommen kann«, entgegnete Stef und nahm sich einen Käsewürfel. »Deshalb haben sie beschlossen, das Büro freitags einfach grundsätzlich zu schließen. Und glaub mir, es geht!«

Ich muss sagen, ich fand das eine recht vernünftige Einstellung – auch wenn die meisten deutschen Chefs noch nicht darauf gekommen waren.

»Und natürlich sind Voll- und Teilzeitkräfte völlig gleichberechtigt«, warf Jan Kees ein und spielte mal wieder den Oberlehrer: »Mit einer Teilzeitarbeitsquote von mehr als vierzig Prozent sind wir sogar Weltmeister!«

»Tja«, meinte Rijn mit einem Blick auf die Uhr: »Nur Fußballweltmeister sind wir immer noch nicht geworden. Aber das ist ein anderes Thema.« Seufzend und deutlich gegen seinen Willen erhob er sich aus seinem Korbsessel: »Ich muss noch zum Schlüsseldienst, die machen gleich zu ...«, begann er, doch das wurde von den anderen ignoriert.

»Nun ja, ehrlich gesagt, sind Michelle und ich immer noch eine Ausnahme und eine Art Pioniere«, erzählte Stef weiter. Bei den meisten jungen Eltern, die er kannte, war es die Frau, die zurücksteckte, sobald Kinder da waren. »Viele Niederländerinnen hören dann sogar ganz zu arbeiten auf«, wusste Stef. »Ich habe mal gelesen, dass es nirgendwo so viele Vollzeitmütter gibt wie bei uns und nirgendwo so wenige Mütter mit einer Vollzeitstelle.«

Das war ja interessant, das wollte ja so gar nicht zum emanzipierten Image der modernen, vorlauten Holländerin passen.

»Du wirst es nicht glauben, Kerstin, aber wir sind ein sehr traditionelles *landje*«, fuhr Stef mit einem kleinen Lachen fort. Erst vor Kurzem sei die Regierung auf die Idee gekommen, dass es vielleicht ganz hilfreich sein könnte, mit Krippen- und Kindergartenplätzen den Frauen den Einstieg in den Arbeitsmarkt zu erleichtern. »Kinder, das war Privatsache. Auch das Kindergeld ist verglichen mit unseren Nachbarländern minimal.« In vielen Fällen, so wusste Stef, sei es immer noch so, dass der Mann das Geld verdient und die Frau sich auf die Kinder konzentriert – entweder ganz oder allerallerhöchstens mit einem kleinen Teilzeitjob: »Frauen, die mehr arbeiten, gelten schnell als Rabenmütter! Da sind wir sehr konservativ. Frag mal meine Frau!«

Ich beschloss, das sofort zu tun, denn wie wir hören konnten, war Michelle mit dem Rasenmähen fertig, und da die Mulders ja auf dem Golfplatz standen und ihr Garten verwaist war, brüllte ich ganz einfach über zwei Hecken hinweg: »Michelle, haaallo!«, worauf sofort ihr blonder Haarschopf über den Koniferen auftauchte. Für die sozialen Kontakte waren die schmalen Reihenhausgärten wirklich ungemein förderlich, ähnlich wie die Laubengänge in den Apartmentkomplexen, stellte ich fest und dachte an das alte Küchenfenster von Jan Kees zurück.

»Sag mal, Michelle«, rief ich, auf Zehenspitzen stehend, über die Hecken, »dein Mann behauptet, dass die klassische Mutterrolle bei euch immer noch ganz großgeschrieben wird – und der Mann nach wie vor der klassische Ernährer ist. Wie geht das denn mit eurem progressiven Image zusammen?«

»Gar nicht«, tönte Michelle fröhlich zurück, »Anspruch und Wirklichkeit stimmen nicht überein, das kommt ja öfter vor!« Das beste Beispiel seien ihre engsten Freundinnen: »Die haben reihenweise ganz mit dem Arbeiten aufgehört, sobald das erste Kind da war – Uniabschluss oder nicht, das war ihnen vollkommen egal.«

Wir hörten, wie Sander, ihr ältester Sohn, zu brüllen anfing; offensichtlich war er hingefallen. »Und ob du's glaubst oder nicht, selbst ich muss mich immer wieder schief angucken lassen, weil ich so herzlos bin, trotz zweier Kinder vier Tage zu arbeiten!«, gelang es Michelle gerade noch zu sagen, bevor sie wieder hinter der grünen Wand verschwand, denn das Brüllen war lauter geworden – allerdings auch deutlich zorniger, weil die erwünschte Aufmerksamkeit ausgeblieben war.

»So, jetzt muss ich aber wirklich los«, seufzte Rijn, der immer noch wie bestellt und nicht abgeholt neben uns unterm Apfelbaum stand.

»*Doe niet zo ongezellig!*«, tadelte ihn Jan Kees, »warum musst du denn jetzt unbedingt zum Schlüsseldienst? Hast du deine Haustürschlüssel verloren, oder was?«

»Nein, ich habe Türschildchen bestellt für meine jüngste Tochter Anjolie, damit will ich sie überraschen, wenn wir sie morgen besuchen.«

»Überraschen? Wieso, ist sie denn umgezogen?«

»*Nee*, sie hat endlich ihr Geschichtsstudium abgeschlossen, *cum laude*, und darf sich jetzt *doctorandus* nennen.«

Das war die niederländische Bezeichnung für Magister Artium, so viel wusste ich schon, und die Abkürzung für diesen akademischen Grad war *Drs.*

»Aber was hat das mit Türschildchen zu tun?«, wunderte ich mich.

»Na ja, das *Drs.* muss jetzt natürlich sofort an die Tür vor ihren Namen«, sagte Rijn, sichtlich platzend vor Vaterstolz: »Da steht jetzt nicht länger Anjolie van Staveren, sondern Drs. Anjolie van Staveren!«

»Ach so, das ist es«, sagten die drei anderen im Chor, und damit war der Fall für sie erledigt. Anscheinend war es ganz normal, nach bestandenem Examen selbst auf den Türschildchen mit seinem neu eroberten Titel zu prunken, auch wenn es nur ein Magister war.

Ich hingegen verstand die Welt nicht mehr und musste wieder einmal meine Klischees und Vorurteile über dieses Land neu ordnen.

»Ausgerechnet ihr Niederländer zieht doch immer über uns Deutsche her, weil ihr uns so titelgeil findet«, entrüstete ich mich. »Dabei seid ihr es selbst mindestens genauso sehr, wenn nicht noch viel schlimmer!«

»Sind wir nicht«, verteidigte sich Willem gleichermaßen entrüstet.

»Seid ihr doch!«, konterte ich. »Also wirklich, ein Magistertitel! Bei uns käme keiner auf die Idee, damit zu protzen – an der Haustür schon gleich gar nicht. Denkt doch nur dran, was *doctorandus* bedeutet – der, der noch Doktor werden muss!« Kopfschüttelnd stellte ich meine Bierflasche auf den Tisch. »Als wir hier einzogen, habe ich doch auch keine Namensschildchen bestellt mit Drs. Kerstin Schweighöfer!«

»Was, *du* bist Doctorandus?«, riefen sie wieder im Chor, dieses Mal alle vier und mit vor Erstaunen weit aufgerissenen Augen.

»Ja, stellt euch mal vor, *ich* bin Doctorandus!«, antwortete ich und merkte mit leichtem Entsetzen, dass ich im Ansehen meiner Freunde auf einmal beträchtlich gestiegen war. Das durfte doch nicht wahr sein! Von wegen locker vom Hocker und egalitär, respektlos und frei von Obrigkeitsdenken! Eine Schwäche schienen meine neuen Landsleute ja dann doch zu haben – die für akademische Titel nämlich.

»Jetzt habt ihr euch aber selbst verraten. Bin ich auf einmal mehr wert, nur weil ihr durch Zufall dahintergekommen seid, dass ich einen akademischen Titel habe?«, wetterte ich los. »Und ihr macht euch darüber lustig, dass Deutsche immer mit Herr oder Frau Doktor angesprochen werden wollen!«

»Ja, denn das würde bei uns wirklich niemandem einfallen«, meinte Rijn, um dann zu erklären: »Im gesellschaftlichen Umgang sind wir sehr jovial, aber sobald es schwarz auf weiß steht, also im beruflichen Schriftverkehr, da hast du recht, da sind wir immer noch sehr förmlich und umständlich, da legen wir sehr viel Wert auf Etikette, das stimmt.«

Ich musste an den Brief an Ton denken, der irrtümlicherweise bei uns gelandet war und den ich noch nach nebenan bringen musste. »Ich glaube, ich weiß, was du meinst«, sagte ich und ging rein, um ihn zu holen.

»Guck mal, was hier steht«, sagte ich, als ich samt Brief wieder unterm Apfelbaum stand: »*Aan de weledelgeleerde Heer* Professor Ton van Tongeren«, las ich laut vor und musste, wie schon beim ersten Mal, als ich das gelesen hatte, laut auflachen: »Der gutedel gelehrte Herr Professor! Als ob es um eine Traubensorte ginge. Ich fass es nicht! Das klingt ja fürchterlich geschraubt.«

»Und es ist falsch«, ergänzte Willem trocken. »*Weledelgeleerd* ist bloß der Doctorandus, ein Professor ist *hooggeleerd*.«

Das wurde ja immer besser! »Habt ihr noch mehr in petto?«

»Aber sicher«, mischte sich nun auch Stef ein, »ein Ingenieur ist, glaube ich, ein *weledelgestrenge* und ein Doktor ein ...«

»... *weledelzeergeleerde*«, kam ihm Jan Kees zuvor, als ob es um ein Fernsehquiz mit Preisen ginge. Einen Moment lang schauten wir uns grinsend an und mussten dann alle fürchterlich lachen.

»Eins zu null für Kerstin, sie hat ja recht, ganz so egalitär sind wir halt doch nicht«, schmunzelte Rijn, um zum wiederholten Male auf seine Uhr zu gucken. Dann klopfte er energisch zweimal auf den Gartentisch: »So, *jongens*, jetzt mach ich aber wirklich ernst. Ich bin weg! *Een fijne avond nog!*« Er würde heftig in die Pedale seines Rads treten müssen, um seine Tochter morgen wie geplant doch noch mit einem Drs.-Namensschild beglücken zu können.

»Warte, ich komm mit raus!«, rief ich ihm nach und lief ihm mit dem Brief an den *weledelgeleerde Heer* in der Hand hinterher. Den würde ich jetzt gleich nebenan bei Lineke und Ton abgeben. Der Ruhe nach zu urteilen hatten die beiden das Streitbeil begraben.

Es dauerte eine Zeit lang, bis die Tür aufging. Den Schritten auf der Treppe zufolge hatte ich Ton in seinem Studierzimmer gestört.

»Ja?«, brummte er, die Zigarre zwischen den Zähnen. Später würde ihm Lineke vorwerfen, sich wieder mal nicht an die Hausregeln gehalten zu haben, worauf er die Schuld erst auf mich schieben würde, weil ich es gewagt hatte, ihn in seinem Allerheiligsten zu stören, und dann auf seine Tochter, weil sie, obwohl sie noch einen Stock höher als er in ihrem eigenen Büro saß, nicht schnell genug auf die Klingel reagiert und es ihrem alten Vater zugemutet hatte, die Treppe runterzusteigen, um die Tür aufzumachen. Wie hätte man da von ihm verlangen können, dass er auch noch daran dachte, erst die Zigarre auszumachen?

»Ich hab einen Brief für dich«, sagte ich und nutzte denselben, um die Rauchschwaden vor meinem Gesicht zu vertreiben.

»Aha«, brummte er, nahm mir den Brief ab, warf einen kurzen Blick darauf – und hielt ihn mir dann mit lang gestrecktem Arm wieder vor die Nase, als ob es um etwas sehr Unappetitliches ginge, mit dem *er* jedenfalls nichts zu tun haben wollte. »Den nehme ich nicht an, den kannst du zurückschicken«, sagte er und bleckte mit einem verächtlichen Schnauben die Zähne.

»Wie? Was?«, fragte ich verdattert, den Brief bereits wieder in der Hand. Sollte ich für den alten Ton jetzt vielleicht auch noch den Briefträger spielen?

»Ist schon gut«, sagte Lineke beschwichtigend, die hinter ihrem Vater im Hausflur erschienen war. Sie setzte ihr strengstes Lehrerinnengesicht auf und wies mit ausgestrecktem Zeigefinger erst auf die Zigarre und dann auf die Treppe: »Sofort nach oben – oder in den Garten!« Dann nahm sie mir den Brief ab und meinte, während sich der alte Professor leise fluchend nach oben verzog, fast schon entschuldigend: »Das erledige ich, das macht er immer so.«

»Wie, das macht er immer so ...«

»Briefe an ihn, die nicht richtig adressiert sind und bei denen die korrekte Anrede mit seinem Titel fehlt, die schickt mein Vater grundsätzlich an den Absender zurück, die weigert er sich zu öffnen.«

Der Absender, der es gewagt hatte, den alten Ton als bloß *weledelgeleerd* anzureden, kam vom »Club van Tien Miljoen«, dem »Klub der zehn Millionen«, einer 1994 gegründeten Vereinigung, die es sich zum Ziel gesetzt hatte, dem Fortpflanzungstrieb der Niederländer Einhalt zu gebieten, um der Bevölkerungsexplosion einen Riegel vorzuschieben – und die Zahl der Einwohner auf zehn Millionen zu drosseln. Mit Einwanderungs- oder Asylpolitik hatte diese Stiftung nichts am Hut, das war damals noch nicht aktuell, die Klubmitglieder konzentrierten sich völlig auf das Fortpflanzungsverhalten der Niederländer, die sich in ihren Augen völlig unnötig nur aus Jux und Dollerei wie die Karnickel vermehrten. In der Tat gab es hier zahlreiche Familien mit drei oder sogar vier Kindern, mehr als in Deutschland, das war mir auch schon aufgefallen. Die Renten schienen noch sicher.

Jedenfalls zählten die Niederländer schon Anfang der Neunzigerjahre zu den dichtbesiedeltsten Ländern der Welt. Längst hatte ihr feuchtkaltes *kikkerlandje* – ihr »Froschländchen«, wie sie es selbst gerne liebevoll nennen – die Fünfzehn-Millionen-Grenze durchbrochen. Bald, so die apokalyptische Drohung des »Club van Tien Miljoen«, würde es hinter den Deichen nicht mehr ganz so *gezellig* zugehen wie in jenem Ohrwurm, der es damals geschafft hatte, zu einer Art zweiten Nationalhymne aufzusteigen: »*15 Miljoen mensen*«, hieß er, und den Refrain kannte fast jedes Kind, denn darin lobten sich die Niederländer wieder einmal selbst über den grünen Klee: »*Vijftien miljoen mensen op dat hele kleine stukje aarde, die schrijf je niet de wetten voor, die laat je in hun waarde*«, lautete der Refrain – »Fünfzehn Millionen Menschen auf diesem winzigen Stückchen Erde, die lassen sich nichts vorschreiben, die achten auf ihre Würde.«

Das jedoch, so der »Klub der zehn Millionen«, war die längste Zeit so gewesen, denn inzwischen näherten sich die Niederländer mit Riesenschritten der Sechzehn-Millionen-Grenze. Als Erstes müsste deshalb umgehend das Kindergeld abgeschafft und stattdessen kinderlose Menschen mit einer Prämie belohnt werden.

»Recht haben sie«, fand der alte Ton, in dessen Augen das Kindergeld sowieso nichts anderes war als »eine verkappte Deckprämie«.

So wie Jan Kees, der mit seinen über eins neunzig gerade ein engagiertes Mitglied der Stiftung »Langaufgeschossen« geworden war, hatte sich deshalb auch Ton sofort begeistert dem »Klub der zehn Millionen« angeschlossen – auch wenn diese Begeisterung unter der falschen Anschrift nun sicher etwas gelitten hatte.

Niederländer, so lernte ich angesichts der Schnelligkeit, mit der hier Klubs und Stiftungen aus dem Boden schossen, bündeln ihre Kräfte, wenn es darum geht, ihre Interessen zu wahren. Das Vereinsleben blüht. Wieder einmal wunderte ich mich darüber, wie sie uns Deutschen etwas vorwerfen konnten – nämlich Vereinsmeierei –, mit dem sie selbst reichlich gesegnet waren. Mit dem Unterschied allerdings, dass in Deutschland der Spaßfaktor im Vordergrund steht: Warum sonst sollte man einen Kegel- oder Skatklub gründen?

Das alte Handelsvolk im Rheindelta hingegen sieht das etwas sachlicher: Vereine gründet man, wenn es ums Geld geht oder zumindest um die Stärkung der eigenen Position, um mit einer anständigen *draagvlakte* mitpoldern zu können. Und das gilt für wirklich alle erdenklichen Lebensbereiche. Oder würde in Deutschland etwa jemand auf die Idee kommen, so wie in Amsterdam einen »Klub der Dachterrassenlosen« zu gründen? Es gab auch einen »Klub der Außerirdischen«, dem sich jeder anschließen konnte – vorausgesetzt, er war felsenfest davon überzeugt, von einem anderen Planeten auf die Erde verschleppt worden zu sein. Denn dieses Gefühl der Heimatlosigkeit ließ sich nur mit Gleichgesinnten teilen. Besonders gut organisiert war die Homoszene: Im »Gay Garden Club« zum Beispiel konnten homosexuelle Hobbygärtner in aller Ruhe Rosen und Fuchsia züchten – und zwar ohne dass ihnen besserwisserische Hausfrauen dazwischenredeten.

Noch exklusiver war der »Horsemen Club«, zu dem sich »besonders groß gebaute« Niederländer, wie sie sich dezent bezeichneten, unter der alles entscheidenden Frage »Ist extra lang auch extra *lekker?*« zusammengeschlossen hatten. Der Durchschnittsmann, so lernte ich hinzu, brachte es bloß auf läppische 15,5 Zentimeter, ein Pferdemann hingegen lag ihm mit mindestens achtzehn Zentimetern um Längen voraus. Ich wunderte mich, ob da wirklich korrekt gemessen wurde, denn der Horsemen Club hatte schnell mehr als zweihundert Mitglieder. Schon bald darauf wurde auch sein Gegenstück gebildet, die sogenannten *Pinkeltjes*-Männer, die unter zwölf Zentimetern blieben. Ihr nicht gerade originelles Motto: »Klein, aber fein.«

Sämtliche Längenangaben hatte ich an jenem Nachmittag unterm Apfelbaum an meine dort versammelte Männerriege weitergegeben. Die nahm die Informationen interessiert zur Kenntnis – und ich bin mir ziemlich sicher, dass sie später alle heimlich nachgemessen haben.

Geht es nicht um Penislängen, Außerirdische oder Dachterrassen, sondern ums Geld, wird aus dem Eilzugtempo, mit dem die Niederländer Vereine oder Klubs gründen, TGV-Geschwindigkeit. Bestes Beispiel war der Brand an Bord des Kreuzfahrtschiffes *Achille Lauro* 1994. Noch während der Brand wütete und sich die anderen Passagiere vor allem um ihr Leben Sorgen machten, sorgten sich die Niederländer um ihr Portemonnaie: Noch an Bord gründeten sie den »Verein der Achille-Lauro-Geschädigten« und erhoben umgehend über Funk die ersten Schadenersatzforderungen.

Über die blühende Vereinskultur der Niederländer habe ich im Laufe der Jahre immer wieder von Berufs wegen berichtet, was eine willkommene Abwechslung zu Kriegsverbrecherprozessen oder Arbeitsmarktanalysen darstellte. Vor allem in den ersten Monaten meiner neuen Existenz als Auslandskorrespondentin lebte ich von solchen »bunten« Geschichten. Eine ist mir dabei ganz besonders gut in Erinnerung geblieben: die Klofliege.

Andächtig starrten wir in das Pinkelbecken – Willem, ich und Marianne, die Flughafensprecherin von Schiphol. »Sieht doch aus wie echt, oder?«, fragte die und deutete auf den kleinen schwarzen Punkt, der sich als lebensechte Abbildung einer *Musca domestica* entpuppte, der guten alten Hausfliege.

Rund hundert Pissoirs auf den Herrentoiletten des Amsterdamer Flughafens waren damit bereits ausgestattet worden. Ziel: die exorbitant gestiegenen Reinigungskosten zu drosseln. Besonders schlimm war es auf den sogenannten Stoßtoiletten der Herren im Duty-Free-Bereich, da ging wegen der hohen Frequentierung so viel daneben, dass sie dreißig Mal täglich gereinigt werden mussten.

Auf die Lösung des Problems stieß die Flughafenverwaltung in der Tiefe der männlichen Seele: »Männer«, das war auch Marianne klar geworden, »brauchen immer ein Ziel vor Augen. Das ist ein natürlicher Drang.«

Mit der Klofliege als Zielscheibe versuchte Schiphol diesen natürlichen Drang nun in richtige Bahnen zu leiten und versprach sich dadurch Einsparungen bei den Reinigungskosten von bis zu zwanzig Prozent. »Außerdem ist es auch noch umweltfreundlich, weil ja weniger von diesen scharfen Reinigungsmitteln benötigt werden«, sagte Marianne und richtete sich wieder auf, während Willem noch eine Nahaufnahme vom Fliegenpissoir machte.

»Wir schlagen also zwei Fliegen mit einer Klappe«, stellte sie hochzufrieden fest, während ein mit Eimern und Reinigungsmitteln überhäufter Wagen um die Ecke kam. »Und der Lebensqualität auf den Herrentoiletten kommt das auch zugute, nicht wahr, Alibax?«, grüßte sie die Reinemachfrau, die hinter ihrem Wagen zum Vorschein gekommen war.

Alibax konnte das nur bestätigen: »Es stinkt nicht mehr so, und ich bin viel schneller mit dem Saubermachen fertig!«, erzählte sie uns. Zwanzig Mal pro Tag putzte sie hier alles durch, und dank der Klofliege brauchte sie nun jedes Mal nur noch zehn statt zwanzig Minuten.

»Es ist auch viel gemütlicher geworden«, plauderte sie, während sie ihre knallroten Plastikhandschuhe überstreifte: »Immer mal wieder schauen neugierige Frauen rein, und die Männer sind dauernd am Schwatzen und Lachen!« Den Satz

»Guck mal, da ist ja eine Fliege im Klo!« hatte Alibax inzwischen in zahllosen Sprachen gehört.

»Eine lockere, entspannte Haltung ist enorm wichtig für ein gesundes Wasserlassen«, klärte uns Marianne weiter auf, die inzwischen sämtliche Tiefen des männlichen Pinkelverhaltens ergründet zu haben schien. »Viele Männer verkrampfen sich, wenn sie mit Fremden schweigend in Reih und Glied stehen«, wusste sie und warf einen erwartungsvollen Blick auf Willem, der gerade Alibax fotografierte, die sich neben dem Klofliegeurinoir aufgebaut hatte und mit ihrer knallroten Plastikhandschuhhand triumphierend auf die *Musca domestica* wies.

Doch bei Willem war Marianne an der falschen Adresse: »Och, ich habe damit nicht so große Probleme«, musste sie sich von ihm enttäuschen lassen, denn Willem war – wie ich es mir schon gedacht hatte – in so ziemlich jeder Lebenslage völlig ungezwungen, auch beim Pinkeln in der Gesellschaft anderer Männer. »Aber«, gab er zu, »das mit dem Ziel vor Augen, das stimmt schon. Manche Kneipenwirte machen das doch auch so, oder?«

»Stimmt«, musste Marianne einräumen. In Kneipen sei es ja ganz besonders schlimm: »Da rosten ganze Heizkörper durch!« In seiner Verzweiflung hatte deshalb schon so mancher Kneipenwirt eine Geldmünze ins Urinoir geklebt. »Obwohl das ja nun völlig unlogisch ist!«

Eine Fliege hingegen sei der ideale Zielpunkt: Erstens waren Fliegen von Natur aus auf allen Klos der Welt anzutreffen, zweitens riefen sie genau die richtige Dosis Abscheu hervor: genug, um sie mit Herzenslust verjagen zu wollen, aber im Gegensatz zu Spinnen oder Kakerlaken zu wenig, um den Klobesucher selbst das Weite suchen zu lassen.

»Da hast du recht, bei Kakerlaken würde auch mir die Lust aufs Zielen vergehen«, stimmte ihr Willem zu und grüßte einen japanischen Geschäftsmann, der mit Mantel und Koffer und einem erschreckten Gesicht gerade um die Ecke gekommen war.

»Come in, no problem!«, versuchte es Willem, doch der Japaner dachte ganz offensichtlich anders darüber und machte auf dem Absatz kehrt.

»Die Japaner haben ja nun ganz besonders große Probleme mit Pinkeln ›vor Publikum‹«, wusste Willem. »Den japanischen Frauen ist es sogar peinlich, dass dabei Geräusche entstehen, deshalb ertönt auf vielen Klos in Japan dezente Musik, um das Plätschern zu übertönen.« Ob Schiphol nicht auch über so etwas nachgedacht habe, wollte er wissen.

Marianne schüttelte den Kopf, so weit habe man dann doch nicht gehen wollen, außerdem ließ sich damit ja auch kein Geld sparen, und darum ging es hier schließlich.

»Wir dachten erst noch daran, statt der Fliege unser Firmenlogo in die Pissoirs brennen zu lassen«, erzählte sie weiter. Aber zum Glück habe ihnen der Fabrikant rechtzeitig davon abgeraten: »Er warnte uns auch vor zu lieblichen Motiven wie etwa dem Marienkäferchen.« Das würde eindeutig danebengehen, da war sich Marianne sicher, so unsensibel waren die Männer ja nun auch wieder nicht.

»Kann man sich so eine Fliege auch in ein ganz normales Klo brennen lassen?«, wollte ich wissen, da mein Verbotsschild »Pinkeln im Stehen verboten« bislang herzlich wenig genützt hatte und die niederländischen Männer inklusive meines Liebsten sich ganz offensichtlich noch schwerer als die deutschen dazu bekehren ließen, sich zu setzen.

»Aber natürlich! Da ist die Fliege ja am effektivsten!«, versicherte mir Marianne sofort, die sich längst selbst, so offenbarte sie mir, eine solche Kloschüssel zugelegt hatte. Denn wenn in ein normales Sitzklo stehend gepinkelt wurde, waren die Auswirkungen am verheerendsten, erklärte sie und klang auf einmal wie eine Physiklehrerin: »Je größer der Abstand, desto schwieriger das Richten des Hauptstrahls und desto größer der Vernebelungseffekt.«

Aha.

Eine Zeit lang ließen wir das Gehörte schweigend auf uns einwirken und starrten auf die *Musca domestica*. Bis uns Alibax aus unseren Gedanken riss: »Könnte ich jetzt vielleicht auch hier sauber machen?«

Lachend traten wir zur Seite. Wir waren ja auch fertig, Willem konnte seine Siebensachen zusammenpacken.

Marianne begleitete uns zum Ausgang. Aber, so meinte sie zum Abschied mit einem abgrundtiefen Seufzer: Klofliege hin, Klofliege her – das ideale Klo bleibe eine Utopie. Schuld daran, so die erschütternde Erkenntnis, die sie uns mit auf den Heimweg gab, war das abschließende »Abklopfen« oder »Abschütteln«: »Dadurch versagt auch der allerbeste Richtpunkt«, erklärte sie uns mit einem vorwurfsvollen Blick auf Willem, der – oder täuschte ich mich da? – ein kleines bisschen zusammenzuckte.

Theoretisch ließe sich dieses Problem durch die Verwendung von Klopapier lösen, doch das setzte eine Mentalitätsveränderung voraus, die Marianne für genauso unrealistisch hielt wie sämtliche Versuche ihrer Geschlechtsgenossinnen, ihre Partner oder Söhne zum Sitzen zu bewegen. »Der Mann als nachtröpfelnder Wasserhahn«, so Mariannes eindringliche Abschiedsworte, »ist nun mal ein unausrottbares Phänomen.«

15. Kapitel In dem mir klar wird, warum Sexie-Hexie-Oma
zur fröhlichen Witwe werden konnte, ihre Landsleute
hemmungslos Rabattmarken sammeln und selbst noch die
Teesäckchen zum Trocknen auf die Leine hängen

»Also, mir würde so was ja nie ins Haus kommen«, sagte Sexie-Hexie-Janine. Auch sie hatte jahrzehntelang versucht, den Männern in ihrer Familie das Pinkeln im Stehen abzugewöhnen – vergeblich. Von der Klofliege wollte sie dennoch nichts wissen: »Das wäre ja eine Niederlage auf der ganzen Linie, das hieße ja, ich würde es akzeptieren!«

Wir saßen bei mir in der Küche an der Bar, die das Wohnzimmer wie eine zu groß geratene Durchreiche mit Tischplatte von der Küche trennte. Wie so oft freitags schaute Janine auf ein schnelles *kopje koffie* vorbei und machte es sich dann umgehend auf einem der beiden hohen Barhocker an der Küchenseite bequem. Sie kam gerade vom Aquajoggen zurück, das machte sie jeden Freitagvormittag im Hallenbad um die Ecke. »Zwei Stunden lang! Ich sage dir, dabei kommt man fast ins Schwitzen«, eröffnete sie mir und lüftete damit das Geheimnis ihrer tadellosen Figur.

In ihrer Altersklasse hatte sich das bereits herumgesprochen, die Männer standen am Beckenrand Schlange. Doch Sexie-Hexie-Oma erteilte allen einen Korb. Auch Herr Mulder hatte schon einen bekommen. Allerdings nicht im Schwimmbad, sondern bei uns im Garten auf der Terrasse, als Janine hier noch wohnte: Er hatte den Schleichweg hintenherum durch den Garten genommen und stand auf einmal vor der Küchentür. »Mit einer Flasche Oranjebitter! Du, der wollte doch tatsächlich mit mir ein Gläschen Likör trinken, am helllichten Nachmittag«, entrüstete sie sich, gerade so, als habe er ihr ein unsittliches Angebot gemacht. Doch Janine kannte ihre Pappenheimer. »Stell dir nur vor, wenn Mevrouw Mulder das gewusst hätte«, meinte sie, und bei dem Gedanken daran gluckste sie wie ein Teenager.

»Mir kommt kein Mann mehr ins Haus«, stellte Sexie-Hexie-Oma entschieden klar und rückte sich die Lesebrille auf der Nase zurecht. An diesem Tag hatte sie ein türkisfarbenes Modell mit weißen Tupfern gewählt, passend zu ihren Ballerinas.

»Versteh mich nicht falsch, ich habe meinen Mann geliebt«, beeilte sie sich dann zu sagen. Als er krank geworden war, hatte sie ihn, wie es sich für eine gute Ehefrau gehört, zwei Jahre lang hingebungsvoll versorgt, bis zu seinem Tod. Aber nach der Beerdigung – sie wusste noch genau, wie sie nach der Trauerfeier heimgekommen war und in den Spiegel geguckt hatte –, da hatte sie die schwarze Sonnenbrille abgesetzt, das dunkle Kleid abgestreift wie eine alte Haut und beschlossen, konsequent nach vorne zu schauen und ein neues (Mann-)freies Dasein zu beginnen.

Erstens sei ein Leben ohne Sex durchaus erträglich, Janine jedenfalls brauchte dieses »Glockenspiel«, wie sie die männlichen Geschlechtsteile zu bezeichnen pflegte, nicht mehr. »Zweitens will ich meine Freiheit nicht mehr aufgeben, ich kann jetzt schalten und walten, wie ich will«, sagte sie mit Nachdruck. Sie nahm noch einen Schluck Kaffee und setzte die Tasse dann mit einem abgrundtiefen Seufzer ab: »Kerstin, du hast ja keine Ahnung, wie kurz mich mein Mann gehalten hat! Bei aller Liebe, aber er war ein schrecklicher Geizkragen! Überall im Haus hatte er Spartöpfe versteckt: Die entdeckte ich erst nach seinem Tod an den unmöglichsten Orten, manche sogar erst nach Monaten!« Kopfschüttelnd schlug sie die Hände zusammen und begann dann erneut zu kichern wie ein junges Mädchen: »Du, die habe ich alle sofort geleert und das Geld ausgegeben!« Das war für sie einer Art später Rache gleichgekommen, und die hatte sie regelrecht genossen, das konnte ich ihr deutlich ansehen.

Doch dann wurde sie nachdenklich und schüttelte mit einem Blick in den Garten erneut den Kopf: »Ich sage dir,

Kerstin, fürchterlich war das, FÜRCH-TER-LICH!« Über jeden Cent habe sie während ihrer Ehe Rechenschaft ablegen müssen: »Das kannst du dir nicht vorstellen, *wie knauserig* der war!«

Ich entgegnete nichts, obwohl ich mir das inzwischen sehr wohl vorstellen konnte. Zumindest ein bisschen. Spätestens seit dem letzten Frühstück mit Jan Kees.

Gut gelaunt nahm ich mir ein Stück Brot und verteilte darauf eine Ladung Hüttenkäse. Dann griff ich zum Marmeladenglas und bestrich das Ganze noch mit einer nicht zu dünnen Schicht Himbeermarmelade, meiner Lieblingssorte. Diese Kombination von Frucht und frischem Hüttenkäse fand ich einfach himmlisch. Zufrieden begutachtete ich mein Werk und überlegte mir gerade, wie ich es ohne größere Katastrophen zum Mund führen könnte, denn das niederländische Toastbrot war ja, wie gesagt, nicht sehr stabil, als ich den missbilligenden Blick von Jan Kees bemerkte.

»Was ist denn los, was guckste denn so?«

»Na ja, du trägst ja ziemlich dick auf, ist das denn wirklich nötig?«

Mir verschlug es die Sprache – und die gute Laune. So wie Millionen andere Frauen es auch gewesen wären, war ich tödlich beleidigt. Immerhin war Hüttenkäse leicht und kalorienarm, und die Marmelade hatte einen extra hohen Fruchtanteil.

»Ich beschmier mir mein Brot, so dick ich will«, konterte ich. »Und selbst wenn ich das ganze Glas Marmelade draufkippe, hat dir das scheißegal zu sein!« Die letzten Worte sagte ich auf Deutsch, wie immer, wenn ich wirklich böse war.

Doch Jan Kees ging es überhaupt nicht um Kalorien, Pfunde oder meine Figur: Ich war im Begriff gewesen, zwei kalvinistische Todsünden zu begehen, nämlich die des Überflusses und der Verschwendung. Meine Portion Hüttenkäse samt Marmelade, so fand Jan Kees, hätte man nämlich mit etwas Geduld und noch mehr Nachdruck problemlos auf zwei Brote verteilen können. Mit anderen Worten: Mit mir am

Frühstückstisch ging es doppelt so schnell, bis der Hütten-käse leer war und ein volles Marmeladenglas angeschafft werden musste. Noch genauer auf den Punkt gebracht: Ich kostete unnötig Geld! Und das war so ungefähr das Schlimmste, was man einem Kalvinisten hier hinter den Deichen antun konnte, denn dieses alte Handelsvolk hatte neben seiner Sitzungssucht noch einen zweiten Volkssport: das Sparen.

Mit Vorurteilen soll man bekanntlich vorsichtig sein, oft entsprechen sie überhaupt nicht der Realität. Und ich war durchaus offen und bereit, meine Ansichten zu ändern. Aber in diesem Falle galt: Wo Rauch war, war auch Feuer. Es dauerte nicht lange, bis ich nachvollziehen konnte, wieso böse Zungen behaupten, der Kupferdraht sei eine niederländische Erfindung und könne auf zwei Kaasköppe zurückgeführt werden, die sich um ein Centstück gestritten hätten. Und wahrscheinlich zuckeln die Niederländer nicht wegen des Gefühls der Freiheit vorzugsweise mit einem Wohnwagen in die Ferien, sondern weil sie dann ihr Essen selbst mitnehmen, im Urlaubsland auf ihrem Geld sitzen bleiben können und sich da höchstens ein Glas Limonade leisten. Nicht umsonst behaupten böse Zungen des Weiteren ja auch, dass NL »Nur Limonade« bedeute.

Tatsache war, dass selbst der IMF, der Internationale Monitäre Fonds, zu dem Schluss gekommen war, dass kein Volk auf Erden so viel auf die hohe Kante gelegt hat wie das der Niederländer. Tatsache war auch, dass schon die kleine Daphne am Frühstückstisch ihr *Pindakaas*-Glas so akribisch leer kratzte, dass man es problemlos ungereinigt zum Nachfüllen an den Fabrikanten hätte zurückschicken können. Bloß nichts verschwenden, bloß nichts übrig lassen, für das man etwas gezahlt hat – das wurde hier bereits den kleinen Kindern eingetrichtert, falls sie es nicht sowieso schon in den Genen hatten. Ein guter Kalvinist hatte *zuinig* zu sein, sparsam – das war hier ein Schlüsselbegriff.

Der Käsehobel ist zwar überraschenderweise eine norwegische Erfindung – ein Tischlermeister aus Lillehammer hatte ihn um 1925 entwickelt. Aber dass so mancher meiner neuen

Landsleute ihn fälschlicherweise dennoch stolz als typisch holländische Errungenschaft beansprucht, kommt nicht von ungefähr: Die Scheiben, die man sich damit abhobeln kann, sind so durchsichtig, dass ich allein schon aus Prinzip immer munter mindestens zwei übereinanderlegte – da konnte Jan Kees gucken, wie er wollte. Und noch nie hatte ich im Fernsehen so viele Reklamespots gesehen, in denen einem als allerwichtigstes Verkaufsargument unter die Nase gerieben wurde, dass sich damit Geld sparen ließe, selbst wenn es dabei oft bloß um Pfennigfuchserei ging. Da wurde einem zum Beispiel in den schillerndsten Farben ausgemalt, wieso man endlich von Spülmittel X auf Y umsteigen sollte, das zwar etwas teurer war, aber so wahnsinnig viel ergiebiger, dass man damit letztendlich mindestens zwei Gulden fünfzig pro Jahr sparen konnte. *Allemachtig!* Zwei Gulden fuffzig! Pro Jahr! Ich war beeindruckt.

Aber wie hieß es so schön auf Holländisch: *Wie het kleine niet eert is het grote niet weerd.* Deshalb sagte Michelle auch nicht »Lass mal gut sein«, sondern erwartete, dass ich ihr die 1,59 Gulden für ein Stück Seife zurückzahlte, die sie mir bei einem Einkaufsbummel vorgeschossen hatte, obwohl ich sie kurz zuvor zu einer Tasse Kaffee samt *appeltaart* eingeladen hatte. Und als Marieke während ihrer Schwangerschaft einmal mit mir essen ging, wurde selbstverständlich separat abgerechnet, das war für sie ganz normal und eine Art Automatismus, denn ich hatte ja zwei Gläser Weißwein getrunken, und die waren teurer als ihr Fruchtsaft. Ich begann zu verstehen, warum die Engländer und Amerikaner von *dutch pay* reden, wenn getrennt bezahlt wird. Aber ich wollte ja keinen Streit, und so bezahlte ich brav meinen etwas höher ausgefallenen Anteil.

Bei Jan Kees war ich da weniger rücksichtsvoll. Zwar hatte er es sich bei unseren ersten Dates nicht nehmen lassen, den Kavalier alter Schule zu spielen, und mich eingeladen, worüber ich im Nachhinein wirklich froh sein musste. Denn wir bekamen bald nicht nur am Frühstückstisch Streit, sondern auch im Supermarkt. Das lag daran, dass ich im Gegensatz zu meinem Liebsten gerne Vorräte anlegte, das gab mir irgendwie ein Gefühl der Sicherheit, dann hatte ich wieder für eine Zeit lang genug im Haus. Jan Kees hingegen packte angesichts des turmhoch beladenen Einkaufswagens, mit dem ich an der Supermarktkasse einzutreffen pflegte, immer das kalte Grausen.

Bald überließ ich es ihm, die Einkäufe zu erledigen, der Gang zum Supermarkt zählte ohnehin nicht zu meinen Lieblingsbeschäftigungen. Es war ja auch nicht so, dass wir nie etwas im Haus hatten, im Gegenteil, manchmal hatten wir trotz des äußerst knapp bemessenen Stauraums in unserem Reihenhäuschen gleich drei Kästen Bier auf einmal oder sechzig Rollen Klopapier. Das war immer dann, wenn bei Albert Heijn, der größten Supermarktkette der Niederlande, unter dem Motto *3 voor 2 oder 2 voor 1* zur Hamsterwoche geblasen wurde. Denn dann konnte auch ein Kalvinist endlich hemmungslos zuschlagen und nach Herzenslust sündigen, ganz ohne dabei ein schlechtes Gewissen haben zu müssen, denn er blieb ja *zuinig*.

Ein Supermarkt in den Niederlanden kann nur dann überleben, wenn es ihm gelingt, seiner kalvinistischen Kundschaft das Gefühl zu vermitteln, dass sie für ihr Geld viel, viel mehr zurückbekommt als bloß das Kilo Äpfel oder die Packung Milch, die sie an der Kasse aufs Laufband legt. Und Albert Heijn, wie der Van-der-Valk-Konzern ein Familienunternehmen, ist ein wahrer Meister im Vermitteln genau dieses Gefühls. Ganze Generationen von Niederländern sind mit dieser Supermarktkette aufgewachsen, die blau-weiße Plastiktasche mit dem AH-Logo ist ein wesentlicher Bestandteil im Straßenbild niederländischer Städte. *Appie* Heijn, wie er im Volksmund liebevoll genannt wird, ist aus dem Leben der weitaus meisten Niederländer nicht mehr wegzudenken, wie kein anderer hat er den kalvinistischen Durchschnittshaushalt beeinflusst und geprägt. Appie war es, der den Niederländern in den Sechzigerjahren das Sherrytrinken beibrachte, und auch die Entdeckung, dass es mehr auf der Welt gibt als heimischen Hartkäse, nämlich zum Beispiel Camembert, haben die

Niederländer Appie zu verdanken, der trotz aller Neuerungen nie vergaß, an die *kleintjes* zu denken – an die Leute mit schmalem Geldbeutel.

Natürlich feiern auch Aldi und Lidl in diesem Land große Erfolge, aber trotz der Konkurrenz aus Deutschland bleibt der Durchschnittsniederländer seinem Appie Heijn treu. Bei Aldi kauften paradoxerweise jene ein, die es eigentlich nicht nötig hätten zu sparen: Mariekes Mutter zum Beispiel schwärmte in den höchsten Tönen von den Krabben und der geräucherten Forelle im Aldi-Kühlregal.

Für die Zugehfrau von Michelle und Stef hingegen, eine alleinstehende arbeitslose Mutter, die von der Sozialhilfe lebte und schwarz putzte, war der Aldi unter ihrer Würde: »Nur über meine Leiche!«, sagte sie bestimmt. »*Ich* kaufe bei Appie Heijn ein.« Denn Appie, der dachte ja auch an die *kleintjes*.

Das Allerschönste aber muss für Appies Kunden schon immer gewesen sein, dass sie nicht bloß die Flasche Sherry kaufen oder die Schachtel Camembert, sondern bei jedem Besuch auch ein Stückchen Zelt oder Bohrmaschine, Barometer, Gartenstuhl oder sogar Kühlschrank erstehen. Appie Heijn hat es auf dem Gewissen, eine ganze Nation rabattmarkensüchtig gemacht zu haben. Für mich war das etwas aus längst vergangenen Zeiten – meine Oma hatte manchmal Rabattmarken gesammelt und meine Mutter in den ersten Jahren ihrer Ehe. Doch bei meinem ersten Albert-Heijn-Besuch wurde ich eines Besseren belehrt.

»Sparen Sie *airmiles*?«, fragte die Kassiererin und musste die Frage gleich noch mal wiederholen, denn das kannte ich nicht, so was gab es in Deutschland damals noch nicht.

»Na, *airmiles*«, wiederholte sie leicht ungeduldig.

»Nee«, bekannte ich.

»Bonuspunkte?«

»Äh … nee.« Ich traute mich gar nicht erst zu fragen, was genau das war.

»Kristallmarken?«

»Nee.«

»Tafelsilbermarken?«

»Nee.«

»Wedgwoodmarken?«

»Nee.«

»Na, die Kinosparmarken, die nehmen Sie dann aber schon mit, oder wollen Sie die auch nicht?«, fragte die Kassiererin nun deutlich irritiert und ließ die Kasse rattern.

»Was kann ich damit denn tun?«, traute ich mich trotz der Schlange hinter mir vorsichtig zu fragen.

»Bei jedem Einkauf über fünfundzwanzig Gulden kriegen Sie eine Karte, bei drei können Sie einmal gratis ins Kino.«

Das klang gut, die würde ich mitnehmen, beschloss ich und zückte das Portemonnaie, als sich die Kundin hinter mir vorsichtig räusperte und mit zuckersüßer Stimme fragte: »Wenn Sie die restlichen Marken nicht sparen, dürfte ich die dann vielleicht ...?«

»Aber natürlich«, antwortete ich umgehend und kam mir vor wie der Samariter, der seine gute Tat für diesen Tag getan hat, denn ihre Augen begannen regelrecht zu leuchten. Die Kunden hinter ihr hingegen hatten ganz deutlich so etwas wie Neid in den Augen, und die Kassiererin musterte mich zum Abschied mit einem Blick, der keinen Zweifel daran ließ, was sie dachte: »Wie kann man nur so blöd sein!«

Inzwischen bin ich nicht mehr ganz so blöd. Ich spare Bonuspunkte und *airmiles*, weil ich damit nicht bloß billiger nach Hause fliegen kann, sondern auch unsere neue AH-Wokpfanne und den schicken AH-Pastakochtopf wesentlich preisgünstiger anschaffen konnte. In unserer Vitrine stehen Kristallmarkenweißweingläser, bloß das Wedgwood-service haben wir uns noch nicht zusammengespart. Aber dafür haben wir fünfzehn Jahre lang dieselbe Marke Kaffee getrunken, weil auf jedem Pfund eine Reihe von *waardepunten*, Wertpunkten, prangte, die wir jedes Mal brav aus der Verpackung herausschnippelten, bevor wir sie wegwarfen. Erst als ich nach diesen fünfzehn Jahren meinen Berg an *waardepunten* gegen eine Senseo-Kaffeemaschine einlösen wollte, aber immer noch 39,90 Euro drauflegen musste, pfiff ich auf die Kundentreue und begann, wahllos fremdzugehen.

Doch kaufte ich für mich und Jan Kees nur noch dieselbe Sorte Socken, dann brauchte ich nicht immer gleich das ganze Paar wegzuwerfen, wenn einer kaputt war. Diesen Tipp hatte ich im *Vrekkenkrant* gelesen, der Geizkragenzeitung. Die beglückte ihre Leser regelmäßig mit den neuesten kuriosen Spartipps, damit diese als sogenannte Konsumverweigerer dem Konsumwahn ein Ende bereiten konnten. Kleine Kostprobe: Öfter mal kalt duschen, weil's sowieso gesünder ist, und dabei das Licht ausknipsen, denn in seiner eigenen Dusche kann man sich ja wohl im Dunkeln zurechtfinden. Eine kleinere Zahnbürste kaufen oder versuchen, die Länge der Zahnpastawurst auf höchstens zwei Zentimeter zu begrenzen. Wohnungstausch statt Reisebüro für einen echten Billigurlaub und den Christbaumschmuck immer erst nach Weihnachten im Ausverkauf für das nächste Jahr kaufen. Der *Vrekkenkrant* überraschte seine Leser bei jeder Ausgabe auch mit einem praktischen Gratisgeschenk wie etwa einem Etikett zur Wiederverwendung bereits gebrauchter Ansichtskarten: einfach das Etikett drüberkleben, und schon kann die Karte ein zweites Mal verschickt werden. Selbst an ein *zuiniges* Begräbnis wurde gedacht, denn auch dabei ließ sich eine Menge sparen: »Drucken Sie sich die Trauerkarte selbst«, hieß es da. »Verzichten Sie auf einen teuren Kranz, legen Sie Blumen aus dem eigenen Garten auf den Sarg.« Und für die Heimwerker unter den Lesern die ermutigende Aufforderung: »Zimmern Sie sich Ihren Sarg selbst!«

Dass die Geizkragenzeitung in den kalvinistischen Poldern überwältigende Erfolge feierte, überraschte mich nicht sonderlich, manche Tipps wie die Socken oder den Christbaumschmuck fand ich durchaus nachahmenswert. Den Ratschlag, gebrauchte Teebeutel für mehrmaligen Gebrauch zum Trocknen an der Wäscheleine aufzuhängen, setzte ich allerdings nur deshalb in die Tat um, weil ich mich bei Jan Kees für seinen Frühstückstisch-Kommentar rächen wollte: Und so hängte ich sie eines Abends an einer Schnur auf, die ich in der

Küche vom Herd bis zum Spülbecken über die Anrichte gespannt hatte.

»Was ist denn hier los?«, wunderte sich mein Liebster, als er heimkam.

»Das siehst du doch, in diesem Haushalt wird gespart, um meine Extraausgaben für Hüttenkäse und Marmelade zu kompensieren«, erklärte ich und sah ihm tief in die großen grüngrauen Augen.

»Aha!«, sagte er schmunzelnd und guckte noch tiefer zurück.

»Genau – und um dieses neue Hemd zu finanzieren, das du dir, wie ich sehe, geleistet hast«, fuhr ich fort, nachdem ich mir den Rest des Mannes etwas genauer angeguckt hatte. »Sieht teuer aus«, konstatierte ich, »war sicher ein *koopje*, oder?« So nennen die Niederländer ein Sonderangebot.

»Stimmt«, grinste Jan Kees zurück. »Ich habe mir sogar ein zweites Hemd geleistet, das hast du auch noch nicht gesehen – *twee voor een.*«

»Sehr vernünftig!«, lobte ich ihn und widmete mich dann wieder der Pastasoße, allerdings nicht ohne ihm vorher noch mit einem vielsagenden Blick über die Schulter zu eröffnen: »Gut aussehende Männer in einem gut sitzenden Oberhemd finde ich unwiderstehlich.«

Manchmal merken sich Männer ja, was ihnen die Frauen so sagen. Dieser Satz gehörte dazu. Das stellte ich noch am selben Abend ein paar Stunden später fest, als Jan Kees plötzlich spurlos verschwunden war, obwohl die Late-Night-Show im Fernsehen begann, die wir uns zum Abschluss des Tages immer gemeinsam anzuschauen pflegten.

»Wo bist du denn?«, rief ich ihn.

»Hier oben!«, tönte es aus dem Schlafzimmer.

Ich lief die Treppe hoch und machte das Licht an: Er lag mitten auf dem Bett auf dem Rücken und erinnerte entfernt an eine Wurst, die aus allen Nähten zu platzen droht – allerdings eine immer noch sehr appetitliche Wurst. Als ich näher kam, sah ich, woran das lag: Er hatte mindestens fünf Oberhemden übereinander angezogen und zugeknöpft.

»Du findest Hemden doch so sexy«, sagte er und guckte mich erwartungsvoll an.

»Stimmt«, antwortete ich, musterte ihn eine Zeit lang mit zur Seite geneigtem Kopf und meinte dann: »Du hast ja keine Ahnung, *mijn schat*, wie froh ich bin, dass du nicht auf allen Gebieten *zuinig* bist.«

Worauf ich beschloss, mir diesen Fall vorzuknöpfen und auszupacken – *knopje voor knopje*.

16. Kapitel Wieso die Niederländer von zwei Wällen naschen, ein Gewissen der Nation brauchen und Janines Mann seiner Frau auch noch Jahre nach seinem Tod Albträume beschert

Der Charakterzug eines Volkes und seine spezifischen Lebensumstände kommen immer auch in seiner Sprache zum Ausdruck. So kommt es, dass es im Niederländischen sehr viele Redewendungen gibt, die mit allem rund um das Wasser zu tun haben. Wenn sich zwei Dinge haargenau gleichen, ähneln sie sich wie zwei Tropfen Wasser, *als twee druppels water*. Wer auf zwei Hochzeiten zu tanzen versucht, der will hier von zwei Wällen naschen – *van twee walletjes eten*. Und wenn man von jemandem gebeten wird, *een oogje in het zeil te houden*, die Segel im Auge zu behalten, dann soll man auf etwas oder jemanden aufpassen – die Kinder, die im Garten spielen, oder die Kartoffeln, die auf dem Herd stehen.

Auch die Sparsamkeit und der Handelsgeist haben in der Sprache ihre Spuren hinterlassen. *Zuinig* ist man nicht nur mit Geld oder anderen Dingen, sondern – und das fand ich nun wirklich sehr vielsagend – auch mit immateriellen Werten wie Freundschaft oder Liebe: Auch damit musste man *zuinig* umgehen, als ob es selbst hier noch um einen Geldbeutel ginge, der vorschnell leer sein könnte, wenn man mit dem Inhalt zu verschwenderisch umspringt. Wenn unsere niederländischen Freunde sahen, wie verliebt Jan Kees und ich waren, dann pflegte so manch einer seufzend zu sagen: »Jaja, *daar moeten jullie zuinig op zijn!*«

Und wer sich überall gut auskennt, der ist *van alle markten thuis*, der war schon auf allen Märkten. Auch das ist sehr bezeichnend, denn hier spricht der Kaufmann. Auf seinem Geld sitzen bleiben und möglichst wenig ausgeben mag der eine kalvinistische Nationalsport sein, der andere ist es, anderen möglichst viel Geld aus der Tasche zu ziehen. Experten zufolge hat es damit zu tun, dass die Niederländer von jeher ein Volk der Kaufleute und der Bauern waren, und wer verdienen beziehungsweise ernten will, der muss erst einmal investieren – und wer investieren will, der muss erst einmal sparen.

Nicht umsonst geht die Börse auf ein niederländisches Wort zurück: *beurs*. Nicht umsonst entstand die erste Aktiengesellschaft der Welt in den Niederlanden: die berühmte Ostindische Handelskompanie VOC, die *Verenigde Oostindische Compagnie*. Sie kam nicht nur dort, wo der Pfeffer wuchs, ganz dick ins Geschäft, nämlich Indonesien, sondern auch in Japan: Die Niederländer waren das erste und lange Zeit auch das einzige westliche Land, für das sich das hermetisch vom Rest der Welt abgeschlossene »Land der aufgehenden Sonne« öffnete – und warum? Richtig, wie könnte es auch anders sein – um Handel zu treiben. Natürlich war auch die erste Aktie der Welt eine holländische, eine 1606 ausgestellte VOC-Aktie. Im Amsterdamer Gemeindearchiv wurde sie aufbewahrt – und dort auch tatsächlich geklaut: Der Actionthriller *Ocean's 12* mit Brad Pitt und George Clooney beruht auf einer wahren Begebenheit.

VOC-Blut scheint auch vierhundert Jahre später noch reichlich durch die Adern meiner neuen Landsleute zu fließen. Dass sie nach dem Vorbild des Muttertages einen Vatertag eingeführt haben, hat – da bin ich mir ziemlich sicher – weniger mit Vaterliebe denn mit Umsatzkurven zu tun, denn ein niederländischer Vater lässt sich nicht mit Wanderungen, Bier und Bratwurst abspeisen, der legt an diesem seinem Ehrentag alle kalvinistischen Hemmungen ab und will ein teures Rasierwasser oder zumindest neue Boxershorts.

Und noch nicht einmal der Karfreitag, immerhin der höchste Feiertag der Protestanten, ist meinen neuen Landsleuten heilig! Dieser Tag, so lernte ich schnell, lässt sich ausgezeichnet nutzen, um Dinge zu erledigen, die ich monatelang vor mir hergeschoben habe. Zum Beispiel zum Friseur gehen. Oder im Gartencenter vorbeischauen, weil der Vorgarten unbedingt auf Vordermann gebracht werden muss.

Denn in meinem Büro herrscht ja Ruhe, da kommen keine Aufträge rein, das Telefon steht still, in Deutschland ist ein Feiertag noch ein richtiger Feiertag. Hier in den Poldern hinter den Deichen hingegen ist am Karfreitag von Beschaulichkeit und Stille keine Spur, im Gegenteil: Sämtliche Geschäfte sind offen, die Fußgängerzonen überfüllt. Denn über Ostern zieht es Zehntausende von Touristen über die Grenze, und auch wenn Jesus Christus unglücklicherweise ausgerechnet an diesem Tag den Kreuzestod gestorben sein mag: Das Ostergeschäft geht vor.

Auch der Nationalfeiertag der Niederländer, der berühmtberüchtigte *Koninginnedag* am 30. April, wäre vermutlich kein niederländischer Nationalfeiertag, wenn es da nicht auch ums Geldverdienen ginge.

»Bist du dir sicher, dass du das noch loswirst?«, fragte ich Daphne skeptisch. Wir standen auf der Breestraat in der Leidener Innenstadt und guckten auf die Schätze, die Daphne auf ihrer Decke auf der Straße ausgebreitet hatte, darunter ein Mensch-ärgere-dich-nicht-Spiel, das mit Sicherheit nicht mehr vollständig war, eine Barbie mit total verfilztem Haar, ein Ken, dem der rechte Arm fehlte, und ein Ohrring – sehr hübsch zwar mit roten Steinen zu einer Blume geformt, aber halt nur einer.

»Doch, den Ohrring werde ich bestimmt los, den kann man ganz leicht auch als Brosche benutzen!«, sagte Daphne im Brustton der Überzeugung und holte auch noch ihren verschlissenen alten Teddy aus dem Plastiksack zum Vorschein.

»Was! Von dem darfst du dich nicht trennen, das wird dir später leidtun!«, rief ich entsetzt.

Doch das kleine Mädchen schüttelte nur bestimmt den Kopf: »Dafür bin ich doch schon viel zu alt«, entgegnete sie und setzte sich auf den Schemel, den sie mitgebracht hatte. Falsche Sentimentalitäten konnte man sich als angehende Geschäftsfrau halt nicht leisten.

Es war erst kurz nach neun Uhr morgens und ich total

müde, weil wir am Abend zuvor in den Königinnentag hinein-
gefeiert hatten – das Tanzen und Zechen in dieser Nacht war
ein Ereignis, das so populär war und dem so exzessiv gefrönt
wurde, dass es nach ein paar Jahren ganz offiziell ein eigenes
Etikett, das der *Koninginnenacht,* bekam.

Ausschlafen war nicht drin gewesen, da wir Daphne abholen mussten, die an diesem langen Wochenende bei uns
war und schon in aller Herrgottsfrühe ihre Waren für den traditionellen *Vrijmarkt* auf der Breestraat ausbreiten wollte. Sie
trug ein orangefarbenes Sweatshirt und orangefarbene Haar-
spangen. Überhaupt war alles um uns herum in der National-
farbe *Oranje* geschmückt: Über uns flatterten Hunderte von
orangefarbenen Fähnchen im Wind, die quer über die Breestraat gespannt worden waren. An Laternenpfählen und
Marktständen hingen ganze Trauben von orangefarbenen
Luftballons, und auch die ersten komplett in Oranje gekleideten Musikkapellen zogen fröhlich schmetternd an uns vorbei
und ließen mich wegen meines leichten Katers jedes Mal zu-
sammenzucken. Alle sahen so aus, wie ich es bislang nur von
Fußballspielen her kannte, wenn die Oranje-Elf spielte, fast so
wie 1988 in München, als sie Europameister geworden war.
Auch Jan Kees hatte sein Oranje-T-Shirt übergestreift, das er
für solche Zwecke irgendwo ganz hinten im Schrank auf-
bewahrte, und ich hatte mir zum Glück vor Jahren einmal
in Südfrankreich eine orangefarbene Caprihose gekauft, die
noch einigermaßen passte.

Eigentlich feiern die Niederländer am *Koninginnedag* den
Geburtstag ihrer Königin. Doch der 30. April ist nicht der
Geburtstag von Beatrix, sondern der ihrer Vorgängerin, Köni-
ginnenmutter Juliana. Beatrix hat im, meteorologisch betrachtet, deutlich unfreundlicheren Januar das Licht der Welt
erblickt. Nach ihrer Krönung 1980 beschloss sie deshalb, sich
nicht sofort sämtliche Sympathien ihrer neuen Untertanen zu
verscherzen, und ließ alles, wie es war: Der Königinnentag
wurde nicht in den Januar versetzt, die Niederländer dürfen
ihre Königin weiterhin am 30. April feiern, und die Wahrscheinlichkeit, dies bei Sonnenschein und angenehmen Tem-

peraturen tun zu können, sank damit immerhin nicht »unter Normalnull«.

Der Popularität des niederländischen Königshauses hat diese Entscheidung sicher gutgetan, wobei gesagt werden muss, dass Beatrix im Gegensatz zur volkstümlichen Juliana nie eine »Mutter der Nation« geworden ist: Sie wird eher respektiert als geliebt und gilt noch heute als kühle, sachliche Managerin, die die Zügel fest in der Hand hat.

»Mannomann, die hat vielleicht die Hosen an!«, sagte ein Diplomat nach einer Audienz bei Beatrix in ihrem Arbeitspalast Noordeinde in Den Haag einmal *off the record* zu mir.

Glaubt man Insidern, schreckt Beatrix auch nicht davor zurück, ihren Ministern den Marsch zu blasen und ihnen ins Gewissen zu reden, wenn sie das für nötig hält. Denn die Niederlande sind die einzige konstitutionelle Monarchie in Westeuropa, in der die Königin Mitglied der Regierung ist. Laut Grundgesetz darf sie »warnen, ermutigen und beraten« – und von diesem Recht macht sie Kritikern zufolge Missbrauch, um sich in die Politik einzumischen.

Staatsrechtler betonen zwar immer wieder, dass sie sich lediglich den Raum nehme, den man ihr gewährt: Schaffe sie es, ihren Willen durchzusetzen, sei das weniger ihr anzukreiden als den Ministern: »Das sind anscheinend alle Hosenscheißer!«, konstatierte das angesehene *NRC Handelsblad* einmal.

Dennoch haben Monarchiegegner im Laufe der Jahre immer wieder gefordert, das Königshaus nach schwedischem oder britischem Vorbild auf rein dekorative Funktionen (sprich: Museen eröffnen oder Schiffe taufen) zu degradieren oder, noch besser, gleich ganz abzuschaffen, denn damit ließe sich viel Geld sparen.

Überzeugten Oranje-Fans wie Sexie-Hexie-Janine beschert das immer beinahe einen Herzinfarkt: »Wenn es so weit kommt, emigriere ich!«, pflegt sie in solchen Fällen zu mir zu sagen. »Eine Königin und Prinzen sind doch viel schillernder als euer langweiliger Bundespräsident – und der kostet euch auch eine schöne Stange Geld.«

Janine ist immer genauestens informiert, was sich hinter den Palastmauern abspielt, denn sie liest sämtliche Klatschblätter wie *Privé* oder *Weekend*. Wobei sie nicht ohne Neid feststellen muss, dass Beatrix und Co. im Vergleich zum englischen Königshaus oder den Grimaldis in Monte Carlo ja eher brav sind. Gut, Vater Bernhard schlug ab und an über die Stränge und war in Skandale wie Lockheed verwickelt. Und sein Enkel Willem Alexander landete, wie gesagt, mit dem Auto in der Gracht oder sorgte für Schlagzeilen, weil er sich mal wieder in ein *burgermeisje* verliebt hatte. Aber das war es dann auch schon. Nicht umsonst galten die Oranjes in den Neunzigerjahren als ein bisschen verstaubt.

Ein Leben ohne ihr Königshaus ist für die meisten Niederländer trotz alledem nach wie vor undenkbar – allein schon wegen des Königinnentages. Auf den würden sie nur ungern verzichten, denn dann schwelgen sie so wie bei Fußballspielen im Oranje-Fieber, und das stärkt das Zusammengehörigkeitsgefühl, dann kommen sie sich vor wie eine einzige nette große Familie.

Denn im Grunde genommen feiert sich dieses Volk am 30. April selbst. Es gibt zwar jedes Jahr zwei Orte, die Beatrix samt ihrer Familie mit einem Besuch beglückt. Dort mischen sich Königs dann holzschuhtanzend oder sackhüpfend unter die Bewohner und demonstrieren Volksnähe. Aber ansonsten lassen die Niederländer ihre Monarchin am 30. April eine gute Frau sein und konzentrieren sich auf die Feierlichkeiten in ihrer eigenen Stadt. Fast überall finden Jahrmärkte und Open-Air-Konzerte statt, es wird gesungen, getanzt, getrunken – und nach Herzenslust gefeilscht. Denn am *Koniginnedag* ist auch *Vrijmarkt*, Freimarkt – da entrümpeln die Niederländer ihre Keller und Speicher und versuchen, ihren Mitmenschen alles Mögliche unterzujubeln, in der Hoffnung, erstens endlich das loszuwerden, worauf sie bislang sitzen geblieben sind, und daran zweitens sogar noch etwas zu verdienen.

»*Schatje*, ich wünsch dir viel Erfolg«, sagte ich zu Daphne und beschloss weiterzuziehen, denn ich brauchte dringend einen Kaffee. Jan Kees stimmte mir umgehend zu, auch er hatte schon frischer ausgesehen. Die Götter hatten zum Glück ein Einsehen, denn schon ein paar Meter weiter trafen wir auf Janine, die gleich zwei große Thermoskannen hinter ihrem Campingstuhl auf die Straße gestellt hatte. Natürlich ließ sich auch Janine das *Vrijmarkt*-Geschäft nicht entgehen, sie stand mit einer Busenfreundin vom Aquajoggen sogar hinter einem richtigen Stand, auf dem sich Klamotten türmten – alles Damenkleidung, die sie in ihrem Freundeskreis noch nicht losgeworden war. Sollten sich selbst auf dem *Vrijmarkt* dafür nicht wenigstens ein paar Gulden herausschlagen lassen, würde sie aufgeben und sie dann – aber nur dann – dem Roten Kreuz spenden. Janine war eine Meisterin darin, Secondhandklamotten zu einem zweiten oder sogar dritten Leben zu verhelfen. In ihrem Freundinnenkreis hatte sich das längst herumgesprochen; wer Kleidung loswerden wollte, brachte sie bei Janine vorbei. Die lagerte alles in einem ihrer beiden kleinen Gästezimmer und versuchte, sie dann neu zu verteilen. Am Ende waren alle zufrieden, auch die neuen Besitzer, denn mit treffsicherem Instinkt wusste Janine genau, wem was stehen würde. Auf diese Weise war ein ebenso reger wie lukrativer kleiner Tauschhandel entstanden. Auch mir hatte Janine schon einiges aufgeschwatzt, darunter ein Nadelstreifenkostüm für 25 Gulden, das zwar wirklich todschick aussah, aber im Grunde genommen nur kostbaren Platz in meinem Schrank wegnahm, da ich es so gut wie nie anzog.

»*Goedemorgen, lieverds!*«, rief sie gut gelaunt, als sie uns erblickte. Auf ihrer Nasenspitze thronte zur Feier des Tages eine orangefarbene Brille, und sie trug einen frivolen Strohhut mit breiter Krempe und einem knalloranje Seidenschal.

»Für Herren haben wir leider nichts in petto«, eröffnete sie Jan Kees, als sie ihn mit den in den Niederlanden üblichen drei Küsschen auf die Wange zu begrüßen versuchte, was nicht nur wegen des Kleiderbergs, der sie trennte, ein schwieriges Unterfangen war, sondern auch wegen der Hutkrempe.

»Macht nichts«, lachte Jan Kees zurück, »eine Tasse Kaffee wäre mir sowieso lieber!«

»*Geen probleem, meneer!*« Sie bückte sich, um die Thermos-kanne zu packen. »Wir haben uns ja zum Glück auch mit genug Plastikbechern eingedeckt – hier, bitte schön, ihr bei-den, *alstublieft!*«

»Himmlisch!«, schwärmte ich und schloss einen Moment die Augen, um mit dem Kaffee auch die ersten vorsichtigen Strahlen der Frühlingssonne auf meinem Gesicht zu genie-ßen.

»Für dich habe ich dieses Mal, fürchte ich, nicht viel Ge-scheites dabei«, eröffnete mir Janine. Dafür sorgte normaler-weise ihre jüngste Tochter Adrienne, die dieselbe Größe hatte wie ich. Doch Adrienne war sehr schusselig und hatte es ver-passt, ihr rechtzeitig zum 30. April die abgetragenen Klamot-ten vorbeizubringen. »Du musst nächste Woche unbedingt mal vorbeischauen, bis dahin hat sie die Sachen bestimmt bei mir vorbeigebracht«, versuchte mir Janine den Ankauf neuer Klamotten schmackhaft zu machen. Dann wandte sie sich einer jungen Mutter zu, die gerade eine Blümchenbluse aus dem Kleiderberg gefischt hatte. »Ich fürchte, dass du dafür ein viel zu sportlicher Typ bist«, entschied sie. »Warte mal, ich hatte da doch noch irgendwo ein wirklich schickes Poloshirt, in Resedagrün, das würde ganz ausgezeichnet zu deinen dun-kelblonden Haaren passen …«

Grinsend zogen Jan Kees und ich weiter. Wir landeten auf der schwimmenden Terrasse von *Annie's Verjaardag*, wo wir uns einen ausgiebigen Brunch leisteten, und schauten dann wieder bei Daphne nach dem Rechten.

Die saß hochzufrieden auf ihrem Schemel und zählte ihre Einnahmen. »Fünfundzwanzig, sechsundzwanzig … sieben-undzwanzig Gulden fünfzig«, verkündete sie stolz, während ihre kleine Freundin neben ihr etwas betreten dreinschaute, denn die hatte noch nicht einmal zehn Gulden zusammen-bekommen. Daphne hingegen schien so wie Janine ganz be-sonders mit VOC-Genen gesegnet zu sein: Sie war nicht nur den Ken mit dem abgebrochenen Arm losgeworden, sondern auch den einen Ohrring. »Ich hab's dir doch gesagt«, meinte sie fast vorwurfsvoll zu mir.

»Nur auf ihrem verschlissenen Teddy ist sie sitzen geblieben, den wollte keiner haben«, erzählte ich später Christine während unseres monatlichen Telefongesprächs, mit dem wir uns gegenseitig über alle Entwicklungen auf den neusten Stand brachten.

»Darüber wird sie später sicher froh sein«, antwortete meine Freundin, als es an der Tür klingelte.

»Warte mal, das ist sicher wieder jemand mit der Sammelbüchse.« Ich legte den Hörer hin und ging zur Haustür, wo ich auf der Ablage vor dem Spiegel bereits in paar Gulden bereitliegen hatte.

Es war tatsächlich jemand mit einer Sammelbüchse, dieses Mal von der Magen-Darm-Stiftung. »Es ist nämlich Kollektewoche«, eröffnete ich Christine, als ich zurück beim Telefon war.

»Kollektewoche?«

»Ja, da geben sich die ehrenamtlichen Helfer vor meiner Haustür sozusagen die Hand, um für alle möglichen Wohltätigkeits- und Gesundheitsorganisationen Geld einzusammeln.«

Ich hatte diese Woche bereits für die Herzstiftung gespendet und den Rheumafonds, die Nierenstiftung und für obdachlose Kinder.

»Du liebe Güte«, sagte Christine, was immer so klang wie das »*Allemachtig!*« von Janine.

»Ich treffe dabei auch immer wieder auf bekannte Gesichter«, erzählte ich weiter. Vor einer Stunde noch hatte Herr Mulder vor der Tür gestanden, nass wie ein Pudel, weil es wie aus Kübeln schüttete, doch das hielt ihn nicht davon ab, unverdrossen für den Diabetesfonds zu sammeln.

Nirgendwo in Europa, so hatte ich inzwischen nachgelesen, gibt es so viele Menschen, die ehrenamtlich im Einsatz sind: Sie kümmern sich in Pflegeheimen um einsame alte Menschen, stehen in Sportlerheimen ehrenamtlich hinterm Tresen oder trainieren die Jugend, und sie ziehen bei Wind und Wetter unerschrocken mit der Sammelbüchse von Tür zu Tür.

»Und wie kommt das?«, wollte Christine wissen.

Ich hatte mir da so eine Theorie zurechtgelegt: »Für mich ist das ein klarer Fall von Kompensation«, erklärte ich meiner Freundin im fernen München. »Denn wer dauernd daran denkt, wie er anderen das Geld aus der Tasche ziehen kann, der muss doch unweigerlich ein schlechtes Gewissen bekommen.«

Schließlich legen die Niederländer nicht umsonst so viel Wert darauf, nicht bloß als Handelsvolk bezeichnet zu werden, sondern als Volk der Kaufleute und Pastoren, als *volk van kooplui en dominees.*

»Zwei Seelen schlagen ach in ihrer Brust«, meinte ich. »Wenn der Kaufmann über die Stränge schlägt, versucht der Pastor, das wieder auszubügeln.«

Nur so konnte ich es mir auch erklären, dass die Niederländer trotz ihrer Knauserigkeit so viel wie kein anderes Volk für Entwicklungshilfe springen lassen. Nur so kommt es, dass sie trotz ihres knallharten Geschäftssinns im Grunde eine zart besaitete Gesellschaft sind, die, sobald es einem Mitmenschen, egal, aus welchem Grund, schlecht geht und er krank wird, vor Mitleid zerfließt. Der ist dann nämlich *zielig* und wird sofort über alle Massen bedauert, was *zielig* auch bedeutet: bedauernswert. Meine neuen Landsleute leiden alle am Helfersyndrom: Es gibt unzählige Organisationen, an die man sich sofort wenden kann, wenn man irgendein Zipperlein oder Wehwehchen hat, wobei allerdings stark bezweifelt werden muss, ob die Quantität dieser Organisationen im Verhältnis zur Qualität steht.

»Stell dir vor, bei Utrecht bauen sie ein großes Neubauviertel, und damit die Leute, die sich da niederlassen, kein Umzugstrauma bekommen oder Neubauviertelstress, haben die in diesem Viertel jetzt extra einen Umzugspsychologen eingestellt!«

»Du liebe Güte!«, sagte Christine schon wieder.

»Deshalb schicken sie straffällige Jugendliche hier ja auch zur Therapie an die Riviera«, erzählte ich weiter und beschloss, noch eins draufzusetzen und Christine auch vom

Heer der niederländischen Arbeitsunfähigen zu erzählen, den sogenannten AOWers. Fast eine Million waren es.

»Das ist absoluter Weltrekord«, berichtete ich. Hätten die Niederländer, prozentual gesehen, so viele Arbeitsunfähige wie wir Deutschen, dann dürften es nur dreihunderttausend sein. Bei den Arbeitslosen wurde diese Million nicht mitgezählt, und so konnten sich die Niederländer mit einer extrem niedrigen Arbeitslosenquote von weit unter drei Prozent schmücken. »Und stell dir vor, dreißig Prozent der Arbeitsunfähigen werden wegen Stress oder anderer Probleme zwischen den Ohren abgeschrieben, jeder Zehnte sogar wegen Konflikten mit dem Chef.« Dann war von »situativer Arbeitsunfähigkeit« die Rede: im Prinzip arbeitsfähig, aber unter diesem Chef besser nicht.

»Tja, manchmal schlägt halt auch der Pastor über die Stränge«, sagte ich, bevor Christine schon wieder »Du liebe Güte!« sagen konnte und es erneut klingelte.

Dieses Mal war es Stef, der vor der Tür die Sammelbüchse schwenkte. »Eine milde Gabe für behinderte Kinder!«, rief er fröhlich und überreichte mir bei der Gelegenheit eine Einladung zum Geburtstag seines jüngsten Sohnes: »Samstagnachmittag ab drei. Kommt ihr auch? Die anderen können alle!«

Ich versprach ihm vorbeizuschauen, warf ein paar Gulden in seine Büchse und ging dann wieder zu Christine zurück.

»Du, gerade habe ich eine Einladung zum Geburtstag eines Kleinkindes bekommen«, berichtete ich ihr, »die ganze Straße kommt, obwohl der jüngste Sohn von Stef, glaube ich, gerade mal ein Jahr wird.«

»Und da machen die eine Riesengeburtstagsfeier?«, wunderte sich Christine.

»Andere Länder, andere Sitten«, entgegnete ich und ließ mich weiter über das Helfersyndrom aus: »Es gibt hier auch so etwas wie ein Gewissen der Nation.« Das sind die Plakate und Fernsehspots, mit denen die »Stiftung für Idealismus in der Reklame« SIRE die Niederländer aufruft, rücksichtsvoller und sozialer zu werden. »Dein Hund kommt öfter raus als dein alter Nachbar!«, heißt es da zum Beispiel. Oder: »Viele Niederländer leiden unter Flugzeuglärm, aber noch mehr unter ihren Nachbarn. Sei rücksichtsvoll – stell das Radio leiser!« Diese missionarischen Spots erscheinen urplötzlich auf dem Bildschirm – »aus heiterem Himmel, so musst du dir das vorstellen«, sagte ich zu Christine und nahm sie mit zur Haustür, denn es hatte schon wieder geklingelt.

Dieses Mal war es Janine, die mir die Sammelbüchse vor die Nase hielt, aber irgendwie ein bisschen bedrückt aussah.

»Ach, geht ihr auch zum Kindergeburtstag bei Stef und Michelle?«, fragte sie, als sie die Einladung beim Spiegel liegen sah.

»Ja«, antwortete ich und wollte gerade mein letztes Kleingeld in ihre Büchse werfen, als sie fragte: »Sag mal, kann ich bei dir schnell eine Tasse Kaffee bekommen?«

Ich guckte sie genauer an und bemerkte, wie müde sie aussah. »Aber natürlich, komm rein«, antwortete ich und nahm Abschied von Christine: »Du, ich muss auflegen, wir reden ein anderes Mal weiter!«

Janine hatte sich bereits auf einen der beiden Barhocker gesetzt.

»Was ist denn los?«, wollte ich besorgt wissen. »Geht es dir nicht gut?«

»Ach, *schatje*, ich habe soooo schlecht geschlafen die letzte Nacht«, sagte sie seufzend. »Ich hatte einen Albtraum.«

»Oh, wie schrecklich, was hast du denn geträumt?«, fragte ich mitfühlend und setzte Kaffeewasser auf.

Janine holte tief Luft, und dann begann sie: »Mein Mann war auf einmal wieder lebendig und wollte mich zur Rechenschaft ziehen, weil ich alle seine Spartöpfe geleert hatte. Ich sage dir, ich war fix und fertig! Ich bin schweißgebadet aufgewacht und habe den Rest der Nacht kein Auge mehr zugemacht!«

17. Kapitel   In dem ich meinen ersten niederländischen Kindergeburtstag überlebe, in die hohe Kunst des Radklauens eingeweiht werde und mit dem Versuch, auf meiner eigenen Geburtstagsfeier deutsche Sitten einzuführen, kläglich scheitere

»Hast du das Geschenk dabei?«, fragte Jan Kees, bevor er auf die Klingel drückte. Ich hielt ihm das mit bunten Spielzeugautos bedruckte Geschenkpapier unter die Nase, in das ich den knallgelben Plüschaffen mit den überlangen Armen und Beinen eingepackt hatte. Beim Geburtstagskind handelte es sich tatsächlich um Jeroen, sprich: Jeruhn, den jüngsten Spross von Michelle und Stef, der an diesem Tag ein Jahr alt wurde.

»Eigentlich wollten wir zweimal feiern, erst mit der Familie, dann mit Freunden und Kollegen«, hatte mir Michelle kurz zuvor am Telefon erklärt, als ich wissen wollte, ob der Kleine irgendetwas Bestimmtes als Geschenk gebrauchen konnte. Dass sie dann im letzten Moment doch noch beschlossen hatten, alles in einem Aufwasch zu erledigen, lag nicht etwa daran, dass es ihnen – so wie beispielsweise mir – etwas übertrieben erschien, einen Einjährigen mit zwei Geburtstagsfeiern hochleben zu lassen. »Nein, das hätte uns zu viel Stress besorgt«, stellte Michelle klar. »Einmal Chaos samt Aufräumen reicht, auch wenn's ziemlich voll werden wird.«

Dass sie mit dieser Prophezeiung recht behalten sollte, hatten wir bereits beim Näherkommen mit einem Blick durch das *Doorzon*-Wohnzimmerfenster feststellen können, das bei Stef und Michelle genauso großzügig ausgefallen war wie bei unserem eigenen Reihenhäuschen.

»Du liebe Güte, da sitzen sie wieder alle im Kreis«, stöhnte ich, denn es war nicht meine erste niederländische Geburtstagsfeier, es war bloß mein erster Kindergeburtstag.

»Ja, warum denn nicht?«, entgegnete Jan Kees tadelnd, der es nicht anders kannte. Ich hingegen fand es äußerst merkwürdig, dass sich ein ganzes Volk bei Geburtstagsfeiern grundsätzlich im Kreis hinzusetzen pflegt. Zumindest die Erwachsenen, die Kinder dürfen zwischen den Stühlen nach Herzenslust hin und her wuseln, so lernte ich an diesem Nachmittag hinzu, nachdem Michelle freudestrahlend die Tür geöffnet und uns hineingebeten hatte.

Nun würde die zweite seltsame Gepflogenheit folgen, der sich die Niederländer bei Geburtstagen hemmungslos hingeben.

»*Hartelijk gefeliciteerd met de verjaardag van je zoon!*«, sagte Jan Kees. »Ich gratuliere dir herzlich zum Geburtstag deines Sohnes!« Ich sagte, wie es sich gehörte, genau dasselbe. Es war eine Art *warming-up*, denn in den nächsten zehn Minuten würden wir kaum Gelegenheit bekommen, etwas anderes von uns zu geben als genau diesen einen Satz. Wobei das letzte Wort sich änderte, je nachdem, wen wir vor uns hatten und in welcher Beziehung er zum Geburtstagskind stand. Die Häufigkeit, mit der wir diesen Satz äußerten, entsprach genau der Zahl der anwesenden Gäste. Denn in den Niederlanden gratuliert man seltsamerweise nicht nur dem Geburtstagskind zu seinem Ehrentag – das darf froh sein, wenn es bei all diesem Gegratuliere nicht vergessen wird –, nein, Grund zum Feiern haben auch all diejenigen, die – wenn auch nur im Entferntesten – irgendwie mit ihm in Verbindung stehen. Und deshalb gratulierten wir nicht bloß Stef und Michelle zum Geburtstag ihres jüngsten Sohnes, sondern auch den anwesenden Omas und Opas zu dem ihres Enkelkindes, sämtlichen Onkeln und Tanten zu dem ihres Neffen und allen Kindern zum Geburtstag ihres Freundes, Bruders oder Cousins. Natürlich kam auch Sexie-Hexie-Oma, die gut gelaunt zwischen Stefs Schwiegereltern saß, an die Reihe, der gratulierten wir zum Geburtstag des jüngsten Sohnes ihrer ehemaligen Nachbarn. Auch Mevrouw und Meneer Mulder wurden beglückwünscht, und eigentlich hätten Jan Kees und ich uns gegenseitig gratulieren können, doch das unterließen wir und verpassten stattdessen dem Geburtstagskind selbst, als wir es zwischen den Stühlen einfangen konnten, einen Kuss und dann unser Geschenk.

Irgendwie wurde ich auch auf dieser Geburtstagsfeier den Eindruck nicht los, dass das Geburtstagskind – anders als in Deutschland – an seinem Ehrentag nicht die Hauptperson war. Sicher, es wurde mit Geschenken beglückt. Die Gäste ließen es auch hochleben: »*Lang zal hij leven, lang zal hij leven, lang zal hij leven in die glo-ri-e*«, sangen sie auch für den kleinen Jeroen begeistert im Chor, um dann die Hände in die Luft zu strecken und zu rufen: »*Hiep hiep, hoera! Hiep hiep, hoera! Hiep hiep, hoera!*«

Aber damit hatten sie ihre Pflicht auch schon getan. Dann konnten all die Omas und Opas, Tanten und Onkel, Freundinnen von Michelle und Kollegen von Stef sich wieder dem widmen, für das sie in der Hauptsache gekommen waren: ratschen, tratschen und Neuigkeiten austauschen. Es ist wie mit dem *Koninginnedag*, der ja im Grunde genommen auch ein Geburtstag ist: Eigentlich feiern die Gäste sich selbst. Dass da jemand Geburtstag hat, ist lediglich der willkommene Anlass, dies endlich wieder einmal ausgiebig tun zu können. Mithilfe dieser Logik wurde mir auch sonnenklar, weshalb selbst um den Geburtstag eines Einjährigen so viel Aufhebens gemacht wird. Das Individuum spielt – wie bei so vielem hier – eine untergeordnete Rolle, ein Geburtstag, das ist ein kollektives Happening, das zur Stärkung des Zusammengehörigkeitsgefühls genutzt wird. Und an diesem Gefühl liegt es vielleicht auch, dass sich die Niederländer an Geburtstagen im Kreis hinzusetzen pflegen, denn so können sie ihm Ausdruck verleihen. Wer weiß, möglicherweise haben sie dabei einst sogar Händchen gehalten, zu Urzeiten, als sie noch keine volle Tasse Kaffee in der Hand halten und auf den Knien einen Teller mit dem obligatorischen Stück Sahnetorte balancieren mussten.

Kaffee mit – zur Feier des Tages – Kuchen statt dem sonst so obligatorischen *koekje*, das ist das Erste, was man bei einem niederländischen Geburtstag vorgesetzt bekommt, allerdings meistens nur eine Sorte und allerhöchstens ein Stück. Im Grunde genommen geht es um ein zu groß geratenes *koekje*. Das wusste ich bereits durch die Geburtstagsfeiern meines Schwiegervaters und der zahlreichen Onkel und Tanten von Jan Kees. Meistens geht es um *appeltaart* oder *chipolata*, eine Torte, die eigentlich nichts weiter ist als ein Haufen Schlagsahne, dem ein paar Stückchen Konservenobst untergejubelt worden sind, diese zuckersüßen Büchsenobstsalat-Fruchtstückchen. Und wenn diese *Chipolata*-Torte nicht von *Appie* Heijn kommt, dann stammt sie vom Hema.

Dieses urholländische Warenhaus ist die kalvinistische Ausgabe jenes legendären Pariser Konsumtempels, den Émile Zola im 19. Jahrhundert in seinem Roman *Aux Bonheur des Dames* beschrieb, in diesem Fall allerdings für die glückliche Polderhausfrau. Der Hema bietet ihr nach der Ikea-Erfolgsformel »gutes Design zum guten Preis« alles, was sie so zum (Über-)Leben braucht: Es gibt Hema-Bettwäsche, Hema-Besteck, Hema-Vasen, Hema-Nagellackremover und Hema-Gartenklappstühle, die auch wir uns angeschafft hatten. Die meisten niederländischen Kinder (auch Daphne!) tragen Hema-Socken und stehen auf Hema-Kekse, die meisten niederländischen Männer lieben die Hema-Würste und stecken in Hema-Unterhosen (auch Jan Kees!) – und zu einem anständigen Geburtstag gehört eine viereckige Hema-*Chipolata*-Sahnetorte.

Das war auch bei Stef und Michelle nicht anders, allerdings waren sie bereits etwas weniger traditionell als die Generation meines Schwiegervaters, denn obwohl das *chipolata*-Quadrat beachtlich ausgefallen war, hatten sie auch noch gleich zwei *appeltarten* danebengestellt. Was aber noch lange nicht hieß, dass es jemandem in den Sinn kam, ein zweites Stück zu essen. Tatsache war, dass es niemand tat, das fiel mir auf, da ich sehr wohl mit dem Gedanken spielte, aber zu feige war, um zur Tat zu schreiten. Dann hätte ich auf meinem Stuhl im Kreis ja wie auf einem Serviertablett gesessen! Sollte es etwa daran liegen, dass die knauserigen Niederländer sich bei Geburtstagen immer ...

Ich kam nicht dazu, den Gedanken zu Ende zu denken, denn Stef bot mir überraschenderweise ein Glas Weißwein an, obwohl es gerade erst fünf Uhr geschlagen hatte. Wenn einer der zahlreichen Onkel oder Tanten von Jan Kees Geburtstag hatte, gab es Alkohol nie vor sechs Uhr abends – und immer erst nach dem traditionellen Teller Suppe, der um diese Zeit serviert wurde, meistens Tomaten- oder Gemüsesuppe mit *balletjes*, Klößchen. Aus der Konserve, versteht sich. Oder aus der Packung, wobei die wenigen frischen Zutaten, die man dann noch selbst dazutun muss – in der Regel ein Sack bereits gewaschenes und klein geschnippeltes Suppengemüse –, dem Koch das beruhigende Gefühl geben, den Gästen eine so gut wie selbst gemachte Suppe auftischen zu können. Auch Michelle hatte sich bei Albert Heijn damit eingedeckt, wie die leeren Plastikpackungen verrieten, die ich auf dem Weg zum Klo auf der Küchenanrichte liegen sah.

Die Toilette unserer Nachbarn sah zwar wesentlich kleiner aus als die unsrige, da Michelle und Stef nicht auf optische Tricks wie Spiegelwände zurückgegriffen hatten, aber dafür konnte ihr stilles Örtchen mit dem für niederländische Klos so typischen *verjaardagskalender* aufwarten, einem Geburtstagskalender, in den man die Geburtstage aller, die einem am Herzen liegen, eintragen kann. Na ja, am Herzen liegen … Für mich war dies ein weiterer Beweis dafür, wie versessen die Niederländer auf Geburtstagsfeiern sind. Mit dem Kalender können sie sich zwar nicht mehr damit herausreden, einen Geburtstag vergessen zu haben, aber wer sich als treuer Gratulierer erweist und jedes Jahr eine Karte schickt, wird vermutlich schneller eingeladen als jemand, der das jedes Jahr vergisst.

Jedenfalls musste auch ich zugeben, dass diese Geburtstagskalender eigentlich wirklich praktisch sind, deshalb führten auch wir einen, auch wenn der bei uns nicht auf dem Klo hing, sondern an der Innenseite einer Küchenschrankwand.

Da man in den Niederlanden erst dann richtig dazugehört, wenn man in so einem *verjaardagskalender* eingetragen ist, prüfte ich bei Stef und Michelle auf dem Klo sofort nach, ob auch mein Geburtstag drin stand. Angesichts der kurzen Zeit, die ich hier wohnte, konnte das eigentlich noch nicht der Fall sein, und dem war auch nicht so. Deshalb besorgte ich mir in der Küche umgehend einen Kugelschreiber, um das zu ändern.

»In ein paar Wochen bin ich dran«, warnte ich Michelle, bevor ich mich wieder in den Kreis integrierte. »Haltet euch diesen Tag schon mal frei – welcher es ist, seht ihr auf dem Klo.«

Es wurde dann noch äußerst *gezellig* an diesem Abend – erst recht, als der Kreis immer kleiner wurde, Klein-Jeroen längst im Bett lag und nichts mehr daran erinnerte, dass es hier eigentlich um einen Kindergeburtstag ging. Auch Sexie-Hexie-Oma hielt bis ganz zum Schluss durch. Weit nach Mitternacht brachten wir sie dann auf der anderen Seite des Kanals nach Hause.

»Also, ich habe mich köstlich amüsiert«, eröffnete sie uns zum Abschied, und es war ihr deutlich anzuhören, dass sie ein bisschen *aangeschoten* war, angeschossen, wie das hier hieß, mit anderen Worten: einen klitzekleinen Schwips hatte.

Wir konnten ihr da nur beipflichten, »es war wirklich sehr nett«, sagte Jan Kees, als wir eng umschlungen über die kleine Zugbrücke zu unserem Haus zurückliefen. Dennoch fasste ich einen Entschluss: Auf meinem eigenen Geburtstag würde es auch sehr *gezellig* werden, aber *ganz* anders: Ich würde meinen neuen Landsleuten zeigen, wie in Deutschland Geburtstag gefeiert wird!

»*Forget it*«, sagte John nicht ohne Mitgefühl und schenkte sich noch ein Glas Bier ein. Mein Leidensgenosse aus dem Kloster bei den *Nonnetjes van Vught* durfte bei meinem ersten Geburtstag in den Niederlanden natürlich nicht fehlen. Wir standen an unserer Bar an der Wohnzimmerseite. Setzen konnten wir uns nicht mehr, da sämtliche Barhocker längst beschlagnahmt worden waren. Denn trotz des missbilligenden Kopfschüttelns von Jan Kees hatte ich sämtliche Stühle entfernt, den Esstisch in die Ecke geschoben, der diente als Büfett, und hoffte nun darauf, meine Gäste mit sanftem Zwang zu einer Stehparty bewegen zu können.

Wie hatte ich nur so naiv sein können! Oder war es vielleicht Arroganz gewesen?

Tatsächlich sah es auf meiner eigenen Geburtstagsfeier bald nicht viel anders aus als auf der von Klein-Jeroen. Nur die herumwuselnden Kinder fehlten, aber es war ja auch kein Kindergeburtstag. Die mehr als zwanzig Gäste hatten es irgendwie hingekriegt, die Stühle nach und nach von überall her wieder auftauchen zu lassen – wobei ich den Verdacht nicht loswurde, dass mein Liebster ihnen dabei tatkräftig geholfen hatte. Aber weil das von hinten bis vorne nicht reichte, wurden nicht nur die Barhocker von der Bar entfernt, sondern auch unsere neuen Hema-Gartenklappstühle von der Terrasse.

Sämtliche Sitzgelegenheiten standen nun zusammen mit unseren beiden Sofas zu einem Kreis angeordnet. Der wurde mit jedem neuen Gast, der eintraf, immer größer – bis ein riesengroßes Oval entstanden war, das unser gesamtes *Doorzon*-Wohnzimmer ausfüllte: angefangen bei Willems Freundin Hedy, die ganz oben an der Gartenseite kerzengerade auf einem der Barhocker thronte, über Rijn und seine Nelleke in der Mitte bis ganz runter zu Willem, der am anderen Ende völlig relaxed neben Marieke auf einem der beiden Sofas hing und großzügig seine Riesentüte *drop* herumreichte.

»Die Kreisbildung kannst du nur verhindern, wenn die nichtniederländischen Gäste in der Mehrheit sind«, wusste John und nahm sich noch eine Portion deutschen Kartoffelsalat, den ich nach dem altbewährten Rezept meiner Mutter zubereitet hatte. »*Wonderful!*«, meinte mein amerikanischer Freund mit vollem Mund. »So was kriegt man hier normalerweise nicht!«

Da hatte er recht. Um den Kreis mochte ich zwar nicht herumgekommen sein, aber immerhin hatte ich meinen Gästen erst ein anständiges Kuchenbüfett vorgesetzt (und die meisten dazu verführen können, mindestens zwei Stück zu essen) und dann ein kaltes Büfett, das sich sehen lassen konnte. Nun saßen sie alle hochzufrieden mit vollen Tellern auf den Knien auf ihren Stühlen, wobei neben dem Kartoffelsalat meiner Mutter auch mein selbst gebackener Zwiebelkuchen hoch im Kurs stand.

»Davon nehm ich mir auch noch ein Stück«, sagte John gut gelaunt. Mit seinem karierten Hemd sah er aus wie ein Cowboy, der sich in die Polder verirrt hatte, er trug sogar Cowboystiefel, die in dieser Saison bei Männern sehr beliebt waren.

»Hast du dein Pferd gut in unserem Vorgarten anbinden können?«, frotzelte ich, während John mit der Gabel auf den Geschenkeberg auf der Fensterbank deutete. Ich war wirklich verwöhnt worden, selbst Mevrouw Visser, meine strenge Hauswirtin aus Vught, hatte eine Schachtel *bonbons* geschickt, Pralinen.

»Nein, mein Pferd hatte in eurem Vorgarten keinen Platz mehr«, konterte John, nachdem er den ersten Bissen Zwiebelkuchen runtergeschluckt hatte. »Da macht sich so ein rostiger, mit Luftballons geschmückter Drahtesel breit. Ist der etwa auch ein Geschenk?«

Ich holte tief Luft, und meinen Worten war anzuhören, dass ich leicht entrüstet war: »Ja, den habe ich von Jan Kees bekommen.«

John verschluckte sich beinahe an meinem Zwiebelkuchen: »Sag, dass das nicht wahr ist!«

Ungefähr das Gleiche hatte auch ich beim ersten Anblick dieses Geschenks von mir gegeben. Dabei hatte Jan Kees es so spannend und romantisch gemacht! Mit verbundenen Augen hatte ich mich von ihm raus in den Vorgarten führen lassen, während alle möglichen Gedanken durch meinen Kopf flitzten. Vielleicht, so machte ich mir insgeheim Hoffnungen, würde da am Straßenrand am Ende eine knallrote, süße, kleine ... Ente stehen? Jan Kees wusste schließlich, wie versessen ich auf die 2CVs, die Deux Chevaux, war! Zwei Enten hatte ich während meiner Studentenzeit besessen, und die hatte ich heiß geliebt. Die erste war orange gewesen, nach dem aztekischen Sonnengott Vitzliputzli benannt, weil ich das so ein drolliges Wort fand, und hatte mich und meinen damaligen Freund Rainer bis nach Barcelona und zurück gebracht. Dann hatte sie zwar den Geist aufgegeben, aber wir schafften uns umgehend eine zweite an, diesmal mit weißen Wölkchen auf hellblauem Grund, mit der ich dann während meines Auslandssemesters Lyon unsicher machte.

Nur allzu gerne wäre ich auch in den Poldern mit zwei Pferdestärken auf Entdeckungsreise gegangen, aber, so sagte Jan Kees: »*Schat*, hier bist du auf dem Sattel am besten aufgehoben. Immerhin lebst du jetzt im Land mit der größten Fahrraddichte der Welt, da wird es Zeit, dass auch du ein eigenes Rad hast.«

Mein Gesichtsausdruck, der seit dem Anblick des – zugegeben liebevoll mit Luftballons dekorierten – klapprigen Drahtesels zwischen Enttäuschung und Entsetzen schwankte und noch nicht genau wusste, ob er vielleicht sogar wütend werden sollte, änderte sich dadurch nicht wesentlich. Doch das schien Jan Kees nicht weiter zu beeindrucken.

»Und da in diesem Land immer noch mehr *fietsen* geklaut als gekauft werden«, fuhr er fort, »sollte man sich hier im Alltag nur auf möglichst hässlichen Rädern fortbewegen, denn die will niemand mehr haben.«

Er zog mich ein paar Schritte in Richtung Garage, um dort dann weiter zu dozieren: »In anderen Ländern schlüpfen sie am Sonntag in Sonntagsklamotten, wir Holländer hingegen ...« – wir standen inzwischen vor der Garagentür – »... steigen am Sonntag auf unser Sonntagsrad.«

Worauf er wie ein Zirkusdirektor »Tataaaaa!« rief, sich mit einer weit ausholenden Armbewegung verbeugte – und dann die Garagentür aufmachte, hinter der ein schickes weißes Sportrennrad zum Vorschein kam: »So, *mijn schat*, statt *deux chevaux* hast du jetzt *deux vélos!*«, meinte er und grinste wie ein Honigkuchenpferd.

»Er hat halt einen sehr eigenwilligen Humor«, meinte ich fast entschuldigend zu John. Der hatte sich köstlich amüsiert und konnte Jan Kees nur recht geben: »Ob du's glaubst oder nicht, aber auch ich habe inzwischen zwei Räder – aber erst nachdem ich durch Schaden klug geworden bin und sie mir mein teures Sportrad geklaut haben«, erzählte er, als wir uns mit unseren Gläsern von der Bar entfernten, um zwischen den anderen Gästen im Stühlekreis einen freien Platz zu suchen. »Dabei hatte ich es nur für drei Stunden am Bahnhof abgestellt – und mit gleich zwei Schlössern gesichert«, empörte sich John und quetschte sich mit mir auf eines der Sofas zwischen Willem und Marieke.

»Bist du dir sicher, dass du dein Rad nicht einfach nur nicht wiederfinden konntest?«, fragte ihn Marieke, und ich konnte gerade noch ihr Weinglas retten, das sie um ein Haar umgestoßen hätte.

Mariekes Frage war berechtigt, denn vor niederländischen Bahnhöfen machte sich in der Regel ein Meer aus Tausenden von *fietsen* breit, da sollte man es sich wirklich gut einprägen, wo man sein Rad abstellt.

»Nein, aus genau diesem Grund versuche ich ja immer, es an derselben Stelle zurückzulassen«, seufzte John. Auf dem Boden habe als Beweisstück noch eines der beiden Schlösser gelegen – ein dickes Kettenschloss, aber das hatten die Diebe einfach mit einer Zange geknackt.

»Wahrscheinlich ist dein Rad in einem Lastwagen voller geklauter *fietsen* ganz oben im Norden des Landes in Groningen gelandet und wurde dort gegen einen Schwung Groninger Räder eingetauscht, die der Hehler dann ganz unbehelligt hier bei uns auf dem Schwarzmarkt verkaufen kann«, wusste Willem. »Ich will nicht wissen, wie viele Leute, die sich ein Secondhandrad gekauft haben, auf einem geklauten *fiets* sitzen.«

»Oje, dazu gehöre ich ja jetzt vielleicht auch!«, rief ich und fragte John: »Hast du denn Anzeige erstattet?«

»Ach, das hat ja doch keinen Sinn«, winkte der nur ab, während Willem und Marieke bestätigend den Kopf schüttelten. Fast eine Million Räder wurden pro Jahr geklaut, die Polizei hat Besseres zu tun. Immerhin versuchte sie gerade, ein landesweites Registrierungssystem einzuführen, um den

Hehlern das Handwerk zu legen. Aber, so seufzte Marieke: »Radklauen gilt bei uns nach wie vor als Kavaliersdelikt.«

Ein holländisches Fernsehteam, so wusste sie zu berichten, hatte mal die Probe aufs Exempel gemacht: Direkt vor dem Amsterdamer Hauptbahnhof spielte einer der Journalisten den Fahrraddieb, und während seine Kollegen ihn filmten, konnte er in aller Seelenruhe ein Rad nach dem anderen knacken, ohne dass sich einer der Passanten daran störte. Durchschnittlich gebe es pro Diebstahl zwei Zeugen, so hatte eine Untersuchung ergeben, »doch die tun in der Regel gar nichts«, meinte Marieke.

Unter den Opfern machte sich inzwischen eine »Wie du mir, so ich dir«-Mentalität breit: Wem das Rad zwei- oder dreimal gestohlen worden war, der holte es sich halt einfach irgendwo anders wieder zurück – oder er »lieh« sich ein fremdes Rad aus.

Auch Willem hatte das schon mal gemacht, nachdem das dritte Rad, das er sich innerhalb von einem halben Jahr angeschafft hatte, weg war: »Was soll man denn machen, ich musste zu einem Termin«, verteidigte er sich. Immerhin habe er es brav wieder zurückgebracht und genau da abgestellt, wo er es sich »geliehen« hatte.

»Dann pass beim nächsten Mal auf, dass du dich nicht an einem *lokfiets* vergreifst«, mischte sich Rijn ein, der zwischen seiner Frau Nelleke und Sexie-Hexie-Janine auf einem unserer laubfroschgrünen Gartenklappstühle saß.

»Ein *lokfiets*?«

»Ja, ein Lockrad«, antwortete Rijn. Die Gemeinde Herzogenbusch hatte es bereits im Einsatz, das hatte er vor ein paar Tagen in der Zeitung gelesen.

»Es ist mit einem Sender ausgestattet. Sobald es geklaut wird, heult auf der Polizeistation eine Sirene auf.« Zwei Polizisten sprangen dann sofort in ihr Auto, um den Dieb zu verfolgen.

»Und wie viele dieser *lokfietsen* gibt es in Herzogenbusch?«, erkundigte sich John.

»Dazu will die Polizei keine Angaben machen«, antwortete

Rijn und stand auf, um sich noch ein Bier zu holen. »Sie hat nur verraten, dass es um mindestens eines gehe, und das sei bereits vier Mal geklaut worden.« Eine ziemlich hohe Trefferquote, fand Rijn, immerhin konnte ein Dieb in Herzogenbusch aus hunderttausend Rädern wählen: »John, Willem – auch noch ein Bier?«

Jedenfalls waren die Ordnungshüter mit dieser originellen Methode so zufrieden, dass es in Herzogenbusch inzwischen auch ein Lockauto gab: »Mit dem konnte die Polizei sogar schon mal zwei Fliegen mit einer Klappe schlagen«, lachte Rijn, als er mit einem Arm voller Bierflaschen aus der Küche zurückkam und sich wieder auf seinen grünen Klappstuhl setzte: »Stellt euch vor, der letzte Autodieb, der führte die Polizisten in diesem Lockauto zu einer ganzen Garage voller gestohlener Räder.«

Es wurde noch äußerst *gezellig* auf meinem Geburtstag. Erst recht, als der Kreis immer kleiner wurde und ein harter Kern übrig blieb. Der wollte – obwohl es mitten unter der Woche war – von Heimgehen nichts wissen. Auch Sexie-Hexie-Oma hielt wieder bis ganz zum Schluss durch und war erneut ein ganz kleines bisschen *aangeschoten*. Weit nach Mitternacht brachte Jan Kees sie über die kleine Zugbrücke nach Hause, während ich die letzten Gläser, die nicht mehr in die bereits volle Spülmaschine passten, auf die Küchenanrichte stellte.

Dann machte ich für Marieke das Gästebett fertig. Denn auch die hatte tiefer als geplant ins Glas geschaut – zu tief jedenfalls, um noch ins Auto zu steigen.

Am nächsten Morgen ließen wir sie ausschlafen. Jan Kees hingegen musste ins Büro, und ich hatte einen Termin. Irgendwie brachte ich den Tag trotz meines Brummschädels über die Bühne, aber als ich am späten Nachmittag nach Hause kam, grauste es mir vor der Küche, wo ja immer noch eine Menge dreckiger Gläser von meiner Geburtstagsfeier auf mich warteten.

Aber die Küche war tadellos aufgeräumt und alle Gläser verschwunden. Bis auf einen der beiden teuren Cognacschwenker, die Jan Kees von meiner Mutter zu Weihnachten geschenkt bekommen hatte. Doch der stand nicht mehr, der lag – genauer gesagt, seine Scherben. Die hatte Marieke fein säuberlich zu einem Häufchen angeordnet. »*Sorry!*«, stand daneben dick unterstrichen mit noch dickerem Ausrufezeichen auf einem Zettelchen. »Ich wollte euch einen Gefallen tun und die Küche aufräumen, da ist mir leider dieses Malheur passiert. *Dikke kus,* Marieke.«

18. Kapitel   Wie ich das Königreich der Radfahrer erobere, in Amsterdam den ultimativen Einbürgerungskurs bestehe und im besten Koffieshop der Stadt Visionen von Märklin-Eisenbahnen bekomme

Am nächsten Wochenende weihten Jan Kees und ich mein neues Sonntagsrad ein. Die Radtour führte uns am Vlietkanal entlang in südwestliche Richtung über Voorschoten und Leidschendam nach Delft. Der Himmel war blitzeblau, eine angenehme Brise kräuselte die Wasseroberfläche. Hoch oben auf der Deichstraße flitzten wir an Anglern vorbei, die sich mit Campingstühlen und Sonnenschirmen am Ufer wohnlich eingerichtet hatten. Auf der anderen Seite vom Kanal, zu unserer Rechten, lagen Backsteinhäuschen, deren Gärten direkt ans Wasser grenzten, mit privaten Anlegestegen, an denen nicht nur kleine Motorboote im Wasser dümpelten, sondern auch stattliche Zweimaster. Zu unserer Linken, gut zwei Meter weiter unten, schmiegten sich alte Bauernhöfe in den Deichhang. Hinter ihnen auf sattgrünen Wiesen grasten unzählige Kühe, Schafe und auch Pferde, von denen einige voller Lebenslust, ungestüm die Mähne schüttelnd, durch die Polderlandschaft galoppierten.

»Oh, wie schön, dass du dieses Mal wieder so viele Tiere hast aufstellen lassen!«, rief ich über meine Schulter Jan Kees zu, der hinter mir radelte.

»Pass auf, gleich kommt es noch besser! Ich habe diesmal noch mehr ordern können«, brüllte er lachend zurück und deutete nach vorne, wo bereits die Silhouetten der alten Windmühle und des historischen Schleusenhäuschens von Leidschendam zu erkennen waren.

Holland wie aus dem Bilderbuch! Eigentlich war diese Postkartenidylle zu lieblich, um wahr zu sein – und doch radelte ich gerade mitten durch! Wobei ich meine Umgebung ausgiebig genießen konnte, ohne Angst haben zu müssen, vom nächsten Autofahrer umgemäht zu werden. Nicht umsonst gelten die Niederlande als »Königreich der Radfahrer« – und das liegt nicht nur daran, dass dieses Land flach ist und klein und die Entfernungen dementsprechend kurz. Hier werden die *fietsers* nicht nur geografisch in Watte gelegt, sondern auch von den Behörden: Überall haben sie ihre eigenen Wege, Ampeln und Verkehrsschilder, ja sogar ihren eigenen Kreisverkehr.

»Es gab sogar mal Pläne, spezielle Tunnel für Radfahrer zu bauen, weil uns der Nordseewind ja manchmal doch ganz schön zu schaffen macht«, erzählte mir Jan Kees, der inzwischen aufgeholt hatte und neben mir radelte. »Doch die verschwanden wieder in der Schublade.« Ein Radfahrer, so die Erkenntnis, brauche frische Luft und sei schließlich keine Rohrpost. »Stattdessen wurden Windschutzschirme gebaut«, erzählte Jan Kees weiter. Bald sollten die Radler auch ihre eigenen Tiefgaragen bekommen, um das Chaos an den Bahnhöfen ein bisschen zu beseitigen. »Und dann sind auch noch Radautobahnen geplant.«

»Rad*auto*bahnen?«

»Na ja, superschnelle Radwege, schnurgerade, ohne Kreuzungen und Ampeln, auf denen man noch schneller ans Ziel kommt, ohne anhalten zu müssen«, erklärte er.

Kein Wunder, dass sich die Niederländer wie kein anderes Volk auf den Sattel schwingen! Wer sich dennoch ziert, dem hilft die Regierung auch noch mit finanziellen Anreizen auf die Sprünge: Arbeitgeber können ihr Personal, das per Rad anrückt, mit umgerechnet 19 Eurocent per Kilometer belohnen, steuerfrei, versteht sich. Auch Jan Kees radelte jeden Tag zur Arbeit, es waren zwar pro Strecke nur fünf Kilometer, aber, so rechnete er mir vor: »Das läppert sich zusammen.«

Dass *fietsen* zu Holland gehört wie die Tulpen und die Windmühlen, machte Premier Kok 1997 auf dem Eurotop in Amsterdam auch seinen EU-Kollegen klar: Er bescherte den anderen Regierungschefs einen Heidenspaß, nachdem er sie so weit gebracht hatte, sich vor laufenden Kameras auf ihre nagelneuen Hollandräder zu schwingen, die die niederländische Regierung ihnen als Geschenk mit auf den Nachhauseweg gab. Und obwohl sie in ihren dunklen Anzügen eigentlich alle ziemlich gleich aussehen, war schon von Weitem ganz zweifelsfrei zu erkennen, wer von ihnen Niederländer war und wer nicht: Kohl und Co. taten sich deutlich schwerer auf dem Sattel als Wim Kok und seine Ministerriege und ließen an Eleganz ziemlich zu wünschen übrig. Aber sie hatten halt einfach nicht so viel Übung wie die niederländischen Politiker. Für die ist es die normalste Sache der Welt, mit dem Rad zur Arbeit zu erscheinen: In der Regierungsstadt Den Haag – Amsterdam ist »bloß« die Hauptstadt – gehören Minister, die in Anzug und Krawatte bei Wind und Wetter in die Pedale treten, zum Straßenbild. Wobei ich, ehrlich gesagt, manchmal den Verdacht nicht loswerde, dass sie es als gute Kalvinisten nur deswegen tun, weil sie Taxis für einen überflüssigen Luxus halten.

Jedenfalls sind weder Alter noch schlechtes Wetter ein Grund, das Rad stehen zu lassen.

Auch der Nachwuchs wird in diesem Land sofort aufs Rad verfrachtet. Beim Anblick von Michelle, die mit ihren beiden Söhnen vor unserem Haus vorbeiradelte, konnte ich beim ersten Mal meinen Augen kaum trauen: Hinten thronte Sander, der Älteste, auf seinem Kindersitz, vorne Klein-Jeroen, und dazwischen saß völlig furchtlos und selbstsicher wie ein erfahrener Drahtseiltänzer Mama Michelle – wobei rechts und links an ihrem Lenker auch noch pralle Einkaufstaschen schaukelten. Niederländische Mütter, so stellte ich fest, sind wahre Gleichgewichtskünstlerinnen auf dem Rad.

»Dass du dich das traust!«, rief ich fassungslos. »Du setzt dir und den Kleinen ja noch nicht mal einen Sturzhelm auf!«

Michelle guckte mich an, als ob ich völlig bescheuert wäre. »Einen Sturzhelm? Wieso das denn?«

Für was wohl setzt man sich einen Sturzhelm auf? »Zur Sicherheit natürlich«, entgegnete ich kopfschüttelnd. »Es könnte ja was passieren!«

Aber Michelle winkte nur lachend ab, um dann fröhlich weiterzuradeln und souverän zur letzten Kurve vor der Garage anzusetzen.

»Sie meinte, wir Deutschen müssten immer auf Nummer sicher gehen und gingen grundsätzlich vom Schlimmsten aus!«, erzählte ich Jan Kees, als wir an jenem Sonntagnachmittag auf der Deichstraße Richtung Delft radelten.

»Na ja, dass wir furchtloser sind als andere Radfahrer, hat schon einen Grund«, erklärte er mir, während er immer noch neben mir radelte. »Du darfst nicht vergessen, dass ein Radler in den Niederlanden im Autoverkehr besonders geschützt ist, dadurch fühlt er sich sicherer.« Es gebe da nämlich ein Gesetz, wodurch bei Unfällen mit Radlern automatisch der Stärkere hafte, sprich: der Auto- oder Motorradfahrer. »Die sind dadurch ganz besonders auf der Hut und nehmen Rücksicht«, sagte Jan Kees und bremste, um den Autofahrer, der schon eine ganze Zeit lang geduldig hinter uns fuhr, vorbeizulassen.

»Dieses Gesetz scheint allerdings auch dazu zu führen, dass sich die niederländischen Radler eine Menge herauszunehmen trauen«, konstatierte ich. »Du warst ja jetzt vergleichsweise schnell so nett, für den Autofahrer zur Seite zu gehen. Da hab ich schon ganz andere Radler erlebt.«

»*Klopt*«, grinste Jan Kees, der wieder aufgeholt hatte und neben mir radelte. »Und am frechsten sind sie in Amsterdam.«

Da konnte ich ihm nur beipflichten. Vor den Amsterdamer *fietsers* warnt sogar das Fremdenverkehrsamt ganz offiziell in seinen Broschüren. Denn die halten nicht nur nicht vor Rot und fahren grundsätzlich ohne Licht, die kommen auch von allen Seiten, vorzugsweise unerwartet und mit einem Affenzahn. Als Fußgänger kann man sich manchmal nur noch mit einem Sprung zur Seite in Sicherheit bringen.

Noch schlimmer ist es, sich ebenfalls auf den Sattel zu schwingen und so dreist zu sein, sich als blutiger Anfänger unter die Amsterdamer Radler zu wagen. Etwas Übung ist da schon anzuraten, das merkten auch John und ich, als wir uns nach dem Sprachkurs in Vught in Amsterdam verabredet hatten und uns am Hauptbahnhof Räder ausliehen: Wir wollten auf den Spuren von Henry Hudson am *Schreierstoren* vorbei durch Amsterdam radeln. Es sollte eine unvergessliche Tour werden, auf der mir Hören und Sehen verging – das Hören nicht zuletzt wegen der vielen Flüche und Kraftausdrücke, die uns als totalen *Greenhorns* von den einheimischen Radlern an den Kopf geworfen wurden.

John hingegen ließ das völlig kalt, der radelte einfach todesmutig weiter. »Was reden die Menschen in diesem Land doch für eine komische Sprache«, lästerte er und rief bei jedem neuen Fluch, der uns traf, so laut er konnte: »*Kan niet verstaan! Kan niet verstaan!*«

Es gibt allerdings noch etwas Schlimmeres, als sich in Amsterdam als Anfänger aufs Rad zu setzen. Dass ich dennoch auch diesen ultimativen Einbürgerungskurs hinter mich brachte, hatte ich Willem zu verdanken. Freiwillig jedenfalls hätte ich mir das nie angetan.

»Jetzt stell dich doch nicht so an! Spring schon!«, rief Willem ungeduldig und deutete unerbittlich auf den Gepäckträger des Fahrrads, mit dem er vor dem Amsterdamer Hauptbahnhof erschienen war. Wir hatten erst für das Kunstmagazin *art* ein Interview mit dem Direktor des Reichsmuseums, wo eine große Rembrandt-Ausstellung geplant war, und dann einen Termin in einem Koffieshop. Willem war als mein Fotograf mit von der Partie, und da er an diesem Tag schon in Amsterdam zu tun hatte, hatten wir uns vor dem *Centraal-Station* verabredet. Wie er dort erscheinen würde, darüber hatte ich mir keine großen Gedanken gemacht. Aber als ich ihn dann mit dem Rad eines Amsterdamer Freundes anrücken sah, wurde mir klar, dass ich damit am allerwenigsten gerechnet hatte.

»Ich leih mir auch noch schnell eins aus«, sagte ich und wollte schon nach links Richtung Radverleih marschieren.

»Das ist viel zu umständlich und dauert zu lange, dann

kommen wir zu spät«, hielt mich Willem zurück und deutete erneut auf den wenig einladenden Rücksitz seines Drahtesels.

Glaubte er im Ernst, dass ich mich da jetzt draufschwingen würde? Und zwar auch noch, wie es sich hier gehörte, im Damensitz? Meine neuen Landsleute können das aus dem Effeff, so konstatiere ich jedes Mal mit einer Mischung aus Entsetzen und neidvoller Bewunderung, wenn ich sie bei diesem akrobatischen Manöver beobachte: Der Fahrer nimmt einen leichten Anlauf, der Mitfahrer trabt nebenher – und schwupps!, schon sitzt er drauf! Vor allem die Mädchen und Frauen hier machen das leicht und graziös wie eine Feder, um sich dann mit elegant nach vorne ausgestreckten Beinen und Zehenspitzen durch die Stadt chauffieren zu lassen. Wobei sie alle so gut das Gleichgewicht halten können, dass sie den Chauffeur, wenn überhaupt, nur am Zipfel seiner Jacke anfassen müssen und ansonsten die Hände frei haben, zum Beispiel zum Telefonieren.

Die bildhübsche holländische Schauspielerin Carice van Houten hat es in Paul Verhoevens Film *Schwarzbuch* als Widerstandskämpferin im Zweiten Weltkrieg den Kinobesuchern vorexerziert. Dabei ließ sie den Saum ihres Rockes weit genug hochrutschen, um ganz sicher zu sein, dass die deutschen Besatzungssoldaten abgelenkt waren.

Mir wäre das nie gelungen, im Gegenteil, bei meinem Anblick hätten sie wahrscheinlich erst recht Verdacht geschöpft, denn normalerweise sehen Mehlsäcke, die auf dem Gepäckträger eines Rads transportiert werden, anders aus.

Über diese Tatsache war ich mir im Klaren, noch bevor ich dank Willems Hartnäckigkeit mit schmerzverzerrtem Gesicht erstmals im Damensitz auf einem niederländischen Radgepäckträger gelandet war. Denn ich war ja, wie gesagt, kein Weichei, und nachdem Willem zum dritten Mal losgeradelt und ich neben ihm hergetrabt war, ohne den Absprung zu wagen, fasste ich mir ein Herz und sprang.

»Aua!«, brüllte ich umgehend, aber wunderbarerweise blieb ich sitzen, oder besser gesagt: hängen. Von Sitzen konnte erst die Rede sein, nachdem es mir gelungen war, ein kleines bisschen hin und her zu rutschen, um ins richtige Lot zu kommen, während Willem, der durch meine doch eher als schwerfällig zu bezeichnende Landung heftig ins Schwanken geraten war, sich wieder fing und dann beim Überqueren der Prins Hendrikkade beschloss, so richtig Tempo zu machen.

Wieso er dabei das Bedürfnis entwickelte, mir detailliert von seinem Mittagessen zu erzählen, war mir allerdings zunächst ein Rätsel. »Die beiden *broodjes kaas* waren wirklich sehr *lekker*«, betonte er, als wir auf die Brouwersgracht zusteuerten. »Und die würde ich eigentlich auch gerne bei mir behalten«, fuhr er fort, worauf bei mir der Groschen fiel und ich den Griff um seine Taille etwas lockerte.

»*Kijk eens* – guck mal, jetzt kommen wir am *Westindisch Huis* vorbei«, spielte Willem den Reiseführer. »Da steht ein Denkmal von Peter Stuyvesant im Innenhof, willst du dir das kurz anschauen?«

»Bloß nicht!«, entfuhr es mir, denn wenn Willem bremste, würde er auch wieder anfahren müssen – und ich erneut aufspringen! Das wollte ich mir vorläufig gerne ersparen, da blieb ich lieber sitzen, wo ich war – auch wenn es noch so unbequem war und sich meine rechte Pobacke, also die, auf der ich hing, zunehmend verkrampfte.

Willem hingegen plauderte locker vom Sattel und gefiel sich zusehends in der Rolle des Fremdenführers. »Und jetzt radeln wir ein Stück die *Keizersgracht* entlang, hier liegen die schönsten Hausboote«, begann er zu schwärmen, während wir über das Kopfsteinpflaster hoppelten.

»Diese Ecke musst du deiner Freundin unbedingt zeigen, wenn sie Amsterdam kennenlernen will«, meinte Willem, denn ich hatte ihm erzählt, dass Christine ihren Besuch angesagt hatte und morgen zusammen mit ihrem Freund Franz eintreffen würde. Ich freute mich schon seit Tagen schrecklich darauf!

»Ich würde am liebsten auch auf einem Hausboot wohnen«, plauderte Willem gut gelaunt weiter. »*Kijk eens*, dieses lange rotgrüne Frachtschiff da links mit den großen Geranientöpfen an Bord, siehst du das?« In diesem Boot wohnte

Klaas, so erfuhr ich, und der war verantwortlich für die Tortur, der ich mich gerade unterzog, denn der hatte Willem sein Rad ausgeliehen.

Klaas dachte darüber nach, sein Hausboot zu verkaufen und aufs Land zu ziehen. »Wenn er das wirklich macht, dann übernehmen wir sein Schiff, dann ziehen Hedy und ich um nach Amsterdam«, kündigte Willem an. Einen Moment lang trat er schweigend in die Pedale, dann schnaubte er mit einem Blick über die Schulter: »Sag mal, guckst du überhaupt?«

Ertappt murmelte ich etwas Unverständliches, denn um die Wahrheit zu sagen, hatte ich nur ab und zu etwas geblinzelt, ansonsten aber die meiste Zeit die Augen zugekniffen und mir inständig gewünscht, ich könnte meine Zehen samt Füßen nach oben einrollen wie den Deckel einer Sardinenbüchse. Denn jedes Mal, wenn uns ein Radfahrer überholte, hatte ich Angst, sie würden mir abrasiert werden. Noch schlimmer war es, wenn Willem zu einem Überholmanöver ansetzte, dann kamen meinen ausgestreckten Beinen nämlich auch die Autos und die laut klingelnden Trams, die links an uns vorbeibrausten, gefährlich nahe.

Willem konnte es nicht fassen. »Sag mal, glaubst du etwa, ich nehme die touristische Route und mache mit dem doppelten Gewicht auf dem Rad Umwege – und du guckst gar nicht?«, entrüstete er sich.

»Ich bin bei Weitem nicht so schwer wie du!«, entgegnete ich beleidigt und machte gerade noch rechtzeitig die Augen auf, um das Anne-Frank-Haus zu sehen und die ellenlange Warteschlange, die sich wie gewöhnlich vor dem Eingang gebildet hatte, denn inzwischen radelten wir entlang der *Prinsengracht*.

»Siehste, Empörung ist besser als Angst«, lachte Willem zufrieden, und ich musste zugeben, je näher wir dem *Leidseplein* kamen, desto furchtloser wurde ich. Zwar hätte ich nur allzu gerne die Pobacke gewechselt, denn die rechte tat jetzt wirklich weh. Dazu jedoch hätte ich auch das Land wechseln müssen, denn im Damensitz auf einem Radgepäckträger konnte die linke Pobacke eigentlich nur im Linksverkehr eingesetzt werden. Aber trotz allem hielt ich tapfer durch, bis das Reichsmuseum mit seinen zwei wuchtigen Backsteintürmen vor uns auftauchte.

Das Interview mit dem Museumsdirektor war dann genauso angenehm und erfreulich wie der Anblick der *Nachtwache*, es blieb sogar Zeit, um ausgiebig eines meiner Lieblingsbilder von Rembrandt zu bewundern, die *Joodse Bruid*, vor der ich wie jedes Mal über die unglaubliche Leuchtkraft der Rot- und Goldtöne staunte. Mit Christine, so nahm ich mir vor, würde ich auf jeden Fall einen Besuch im Reichsmuseum einplanen.

Alten Meistern wird ja zuweilen eine beruhigende Wirkung nachgesagt. Ich weiß nicht, ob es daran lag, jedenfalls hatte ich beim Verlassen des Museums so viel innere Ruhe gewonnen, dass ich die Fahrt zurück zu unserem zweiten Termin unweit vom *Centraalstation* gefasst und selbstsicher antreten konnte. Ich musste zwar erneut auf den Radgepäckträger springen, aber nun klappte es schon beim ersten Anlauf tadellos. Trotzdem hatte ich nicht das Geringste dagegen einzuwenden, dass Willem dieses Mal ohne Umwege den kürzesten Weg wählte. Und als er dann kurz vor siebzehn Uhr an der *Spuistraat* stoppte, war ich unendlich erleichtert darüber, dass ich wieder abspringen durfte. Denn meine rechte Pobacke – mit Verlaub – war nun wirklich *naar de knoppen*, was ungefähr dem deutschen »am A...« entspricht.

»So«, stellte ich mit einem tiefen Seufzer fest und zupfte meine Jacke zurecht. »Jetzt könnte ich einen Drink vertragen!«

»Oder einen Joint«, meinte Willem und suchte fröhlich grinsend einen Laternenpfahl für unser Rad.

Anyday ist ein kleiner, aber feiner Koffieshop an der *Spuistraat*. Dass er zu den besseren Kifferstuben der Stadt gehört, merkte ich gleich beim Reinkommen. Was für ein Unterschied zu der rauchgeschwängerten Spelunke auf den Wallen, in die ich mich während meines Interrailtrips gewagt hatte! Das *Anyday* hingegen sah aus wie ein adrettes, modernes

Café, nur die süßlichen Rauchschwaden, die unter der Decke hingen, verrieten, dass hier nicht bloß Kaffee getrunken wurde.

Willem bahnte sich einen Weg durch die Besucher, die sich vor dem Tresen drängten. Es waren in der Hauptsache Männer, alte und junge, die meisten trugen Jeans und Sweatshirt, aber ich erspähte auch einige Anzüge mit Krawatte. Geschäftsleute gönnen sich halt auch ab und zu einen Joint.

»*Hoi*, Tom!«, grüßte Willem den lang aufgeschossenen blonden Jungen, der hinter der Bar stand und aussah wie der ideale Schwiegersohn. »Ist Wouter schon da?«

Mit Wouter hatten wir uns hier zum Interview verabredet, dieser Althippie war einer der prominentesten Kiffer des Landes.

»*Nee, die heb ik nog niet gezien*«, entgegnete Tom. »Wollt ihr das Menü haben?«

Neugierig beugte ich mich über die Karte, die er uns über den Tresen reichte. Sie hätte genauso gut auf Chinesisch sein können, denn ich verstand nur Bahnhof.

»Isolator, was ist das denn?«, fragte ich.

»Das ist niederländisches Haschisch, eines der stärksten und besten der Welt«, wusste Willem.

»Aber wir haben auch Haschisch aus Nepal, Afghanistan, Indien und Marokko«, ergänzte Tom.

Ganz besonders stolz allerdings war er auf das heimische Qualitätsprodukt, den sogenannten *Nederwiet:* »Das ist niederländisches Marihuana, davon haben wir an die zehn Sorten.«

Haschisch, Marihuana – ich hatte mir nie groß Gedanken gemacht, was nun eigentlich der Unterschied zwischen den beiden war.

»Marihuana oder *grass* wird aus den getrockneten Blüten der Hanfpflanze gewonnen«, klärte mich Willem auf, während Tom einen Kunden bediente, »Hasch hingegen aus dem Harz, das die kleinen Harzdrüsen in den Blüten und oberen Blättern produzieren.«

Willem kiffte nicht oft, nur bei besonderen Gelegenheiten,

so zwei-, dreimal im Jahr. Und wenn er dann in Amsterdam war, tat er das hier, im *Anyday*. Dass es nicht öfter passierte, dafür sorgte Hedy, die mit Drogen, egal, ob weich oder hart, nichts am Hut und sich deshalb aus Prinzip auch noch nie in ihrem Leben einen Joint angesteckt hatte. Willem hingegen hatte sich schon als Teenager mit Freunden zum *blowen* getroffen, wie Kiffen auf gut Holländisch hieß. »Doch sicher so einmal im Monat«, erzählte er und sicherte uns zwei frei gewordene Barhocker. »Aber mehr nun auch wieder nicht.«

Dass die Niederlande im Ausland als Nation der Kiffer in Verruf geraten waren, besonders in konservativeren Regionen wie beispielsweise Bayern, fand er ungeheuerlich und völlig unberechtigt: »Nur weil *blowen* bei uns toleriert wird, heißt das doch noch lange nicht, dass wir den ganzen lieben langen Tag nichts anderes tun als das«, stellte er klar. Ganz im Gegenteil: In Frankreich und den USA, wo die Regierungen auch weiche Drogen wie Hasch und Marihuana mit allen Mitteln bekämpften, werde weitaus mehr gekifft als hier.

Ich konnte ihm da nur recht geben, ich hatte entsprechende Untersuchungen vom Gesundheitsministerium gesehen. Für junge Niederländer, so viel stand fest, hatte Kiffen den Reiz des Verbotenen vollkommen verloren: Sie wussten, dass sie sich damit problemlos im nächsten Koffieshop eindecken konnten, wenn sie wollten – »aber genauso gut lassen sie es auch bleiben«, betonte Willem, während ich fasziniert zuschaute, wie Tom eine Schublade aufzog. Darin lagen fix und fertig gedrehte Joints sowie kleine Plastiksäckchen mit den verschiedensten Sorten Hasch und Marihuana.

»Bislang durften wir dreißig Gramm pro Nase verkaufen«, erklärte mir Tom und fischte treffsicher ein Päckchen heraus. Aber die Regierung hatte gerade beschlossen, die Menge auf fünf Gramm zu drosseln: »Wegen der Drogentouristen!«

Das sind Kiffer aus Nachbarländern wie Frankreich, Belgien oder Deutschland, unter denen vor allem die Bewohner von Grenzgemeinden wie Venlo oder Maastricht leiden: »Diese Drogentouristen fallen wie eine Heuschreckenplage über die Koffieshops im Grenzgebiet her«, wusste Tom. Unvorstellbar sei das, die kämen zu Tausenden pro Tag.

»Tja, wenn man das, was man unbedingt haben will, zu Hause nicht kriegt, dann holt man es sich halt anderswo«, seufzte Willem. »Blöd ist nur, dass wir Niederländer das ausbaden müssen.«

Das sei wie mit den skandinavischen Passagieren auf den Fähren, die bei jeder Überfahrt sternhagelvoll waren und sich danebenbenahmen, weil sie, befreit von den strengen Alkoholgesetzen und den hohen Preisen in ihren Heimatländern, endlich saufen konnten, so viel sie wollten. Genauso sorgen auch die vollgedröhnten Drogentouristen in Venlo oder Maastricht für massive Probleme, weil sie »vom Hocker fallen, alles vollkotzen und obendrein auch noch überall ihren Müll zurücklassen«, wusste Willem von Freunden aus dem Grenzgebiet. »Wenn ich in Venlo oder Maastricht wohnen würde, hätte ich von den Drogentouristen auch gestrichen die Nase voll!«

Ein erfahrener niederländischer *blower* hingegen wisse, wie er mit den weichen Drogen umzugehen habe, der passe auf, dass er nicht völlig abhebe – jedenfalls nicht zu oft. Denn wer so *stoned als een garnaal* war, wie das hier heißt, so zugekifft wie eine Garnele, der konnte stundenlang über eine Bananenschale philosophieren, »*echt waar!*«, versicherte mir Willem.

Ich kam nicht mehr dazu, ihn zu fragen, in welcher Beziehung Garnelen eigentlich zu Joints stehen, denn Tom hinterm Tresen rief: »Da bist du ja endlich!«

Wir drehten uns um. Vor uns stand ein klein gewachsener Mann in Parka mit kurzem Stoppelhaarschnitt und dunklen, eindringlichen Omar-Sharif-Augen: »*Hoi, ik ben Wouter*«, sagte er. Ich guckte und staunte: Kaum vorzustellen, dass dieser Mann einst zu jenen berüchtigten Hippies gehört hatte, die für die Gründung der ersten Koffieshops gesorgt hatten!

»Zum Interview können wir besser hochgehen in den marokkanischen Rauchsalon, da ist es ruhiger«, schlug Wouter vor. »Tom, bist du so lieb und bringst mir einen Pfefferminztee hoch?«

Der erste Koffieshop, der 1973 in Amsterdam gegründet wurde, hieß *Yellow Mellow.* »Wir suchten einen Platz, wo wir in aller Ruhe kiffen und Tischfußball spielen konnten«, erzählte uns Wouter, als ich mein Aufnahmegerät auspackte und wir uns auf die mit bunten Kelimmustern gepolsterte Bank setzten, die rundherum an sämtlichen Wänden entlanglief. »Einer von uns setzte sich mit einer großen Tasche an die Bar und spielte den Dealer. Der verkaufte Hasch und Marihuana für zehn und fünfundzwanzig Gulden.«

Damals hatte Wouter noch lange Haare und einen Bart, er trug eine Brille und einen langen afghanischen Pelzmantel. »Wir haben das Straßenbild verändert«, sagte er voller Stolz, während Willem seine Kamera auspackte. »Die Leute haben uns hinterhergeguckt. Wir sorgten für mehr Freiheit und mehr Entfaltungsmöglichkeiten, wir waren es, die Cannabis für alle zugänglich machten!«

Aber, so betonte er, als Tom zwei Cappuccino und den Pfefferminztee nach oben brachte: »Das war nicht das Wichtigste.« Denn fortan geriet der harmlose Haschraucher auch nicht länger in den Dunstkreis der harten Drogen, der kriminellen Szene, die mit Kokain und Heroin dealte. Wouter erinnerte sich noch genau, wie es im Hippiezeitalter in Amsterdam zuging: »Vor der einen Tür wurde mit Hasch gedealt, an der nächsten Ecke mit LSD, hundert Meter weiter bekam man Kokain und gleich nebenan Heroin.«

Dass es besser war, die Märkte für weiche und harte Drogen zu trennen, davon ließ sich damals auch die Regierung recht schnell überzeugen. Denn jede erste Droge, mit der Jugendliche experimentierten, so hatten in Den Haag Drogen- und Gesundheitsexperten immer wieder betont, war Hasch. Und wenn die Jugendlichen dabei auch mit der harten Szene in Kontakt kamen, war die Gefahr, dass sie mit Heroin oder Kokain zu experimentieren begannen, sehr groß.

Und so wagte Den Haag in den Siebzigerjahren den internationalen Alleingang und entschied sich für eine zweigleisige Drogenpolitik: Weiche Drogen wurden zwar nicht legalisiert, aber ihr Konsum wurde fortan unter bestimmten

Bedingungen *gedoogd*, geduldet: »Keine harte Drogen und kein Diebesgut, kein Verkauf an Minderjährige, keine Klagen aus der Nachbarschaft und keine Reklame«, zählte Wouter auf, das sind die wichtigsten Regeln, an die sich die Koffieshops zu halten haben, wenn sie Hasch und Marihuana verkaufen wollen.

Der Konsum harter Drogen hingegen wird – so wie überall – auch in den Niederlanden nicht geduldet und mit allen Mitteln bekämpft. Wobei es allerdings den wichtigen Unterschied gibt, dass Drogensüchtige hier nicht als Kriminelle betrachtet werden, sondern als Patienten, denen ganz pragmatisch geholfen werden muss, etwa mit Spritzenaustausch- oder Methadonprogrammen. Der Pragmatismus der Niederländer ging sogar so weit, dass das Gesundheitsamt bei manchen Megatanzpartys mit einem eigenen Stand vertreten war, wo die Partygäste XTC-Pillen vor dem Schlucken auf ihre Zusammensetzung hin testen lassen konnten. XTC-Pillen sind zwar – wie alle harten Drogen – strengstens verboten, aber da jeder wusste, dass sie trotzdem haufenweise geschluckt wurden, konnte man das Risiko auf diese Weise so weit wie möglich senken. Die Niederländer fanden das ganz logisch, auch wenn es für andere die verkehrte Welt war.

»Die Zahl der Drogentoten ist dadurch bei uns im Vergleich zu den anderen Ländern sehr niedrig«, betonte Willem, der seine Kamera ausgepackt hatte und mehrere Fotos von Wouter schoss. Dann warf er einen Blick auf seine leere Kaffeetasse und meinte: »Wäre es nicht an der Zeit, dass auch wir uns einen Joint gönnen? Irgendwie habe ich mich den ganzen Tag darauf gefreut ...«

Ich ließ das Mikrofon sinken und guckte ihn strafend an: »Solange ich den Pegel meines Aufnahmegeräts im Auge behalten muss, kommt das für mich nicht infrage.«

»Okay, dann warten wir halt bis zum Ende des Interviews«, meinte Wouter mit einem Blick auf die Uhr. »Viel Zeit habe ich nicht mehr, was willst du denn noch wissen?«

Zum Beispiel, ob die zweigleisige niederländische Drogenpolitik wirklich funktioniert. »An der Grenze ja anscheinend nicht«, sagte ich. Und die Regierung wollte es 1995, als die Drogenrichtlinien verschärft wurden, auch nicht dabei belassen, lediglich die Prokopfmenge von dreißig auf fünf Gramm herunterzuschrauben. Den Haag war zudem der unkontrollierte Wildwuchs der Koffieshops ein Dorn im Auge: An die zweitausend gab es damals, allein an die vierhundert in Amsterdam. Ihre Zahl sollte nun ganz drastisch mehr als halbiert werden, denn viele Koffieshops hielten sich nicht an die Regeln, und die Trennung der Märkte für weiche und harte Drogen war dadurch nicht länger gewährleistet. »Deshalb soll jetzt auch strenger kontrolliert werden«, wusste Willem. Wer mit harten Drogen erwischt wurde oder mit minderjähriger Kundschaft, der konnte seinen Laden sofort schließen.

Von der Kifferromantik der Hippies, die die ganze Welt verbessern wollten, war ohnehin nicht viel übrig geblieben, fand Wouter: »Als ich jung war, war das alles noch ganz anders«, seufzte er und trank den letzten Schluck Pfefferminztee. »Wir drehten uns unsere Joints noch selbst. Heutzutage wissen immer weniger Kiffer, wie das geht«, klagte er. »Die wollen ihre Joints fix und fertig gedreht kaufen, das sind moderne Konsumenten!«

Für die ist *blowen* auch immer weniger ein soziales Happening, der Joint macht nicht länger die Runde, sondern man genießt ihn ganz für sich allein, ohne ihn zu teilen. Und auch der Hanfanbau hat längst jegliche Romantik verloren, es geht nicht mehr um eine Handvoll Pflanzen, die versteckt in einer Balkonecke blühen, sondern um ein illegales Milliardengeschäft mit wachsenden Absatzmärkten im Ausland: Auf der Hitparade der beliebtesten Agrarexportschlager hielt sich der *nederwiet*, das heimische Qualitätsprodukt, jahrelang auf Platz 3 – gleich nach der Salatgurke und der Tomate.

»Und wer verdient sich daran dumm und dämlich? Das organisierte Verbrechen!«, seufzte Willem. Es gebe nur eine Möglichkeit, ihm diesen lukrativen Handel zu vermasseln: »Wir müssen uns endlich trauen, auch den nächsten Schritt zu machen und die weichen Drogen vollends zu legalisieren, und zwar nicht nur den Konsum, sondern auch den Anbau von Hanf!« Ein Schritt zurück jedenfalls, mit dem sich die Niederlande wieder dem Rest Europas anpassen würden, kam für Willem nicht infrage.

Wouter konnte ihm da nur beipflichten. »Verbote nützen überhaupt nichts«, meinte er und guckte erneut auf die Uhr. Das zeige sich doch schon gleich auf der ersten Seite der Bibel, wo Adam und Eva untersagt wurde, die verbotene Frucht zu essen: »Alle Äpfel dieser Welt durften sie pflücken, bloß nicht die von diesem einen Baum«, meinte Wouter und stand auf, um seinen Parka anzuziehen. »Doch was taten sie?« Kaum hatte sich Gott verzogen, hingen sie genau in diesem Apfelbaum! »Wie also in aller Welt können manche Leute so idiotisch sein und glauben, dass ihnen gelingt, was noch nicht einmal Gott gelungen ist?«, fragte unser Althippie kopfschüttelnd und verabschiedete sich: »*Lieve mensen*, ihr müsst euren Joint alleine rauchen, ich muss weiter.«

Wir sahen ihm nach, wie er die Treppe hinunter verschwand. Dann guckte Willem mich einen Moment lang schweigend an und begab sich ebenfalls nach unten.

Womit genau er sich bei Tom eindeckte, weiß ich nicht mehr. Wie viel wir dann geraucht haben – einen Joint oder doch zwei? –, weiß ich ebenfalls nicht mehr so genau. Ich weiß nur noch, dass wir da oben im marokkanischen Rauchsalon einen Heidenspaß hatten und schrecklich viel und laut gelacht haben. Allerdings nicht über Bananenschalen, nein, irgendwie hatte ich auf einmal Visionen von der Märklin-Eisenbahn meines Bruders und der grünen Spielzeuglandschaft samt Tunnel, die unser Vater für ihn in unserem Hobbyraum im Keller aufgebaut hatte und an der er – wie das mit Vätern ja meistens so ist – noch mehr Spaß hatte als mein Bruder.

Jedenfalls sah ich auf einmal überall Märklin-Eisenbahnen tutend durch den marokkanischen Rauchsalon flitzen. »Guck mal, Willem, da kommt wieder eine«, sagte ich, und Willem sah sie auch ganz deutlich.

»Weißt du was«, überlegte ich, »wenn wir jetzt noch kleine Christbaumkerzen in jeden Güterwaggon stellen, wäre das nicht supertoll?« Ich sah es bereits genau vor mir, auf einmal flitzten die Züge alle mit brennenden kleinen Kerzen in den Waggons durch den Rauchsalon.

Willem nickte selig und fand das ebenfalls ganz toll, worauf wir es supertoll fanden, dass wir das alle beide so toll fanden.

Auf dem Weg zum Bahnhof erinnerte ich mich dann wieder daran, dass Christine ja morgen kommen würde, und war heilfroh darüber, dass sie erst gegen Abend eintreffen würde.

Noch erleichterter allerdings war ich über die Tatsache, dass ich die wenigen Meter zur *Centraalstation* zu Fuß gehen konnte und nicht mehr bei Willem auf den Gepäckträger springen musste.

19. Kapitel   In dem Christine mich mit einem Hüpfpenis beglückt und nachvollziehen kann, was Omas Rad mit dem EM-Sieg der Niederländer 1988 zu tun hat, aber immer noch findet, dass Frank Rijkaard 1990 besser die Spucke hätte wegbleiben können

»Also, ich finde, dass in Holland zu viel erlaubt ist«, sagte Christine. Wir saßen auf der Terrasse des *St. Moritz aan Zee* in der Sonne, es war ein Sommersonntagnachmittag wie aus dem Bilderbuch. Weiter unten am Strand ließen Jan Kees und Christines Freund Franz den neuen Drachen steigen, den Franz aus München mitgebracht hatte.

Christine und Franz waren gerade aus Amsterdam zurückgekommen. Sie hatten den letzten Vormittag ihres dreitägigen Besuches dafür genutzt, um in trauter Zweisamkeit einen romantischen Bummel durch den Grachtengürtel zu machen. Anschließend wollten sie eigentlich noch ins Reichsmuseum, nicht zuletzt wegen Rembrandts *Joods Bruidje*. Aber stattdessen entschieden sie sich dafür, lieber ein zweites Mal die Wallen zu inspizieren – »wegen der ellenlangen Warteschlangen vor dem Museum«, beeilte sich Christine zu betonen und strich sich die vom Wind zerzausten langen blonden Haare glatt. Denn das Rotlichtviertel hatte ich ihnen ja schon gleich am ersten Tag gezeigt, in aller Ausführlichkeit. Dabei hatten wir auch kurz bei Marieke und Thibaut vorbeigeschaut.

Meiner Freundin aus dem konservativen Bayern mochte die gesetzliche Grauzone des *gedoogbeleids* zwar suspekt sein – und damit auch sämtliche Koffieshops und die rot erleuchteten Fenster mit den leicht bekleideten Damen hinter den Scheiben: »Also, entweder ist etwas verboten, oder es ist erlaubt, Punkt, aus!« Aber das hieß noch lange nicht, dass sie es sich – wenn sie schon mal da war – entgehen lassen würde, alles genauestens unter die Lupe zu nehmen, und sei es auch nur zu dem Zweck, um sich in ihrem Urteil bestätigt zu sehen.

Das bewies auch das Geschenk, das sie mir von den Wallen mitgebracht hatte: »Hier bitte, das ist für dich«, sagte sie mit einem vielsagenden Grinsen und legte ein kleines Päckchen auf den Tisch. Sein Inhalt ließ keinen Zweifel daran, dass sich Franz und Christine mindestens einen Sexshop von innen angeguckt hatten. Denn was herauskam, war ein rosa Hüpf-penis aus Plastik – ein in seiner Formgebung sehr gelungenes Modell, das muss man ihm lassen, und auch ansonsten täu-schend lebensecht aussehend – mit dem Unterschied, dass man diesen Penis aufziehen und dann über den Tisch hüpfen lassen konnte. Was ich zur Erheiterung der Gäste an den Ne-bentischen auch umgehend tat und damit alle zum Lachen brachte.

»Ach, Kerstin!«, seufzte Christine, als wir uns wieder be-ruhigt hatten. Keiner sprach meinen Namen so aus wie sie, als ob er mit drei »e« geschrieben würde: »Keeerstin!« Wie vertraut das doch war! Und wie schön, dass ich das in den letzten Tagen wieder regelmäßig hatte hören können.

»Ach, Keeerstin!«, sagte Christine gleich noch mal, als ob sie meine Gedanken lesen konnte. »Was habe ich die Zeit mit dir genossen! Wie schade, dass alles so schnell vorbeige-gangen ist.«

Ich konnte ihr da, ebenfalls tief seufzend, nur beipflichten. Was hatten wir uns alles zu erzählen gehabt! »Gibt es ir-gendwo einen Knopf, mit dem man euch abstellen kann?«, hatten Jan Kees und Franz im Chor gestöhnt und Verzweif-lung gemimt. Aber das war ja gerade das Schöne: Weil die beiden Männer sich so gut verstanden, brauchten wir keinen Abstellknopf und konnten ohne schlechtes Gewissen ihnen gegenüber unentwegt schnacken – sowohl beim Streifzug durch Amsterdam und bei der pittoresken Radtour am Vliet-kanal entlang Richtung Delft, die wir unseren beiden Gästen aus dem fernen München nicht vorenthalten wollten, als auch beim Bummel über den Samstagsmarkt in Leiden. Denn der durfte natürlich nicht fehlen: Arie, »mein« Blumenhändler, war so begeistert über unseren Anblick, dass er Christine und mich mit zwei kleinen knallroten Tulpensträußen beglückte. Selbstverständlich schauten wir auch beim Fischhändler vorbei und verdrückten ein Krabbenbrötchen und eine Portion *kibbeling*, um dann auf der schwimmenden Terrasse von *Annie's Verjaardag* Kaffee zu trinken. Im Pfannkuchenhaus gönnten wir uns einen wagenradgroßen *pannenkoek*, und am zweiten Abend war Jan Kees, obwohl er im Gegensatz zu Franz eigentlich kein großer Fußballfan war, so lieb gewesen, sich zusammen mit ihm bei Willem ein Champions-League-Spiel anzugucken, sodass Christine und ich uns ohne Männer in aller Ruhe über Stunden hinweg eine Reistafel genehmigen konnten.

Ich kannte mich in der kulinarischen Wüste ja inzwischen gut aus, und es war mir viel daran gelegen, Christine erfolgreich von einer Oase zur nächsten zu lotsen, denn meine Freundin war eine echte Feinschmeckerin und liebte es, selbst alle möglichen neuen und raffinierten Rezepte auszuprobieren. Wie oft saß ich zu meinen Münchner Zeiten auf der Eckbank in ihrer Küche und schaute ihr zu, wie sie eine köstliche Avocadocreme zubereitete oder den herrlichen Salat mit Mais, Rotkohl und ebenfalls Avocado, den wir auf der Terrasse bei *Manolo* in Andalusien immer bestellt hatten. Überhaupt liebte es Christine bei Restaurantbesuchen, in der Küche nach Rezepten zu fragen; auch den Koch der Reistafel in Leiden brachte sie so weit, ihr die Zutaten für die scharfe Kokossoße mit Zitronengras zu verraten, die es uns besonders angetan hatte.

»Und jetzt«, sagte meine Freundin unternehmungslustig und schwenkte ihr leeres Wasserglas, »jetzt ist es Zeit für einen Wein. Immerhin ist dies unser letzter Abend.«

Sie wartete, bis die Bedienung – das *lekker ding*, das inzwischen knackbraun gebrannt war und dieses Prädikat mehr denn je verdiente – sich umdrehte und rief dann, noch bevor ich sie daran hindern konnte, laut auf Deutsch: »Zwei Weißwein, bitte!« Und als sie Franz und Jan Kees erblickte, die den Drachen zusammengerollt hatten und vom Strand zu uns heraufkamen: »Und bitte auch noch zwei Bier!« Das rief Christine noch lauter, denn die Bedienung hatte sich bereits wieder entfernt.

Irgendwie muss meine Freundin gemerkt haben, dass ich dabei leicht zusammenzuckte, denn sie fragte: »Was hast du denn?«

»Tja, du hättest das besser auf Englisch bestellen sollen«, antwortete ich.

»Wieso denn das?«, wunderte sich Christine. »Die Holländer sprechen doch alle so gut Deutsch.«

»Das stimmt schon«, begann ich ihr zu erklären. »Aber sie finden es arrogant, wenn automatisch davon ausgegangen wird, dass sie uns verstehen. Gerade bei uns Deutschen legen sie Wert darauf, dass wir uns die Mühe machen, es ebenfalls erst einmal in einer Fremdsprache zu versuchen.«

»Das tun die Engländer und Amerikaner aber auch nicht«, konterte Christine.

Da hatte sie zwar erneut recht, aber die Engländer und Amerikaner waren 1940 halt auch nicht so dreist gewesen, dieses kleine Land am Rheindelta, das sich seit mehr als hundertdreißig Jahren aus den Kriegen in Europa herausgehalten hatte und auch dieses Mal darauf vertraute, dass seine Neutralität es schützen würde, zu überfallen und zu besetzen.

»Wir Deutsche gelten ohnehin als laut, dominant und besserwisserisch«, seufzte ich. »Wenn wir auch noch laut auf Deutsch unser Bier bestellen, heißt es schnell, dass wir uns wie die einstige Besatzungsmacht aufführen.« Dann waren wir wieder die *moffen*, so das Schimpfwort für die Deutschen.

»Du liebe Güte!« Christine wollte es nicht glauben: »Spielt der Krieg hier wirklich immer noch eine so große Rolle?«

Das tat er. Das Deutschlandbild der Niederländer stand in den Neunzigerjahren noch stark im Zeichen des Zweiten Weltkriegs und der deutschen Besatzungszeit – stärker als in den anderen westeuropäischen Ländern –, und deshalb musste ich hier manchmal noch mehr auf Zehenspitzen gehen als etwa in Frankreich, wo man – wie ich auch aus eigener Erfahrung wusste – als Deutsche(r) ebenfalls auf der Hut zu sein hatte, um nicht die gängigen Klischees und Vorurteile zu bestätigen. »Dann stimmt es also doch«, hieße das Urteil dann nämlich. »Da hatte mein Onkel/Freund/Opa also wirklich recht: Deutsche sind tatsächlich laut, arrogant und besserwisserisch.«

Am wenigsten wohl in seiner Haut fühlt sich ein Deutscher in den Niederlanden nach wie vor am 4. und 5. Mai: Am 4. Mai gedenken die Niederländer ihrer Toten, dann herrscht um acht Uhr abends im ganzen Land zwei Minuten Stille, da fahren sogar die Autos auf den Autobahnen auf den Seitenstreifen. »Am 5. Mai feiern sie dann ihre wiedergewonnene Freiheit«, erklärte ich meiner Münchner Freundin. Zwar wird dieser »Befreiungstag« inzwischen ein bisschen neutraler als »Tag der Freiheit« gefeiert, aber im Grunde genommen geht es nach wie vor um die Befreiung von den Deutschen.

Ich erzählte Christine von der sogenannten Clingendael-Untersuchung, die 1993 unter jungen Niederländern zwischen fünfzehn und neunzehn Jahren durchgeführt worden war: Sie bewies, wie stark das Deutschlandbild der Niederländer fast ein halbes Jahrhundert nach Kriegsende immer noch vom Zweiten Weltkrieg geprägt war. Denn einundsiebzig Prozent aller Befragten hielten die Deutschen für herrschsüchtig und sechsundvierzig Prozent sogar für kriegslüstern.

»Du liebe Güte«, sagte Christine schon wieder.

»Mach doch mal die Probe aufs Exempel«, schlug ich ihr vor. »Frag die Bedienung!«

Was Christine denn auch umgehend tat, wobei sie die junge Studentin allerdings, und das wiederum war typisch deutsch, siezte: »Sagen Sie, stört es Sie wirklich, wenn jemand sein Bier auf Deutsch bestellt?«

»Nou ja«, druckste das *lekker ding* herum, das durch Christines Direktheit doch einigermaßen aus der Fassung geraten war, sich aber sehr schnell wieder fing: »Es sind meine ersten Semesterferien, die ich hier am Strand arbeite, und ich muss schon sagen, gerade die deutschen Kunden sind erstens sehr knauserig, denn ich bekomme kaum Trinkgeld.« Zweitens, so klagte sie, seien sie auch noch extrem ungeduldig und hätten drittens diesen furchtbaren Kommandoton an sich: »Zahlen, bitte!«, oder: »Zwei Bier, bitte!« Sie sagte es extra hart und herrisch. »Das klingt dann so wie ›Ausweis, bitte!‹ in der Besatzungszeit.« Diese beiden Worte sagte die junge Frau noch härter und noch herrischer, gerade so, als spräche sie aus eigener Erfahrung und habe jene Zeit selbst mitgemacht. »Deutsch ist halt auch eine so imperative Sprache«, fügte sie dann fast entschuldigend hinzu.

»Das ist Spanisch aber auch«, konterte Christine und rückte zwei Stühle für Franz und Jan Kees zurecht, die gerade oben bei uns auf der Terrasse angekommen waren. »Denk nur ans Telefonieren!« Da hatte sie recht: Das *¡Digame!* der Spanier klang immer so extrem kurz und herrisch, dass ich jedes Mal erschrak, wenn ich einen Spanier am Telefon hatte.

»Aber vom spanischen Joch haben wir uns halt schon vor vierhundert Jahren befreien können, und auch die Franzosen haben sich bereits vor gut zweihundert Jahren wieder verzogen«, mischte sich Jan Kees ein und warf sein Badehandtuch über einen der beiden freien Korbstühle. »Ihr Deutschen habt halt einfach das Pech, dass ihr unser jüngster Besetzer seid«, meinte er lakonisch und gab mir einen Kuss, bevor er sich setzte.

»Das Deutschlandbild der Franzosen und Engländer ist aber auch vom Zweiten Weltkrieg geprägt«, konterte Christine erneut. »Wieso ist das bei euch Holländern so viel stärker der Fall? Wieso muss Kerstin hier als Deutsche noch mehr auf Zehenspitzen gehen als während ihres Auslandssemesters in Lyon?«

Das lag zum einen an der Neutralität, auf deren Schutz die Niederländer, wie schon gesagt, auch 1940 vertraut hatten. Dadurch war das Trauma des Zweiten Weltkriegs hier besonders tief verwurzelt: Die Bombardierung von Rotterdam am 15. Mai 1940, die zur Kapitulation geführt hatte, war ein Schlag gegen das nationale Selbstbewusstsein gewesen, die Einsetzung eines Reichskommissars eine nationale Beleidigung.

»Es hat aber auch kaum ein anderes westliches Land so unter der deutschen Besatzung gelitten und wurde so ausgebeutet wie wir Niederländer«, ergänzte Jan Kees, mit dem ich natürlich schon oft über das komplizierte deutsch-niederländische Verhältnis geredet hatte.

»Doch anstatt dieses Trauma zu verarbeiten, haben wir Niederländer geradezu hingebungsvoll unsere Vorurteile gepflegt – und mit ihnen unser Feindbild. So konnten wir das Schwarz-Weiß-Bild von den guten Niederländern und den schlechten Deutschen aufrechterhalten«, erklärte Jan Kees weiter. Er war seinem Heimatland gegenüber schon immer sehr kritisch gewesen – eine Haltung, die noch verstärkt wurde, seit er selbst mit einer Deutschen zusammenlebte, und die so manchen Landsleuten wie etwa unserer Nachbarin Mevrouw Mulder deutlich missfiel: Für sie hatten nur Nestbeschmutzer an der besten aller Welten etwas auszusetzen.

Ich erzählte unseren Münchner Freunden von den Olympischen Winterspielen in Lillehammer 1992, als ich vor dem Fernseher miterlebte, wie Deutschland Gold im Biathlon gewann: »Wollt ihr wissen, was der niederländische TV-Moderator da sagte?«

Franz und Christine nickten neugierig.

»Das können sie, die Deutschen – schießen und dann abhauen in den Wald.«

Ungläubig guckten mich die beiden an: »Das ist nicht wahr!«

»Doch, live im Fernsehen, so ganz beiläufig und ungeniert, als wäre es die normalste Sache der Welt«, seufzte ich. Wäre von Türken oder Marokkanern die Rede gewesen, hätten in sämtlichen Antidiskriminierungsstellen sofort sämtliche Alarmglocken geläutet. Aber bei Deutschen konnte man sich das erlauben, da war es ganz normal. Denn die Deutschen, die waren ja sowieso alle Nazis, die Niederländer hingegen alle Widerstandskämpfer. Sämtliche Grautöne waren auf der Strecke geblieben. Dass es genauso viele Widerstandskämpfer wie Kollaborateure gab, nämlich vier Prozent, und die restlichen 92 Prozent, wie die meisten Menschen im Krieg, bloß eines wollten, nämlich überleben – das wurde geflissentlich übersehen.

Andere Tatsachen waren noch unangenehmer: zum Beispiel, dass mehr Niederländer in der feldgrauen SS-Uniform für Führer, Volk und Vaterland starben als in der kakifarbenen Uniform der Alliierten. Oder dass Amsterdamer Beamte Überstunden einlegten, um für die Besatzungsmacht alle Juden aufzuspüren, und nirgendwo sonst prozentual so viele Juden ums Leben kamen wie in den Niederlanden, nämlich zweiundachtzig Prozent.

»Oh, das wusste ich nicht«, sagten Christine und Franz beinahe gleichzeitig ebenso erstaunt wie betroffen.

»Natürlich nicht«, antwortete Jan Kees. »Das wissen ja auch nur die wenigsten Niederländer, denn das haben wir, wie alles wenig Schmeichelhafte, unter den Teppich gekehrt.«

Stattdessen gefiel sich das Volk hinter den Deichen in der Rolle des kleinen, aber umso heldenhafteren Landes, das geschlossen in den Widerstand gegangen war und seitdem moralische Überlegenheit demonstrieren konnte – allen voran den Deutschen gegenüber. Denn die hatte man als anständiger Niederländer nicht zu mögen, das gehörte sich einfach nicht. Das wurde der Nachkriegsgeneration sozusagen mit der Muttermilch eingeflößt und war zu einer Art von Automatismus geworden.

»Auch der beste Deutsche hatte immer noch etwas auf dem Kerbholz und wenigstens ein Pferd gestohlen«, sang die beliebte Amsterdamer Chansonnière Karin Bloemen in einer ihrer Balladen, in der sie das Deutschlandbild ihrer Landsleute selbstkritisch unter die Lupe nahm.

Deutsche verdienten allenfalls den moralischen Zeigefinger: »Denkt doch nur an die ›Ich bin wütend‹-Briefkartenaktion«, sagte Jan Kees. Christine, Franz und ich nickten alle drei. Nur allzu gut erinnerten wir uns an die Protestaktion eines öffentlich-rechtlichen Radioprogramms in den Niederlanden nach den furchtbaren Brandanschlägen in Solingen 1993: Rechtsextremistische deutsche Jugendliche hatten ein Haus, in dem eine türkische Familie wohnte, in Brand gesetzt, worauf zwei Frauen und drei Mädchen in den Flammen umkamen. Die beiden niederländischen Radiomoderatoren riefen ihre Hörer auf, ihrer Empörung Ausdruck zu verleihen und eine Postkarte an Bundeskanzler Kohl zu schicken, auf der in dicken, fetten Lettern *Ik ben woedend* stand, »Ich bin wütend«. Die Niederländer befolgten diesen Aufruf zu Hunderttausenden, und kurz darauf hatten deutsche Briefträger nicht bloß alle Hände voll zu tun, sondern mit an Sicherheit grenzender Wahrscheinlichkeit auch Rückenschmerzen, so schwer waren die prallvollen Postsäcke mit 1,2 Millionen Protestkarten aus dem kleinen Nachbarland im Nordwesten, die sie vor dem Kanzleramt in Bonn abladen mussten und auf denen die Niederländer hoch vom Ross herab ihrer Missbilligung der Deutschen Ausdruck verliehen.

»Eine Arroganz sondergleichen, gerade so, als gebe es bei uns in den Niederlanden keine Spur von Rechtsextremismus«, fand mein Liebster, und als sich die Bedienung näherte, um am Nachbartisch abzurechnen, hatte er auf einmal jenen Schalk in den Augen, der mir so sehr vertraut war und sofort verriet, dass er etwas im Schilde führte.

Dem war auch so: »Zwei Bier noch, bitte! Und zwei Weißwein!«, rief Jan Kees laut und in seinem allerbesten Rudi-Carrell-Deutsch über die voll besetzte Terrasse. Nicht nur wir vier, sondern auch die Bedienung samt den Leuten an den Nebentischen, von denen einige unser Gespräch mit angehört hatten, brachen daraufhin in schallendes Gelächter aus.

»Auch auf dem Fußballfeld würden wir euch Deutschen gegenüber nur allzu gerne moralische Überlegenheit demonstrieren«, fuhr Jan Kees, der selbst auch immer noch lachen musste, fort: »Bloß gelingt es uns da noch nicht ganz so, wie wir es gerne hätten!«

»*Nou ja*, immerhin sind wir 1988 in Deutschland Europameister geworden«, warf der Mann am Nebentisch, der gerade gezahlt hatte und im Begriff war zu gehen, auf Deutsch ein.

»Ja, und nach dem gewonnenen Endspiel der Holländer gegen die Russen hatten Kerstin und ich einen Heidenspaß, als wir das mit den Oranje-Fans auf der Leopoldstraße gefeiert haben«, erinnerte sich Christine lachend und war sichtlich froh, über etwas Heitereres reden zu können. »Kerstin, weißt du noch, einer dieser Oranje-Fans schenkte dir eine zeltartige Oranje-Unterhose, Modell Schießer Doppelripp!«

»Aber habt ihr auch die Spruchbänder gesehen, die übermütige Oranje-Fans zuvor im Hamburger Volksparkstadion auf den Tribünen schwenkten, als wir Niederländer euch Deutsche im Halbfinale zwei zu eins ausgeschaltet haben?«, warf Jan Kees ein. *Oma, ik breng jou jouw fiets terug,* hatte darauf gestanden: »Oma, ich bring dir dein Fahrrad zurück!« Der Sieg über die Deutschen als Revanche für die Konfiszierung des niederländischen Nationalheiligtums Fahrrad durch die deutschen Besetzer – das war damit gemeint. »Auch beim Fußball wird der Krieg bemüht«, seufzte Jan Kees.

»Obwohl das mit dem *fiets* ja noch recht geistreich war«, fand der Mann vom Nebentisch, der immer noch bei uns stand, obwohl seine Frau und die beiden Kinder sich längst entfernt hatten.

»Aber was Ronald Koeman nach diesem Spiel mit seinem Hinterteil tat, war deutlich weniger geistreich«, konterte Jan Kees.

Da hatte er recht, diese Szene hatten wir alle noch deutlich vor Augen: Nach dem Trikotwechsel feierte Libero Koeman den Sieg über den Erzfeind Deutschland dadurch, indem er sich mit triumphierendem Grinsen mit einem deutschen Trikot über das behoste Hinterteil wischte.

»Aber das hatte weniger mit dem Krieg zu tun, das war ja mehr eine Revanche für das WM-Finale von 1974, als die Holländer mit Stars wie Johan Cruyff als haushohe Favoriten galten und dennoch gegen Deutschland verloren«, erwiderte Franz, der Fußballfan. »1974 ist für euch auch so ein Trauma, das ihr immer noch nicht bewältigt habt, oder? Diese Schlappe habt ihr selbst mit dem EM-Sieg nicht ganz wettmachen können.«

»Stimmt«, sagte Jan Kees. »Dennoch waren wir 1988 so siegestrunken, beim Grenzübergang Venlo ein weiteres Spruchband quer über die Autobahn zu spannen.« Es hing dort fast ein Jahr lang. »Sie fahren jetzt in das Land des Europameisters«, stand unübersehbar auf Deutsch darauf.

»Das zeigt einmal mehr, wie groß unser Bedürfnis ist, vor allem euch Deutschen zu zeigen, worin ein kleines Land ganz groß sein kann«, fand Jan Kees.

Das war auch zwei Jahre später bei der WM 1990 in Italien wieder so. Da gingen die Oranje-Fans so selbstsicher wie nie zuvor davon aus, dass sie es nach dem EM-Sieg nun auch schaffen würden, endlich Weltmeister zu werden ... »So selbstsicher, dass sie in der Leidener Innenstadt das Auto von deutschen Touristen ›hochleben‹ ließen«, sagte ich trocken.

An diesen Vorfall erinnerte ich mich noch ganz genau, es war vor der Begegnung Niederlande–Deutschland gewesen. »Die erschrockenen Gesichter der beiden Leute im Auto werde ich nie vergessen«, erzählte ich. Es war ein Kleinwagen aus dem Ruhrgebiet gewesen, ein Renault oder ein Peugeot, zehn übermütige Oranje-Fans pflückten ihn vom Straßenpflaster und schüttelten ihn grölend ein paarmal kräftig durcheinander, bevor sie ihn wieder auf den Asphalt knallen ließen. Es hatte etwas von: Dieses Mal werden wir es euch aber wirklich zeigen!

»Könnt ihr nachvollziehen, wie groß unser Frust war, als wir ausgeschaltet wurden und stattdessen Deutschland Weltmeister wurde – und zwar zum dritten Mal?«, fragte der Mann am Nebentisch, der beschlossen hatte, sich wieder zu setzen, obwohl Frau und Kinder am Ausgang der Terrasse auf ihn warteten.

»Auch für Frank Rijkaard war dieser dritte deutsche WM-Titel mindestens einer zu viel«, ergänzte Jan Kees, und jeder wusste sofort, was er meinte: das berühmt-berüchtigte Spuckintermezzo, als Rijkaard seinem deutschen Gegenspieler Rudi Völler hinterherspuckte und der eine volle Ladung flüssig gewordene holländische Verachtung in sein Haar bekam. Prompt machten Witze über ein neues Shampoo namens Rijkaard die Runde: »Lassen auch Sie sich überzeugen. Rijkaard. Macht Ihr Haar völler!«

Wir mussten alle lachen, aber, so meinte Christine dann und schüttelte sich: »Bah, das war wirklich fies!« Aber gut, seufzte sie, das sei halt die Fußballwelt: »Es sind ja zum Glück nicht alle Niederländer so.«

»Wenn du jetzt denkst, in besseren Kreisen wird anders über die Deutschen gedacht, dann irrst du dich gewaltig«, versicherte ihr Jan Kees. Denn gerade unter Akademikern galt es noch in den Neunzigerjahren als schick, antideutsch zu sein – auch wenn die nicht gleich spuckten oder Autos hochleben ließen: »Kerstin, hast du Franz und Christine schon von unserem Besuch neulich bei unseren Nachbarn erzählt, dem alten Ton und seiner Tochter Lineke, der Lehrerin?«

Das war vor gut zwei Wochen gewesen: Lineke hatte Geburtstag und auch uns zu einer kleinen Feier eingeladen. Wir saßen mit ihren Freunden und Kollegen, alles Lehrer und Dozenten, auf der Terrasse – im Kreis, versteht sich. Da ich den Mund noch nicht aufgemacht hatte, wusste bis auf Ton und Lineke niemand, dass ich aus Deutschland kam. Unter den Gästen befand sich ein Ehepaar, das gerade aus dem Urlaub in Italien zurückgekommen war, es hatte unvergessliche Tage an der Amalfiküste verbracht. Einen kleinen Schönheitsfehler hatte der Urlaub, wie wir erfuhren, dann aber leider doch gehabt, denn, so klagte die Frau mit einem Gesicht, als ob sie in eine Zitrone gebissen hätte: »Es wimmelte dort von Deutschen!« Worauf die versammelte Geburtstagsgesellschaft auf der Terrasse ebenso laut wie mitfühlend im Chor rief: »*Getsie – Duitsers!*« – »Igittigitt – Deutsche!«

Erneut guckten mich Franz und Christine ungläubig an: »Nicht zu fassen! Und hast du dich danach denn als Deutsche geoutet?«

Natürlich. Das wollten Jan Kees und ich uns dann doch nicht nehmen lassen. Also warf mein Liebster deshalb ganz beiläufig in die Runde, dass ich aus dem schönen Süddeutschland komme: »Auch eine ideale Gegend, um Urlaub zu machen«, versicherte er.

»*Echt waar!*«, ergänzte ich mit extra schwerem deutschen

Akzent. »Wenn jemand Tipps oder Adressen braucht – ich helfe gerne weiter!« Betretenes Schweigen war die Folge.

»So manchem der hochgebildeten Gäste fiel regelrecht die Kinnlade runter«, erzählte ich vergnügt. »Das war ein ganz besonderer Genuss!«

»Das kann ich mir vorstellen«, meinte Christine trocken.

»Ach, und da ist noch was, das ich euch nicht erzählt habe«, fiel mir ein. Ein paar Tage nach dieser denkwürdigen Geburtstagsfeier saß ich auf unserer Terrasse und durfte Mäuschen spielen, als der alte Ton seinem Enkel Aernout (dem mit dem Einserabitur) weiszumachen versuchte, dass die Deutschen alle mit einer ganz besonderen Ohrenform gesegnet seien. »Du musst mal genauer hingucken«, sagte er zu Aernout, während seine Zigarrenschwaden durch die Hecke zu mir herüberdrangen. »Deutsche haben alle angewachsene Ohrläppchen.«

Ich glaubte meinen Ohren – an die ich mir sofort fasste – nicht zu trauen. Der alte Ton hätte ja nur bei seiner neuen deutschen Nachbarin genauer hingucken müssen, um festzustellen, dass seine doch recht kühne Behauptung ins Reich der Fabeln verwiesen werden konnte.

Aber ich brauchte mir keine Sorgen zu machen, denn Aernout gehörte einer jungen, den deutsch-niederländischen Beziehungen Hoffnung gebenden Generation an, die sich von solchem Unsinn nicht beeindrucken ließ. »Na, dann haben aber sehr viele Niederländer deutsches Blut«, konterte er mit messerscharfer Logik, worauf sein Opa erst mal schwieg.

»Das war ja nicht zuletzt deshalb ein Volltreffer ins Schwarze, weil Deutschland für das niederländische Königshaus zu den beliebtesten Heiratsmärkten überhaupt zählt«, sagte ich zu Christine und Franz. »Denkt nur an Prinz Claus oder Bernhard.«

Christine runzelte die Stirn, ich konnte förmlich sehen, wie dahinter nachgedacht wurde. »Das ist ja alles schön und gut«, meinte sie dann, nur um sich umgehend zu korrigieren: »Das ist ja alles weniger schön und gut, aber sagt mir jetzt doch bitte, nach allem, was ich gehört habe, wie du und auch Claus und Bernhard es in aller Welt in diesem Land, wo es sich nicht gehört, Deutsche zu mögen, aushalten könnt.«

Sie musste nach diesem langen Satz regelrecht nach Luft schnappen, aber es mochte auch Empörung sein über so viel nachbarschaftliche Abneigung.

»Ganz einfach«, entgegnete ich. »Leute wie Bernhard, Claus oder ich sind die Ausnahme, wir gelten als gute Deutsche.«

Eigentlich war es zu verdreht, um wahr zu sein, aber sobald ein Niederländer einen Deutschen näher kennenlernte, mit dem er sich eigentlich recht gut verstand und der damit sein Schwarz-Weiß-Bild von den schlechten Deutschen und den guten Niederländern ins Wanken brachte, dann erklärte er seinen neuen Bekannten flugs zum guten Deutschen – und schon konnte er sein Weltbild retten. »Alle Deutschen sind schlecht, bis auf die, die ich kenne«, hatte es die niederländische Autorin Renate Rubinstein einst auf einen Nenner gebracht.

Das war auch bei Prinz Claus nicht anders gewesen. Inzwischen hatten ihn alle Niederländer ins Herz geschlossen, bis zu seinem Tod im Oktober 2002 zählte er zu den populärsten Mitgliedern des Königshauses. Als sich herausstellte, dass ihm Depressionen zu schaffen machten, litt die gesamte Nation mit ihm. Für die weitaus meisten Untertanen war es eine klare Sache: Das musste an seinem Leben im goldenen Käfig liegen, denn im Gegensatz zu seinem doch eher ungehobelten Schwiegervater Bernhard war Claus viel zu fein und zu dezent, um als Ausgleich den Lebemann zu spielen und mit Affären über die Stränge zu schlagen.

Aber o weh, wie anders war das noch Anfang der Sechzigerjahre gewesen! Wie hoch hatten damals die Wellen der Entrüstung geschlagen, als sich herausstellte, dass der Mann, mit dem die damalige Prinzessin Beatrix, sichtlich bis über beide Ohren verliebt, im Schlosspark von einem Fotografen erwischt worden war, um einen ... eigentlich war es *zu* unfassbar, um es auszusprechen ... *moffen* handelte! Da begannen die Deiche zu wackeln. Die Hochzeit am 10. März 1966 ging als »Tag der Rauchbombe« in die niederländische Geschichte ein, denn es kam zu schweren Krawallen. Von Deutschen wollten die Niederländer damals, rund zwanzig Jahre nach der Besatzungszeit, noch nichts wissen. Doch schon bald eroberte der stille Diplomat als »guter Deutscher« die Herzen seiner neuen Landsleute im Sturm.

»Lasst uns doch noch mal die Probe aufs Exempel machen«, schlug ich vor, als sich die Bedienung endlich mit unserer zweiten Runde Bier und Wein näherte. »Wird aber auch Zeit«, mimte mein Liebster erneut in bestem Rudi-Carrell-Deutsch den unzufriedenen deutschen Klischeetouristen. »Das Trinkgeld können Sie vergessen, darüber sind Sie sich hoffentlich im Klaren.«

Grinsend stellte das *lekker ding* die Gläser auf unseren Tisch.

»*Zeg eens* – sag mal«, fuhr Jan Kees auf *Nederlands* fort. »Die drei Deutschen, die hier mit mir am Tisch sitzen, die sind doch eigentlich ganz passabel, oder? Die haben keinen dicken Bierbauch, die sind auch einigermaßen zurückhaltend – wünschst du denen wirklich, so wie wir es tief in unseren Herzen allen deutschen Touristen wünschen, dass auch die sich hier bei uns am Strand ihren wohlverdienten Sonnenbrand holen und krebsrot werden?«

Die Bedienung tat so, als müsse sie tief nachdenken: »*Nee*«, konterte sie dann schlagfertig. »Bei diesen dreien mache ich eine Ausnahme, die haben ja auch nicht die Strandkuhle gegraben, in die ich gestern noch gestolpert bin – *dat zijn goede Duitsers!*«

»Hab ich's euch nicht gesagt!«, rief ich triumphierend.

»Darauf trinke ich noch ein Bier«, befand der Niederländer am Nebentisch, der seine Familie völlig vergessen zu haben schien und mit seinem kleinen Bierbauch und dem leichten Sonnenbrand eher als deutscher Klischeetourist durchgehen könnte als wir drei, die wir bereits die Gläser klirren ließen. Denn dass wir in die Kategorie *goede Duitsers* fielen, musste schließlich gefeiert werden: »*Proost!*«

Als Christine ihr Glas abstellte, sah ich, dass hinter ihrer Stirn wieder heftig gearbeitet wurde: »Und was, liebe Freundin, hast du eigentlich noch alles tun müssen, um als gute Deutsche zu gelten – außer dein Bier nicht auf Deutsch zu bestellen und keine Sandkuhlen zu graben?«, wollte sie dann wissen.

»Ach, das hält sich in Grenzen«, antwortete ich. »Die meisten Sympathiepunkte sammle ich damit, mir als Deutsche die Mühe zu machen, *Nederlands* zu sprechen.«

»Das wissen wir Niederländer schon sehr zu schätzen«, bestätigte der Mann am Nebentisch, der inzwischen wieder Gesellschaft bekommen hatte von seiner Frau; die Kinder hatte sie zum Spielen an den Strand geschickt.

Und was nicht vergessen werden durfte: Ich wusste auch die klassischen Fettnäpfchen zu umgehen. Ich bezeichnete die niederländische Sprache nicht als deutschen Dialekt oder die gesamte Nation als das soundsovielte deutsche Bundesland. Und ich machte auch nicht den Fehler, in Rotterdam – also jener Stadt, deren Zentrum durch das Bombardement der Nazis ausradiert worden war – zu fragen, wo es denn hier bitte schön zur Altstadt gehe.

»Alles schon vorgekommen«, versicherte ich meiner Freundin. »Dann braucht man sich auch nicht zu wundern, wenn der Deütsche für die Niederländer der dicke, hässliche und ungeliebte Bruder im Osten bleibt.«

Ansonsten hielt ich mich an das Lebensmotto meiner Mutter: »Wie man in den Wald hineinruft, so schallt es heraus.« Alles in allem konnte man es auf diese Weise auch als Deutsche gut in den Niederlanden aushalten. »Jedenfalls ist Kerstin im Gegensatz zu einigen ihrer Kollegen, die hier als Korrespondenten für deutsche Tageszeitungen arbeiten, noch aus keiner Kneipe rausgeflogen«, wusste Jan Kees zu berichten, denn das hatte ich ihm natürlich sofort erzählt, nachdem mir das zu Ohren gekommen war.

»Du liebe Güte, wie haben die denn das hingekriegt?«, fragten Franz und Christine im Chor.

»Das ist mir auch ein Rätsel«, antwortete ich. »Die müssen sich wirklich gründlich danebenbenommen und den hässlichen Deutschen rausgehängt haben.«

Nun begann sich am Nebentisch auch die Frau zu rühren; wie sich herausstellte, handelte es sich bei den beiden um ein Unternehmerehepaar aus Rotterdam, das regelmäßig mit Deutschen ins Geschäft kam: »Solche Vorfälle sind wirklich die Ausnahme«, beteuerte sie. »Das darf man nicht überbewerten, das deutsch-niederländische Verhältnis hat sich schon sehr gebessert – und es wird noch besser werden.«

Immerhin hatte die Regierung nach der berüchtigten Clingendael-Untersuchung zusammen mit dem Goethe-Institut und der deutschen Botschaft Gegenmaßnahmen unternommen: Nach dem Vorbild des deutsch-französischen Jugendwerks wurden Schüleraustauschprogramme aufgestellt und Unterrichtsbroschüren herausgebracht. Und wenn nun im Geschichtsunterricht an niederländischen Schulen Deutschland an die Reihe kam, dann standen nicht mehr nur Hitler und die Nazizeit im Zentrum, sondern auch die Entwicklung Deutschlands zu einer modernen Demokratie.

»Das war ja auch höchste Zeit«, befand die Unternehmerfrau am Nebentisch. »Immerhin ist Deutschland unser wichtigster Exportpartner, das ist auch so ein Paradox: Eigentlich können wir es uns gar nicht leisten, antideutsch zu sein«, stellte sie mit typisch holländischem Handelsgeist klar.

»Ach ja, und was die klassischen Vorurteile betrifft: Die sollte man nicht so ernst nehmen, die wird es immer geben«, warf ihr Mann ein. »Wir Holländer essen alle Käse, ihr Deutschen alle Wurst, wir sitzen auf dem Rad, ihr in einem dicken Mercedes, und ihr habt nicht bloß große Autos, sondern auch eine große Klappe.«

Aber das müsse man halt mit Humor nehmen. So wie jenen Witz über das dünnste deutsche Buch: »Kennt ihr das schon? *Nee?*«, fragte der Mann und konnte es kaum erwarten, Antwort zu geben: »Tausend Jahre deutscher Humor.«

Wir haben diesen Witz nicht vergessen. Der Rotterdamer Geschäftsmann lachte selbst am lautesten über ihn und wollte sich gar nicht mehr beruhigen.

Was wir allerdings auch nicht vergessen haben, war die abgebrochene Autoantenne am Wagen von Franz und Christine, die wir ihnen sozusagen als ungewolltes Abschiedsgeschenk mit auf den Weg nach München gaben. Wir entdeckten sie am nächsten Morgen, als sich die beiden, reichlich mit *boerenkaas belegen* eingedeckt, einer Flasche *Jenever* und gut einem Kilo *bollen*, Blumenziebeln, von uns verabschiedeten, um auf der Autobahn Richtung Süden zu brausen.

Dass die Antenne ausgerechnet an dem einzigen Auto mit deutschem Kennzeichen weit und breit abgebrochen worden war, konnte kein Zufall sein. »Tja, das war wohl eine Widerstandstat mit fünfzigjähriger Verspätung«, meinte Jan Kees, und es war ihm anzusehen, dass er sich ein bisschen für seine Landsleute schämte.

20. Kapitel In dem ich aus Heimweh in der Krakerszene
lande, auf den Hund komme und mit dem Besenstiel Morsezeichen geben lerne

Wir winkten Franz und Christine hinterher, bis sie um die
nächste Ecke verschwanden. Dann schwang sich Jan Kees auf
sein Rad und fuhr ins Büro. Ich setzte mich hinter meinen
Schreibtisch, um einen eiligen Artikel zu beenden. Aber mir
fehlten die richtigen Worte, es wollte alles nicht so richtig
klappen. Nachdenklich starrte ich aus dem Fenster und sah
Michelle vorbeiradeln, die junge Architektin, die zwei Häuser
weiter wohnte. Sie brachte ihre beiden Kinder zur Kita und
saß wie immer souverän und kerzengerade auf dem Sattel.
Kurz darauf radelte Sexie-Hexie-Oma Janine über die kleine
Zugbrücke zum Einkaufen, das verriet der große Korb, den
sie vorne am Lenker festgemacht hatte.

Auf einmal hätte ich heulen können. Ich hatte das Gefühl,
als Einzige hier im Viertel zurückzubleiben, während alle
anderen sich unter Menschen begeben konnten. »Reiß dich
zusammen«, ermahnte ich mich selbst, aber es half nichts.
Ich hatte den Blues, und der machte auch Tage später noch
keine Anstalten zu weichen.

»Es kommt wohl durch den Abschied von Christine«, mutmaßte ich, als Michelle eines Abends vorbeischneite und es
sich in der Küche auf einem unserer Barhocker bequem
machte.

»Sie ist ja immer noch Kerstins beste Freundin«, erklärte
Jan Kees. Er legte kurz den Arm um mich, um sich dann wieder dem Herd zuzuwenden, denn an diesem Tag war er mit
dem Kochen dran.

Michelle war vorbeigekommen, um zu fragen, ob wir die

nächsten beiden Wochen, wenn sie mit Stef und den Kindern im Urlaub war, die Post und den Garten versorgen könnten.

»Kein Problem!«, antwortete ich. Erst neulich hatten wir für Rijn ja sogar den Hundesitter gespielt und eine Woche lang Kwatta, seinen schokoladenbraunen Labrador, zu uns geholt, sodass Rijn und seine Nelleke unbeschwert auf Curaçao, der ehemaligen Antillenkolonie der Niederländer, ihren dreißigsten Hochzeitstag feiern konnten.

»Ich bin schon immer sehr schlecht im Abschiednehmen gewesen«, mutmaßte ich dann weiter und setzte mich neben Michelle auf den zweiten Barhocker. Jedenfalls hatte ich nach Christines Abreise meine erste richtige Heimwehattacke bekommen und fühlte mich seitdem ziemlich einsam und verlassen. Eine richtige Freundin fehlte mir hier halt noch immer. »Dabei hasse ich Typen, die immer am Jammern sind und sich selbst bemitleiden«, seufzte ich entschuldigend.

Michelle guckte mich lange an. »Ich glaube, ich weiß was«, sagte sie dann. Worauf Jan Kees, der gerade das Nudelwasser abgeschüttet hatte, sich umdrehte und meinte: »Ich glaube, ich weiß auch was.«

Jan Kees' Heilmittel gegen mein Heimweh war zehn Wochen alt und ein entfernter Verwandter von Kwatta. Allerdings nicht schokoladenbraun, sondern prächtig schwarz glänzend wie ein kleiner Panther. Wir nannten ihn Nelson und mussten daraufhin sein ganzes Leben lang erklären, dass wir dabei nicht an Nelson Mandela gedacht hatten, sondern an den englischen Seehelden Lord Nelson. Allerdings sprachen wir seinen Namen nicht englisch aus, also *Nels'n*, sondern niederländisch: *Nell-ssonn*. So wie es die Skandinavier in diesem Falle auch tun. Nur Daphne, die verrückt war nach Astrid Lindgren, nannte unseren schwarzen Labrador konsequent *Meneer Nilson*, Herr Nilson. So wie das Äffchen von Pippi Langstrumpf.

Nelson war ein wunderbarer Hund. Bald schon konnte er beim Radfahren neben mir hertraben, während er eine meiner Zeitungen im Maul trug, mit denen ich mich jetzt jeden Morgen auf dem Weg ins Büro beim Zeitschriftenladen um die Ecke eindeckte. Ja, richtig gelesen: auf dem Weg ins Büro. Das war Michelles Rezept gegen meine Einsamkeit. Sie hatte aus ihrer Studentenzeit noch Kontakte zur Hausbesetzerszene, und so landete ich zwischen gut einem halben Dutzend Studenten im ersten Stock eines prächtigen, aber ziemlich verfallenen alten Backsteinhauses in der Leidener Innenstadt mit Innenhof und Hinterhaus – und zwar *antikraak*, für einen *appel en een ei*, genauso wie Marieke und Thibaut im Amsterdamer Rotlichtviertel.

Bis vor Kurzem noch war das Gebäude fest in der Hand von Hausbesetzern gewesen, doch die Grenzen zwischen *kraak* und *antikraak*, so lernte ich einmal mehr, waren fließend. Jedenfalls war der Eigentümer gestorben, und da sein Sohn und Erbe keine Lust hatte, sich mit *krakern* herumzuschlagen, machte er mit ihnen einen Deal: In ein paar Jahren würde er genug Geld zusammenhaben, um das Haus zu sanieren, bis dahin konnten sie bleiben. Zwar mussten sie fortan eine Minimiete zahlen, aber dafür renovierte er auch schon mal die Strom- und Wasserleitungen, was ja ein nicht zu unterschätzender Luxus war.

Unter mir wohnte Pim, ein schwuler Kunstgeschichtsstudent, der eigentlich davon träumte, Designer zu werden, und sein Reich mit schweren Samtstoffen und unzähligen Kissen in Lila und Purpur wie ein Boudoir aus Tausendundeiner Nacht eingerichtet hatte. Pim hatte fast dauernd Liebeskummer. Dann hörte er sich immer mindestens zehn Mal hintereinander den Hit *More than words* der Band Extreme an, allerdings so laut, dass ich oben mithören musste. Da das manchmal doch ziemlich nervte, insbesondere bei Radio-Live-Schaltungen, vereinbarten wir Klopfzeichen mit dem Besenstiel: Klopfte ich dreimal auf den Boden, wusste Pim, dass er in den nächsten paar Minuten still sein musste, klopfte ich fünfmal, bedeutete das Entwarnung, und Extreme durfte weitersülzen: *»More than words to show you feel that your love for me is real ...«*

Neben mir, im Hinterhaus, wohnte Saskia, eine adrette Germanistikstudentin, die gerne fröhlich bunt bedruckte Kleider trug und sich gerade durch Goethes *Faust* quälte. Ich sah sie oft durchs Fenster quer über den Innenhof hinweg, wenn sie dort auf der anderen Seite in unserer gemeinsamen Küche stand. Mit Saskia hatte ich am meisten Kontakt, denn sie missbrauchte mich gerne, um mit mir Deutsch zu sprechen. Sie hatte mir auch geholfen, an meinen alten hohen Bürofenstern, die zum Öffnen nach oben geschoben werden mussten, die Gardinen aus meiner Studentenwohnung aufzuhängen. Meine Mutter hatte sie mir geschenkt, als ich mit neunzehn nach München gezogen war.

»Ist doch toll, dass sie nun ein so wunderbares zweites Leben bekommen«, fand Saskia, als sie gefährlich schwankend mit dem einem Gardinenende in der Hand oben auf der Leiter stand. »Ich werde mir wohl welche nähen müssen.«

Saskia wohnte ebenfalls noch nicht so lange hier, sie war erst vor Kurzem aus Amsterdam eingetroffen, wo sie ein Haus *gekraakt* hatte. »Doch, doch, das ist ganz einfach«, versicherte sie mir von der Leiter herab, als sie sah, wie sich meine Augen ungläubig weiteten. »Viele Leute denken immer noch, ein *kraker*, das ist ein unrasierter, ungewaschener Unruhestifter mit Hahnenkamm, der ununterbrochen kifft und die Wände mit Graffiti beschmiert. Aber das stimmt nicht.« Konzentriert hängte sie einen Gardinenhaken nach dem anderen in die Ösen und eröffnete mir dann: »Ich selbst habe im Blümchenkleid mit Flipflops *gekraakt*.«

Natürlich sollte man sich vorher schon auf einer Hausbesetzersprechstunde kundig machen, die gab es überall speziell für Studenten. Da bekam man auch die praktische kleine Hausbesetzerfibel, achtzehn Seiten mit Tipps zum Vorbereiten.

»An einem warmen Frühlingsabend, so gegen neun, ging's dann los«, plapperte Saskia munter weiter, während ich ihr die nächste Gardine nach oben reichte. »Auf einmal war ich umringt von gut dreißig Mann. Kerstin, das war toll! Ich kannte diese Leute überhaupt nicht, doch sie kamen von überall her, um mir zu helfen – ein irres Gefühl!«

Denn auch wenn das Besetzen von Häusern in den Niederlanden erlaubt war, sobald ein Gebäude länger als zwölf Monate leer stand: Der Einbruch selbst war nach wie vor

Hausfriedensbruch. Deshalb wurde vorsichtshalber immer ein Anwalt eingeschaltet, und die Vorbereitungen für eine Hausbesetzung verliefen in aller Stille. Wenn es so weit war, wurden über kleine Briefchen an die dreißig, vierzig Mann zusammengetrommelt. »Die versammeln sich dann möglichst dicht vor der Haustür, damit die Polizei – falls sie doch Wind von der Sache bekommt – unmöglich feststellen kann, wer von ihnen die Tür aufgebrochen hat«, erklärte mir Saskia. Nach dem Einbruch brauchte sie nur noch das klassische *kraak-set* aufzustellen, Bett, Tisch und Stuhl, und schon galt das Haus als besetzt. Dann konnte sie auch problemlos Wasser und Strom anmelden.

»Es war einfach super«, schwärmte sie und ließ die Gardine sinken. »Wir waren zu sechst und teilten uns das Haus, ich hatte eine ganze Etage für mich und sogar einen kleinen Balkon. Auf dem habe ich gleich am ersten Morgen in der Sonne meinen Kaffee getrunken.«

Auch die Nachbarn hätten sie herzlich begrüßt, die seien froh darüber gewesen, dass das Haus nach so vielen Monaten endlich wieder bewohnt wurde und jemand die vergilbten Gardinen wusch.

»Wieso bist du denn dann so schnell wieder ausgezogen?«, wunderte ich mich. »Wollte der Eigentümer das Haus denn verkaufen oder sanieren?« Das waren nämlich die beiden einzigen Gründe, weshalb ein *kraker* ein besetztes Haus wieder räumen musste. Bis 2010 war Kraken in den Niederlanden ja ganz legal.

»Oh, *nee*, das war es nicht«, seufzte Saskia und fuhr fort, Haken für Haken in die Ösen zu hängen. »Stell dir vor, der schickte uns einen Schlägertrupp auf den Hals!«

Ungläubig guckte ich nach oben.

»Doch, doch, das kommt schon manchmal vor«, versicherte sie mir. »Ich hätte bloß nie gedacht, dass es auch uns passieren würde.« Sie schüttelte den Kopf: »Furchtbar war das! Auf einmal standen vier Männer vom Typ Kleiderschrank vor der Tür, alle vier mit Äxten bewaffnet und mit Benzinkanistern! Kannst du dir das vorstellen?«

Dieses Mal war mein Blick noch ungläubiger, so weit das überhaupt möglich war. »Nicht zu fassen, oder?«, fuhr Saskia fort. »Wir alarmierten zwar sofort die Polizei, der Schlägertrupp musste abziehen.« Aber der Schreck saß den Studenten danach so in den Gliedern, dass sie in den ersten beiden Stockwerken alle Fenster mit Bettspiralen und Stahlplatten verbarrikadierten: »Und die Eingangstür haben wir jeden Abend mit einer schweren Eisenstange extra gesichert. Ich kam mir vor wie in einer belagerten Burg!« Auf ihrem Balkon traute sie sich auch nicht mehr zu sitzen. Besonders gemütlich jedenfalls sei das Dasein als *kraker* nicht mehr gewesen.

»Da habe ich beschlossen, besser erst mal *antikraak* zu wohnen, das ist doch etwas ruhiger«, fand meine Mitbewohnerin, hängte den letzten Haken ein und stieg von der Leiter. Zufrieden betrachtete sie ihr Werk. »So, und jetzt widme ich mich wieder Herrn Faust.«

»Wenn du Hilfe brauchst, kannst du mich gern fragen«, versicherte ich ihr und scheuchte schon zum dritten Mal an diesem Vormittag Nelson von dem gemütlichen alten Ohrensessel, den mir der alte Piet zur Verfügung gestellt hatte. Willem und Hedy hatten noch eine alte Stehlampe für mich aufgetrieben, der Schreibtisch stammte aus dem Keller von Rijn, und Jan Kees hatte in seiner Firma einen alten Archivschrank samt Schreibtischstuhl entdeckt, den niemand mehr haben wollte. Überhaupt hatten alle sehr dankbar von der Möglichkeit Gebrauch gemacht, sich durch das Einrichten meines neuen Büros von altem Gerümpel trennen zu können. Zuletzt musste ich sogar dankend ablehnen, das Zimmer war voll.

»Sieht doch schon sehr wohnlich aus«, meinte Saskia, als sie sich an der Tür ein letztes Mal umdrehte. Sie wollte schon gehen, doch da stellte ich dann doch noch die Frage, die mir die ganze Zeit über auf der Zunge gelegen hatte: »Sag mal, das deutsch-niederländische Verhältnis gehört ja nun nicht gerade zu den entspanntesten. Wie in aller Welt bist du auf die Idee gekommen, Germanistik zu studieren?«

»Um dafür zu sorgen, dass der Beruf des Deutschlehrers

nicht ausstirbt«, entgegnete sie. Sie sagte es lachend, aber Saskia machte keine Witze. Der Mangel an Deutschlehrern war an den Schulen bereits ein Riesenproblem. Jenseits der Grenze studierten mehr Deutsche *Nederlands* als Niederländer Deutsch. Die Zahl der Erstsemester im Fach Germanistik belief sich in den gesamten Niederlanden auf allerhöchstens drei, vier Dutzend. Und die mussten sich von ihrer Umgebung auch noch schief angucken lassen.

»Auch ich musste mich rechtfertigen und regelrecht dafür entschuldigen, dass ich Deutsch studieren wollte«, erzählte Saskia. »Als ob ich unter die Kollaborateure gehen wollte und mich mit dem Feind einließe!« Aber die deutsche Sprache und die deutsche Literatur hätten sie schon immer fasziniert, »und deshalb habe ich mich auch nicht davon abbringen lassen«.

Sie sah mein erstauntes Gesicht und musste lachen: »Ja, Kerstin, *zo is dat!* Wenn's um Deutschland geht, heben wir Niederländer halt nur allzu gerne den moralischen Zeigefinger, das wirst du auch schon gemerkt haben.«

Was wir beide nicht wussten: Das war die längste Zeit so gewesen. Guten Gewissens jedenfalls konnten auch die Niederländer schon bald keine moralische Überlegenheit mehr demonstrieren und ihren berüchtigten Zeigefinger heben. Denn es war Juli 1995. Der Sommer von Srebrenica.

21. Kapitel   In dem die Niederländer ihr Vietnam erleben, Adriaan sich als Feigling ausschimpfen lassen muss und Den Haag zum Zentrum der Weltpolitik wird

Kreidebleich kam Rijn auf unsere Terrasse zurück, wo wir wie so oft in diesem Sommer gemütlich zusammensaßen. Er hatte gerade mit seiner Frau Nelleke telefoniert. »Srebrenica ist gefallen«, sagte er.

Wir wussten alle, was das bedeutete, schon seit Tagen hatten wir über nichts anderes gesprochen. Denn Rijns Sohn, der schöne Adriaan, der die Soldatenlaufbahn eingeschlagen hatte und die Militärakademie KMA in Breda besuchte, war einer der sogenannten *Dutchbatters* – also jener Blauhelme, die diese Moslemenklave vor den Serben schützen sollten. Es war genau das eingetreten, was seine Mutter Nelleke so gefürchtet hatte: Ihr jüngster Spross war auf eine Auslandsmission entsandt worden. Wir setzten uns sofort vor den Fernseher und hörten, wie der niederländische Verteidigungsminister Joris Voorhoeve blass und sichtlich angeschlagen sagte: »In Srebrenica ist eine Katastrophe passiert, eine Katastrophe mit weitgehenden Folgen.«

Die *Dutchbatter* hatten keine Chance gehabt, der serbischen Übermacht Widerstand zu bieten. Srebrenica bedeutet wörtlich übersetzt »Silberstadt«. Vor dem Balkankrieg war es ein idyllischer Kurort gewesen, denn es liegt in einem bewaldeten Tal. Schon im April 1993 hatte der UNO-Sicherheitsrat dieses Tal zur Schutzzone erklärt. Doch lediglich vierhundert Blauhelme wurden zur Gewährung dieses Sicherheitsversprechens in das Gebiet abbestellt – vierhundert Mann, die zudem nur leicht bewaffnet waren und zuletzt völlig geschwächt. Denn am 6. Juli 1995, nachdem die bosnischen Serben das Tal bereits ständig unter Feuer genommen hatten, blies ihr General

Ratko Mladić zur letzten Großoffensive und umzingelte die Enklave mit seinen Truppen. Nicht nur die Munition der Blauhelme ging zu Ende, auch ihre Essensvorräte. Nachschub blieb aus, vergeblich baten die Niederländer bei der UNO und NATO um Hilfe aus der Luft.

»Unsere Jungs sitzen in der Falle«, sagte Rijn, der in diesen Julitagen als Vater fast verrückt vor Angst um seinen Sohn wurde, immer wieder kopfschüttelnd. »Die Welt lässt sie im Stich!«

Adriaan war zusammen mit anderen *Dutchbatters* direkt in Srebrenica-Stadt stationiert, die durch den Zustrom von Flüchtlingen auf 40 000 Menschen angewachsen war. Als die Serben im Juli 1995 auch die Kurstadt selbst unter Beschuss nahmen, versuchten die Blauhelme zu Fuß und bei sengender Hitze das talauswärts gelegene und rund acht Kilometer entfernte Basislager der niederländischen Blauhelme in Potočari zu erreichen. Tausende von moslemischen Männern, Frauen und Kindern, die um ihr Leben bangten, schlossen sich ihnen an. Tausende andere Männer und Jungen waren zu diesem Zeitpunkt bereits in die Wälder geflüchtet.

Ich habe immer wieder versucht, mir vorzustellen, wie sich Adriaan auf der langen und staubigen Landstraße bei einer unbarmherzig herabstechenden Julisonne Potočari näherte. Er konnte dabei kaum einen Fuß vor den anderen setzen, denn der Weg war schwarz vor Menschen – Menschen, die schweißüberströmt und von Todesangst erfüllt ihr Zuhause verlassen hatten, mit schweren Taschen beladen, Kinderwagen vor sich herschiebend und Handkarren hinter sich her ziehend. Was nimmt man mit, wenn man nicht nur fürchten muss, für immer sein Zuhause zu verlieren, sondern auch sein Leben?

»Wir konnten uns kaum bewegen«, erzählte Adriaan hinterher seinen Eltern. Schulter an Schulter liefen die Soldaten eingeklemmt in dieser Menschenmasse, zwischen verzweifelten Männern, schluchzenden Frauen und schreienden Kindern.

»Angst hat einen Geruch«, sagte Adriaan nach seiner Rückkehr wiederholt. »Ich konnte diese Angst riechen, ich werde den Geruch nie vergessen!«

Mütter drückten dem jungen Niederländer ihre Babys in den Arm, so groß war ihre Verzweiflung. Vier Babys waren es, vielleicht auch fünf, Adriaan wusste es nicht mehr genau. Er gab sie an Blauhelmsoldaten in vorbeifahrenden UNO-Fahrzeugen ab.

»Er hat auch noch versucht, mehreren alten Männern zu helfen, die erschöpft am Wegesrand zusammengebrochen waren«, berichtete uns Rijn. Er wusste genau, sie würden sterben, wenn sie in dieser Hitze und ohne Wasser alleine dort zurückblieben.

Viele Stunden später erreichte der Flüchtlingsstrom dann endlich Potočari. Völlig verängstigt und panisch drängten sich die Männer, Frauen und Kinder vor den Zugangstoren. Letztendlich waren es bis zu dreißigtausend Menschen. Vergeblich flehten sie um Zugang. Denn das niederländische Basislager war viel zu klein, um diese Menschenmassen aufnehmen zu können. Es gab kein Entrinnen vor Serbengeneral Mladić und seinen Truppen.

Kurz darauf gingen Bilder von einem deutlich eingeschüchterten *Dutchbat*-Kommandanten Thom Karremans um die Welt, der sich von Mladić ein Glas in die Hand hatte drücken lassen und auf die Eroberung anzustoßen schien. Karremans sah aus wie ein Schuljunge, der sich von Mladić in eine Zimmerecke hatte treiben lassen. »Ich werde den Gedanken nicht los, dass er es für möglich gehalten hat, sich auf typisch holländische Poldermanier mit Mladić zu einigen«, sagte ich zu Thibaut. Mit ihm sprach ich oft über Srebrenica, und mit ihm konnte ich das auch viel freier tun, da wir beide keine Niederländer waren.

»Da war Karremans bei Mladić aber deutlich an der falschen Adresse, der verhandelt nicht«, antwortete Thibaut. Mit Poldern jedenfalls kam das Volk der Kaufleute und Pastoren in diesem Fall nicht weiter. »Ich traue mich ja kaum, es laut zu sagen«, fuhr er fort. »Aber ich denke, dass Amerikaner oder Franzosen ganz anders aufgetreten wären, viel autoritärer. Bei denen hätte sich Mladić nicht getraut, sich so viel herauszunehmen.«

Aber die niederländischen Soldaten wollten keine Rambos sein wie ihre US-Kameraden, sie sahen sich als hehre Krieger, die Frieden und Gerechtigkeit bringen sollten – und waren mit dieser Mission kläglich gescheitert.

Einen Tag nach der Eroberung gingen erneut Bilder um die Welt, dieses Mal zeigten sie niederländische Blauhelme, die zu Handlangern der Serben zu werden schienen. Denn nach dem Fall der Schutzzone halfen die *Dutchbatters* den Eroberern dabei, moslemische Männer und Frauen voneinander zu trennen und in Busse zu setzen. Auch Adriaan war dabei, während serbische Soldaten schwer bewaffnet zuschauten.

»Ja, was hätte er denn machen sollen!«, verteidigte Rijn seinen Sohn, als ich – wie so oft in diesen Tagen – bei ihm anrief, um zu hören, ob es Neuigkeiten gab. »Sonst hätten die Serben die Flüchtlinge ja in den Bus *getreten*!« Adriaan habe alles getan, was er tun konnte, um zu helfen: »Er hat auch einer alten und völlig geschwächten Frau noch ein paar Schlucke Wasser gegeben. Das hätten die Serben nie getan, denen war das ja vollkommen egal.«

Das erzählte mir Rijn rund zwei Wochen nach dem Fall von Srebrenica. Kurz zuvor hatten er und Nelleke ihren Sohn bereits wieder überglücklich in die Arme schließen können. Denn am 21. Juli hatte es Mladić den niederländischen Blauhelmen erlaubt, die ehemalige Schutzzone zu verlassen. Die *Dutchbatters* waren – so wie die gesamte Nation – trunken vor Freude und Erleichterung. Premierminister Wim Kok und Kronprinz Willem Alexander reisten ihnen entgegen, um in Zagreb ausgelassen die Rückkehr zu feiern, das Bier floss in Strömen. Alles schien glimpflich abgelaufen zu sein.

Dass weiter nordöstlich in der ehemaligen Schutzzone bereits seit Tagen in Strömen das Blut floss, dessen war sich die Welt zu diesem Zeitpunkt noch nicht bewusst. Denn die Serben beließen es nicht dabei, die Moslems aus Srebrenica zu deportieren, um das Gebiet, wie es genannt wurde, »ethnisch zu säubern«. Sämtliche Männer und Jungen – auch die, die versucht hatten, sich in den Wäldern in Sicherheit zu bringen – wurden in Schulen, Sporthallen, Postämtern oder anderen leer stehenden Gebäuden zusammengetrieben, erschossen und in Massengräbern verscharrt. Bis zu achttausend moslemische Jungen und Männer verloren in diesen Julitagen ihr Leben. In Srebrenica, so stellte sich heraus, hatte das größte Blutbad auf europäischem Boden seit dem Zweiten Weltkrieg stattgefunden.

Die Niederländer waren fassungslos. »Mit dieser Schande werden wir leben müssen«, verkündete ein Rabbiner auf einer Gedenkfeier in Amsterdam.

Srebrenica sollte fortan zu einem nationalen Trauma werden. Alle Freunde und Bekannten, mit denen ich in diesen Tagen sprach, rangen mit derselben Frage: Wie nur hatte das passieren können? »Und dann auch noch ausgerechnet uns, den stolzen Hütern des Vermächtnisses von Anne Frank«, meinte Jan Kees voller Bitterkeit.

Das Selbstbild meiner neuen Landsleute war in Tausende von Scherben zerbrochen. Wie sollten sie sich weiterhin als *gidsland* sehen? Als Vorbildnation, in der nicht nur in Sachen Drogen oder Prostitution mutig ungewohnte Wege eingeschlagen, sondern auch die Menschenrechte ganz großgeschrieben wurden? Seit dem 17. Jahrhundert waren die Niederlande immer ein sicherer Zufluchtsort gewesen – für Andersdenkende, Andersglaubende und auch Andersliebende, denn bei den stolzen und liberalen Niederländern fühlten sich auch Homosexuelle so frei wie nirgendwo sonst.

Aber nun hatten dieselben stolzen und freien Niederländer nicht verhindern können, dass fünfzig Jahre nach dem Zweiten Weltkrieg erneut Völkermord auf europäischem Boden verübt wurde. Srebrenica hätte ein *safe haven* sein sollen, ein sicherer Zufluchtsort, doch den konnten die Niederländer dieses Mal nicht bieten. Hätten die *Dutchbatters* nicht ahnen müssen, was die Serben mit den moslemischen Männern nach deren Trennung von den Frauen und Kindern tun würden? War der Gedanke, das Tausende von wehrlosen Jungen und Männern einfach kaltblütig abgeschlachtet werden würden, wirklich so abwegig? Und wenn nicht – was hätten die Blauhelme tun können, um diesen Völkermord zu verhindern? Und warum schaute der Rest der Welt tatenlos zu und kam ihnen erst dann zur Hilfe, als es bereits viel zu spät war?

Über all diese Fragen wurde in diesen Tagen auch in meinem Freundeskreis heftig diskutiert – ohne dass wir befriedigende Antworten fanden. Nur eines stand fest: Als kleine, aber unerschrockene und moralisch überlegene Nation konnten sich die Niederländer nicht mehr sehen.

»Den moralischen Zeigefinger sollten wir zur Abwechslung besser mal auf uns selbst richten«, stellte Jan Kees nüchtern fest. Er verwies auf den Leitartikel des *NRC Handelsblad*, einer renommierten Abendzeitung, den er gerade gelesen hatte. »Die Amerikaner haben Vietnam, wir haben Srebrenica«, stand da. Und, so las Jan Kees laut vor: »Während unsere Soldaten grölten und bis zu den Knien im Bier standen, standen nur ein paar Kilometer weiter serbische Soldaten im Blut.«

Die Stimmung im Land war komplett umgeschlagen: Gerade noch waren die *Dutchbatters* wie Helden zu Hause empfangen worden, nun mussten sie sich als Schlappschwänze und Feiglinge ausschimpfen lassen.

»Nazi!«, wurde auch Adriaan auf offener Straße hinterhergerufen. Er habe bei der Deportation von Moslems mitgeholfen.

»Jetzt werden unsere Jungs auch noch zu Sündenböcken abgestempelt«, seufzte sein Vater Rijn, als wir uns an einem Samstagmorgen am Strand verabredet hatten, um gemeinsam unsere beiden Labradore auszuführen. »Dabei waren es unsere Regierung und die Armeespitze, die versagt haben«, stellte Rijn klar und hob eine große weiße Muschel auf, die er gerade im Sand entdeckt hatte. »Denn die haben unsere Blauhelme doch auf eine unmögliche Mission geschickt – und das auch noch völlig unvorbereitet und schlecht ausgerüstet!«

Zu diesem Schluss sollte auch das renommierte Institut für Kriegsdokumentation NIOD kommen, das den einfachen *Dutchbat*-Soldaten rehabilitierte, aber schwere Kritik an Regierung und Heeresleitung übte – allerdings erst 2002, sieben Jahre später. Bis dahin weigerten sich die Verantwortlichen beharrlich, in den Spiegel zu blicken, niemand zog die Konsequenzen. *Dutchbat*-Kommandant Karremans wurde sogar noch befördert. Nicht die Niederländer hatten versagt, sondern die internationale Staatengemeinschaft. Nicht Den Haag, sondern die UNO.

»Die machen es sich leicht, unsere Politiker! Die stecken einfach den Kopf in den Sand, anstatt Verantwortung zu tragen«, schimpfte Rijn weiter und warf die Muschel achtlos ins Meer, worauf sich natürlich auch Nelson und Kwatta in die Wellen stürzten, um erfolglos nach der vermeintlichen Beute zu suchen. Bislang hatte sich mein ehemaliger Nachbar nicht sonderlich für Politik interessiert, nun aber verfolgte Rijn alles genauestens: »Und wer muss das ausbaden? Unser Sohn und seine Kameraden!«

Denn viele *Dutchbatters* kämpften seit ihrer Rückkehr mit psychischen Problemen. Sie waren außerstande, die traumatischen Erlebnisse zu verarbeiten und ihr normales Leben wieder aufzunehmen. Auch Adriaan. »Der trinkt momentan mehr, als gut für ihn ist«, sagte Rijn und steuerte auf einen großen Stock zu. »Hier, Jungs, das ist gescheiter!«, rief er und warf ihn in einem großen Bogen ins Wasser. Adriaan habe auch Albträume, erzählte Rijn weiter, als er zuschaute, wie Kwatta und Nelson um die Wette schwammen, um als Erster den Stock zu packen.

»Er träumt immer wieder von den Babys, die ihm die verzweifelten Mütter auf dem langen Weg nach Potočari in die Arme drückten«, berichtete Rijn. »Er träumt immer dasselbe. Dass er sie am Wegesrand im Gestrüpp findet – tot und entsetzlich entstellt.«

Adriaan hatte sich sogar mit Frieda, seiner Jugendliebe, zerstritten. Die war aus der gemeinsamen Wohnung ausgezogen. So wie das Selbstbild der Niederländer schien auch das Idealbild dieses Traumpaares zerbrochen zu sein. Adriaans Eltern allerdings hatten die Hoffnung noch nicht aufgegeben: »Vielleicht renkt sich das wieder ein«, seufzte Rijn und versuchte, Nelson den Stock abzunehmen, um ihn zurück ins Wasser zu werfen. »Adriaan ist momentan einfach nicht ganz zurechnungsfähig, dessen ist sich auch Frieda bewusst.«

Neulich habe sein Sohn ein regelrechtes Blackout gehabt: Ein ehemaliger Schulkamerad schimpfte ihn beim Einkaufen als Schlappschwanz aus. Das Nächste, woran sich Adriaan daraufhin erinnern konnte, war, dass der Mann auf dem Boden lag und Adriaan auf ihm saß, um ihn mit Faustschlägen zu bearbeiten. »Zum Glück ist er rechtzeitig wieder zur Besinnung gekommen«, sagte sein Vater, für den das Maß damit voll war: Inzwischen war Adriaan in Therapie. »Alleine schafft er das nicht, er braucht professionelle Hilfe«, seufzte er und drehte sich um. »Komm, wir gehen zurück und trinken noch eine Tasse Kaffee auf der Terrasse vom *St. Moritz*.«

Ich hörte all das immer nur von Rijn oder Nelleke, nie von Adriaan selbst. Nur allzu gerne hätte ich mit ihm gesprochen und ihn interviewt, aber daran war zu diesem Zeitpunkt nicht zu denken.

Dabei gehörte das Thema »Srebrenica und die Folgen« für uns Auslandskorrespondenten seit diesen dramatischen Julitagen 1995 zum täglichen Brot, erst recht, nachdem das Jugoslawientribunal in Den Haag noch im selben Jahr gegen General Mladić und den Führer der bosnischen Serben Radovan Karadžić Anklage wegen Völkermordes erhoben hatte – und zwar gleich zweimal: erst wegen Völkermordes in ganz Bosnien, das geschah noch im Juli, dann im November – auch wegen Völkermordes – in Srebrenica.

Dem Ansturm der internationalen Presse war das Tribunal beim ersten und auch beim zweiten Mal nicht gewachsen, wir Korrespondenten mussten uns um die wenigen Telefone in der Lobby streiten, das Handyzeitalter war damals ja noch nicht angebrochen. Und da es weit und breit weder Geschäfte noch Getränkeautomaten gab, erschienen wir bald wie die Schüler mit Brottrommel und Thermoskannen zu den ebenso langwierigen wie komplizierten Pressekonferenzen und vorbereitenden Sitzungen im Gerichtssaal, denen wir, durch eine Glasscheibe getrennt, beiwohnen konnten. Hinterher telefonierte ich oft noch stundenlang mit Thibaut, Mariekes belgischem Freund, der inzwischen bei der Anklagebehörde arbeitete. Er durfte zwar nicht aus dem Nähkästchen plaudern, aber er half mir, das auch für uns Journalisten völlig neue und komplizierte internationale Recht zu verstehen – und engagiert, wie er war, tat Thibaut das voller Begeisterung. Dass es mehr als zwölf Jahre dauern sollte, bis wenigstens der erste der beiden Angeklagten – nämlich Radovan Karadžić – endlich im UN-Gefängnis in Scheveningen in U-Haft landen würde, hätte damals niemand geglaubt, und schon gar nicht Thibaut.

Es waren spannende Zeiten. Auf einmal war Den Haag Mittelpunkt der Weltpolitik – und ich mittendrin. Gerne hätte ich mit Jan Kees mehr über meine Arbeit geredet, doch der hatte dafür kein offenes Ohr. Überhaupt war er in letzter Zeit sehr launisch und hatte an allem etwas auszusetzen. Ich hoffte, das würde sich wieder legen, sobald er in seiner Firma einen neuen Job bekommen hatte – und damit eine neue Herausforderung. Aber Jan Kees war nicht nur ein unzufriedener Arbeitnehmer, er war auch ein unzufriedener Vater.

22. Kapitel Wie ich mit deutschen Erziehungsmethoden niederländische Mittelmäßigkeit zu bestreiten versuche, Daphne mit einem Pornoblatt erwische und entsetzt feststellen muss, dass der Nikolaus in den Niederlanden kein asexuelles Wesen ist

Daphne würde in ein paar Monaten zwölf werden und war auf dem besten Weg, sich zu einem wunderschönen Schmetterling zu entpuppen. Sie hatte kräftiges, gold schimmerndes langes Haar und von ihrem Vater die graugrünen Augen geerbt, allerdings mit dem Vorteil, dass aus ihren Augen das Grau so gut wie verschwunden war – sie waren auffallend grün, und schon bald würde Daphne sie zu Katzenaugen à la Sophia Loren schminken können. Das sah ich im Geiste bereits genauso vor mir wie ganze Reihen pickliger, schlaksiger Verehrer vor unserer Haustür.

Jan Kees' Tochter war nun nicht mehr bloß jedes zweite Wochenende bei uns, sondern jede zweite Woche. Sie wechselte ab, eine Woche bei Papa, eine Woche bei Mama. Was nicht zuletzt daran lag, dass es ihrer Mutter immer schwerer fiel, sie in den Griff zu bekommen.

Denn das Entpuppen zum Schmetterling brachte die für pubertierende Wesen üblichen und wenig angenehmen Begleiterscheinungen mit sich. Und das Wesen, das uns nun anstatt des kleinen und bisher eigentlich recht leicht zu handhabenden Mädchens im Hause Gesellschaft leistete, hatte eigentlich nur noch zwei Dinge im Kopf: ihre Freundinnen und *Goede tijden, slechte tijden*, Europas erste tägliche *soap* im niederländischen Fernsehen, die nicht nur hierzulande erschreckend viele Menschen süchtig machte, sondern bald darauf als *Gute Zeiten, schlechte Zeiten* auch in Deutschland für zahllose Opfer sorgte.

Als die drei niederländischen Hauptdarstellerinnen Linda, Roos und Jessica dann in dem Hit *Ademnood* eine heiße Liebesnacht mit einem *lekker ding* besangen und damit die Hitparaden stürmten, hätte ich am liebsten so wie im Büro zum Besen gegriffen, in diesem Falle, um damit an die Decke zu klopfen, doch wahrscheinlich hätte Daphne das gar nicht gehört, so laut sang sie mit. Wenn sie besonders gut drauf war, legte sie zur Abwechslung den Kulthit des Sommers auf, *Busje komt zo!* (Büslein kommt gleich!): Er handelte von zwei Junkies, die auf den Methadonbus warteten und dann beim Überqueren der Straße unter den Bus kamen.

Lernen hielt Daphne für totale Zeitverschwendung. Sehr aktiv hingegen wurde sie im Erfinden immer neuer Ausreden, um zu erklären, weshalb sie mal wieder zu spät nach Hause kam.

Ihre Lieblingsausrede war eine typisch holländische, mit der sie in Süddeutschland nicht weit gekommen wäre: »*Sorry,* aber die Brücke war mal wieder offen, da kam ein Schiff nach dem anderen und wollte durch.« Auf dem Weg zur Schule waren in der Tat gleich zwei Zugbrücken, die hochgezogen wurden, sobald ein Schiff passieren wollte, dann mussten Autofahrer und Radler geduldig warten. Mir war dieses Phänomen völlig fremd, und ich staune eigentlich noch heute, wenn ich plötzlich vor einem Stück Asphalt samt Mittelstreifen stehe, der sich wie eine Mauer vor mir auftürmt.

Allerdings konnte Daphne pro Brücke allerhöchstens zehn Minuten Verspätung einkalkulieren; kam sie mehr als eine halbe Stunde zu spät, musste eine zusätzliche herhalten – zum Beispiel, dass sie einen platten Reifen hatte.

Als wir schließlich dahinterkamen, dass sie in der letzten Zeit zweimal die Schule geschwänzt hatte und stattdessen mit ihren Freundinnen die Läden in der Haarlemmerstraat, der Leidener Fußgängerzone, unsicher gemacht hatte, fehlten selbst ihr die Worte und damit auch eine plausible Ausrede.

Jan Kees war außer sich vor Wut. Immerhin stand Daphne so wie allen niederländischen Kindern ihres Jahrgangs der sogenannte Cito-Test ins Haus, eine Art nationaler Wissens-

und Kenntnisstandtest, der über ihre weitere schulische Laufbahn entscheiden würde. In den Niederlanden wechseln die Kinder erst mit zwölf von der Grundschule zu einer weiterführenden Schule, und der Cito-Test ist ausschlaggebend dafür, ob es die Haupt- oder Realschule oder das Gymnasium wird.

»Es kommt noch so weit, und mein einziges Kind landet auf der Hauptschule«, schnaubte Jan Kees und entlarvte sich mit dieser Bemerkung als scheinheilig, denn er war mit Sicherheit kein Vater, der seinem Nachwuchs Bestleistungen abverlangte, sondern in dieser Hinsicht ein echter Holländer, dem Leistung und Ehrgeiz ziemlich fremd waren und der sich selbst auch mit der mittelmäßigen Note Drei durchgeschlagen hatte. Was in den Niederlanden, wo Noten von Eins bis zur Bestnote Zehn vergeben werden, einer Sechs entspricht. Und weil sich bösen Zungen zufolge damit so gut wie die gesamte Nation zufriedengab, hatte dieses Phänomen der schulischen Mittelmäßigkeit den Namen *zesjes-cultuur* bekommen, »Sechserkultur«.

Nein, was Jan Kees wirklich wurmte, war, dass nicht mehr länger nur seine Ex, sondern auch er sich jetzt mit Erziehungsproblemen dieser Art herumschlagen musste. Als Wochenendvater hatte er es bislang leicht gehabt und fast nur die angenehmen Seiten des Erziehens erlebt. Damit war es nun vorbei, und das Tragen von mehr Verantwortung, so musste ich konstatieren, fiel meinem Liebsten nicht nur alles andere als leicht – im Grunde genommen hätte er sie am liebsten wieder abgeschüttelt wie unser Labrador Nelson das Wasser, wenn er mal wieder in die Nordseewellen gesprungen war. Mit dem Unterschied, dass Nelson nicht genug bekommen konnte und immer wieder reinsprang, Jan Kees aber mehr oder weniger reingestoßen worden war und sich das freiwillig nie angetan hätte.

»Ich weiß nicht, weshalb ich überhaupt auf die Idee gekommen bin, ein Kind in die Welt zu setzen«, schnaubte er eines Tages, als Daphne besonders widerspenstig war und er besonders schlecht drauf. »Und glaub mir, es war auch das letzte Mal«, wetterte er weiter, während seine Tochter beleidigt nach oben in ihr Zimmer rannte und mit einem besonders gelungenen Knall die Tür hinter sich zuwarf. Wir zuckten beide zusammen, worauf Jan Kees beschloss, auch noch jeglichen Rest von Zweifel aus der Welt zu schaffen: »Und falls du in dieser Hinsicht irgendwelche Absichten hast«, betonte er, »dann kannst du dir die aus dem Kopf schlagen!«

Ich konnte denselben nur schütteln und verdrehte die Augen. »Jetzt reg dich mal ab«, entgegnete ich, während von oben unterm Dach wie erwartet die Stimmen von Linda, Roos und Jessica zu uns herunterschallten, um mal wieder das *lekker ding* für seine er- und bewiesenen Liebeskünste zu loben: »*Vannacht was heftig, OhOh!*«, sangen sie, dieses Mal, so schien es, ganz besonders laut. »*Je krijgt van mij een dikke 10* – Du verdienst eine dicke Zehn! OhOh!«

Es gab halt doch Bereiche, in denen selbst die Niederländer auf mehr als ihre Sechserkultur Wert legten. Wenn sie diesen Ehrgeiz bloß auch in anderer Hinsicht entwickeln würden – oder auch nur Daphne, das würde mir ja schon reichen.

Auf einmal kam mir eine Idee. »Weißt du was«, sagte ich zu Jan Kees, während ich uns in der Küche einen Kaffee machte und erfreut feststellte, dass Linda, Roos und Jessica verstummt waren. Stattdessen ertönte Céline Dion, der gerade mit *Think twice* der endgültige Durchbruch gelungen war und die uns bereits mit *Pourque tu m'aimes encore* hatte aufhorchen lassen – besonders mich, denn frankophil war ich ja noch immer. »Ich nehme sie diesen Sommer einfach mit an den Bodensee, und dann pauken wir da eine Woche für den Cito-Test.« Ich fuhr ja im Juli oder August immer eine Woche heim zu meinen Eltern, das war zu einer Tradition geworden, und dieses Mal würde ich eben Daphne mitnehmen und mit ihr lernen.

Aber mit Jan Kees war an diesem Tag wirklich nicht gut Kirschen essen. »Ach, du meinst, du brauchst nur deutsche Saiten aufzuziehen, und das reicht«, entgegnete er giftig.

»Ja«, konnte ich mir nicht verkneifen zu antworten: »Ich

werde ihr Zucht und Ordnung beibringen. Das kann ich als Deutsche ja besonders gut!« Worauf ich mir eine Tasse Kaffee einschenkte und die zweite, die ich für Jan Kees schon bereitstehen hatte, zurück in den Schrank stellte. Sollte er sich seinen Kaffee doch selbst einschenken.

»Weißt du, was das Problem ist?«, sagte meine Mutter, als sie den Erdbeerkuchen anschnitt. »Bei uns gab es früher immer nur zwei Häuptlinge, und der Rest, das waren kleine Indianer. Bei euch hingegen …«, sie ließ das Kuchenmesser mit einer wirkungsvollen Pause sinken, »bei euch gibt es lauter kleine und große Häuptlinge.«

Wir saßen auf der Terrasse meiner Eltern unter der (schon seit Jahren) orangefarbenen Markise zwischen blühenden Geranien, Kakteen und Palmen in Terrakottatöpfen. Seit meinem Umzug nach Holland kam ich mir hier immer vor wie im tiefen Süden. In der Ferne erhob sich die vertraute Silhouette des mittelalterlichen südbadischen Festungsstädtchens, in dem ich aufgewachsen war, mit seinem Kirchturm und der Stadtmauer aus schmalen Häuschen gegen den blauen Sommerhimmel, dahinter, im Südwesten, ragte unser Hausberg auf, der Hohe Hewen.

Auf diesem für die Hegaulandschaft so typischen Vulkankegel hatten die Pappenheimer einst ihre Burg gebaut. Da witzigerweise auch die Holländer das Sprichwort »*Ik ken mijn Pappenheimers!*« kannten, konnte ich in meiner Wahlheimat immer sagen: »Ich bin da aufgewachsen, wo die Pappenheimer herkommen.«

Ich dachte über die Bemerkung meiner Mutter nach. »Ich glaube, da ist was dran«, meinte ich dann. Niederländische Kinder wurden egalitär und antiautoritär wie kleine Erwachsene behandelt. Sie durften sich nicht nur im Wohnzimmer breitmachen und dieses mit ihren Spielsachen erobern (ich hatte als Kind nur oben in meinem Zimmer spielen dürfen), sie wurden auch bei sämtlichen Entscheidungen demokratisch mit einbezogen. Wie gleichberechtigt sie waren, merkte man schon beim Zugfahren an der Durchsage: Während bei uns in Deutschland eine ebenso vornehme wie distanzierte Stimme die Fahrgäste mit »Sehr geehrte Damen und Herren« begrüßte, erklang in niederländischen Zugabteilen die gut gelaunte Stimme eines Schaffners, der neben allen Erwachsenen auch ganz locker und selbstverständlich die Buben und Mädchen einbezog: »*Dames en heren, meisjes en jongens – welkom!*«

Diese *meisjes* und *jongens* waren frech und laut und sagten nicht, wie es sich gehörte, Guten Tag. Auf den Terrassen europäischer Touristenhochburgen fielen sie nicht nur deshalb auf, weil sie im Gegensatz zu den meisten anderen Kindern völlig undiszipliniert und schreiend zwischen Stühlen und Tischen herumrennen durften. Nein, diese *meisjes en jongens* nahmen sich noch mehr heraus, die nannten ihre Eltern nicht länger Mama und Papa, sondern sprachen sie ganz einfach beim Vornamen an. Auch Daphne nannte ihren Vater Jan Kees. Papa sagte sie eigentlich nur, wenn es etwas an ihm auszusetzen gab, etwa weil sie zu wenig Taschengeld bekam oder zu früh zu Hause sein musste. Dann spinne er, der Papa.

»Mir ist das gleich bei eurem ersten Besuch hier bei uns aufgefallen«, sagte meine Mutter und legte mir ein extra großes Stück Erdbeerkuchen auf den Teller. Beim Frühstück hatte Jan Kees Daphne wie immer gefragt, was sie denn trinken wolle – Kakao, Milch oder Saft.

»Fristi«, hatte Daphne geantwortet, das war ein Joghurtdrink, den meine Mutter natürlich nicht vorrätig hatte. »Dann werde ich den gleich für dich holen«, hatte Jan Kees seiner Tochter versichert und ihr noch am selben Tag deutschen Ersatz besorgt.

»Also, ihr seid da nicht lange gefragt worden«, entrüstete sich meine Mutter noch im Nachhinein. »Ihr bekamt das vorgesetzt, was im Haus war, Milch oder Kakao, und wenn ihr beides nicht wolltet, dann habt ihr halt Pech gehabt.«

Wir hörten Daphne weiter unten im Garten in dem kleinen Schwimmbad planschen, das mein Vater uns drei Kindern einst in den Wiesenhang gebaut hatte und in dem auch ich in ihrem Alter stundenlang mit Freundinnen und Geschwistern gespielt hatte. Nelson, unser Labrador, lief aufgeregt bellend am Schwimmbadrand hin und her, zweimal schon war er reingesprungen, aber das hatten wir ihm abgewöhnt, da wir ihn erstens nur schwer wieder rauskriegten und meinem Vater zweitens die Hundehaare in der Umwälzanlage nicht sonderlich zusagten.

»Bei lauter kleinen und großen Häuptlingen hat es dann natürlich auch keinen Zweck mehr, wenn einer der großen Häuptlinge auf einmal ein Machtwort sprechen will«, meinte meine Mutter und schmückte mein Stück Erdbeerkuchen mit einem Klacks Schlagsahne. Womit sie alle angestrengten Versuche von Jan Kees, der nach zwölf Jahren auf einmal Autorität auszustrahlen versuchte, auf den Punkt brachte. Denn die ließen Daphne ziemlich unbeeindruckt. Aus ihrer Sicht war es nicht sie, die auf einmal zu spinnen begonnen hatte, sondern ihr Vater.

Wie fremd den Niederländern autoritäre Erziehungsmethoden sind und wie sehr sie alles, was klein ist und noch groß werden muss, mit Samthandschuhen anfassen, hatte ich erst vor Kurzem gemerkt, als ich mit Nelson die Hundeschule besuchte, um ihm ein paar Basisverhaltensregeln beizubringen.

»Nelson, Fuß!«, rief ich, und ich gebe zu, dass ich versucht habe, eine gewisse Autorität in meine Stimme zu legen, denn sonst hätte Nelson ja weiterhin wie irre an der Leine gezogen und mir völlig unbeeindruckt den – wenn er ihn denn gehabt hätte – Mittelfinger gezeigt. Aber ich schwöre, ich habe nicht gebrüllt, und ich habe meinen Hund auch nicht grob an der Leine zurückgezogen.

Dennoch kam die Hundelehrerin wie von der Wespe gestochen auf mich zu: »Ja, um Gottes willen, wie gehst du denn mit deinem Hund um!«, rief sie völlig entgeistert. »So kannst du doch nicht mit ihm reden, das ist doch noch ein Baby!«

Wie ein begossener Pudel stand ich zwischen den anderen Hundebesitzern und ihren Vierbeinern. Alle guckten mich vorwurfsvoll an. Das war so ein Moment, in dem ich mir vorkam, als hätte ich ein Schild um den Hals hängen, auf dem »Vorsicht: typisch deutsch!« stand. Es fehlte nicht viel, und ich hätte mir an den Kopf gefasst, um nachzuprüfen, ob nicht vielleicht eine preußische Pickelhaube drauf saß. Wie konnte ich nur! Beinahe hätte ich einer armen, zarten jungen Hundeseele irreparable Schäden zugefügt! Konnte ich das je wiedergutmachen?

Ich warf einen Blick auf meinen vor Kraft und Energie nur so strotzenden Nelson und versuchte, an seine zarte Hundeseele zu denken: »Nelsje, Fuhuuuss«, flötete ich dann, so süß ich nur konnte, worauf die Hundelehrerin ein hochzufriedenes Gesicht machte und Nelson tatsächlich brav neben mir herzutraben begann. Aber das lag halt doch weniger an mir, sondern eher an dem Hundekeks, den ich in meiner Hand und meinem Hund vor die Nase hielt wie einem Esel die Karotte.

Wenn die Niederländer schon um junge Tierseelen so besorgt waren, wie groß musste dann erst ihr Bedürfnis sein, zarte Kinderseelen zu schützen! Zwang jedenfalls wird in jeglicher Form als schädlich betrachtet, und zwar auch dann noch, wenn aus den liebreizenden Kleinen pubertierende Ungeheuer geworden sind.

»Meinst du denn wirklich, das nützt etwas?«, hatte auch Jan Kees vor meiner Abreise nach Süddeutschland voller Zweifel gemeint, als Daphne neben Nelson bereits hinten im Auto saß und ich die letzte Reisetasche verstaute. »Sie ist ja überhaupt nicht motiviert!«

Nicht motiviert! Wie oft hatte ich das hier schon gehört! Bei jeder Therapie und jedem Versuch, in irgendeiner Form eine Änderung des Verhaltens zu erzielen, waren diese beiden Worte ausschlaggebend. Und sollten sie zutreffen, konnte man sich jede Anstrengung von vornherein sparen. Das jedenfalls fanden die Niederländer. Die Logik, dass man so manchen Mitmenschen aus ebendiesem Grund, nämlich der mangelnden Motiviertheit, auf die Sprünge helfen musste und sich das Eingreifen bei motivierten Leuten in der Regel erübrigte, war dem Holländer völlig fremd.

Aber warum sollte er umdenken? Schließlich konstatierte die UNESCO nur ein paar Jahre später, dass die niederländischen Kinder die glücklichsten in der westlichen Welt seien. Was mich kein bisschen überraschte. Wer völlig tabulos, ohne Widerstände und frei von Zwängen aufwächst, dabei auch noch genug zum Konsumieren hat und sich seines Lebens sicher sein kann, der tut sich schwer, nicht glücklich zu sein.

Dabei war es noch gar nicht so lange her, dass auch die Niederländer in Erziehungsfragen völlig anders dachten. Bester Beweis war mein Liebster, der gehörte einer Generation an, die noch ganz streng erzogen worden war. Allerdings hatte die Studentenrevolution der Sechzigerjahre mittlerweile dafür gesorgt, dass sich zwischen der Generation meines Schwiegervaters und der seines Sohnes eine Art Andreasgraben aufgetan hatte. Fortan musste alles möglich sein können – auch Vater und Mutter mit Vornamen anreden. »*Moet kunnen*«, lauteten die beiden Zauberworte.

Ich werde nie vergessen, wie erstaunt ich war, als ich zum ersten Mal hörte, wie Jan Kees seinen Vater siezte. Ja, richtig gelesen: Selbst duzte er Hinz und Kunz – aber seinen Vater, den sprach er ganz respektvoll mit »Sie« an. Und damit nicht genug: Manchmal verwendete Jan Kees dabei sogar die dritte Person Singular: »Hat Vater Durst? Möchte Vater noch etwas Kartoffelbrei?«

Der alte Piet war ein sehr gläubiger Mensch. Vor dem Essen wurde eine Minute geschwiegen, dann sprach er in aller Stille sein Tischgebet. Nach dem Essen dankte er dem Herrgott dafür und las dann ein paar Seiten aus der Bibel vor. Das war schon immer so gewesen, das sollte auch so bleiben, und das akzeptierten wir alle, wenn wir mit ihm zusammen am Tisch saßen.

Ich musste von Glück sprechen, dass ich zumindest protestantisch und nicht katholisch aufgewachsen bin, das fand Gnade vor Piets Augen. Ansonsten hätte ich bei ihm keine Chance gehabt, denn die Katholiken, allen voran der Papst, die waren für ihn immer noch der Erzfeind. Das Schlimmste, was gläubigen Calvinisten zustoßen konnte, war, dass sich ihre Kinder in einen Katholiken verliebten und, das war am allerallerallerschlimmsten, ihn sogar heiraten wollten. Denn, so pflegte mein Schwiegervater zu sagen: »*Twee geloven op een kussen, daar slaapt de duivel tussen*« – »Zwei Glauben auf einem Kissen, der Teufel schläft dazwischen«.

Aber im Grunde genommen war Piet ja ein gemäßigter Kalvinist. Es gibt da nämlich eine Gruppe wirklich fundamentalistischer Kalvinisten, die sogenannten Schwarzstrümpfler, Angehörige der *Zwarte Kousen-Kerk*, wie sie heißen. Ich traute meinen Ohren kaum, als ich das erste Mal von ihnen hörte, schließlich wollte das so gar nicht zum Image eines toleranten, offenen und progressiven Landes passen. Denn diese Schwarzstrümpfler gehen so weit, dass sie sich von der Krankenversicherungspflicht haben befreien lassen, keine Blitzableiter aufstellen und ihre Kinder auch nicht impfen lassen – denn alles, was auf Erden geschieht, ist der Wille Gottes, da darf sich der Mensch nicht einmischen, und wenn Gott einen mit der einen oder anderen Katastrophe straft, dann wird er dafür schon seinen guten Grund haben.

Die niederländische Regierung gewährt ihnen diesen Freiraum, denn das Grundrecht der Religionsfreiheit wird in diesem Land ganz großgeschrieben. Deshalb durfte es sich die älteste Partei der Niederlande, die streng kalvinistische »Staatkundig Gereformeerde Partij« SGP, bis vor Kurzem herausnehmen, als einzige europäische Partei Frauen zu diskriminieren und nur als passive Mitglieder zuzulassen. Für die SGP, traditionell mit einem oder zwei Mandaten im hundertfünfzig Sitze starken Abgeordnetenhaus vertreten, ist der Mann das Haupt der Frau, deshalb dürfe diese keine Führungspositionen übernehmen und sich auch nicht in ein politisches Amt wählen lassen. Erst im April 2010, nach jahrzehntelangen vergeblichen Versuchen von Frauenrechtsorganisationen, machte der *Hoge Raad*, die oberste juristische Instanz der Niederlande, dieser Diskriminierung ein Ende und verbot es der SGP, weiterhin Frauen auszuschließen.

Die Auffassungen der SGP gingen selbst dem alten Piet zu weit. Aber den Sonntag in Ehren zu halten war auch für ihn eine Selbstverständlichkeit. Wenn seine Enkeltochter Daphne am Tag des Herrn bei ihm war, dann durfte sie nicht draußen spielen und bekam auch kein Eis oder Schokolade. Dass seine Nachbarn den Sonntag durch Unkrautjäten oder Autowaschen entheiligten, darüber konnte er nur den Kopf schütteln. Einmal hatte Daphne an einem Sonntagnachmittag mit ihrer Schule eine Ballettaufführung in der *Schouwburg* in Leiden. Wochenlang hatte sie geübt und war furchtbar aufgeregt. Natürlich sollte auch Opa sehen, wie sie im Tutu auf der Bühne stand. Doch die Ballettaufführung in der *Schouwburg* fand ohne ihn statt. Für Piet kam der Besuch eines Theaters an einem Sonntag dem Betreten einer Lasterhöhle gleich, das tat ein guter Kalvinist seinem Herrn nicht an. Und natürlich war es ihm auch ein Dorn im Auge, dass sein eigener Sohn seine Enkeltochter völlig gottlos erzog. Denn nachdem die wilden '68er für ein gesellschaftliches Erdbeben gesorgt hatten, fielen die Niederländer von einem Extrem ins andere: Viele Kinder wurden fortan nicht bloß völlig antiautoritär, sondern auch atheistisch erzogen. Daphne hatte vom Inhalt der Bibel nicht viel Ahnung und wusste nicht, was ihr da entging. Das fand ich schade, allerdings nicht, weil ich nun unbedingt wollte, dass sie gläubig sein sollte, nein, eher weil sie beispielsweise im Museum vor Bildern stehen würde, ohne sie zu begreifen. Ein wesentlicher Bestandteil der abendländischen Kultur blieb ihr dadurch verschlossen.

Missionarischen Eifer allerdings entwickelte ich in dieser Hinsicht nicht, ganz im Gegensatz zu meinem Schwiegervater und auch meiner Mutter: Die sprachen mit Daphne immer ein Gutenachtgebet, wenn die bei ihnen übernachtete. Und Opa las ihr regelmäßig aus der Bibel vor.

Daphne akzeptierte das genauso wie die »deutschen Saiten«, die ich mit ihr in jener Woche bei meinen Eltern aufgezogen hatte. Später sollten wir diese Form der Sommerfrische noch einmal wiederholen, dieses Mal für ihre Mittlere Reife. Die bestand sie dann genauso erfolgreich wie den Cito-Test, der ihr zwar nicht das Zeug zum Gymnasium bescheinigte, aber immerhin zur *Havo*, wie die Realschule hier heißt.

Bei der allerersten Nachhilfestunde unter der orangefarbenen Markise meiner Eltern hatte sie sich noch ein bisschen gesträubt. »Ich bin kein Strebertyp«, stellte sie klar, als ich sie vom Nutzen besserer Noten zu überzeugen versuchte. Trotzig verschränkte sie die Arme vor ihrem neuen Badeanzug mit den bonbonfarbenen Streifen und senkte die Augen, auf deren Lidern sie unbeholfen und dick knallblauen Lidschatten angebracht hatte. Der würde beim nächsten Sprung ins Schwimmbecken in alle Richtungen verlaufen und ihr einen hübschen Dracula-Look besorgen.

Aber auch wenn sich Daphne anmalte wie ein Indianer auf dem Kriegspfad: Ansonsten war sie in keiner Weise bereit aufzufallen – mit Leistung schon gleich gar nicht. Wer in ihrem Heimatland den Kopf zu weit aus dem Kornfeld streckte, dem wurde er bekanntlich abgemäht.

»Ich brauche keine Zehn, die will ich gar nicht erst haben«, beteuerte sie.

»Es muss ja auch nicht unbedingt gleich eine Zehn oder eine Neun sein, *schat*«, entgegnete ich verständnisvoll. »Aber wie wäre es mit einer Sieben oder vielleicht sogar einer Acht? Das macht sich besser als lauter Fünfer oder Sechser – jedoch ohne das Risiko, dass du als Streber giltst oder, noch schlimmer, vielleicht sogar Klassenbeste wirst.«

Auf diesen Kompromiss konnte sich Daphne einlassen.

Es waren wunderbare Sommertage bei meinen Eltern. Morgens saßen wir im Badeanzug auf der Terrasse und paukten, nachmittags wurde am Schwimmbad gefaulenzt, oder wir rannten zusammen mit Nelson durch das hohe Gras, in dem so viele Margeriten und Butterblumen blühten, dass unsere Knie und auch Nelsons Schnauze immer ganz gelb waren, wenn wir wieder rauskamen.

Einmal besuchten wir auch meinen Bruder, der in Konstanz wohnte und ein Segelboot hatte, und machten mit ihm einen Törn rüber nach Überlingen. Daphne hing am Fender und ließ sich ziehen, während mein Bruder hart am Wind segelte. Sie bekam gar nicht genug davon – bis sie einen Moment lang nicht aufpasste und den Fender losließ. Mein Bruder, der immer zu einem Streich aufgelegt ist, segelte einfach weiter. Ich werde nie Daphnes Gesicht vergessen, das immer kleiner wurde, während sich die Augen darin ungläubig weiteten. Bis wir zur Wende ansetzten und sie lachend wieder an Bord holten.

Kopfschüttelnd sah meine Mutter zu, wie mein Bruder Daphne ein Badehandtuch reichte. Als Glucke, die immer Angst um ihre Küken hatte, hielt sie von Scherzen dieser Art nicht viel.

»Sag mal«, fragte sie mich dann ziemlich unvermittelt, »ist Daphne eigentlich schon aufgeklärt?«

Verdutzt hielt ich inne. »Keine Ahnung, wieso?«, antwortete ich dann. »Das ist doch Sache von Jan Kees und Daphnes Mutter, oder?«

Aber wie ich schon bald nach unserer Rückkehr nach Leiden feststellen sollte: Dieses Thema erübrigte sich.

»Kannst du mir mal sagen, was das hier ist?«, brüllte ich, jede pädagogisch korrekte Zurückhaltung vergessend, und fuchtelte Daphne mit einer Zeitschrift vor der Nase herum, die ich beim Saubermachen in ihrem Zimmer gefunden hatte. Sie hatte sie unter dem Bett versteckt – wohlweislich, wie die Stelle, an der sie aufgeschlagen war, bewies. Denn da wurde in allen Details mit Abbildungen erklärt, wie man einen Jungen am besten *pijpt,* sprich: ihm einen bläst. Weiter unten erfuhr der Leser alles über die richtige Anwendung eines Kondoms. Das mochte ja noch angehen. Aber als ich dann umblätterte und auf der nächsten Seite auch noch alles über Analsex erfahren musste, zum Beispiel, dass der zwar nicht unbedingt gang und gäbe, aber so abwegig nun auch wieder nicht sei, da musste ich mich doch erst einmal setzen.

Mein Gefühl sagte mir, in einem schlechten Film gelandet zu sein. Oder war ich vielleicht einfach nur zu prüde und konservativ? Ich dachte einen Moment lang über diese Frage nach, beschloss dann, sie eindeutig mit Nein zu beantworten – und lief runter in die Küche, um zum Angriff zu blasen.

»Jetzt reg dich mal wieder ab.« Dieses Mal war es Jan Kees, der die Worte sprach. Seit Daphne den Cito-Test bestanden hatte, war er wieder recht umgänglich und hatte sich beruhigt. Was allerdings auch an dem neuen Job liegen konnte, den er in seiner Firma in Aussicht hatte – und damit eine neue Herausforderung.

»*Moet kunnen!*«, meinte er und warf das Corpus Delicti schulterzuckend auf die Bar, während Daphne zutiefst beleidigt in ihr Zimmer flüchtete. »Das ist eine harmlose Jugendzeitschrift«, *Yes* hieß sie. Wie sich herausstellte, hatte Daphne sich dieses Blatt von Debbi ausgeliehen, einer ihrer Freundinnen, die zwei Jahre älter war und drei Straßen weiter auf der anderen Seite des Kanals wohnte.

»Jugendzeitschrift?!«, schnaubte ich zurück. »Du machst Witze, oder?« Ich dachte an die Jugendzeitschrift zurück, die ich einst heimlich gelesen hatte. Das war die *Bravo* gewesen, und die hatte auch ich mir immer von einer älteren Freundin ausgeliehen. Auch die *Bravo* war von der reizvollen Aura des Verbotenen umgeben, vor allem dieser gewisse Doktor Sommer, der auf alle Liebesfragen eine Antwort wusste. Aber verglichen mit *Yes*, diesem holländischen Pornoblatt, das nun hier vor mir auf der Bar lag, war die *Bravo* so brav wie der Kirchenbote!

»Weißt du, manchmal wird mir diese Tabulosigkeit hier einfach zu viel«, sagte ich zu meinem Liebsten. Auch die beiden magischen Worte *moet kunnen* konnte ich manchmal nicht mehr hören: »Ihr könnt doch nicht in allen Lebenslagen *moet kunnen-moet kunnen-moet kunnen* sagen«, schimpfte ich weiter. »Damit macht ihr es euch aber ziemlich leicht.«

Seufzend setzte sich Jan Kees zu mir an die Bar. »Das darfst du nicht so eng sehen«, begann er mir zu erklären. »Unsere Offenheit und Tabulosigkeit mögen dir extrem erscheinen – aber immerhin sind sie mit ein Grund dafür, dass wir die niedrigste Teenagerschwangerschaftsrate der Welt haben, das darfst du nicht vergessen.«

Da hatte er recht. Auch die Zahl der Abtreibungen gehört zu den weltweit niedrigsten. Die niederländischen Kids mögen mehr wissen, als es Eltern in anderen Ländern lieb ist – aufgeklärt sind sie in jedem Fall. Die Pille können sich die jungen Mädchen und Frauen einfach bei ihrem Hausarzt abholen – und zwar gratis, denn auch in dieser Hinsicht sind die Niederländer extrem pragmatisch. Und selbst wenn der Respekt ihres Nachwuchses vor Autoritäten zu wünschen übrig lässt und der nicht gleich vor jedem Erwachsenen kuscht: Das hat ebenfalls einen wesentlichen Vorteil, nämlich den, dass die Kinder hier nicht gleich mit jedem mitlaufen und Kinderschänder das Nachsehen haben.

»Mir jedenfalls ist ein freches, selbstbewusstes Kind, das aufgeklärt ist, lieber als ein braves und folgsames, das über nichts im Bilde ist«, fasste Jan Kees es zusammen.

Auch da musste ich ihm recht geben. Und trotzdem. Es gab Grenzen. Schon bald konnte ich das erneut konstatieren. Das war in der Weihnachtszeit, als selbst der heilige Nikolaus dran glauben musste.

»Kersje, komm! *Jiskefet* fängt gleich an!«, rief Jan Kees aus dem Wohnzimmer nach oben. Ich hatte den Reklameblock nach der niederländischen Tagesschau genutzt, um im Bad die Wäsche zu sortieren, lief nun aber schnell die Treppe runter, um nicht den Anfang dieser berüchtigten Satiresendung zu verpassen. *Jiskefet* war urkomisch, besonders wenn es mal wieder um den Arbeitsalltag dreier Büroangestellter ging, zwei Männer und eine Frau. Die bekamen in dieser Folge Besuch vom Nikolaus, der sich allerdings als nur allzu irdisch entpuppte und auch irdischen Lüsten nicht abgeneigt war. Ich weiß nicht mehr so genau, ob er nun eine Gegenleistung für seine Geschenke forderte oder ob die Büroangestellten ihm diese selbst anboten, um mehr aus ihm herauszuholen. Einer der beiden Männer jedenfalls nahm diese Redewendung ziemlich wörtlich und verschwand unter dem weiten Bischofsmantel des heiligen Mannes. Dieser Mantel begann kurz darauf, sich in ziemlich eindeutigen Bewegungen rhythmisch zu wölben und wieder zu senken, während sich das Gesicht des Nikolaus unter der hohen Bischofshaube zu ebenfalls ganz eindeutigen Grimassen verzerrte. Kein Zweifel, der Mann war hochgradig am Genießen, der Büroangestellte unter seinem Mantel machte seine Sache gut, wahrscheinlich hatte er *Yes* gelesen.

Ich saß wie vom Donner gerührt auf der Sofakante. Und das zur besten Sendezeit, kurz vor neun Uhr abends!

»War das nicht der Nikolaus?«, fragte Daphne, die sich gerade ein Glas Orangensaft aus dem Kühlschrank geholt hatte und im Türrahmen erschienen war. Ich schlug in Gedanken drei Kreuze, dass sie das erst getan hatte, als die Büroangestellten wieder hinter ihren Schreibtischen saßen und sich der Nikolaus den Mantel glatt strich.

»Ja, aber an den glaubst du ja eh nicht mehr«, antwortete ich leichthin und hoffte, sie würde nicht weiter wissen wollen, was sich da gerade abgespielt hatte.

Die Rechnung ging auf: »'türlich nicht«, schnaubte Daphne verächtlich und machte hoheitsvoll auf dem Absatz kehrt, um wieder in ihrem Zimmer zu verschwinden. »*Vannacht was heftig, je krijgt van mij een dikke tien, ohoh!*«, ertönten kurz darauf von oben Linda, Roos und Jessica, während bei uns unten auf dem Bildschirm ein hochzufriedener Nikolaus von den drei Büroangestellten Abschied nahm.

23. Kapitel   In dem ich lerne, dass Sinterklaas wichtiger ist als das Christkind, und mithelfe, ihn mit Proteststickern und Verbotsschildern vor seinem Feind, dem Weihnachtsmann, zu schützen

Eigentlich war es schade, dass Daphne nicht mehr an den Nikolaus glaubte. Durch sie hatte ich jedes Jahr aufs Neue hautnah miterleben können, welche Ausnahmeposition dieser Heilige mit dem langen weißen Bart hinter den Deichen genießt. Die Niederländer tanzen nämlich nicht nur mit ihrer Drogenpolitik international aus der Reihe, sondern auch mit dem Nikolausfest. Denn was für mich und meine Geschwister das Christkind oder der Weihnachtsmann war, das ist für die kleinen Niederländer *Sinterklaas* oder kurz *Sint*, wie Sankt Nikolaus hier genannt wird: Die Niederlande sind das einzige christliche Land, in dem die Bescherung bereits am Nikolausabend stattfindet und nicht erst am Heiligabend.

Weihnachten wird ganz schlicht gefeiert, es gibt zwar ein Weihnachtsessen, das für kalvinistische Verhältnisse recht üppig ausfällt. Und man schickt sich gegenseitig Weihnachtskarten, die dann wie Trophäen an einer Schnur aufgehängt werden, vorzugsweise hinter der *Doorzon*-Wohnzimmerfensterscheibe, damit alle Welt sehen kann, wie viele Karten man bekommen hat und wie populär man ist. Ich finde das noch heute eine sehr merkwürdige Sitte, insbesondere weil sich auch die direkten Nachbarn rechts und links diese Karten schicken, und zwar mit Briefmarke und Poststempel, anstatt sie sich gleich gegenseitig in die Hand zu drücken.

Beschenken allerdings lässt man sich an Weihnachten, wenn überhaupt, nur mit Kleinigkeiten – so wie bei uns in Deutschland am Nikolausabend. Es ist genau andersherum. Dementsprechend viel hat *Sinterklaas* in den Niederlanden zu tun. Deshalb kann er es sich auch nicht leisten, erst kurz vor seinem Geburtstag am 6. Dezember zu erscheinen, dann würde er sein Pensum nie schaffen. Nein, in den Niederlanden trifft er mindestens drei Wochen vorher ein, und das wird live im Fernsehen übertragen, denn es ist ein nationales Happening.

Bei meinem ersten Mal dachte ich, Daphne hätte sich mal wieder eine besonders faule Ausrede ausgedacht. »Was sitzt du denn schon so früh am Tag vorm Fernseher!«, rief ich tadelnd von der Küche ins Wohnzimmer. Es war ein Samstagvormittag, kurz vor zwölf.

»Komm schnell, komm schnell! Gleich kommt der Nikolaus!«, antwortete sie aufgeregt.

Ich ließ die Kaffeekanne sinken und glaubte, mich verhört zu haben: Es war erst Mitte November!

»*Schat*, da musst du dich noch etwas gedulden!«, rief ich zurück und machte mir kopfschüttelnd einen riesengroßen Becher Café au lait. Es war schon der zweite an diesem Morgen.

Daphne reagierte nicht mehr, stattdessen ertönten auf einmal das laute Tuten eines Schiffes und die Stimme eines Nachrichtensprechers. Der klang noch aufgeregter als Daphne: »*Oh ja! Daar is die! Daar is die!*«, rief er immer wieder, und seine Stimme überschlug sich fast vor Begeisterung, sodass ich verwundert beschloss, doch mal im Wohnzimmer nach dem Rechten zu schauen.

Und tatsächlich: Da stand *Sinterklaas* mit seinem Bischofsstab – und zwar am Bug eines alten Dampfschiffes. Majestätisch winkte er einer bunten Kindermenge zu, die sich am Kai drängte und ihm zujubelte, während das Schiff erneut laut tutete.

Irgendwie kam mir die Silhouette der Häuser mit der markanten Kirche bekannt vor. Es gab da doch ein Gemälde von Jan van Goyen, einem alten Meister aus Leiden …

»Ist das nicht Dordrecht?«, fragte ich, während die Kamera wieder auf *Sinterklaas* einzoomte, der sich auf einer Laufbrücke an Land begab.

»Ja«, sagte Daphne mit einer Stimme, der deutlich anzuhören war, dass ich sie mit meiner Frage störte. »Dieses Jahr kommt er in Dordrecht an, das ist jedes Jahr anders.«

»Ja, aber der kommt ja mit dem Schiff!«

»Natürlich, womit soll er denn sonst kommen?«, erwiderte Daphne, und dieses Mal verriet der Ton in ihrer Stimme, dass sie die beiden Worte »blöde Bemerkung!« gerade noch rechtzeitig heruntergeschluckt hatte.

Ich ließ mich davon nicht beeindrucken: »Und warum braucht er ausgerechnet ein Schiff?«

»Na, weil er aus Spanien kommt und dann zu uns den Rhein herunterfährt.«

»Spanien«, sagte ich. Meine Nikoläuse waren immer aus dem Wald gekommen oder vom Himmel hoch her.

»Ja, Spanien«, sagte Daphne ungeduldig, während sie gebannt auf den Bildschirm starrte. »Deshalb hat er ja nicht nur Pfeffernüsse bei sich, sondern auch *sinasappels*.« So hießen die Apfelsinen in den Niederlanden.

»Und die bunt gekleideten Mohren mit den Pluderhosen, wer sind die?«

»Das sind die *Zwarte Pieten*, die tragen immer die Säcke mit den Pfeffernüssen und den *sinasappels*«, erklärte Daphne abwesend und schaute hingerissen zu, wie die *Zwarte Pieten* an Land gingen und mit Pfeffernüssen um sich warfen, während Blaskapellen fröhliche Nikolauslieder spielten und das Schiff wie verrückt tutete. Es war ein unglaublicher Lärm.

»Die *Zwarte Pieten* haben übrigens auch eine Rute bei sich.« Diese Mitteilung war Daphne noch wichtig.

Aha, die Schwarzen Peter waren also die Polderausgabe von Knecht Ruprecht! Ich begann etwas klarer zu sehen. »Und was macht der *Sint* jetzt die ganze Zeit bis zu seinem Geburtstag?«

»Erst kommt er zu uns in die Schule, und vielleicht schafft Mama es auch noch, dass er am Nikolausabend bei uns zu Hause vorbeischaut«, erklärte mir das kleine Mädchen. Und dann müsse er mit seinem Schiff natürlich auch noch in allen anderen Städten anlegen und die Kinder dort begrüßen. In

Leiden würde er in zwei Wochen eintreffen, da war Daphne genauestens informiert. »Da gehen wir doch hin, oder?«, fragte sie besorgt, denn an diesem Wochenende war sie wieder bei uns. Als ob man ihr diesen Wunsch abschlagen konnte!

»*Natuurlijk, schat*«, antwortete ich.

So kam es, dass Jan Kees und ich mit Daphne zwei Wochen später in Leiden auf dem *Beestenmarkt* am Kai standen. Eingekeilt zwischen Hunderten anderer Kinder und ihren Eltern, sangen wir zur Begleitung von gleich mehreren Blaskapellen lauthals Nikolauslieder, um das noch lauter tutende Dampfschiff mit dem *Sint* zu begrüßen. Es war genauso wie im Fernsehen, nur standen wir dieses Mal mittendrin. Und ich musste mich nicht nur mit Pfeffernüssen bewerfen lassen, einer der *Zwarte Pieten* drohte mir sogar an, mich in den Sack zu stecken und nach Spanien mitzunehmen – zur hellen Freude von Daphne, die erleichtert war, dass sie selbst nicht dran glauben musste. Der Nikolaus sah zwar ein bisschen anders aus als der im Fernsehen – so wie auch der, der in Daphnes Schule erwartet wurde, etwas anders aussehen würde. Aber das durfte man nicht so genau nehmen.

Inzwischen hatte ich mich ein bisschen kundig gemacht und wusste nun, dass Sankt Nikolaus ja auch der Schutzpatron der Seefahrer ist. Da die Niederlande eine alte Seefahrernation sind, ist es also auch nicht weiter verwunderlich, dass der niederländische Nikolaus mit dem Schiff anrückt. Dass er aus Spanien kommt, liegt vermutlich daran, dass er in Bari begraben liegt – und das war lange Zeit nicht italienisch, sondern spanisch.

Warum allerdings er und nicht das Christkind oder der Weihnachtsmann für die Bescherung zuständig ist, darüber streiten sich die Wissenschaftler noch. In anderen Ländern wie Deutschland oder England fand die Bescherung bis zur Reformation auch am Nikolausabend statt. Wahrscheinlich war es der Kirche ein Dorn im Auge, dass all die guten Gaben bloß von einem Bischof kamen und nicht vom Christkind selbst. Nach dem reformatorischen Bildersturm im 16. Jahrhundert durfte das Nikolausfest auch in den Niederlanden nicht mehr öffentlich gefeiert werden. Doch aufmüpfig und selbstbewusst, wie die Bürger hinter den Deichen schon damals waren, ließen sie es sich nicht nehmen und feierten einfach hinter verschlossenen Türen weiter. Auf diese Weise wurde der Nikolausabend Ausdruck für die so typisch holländische bürgerliche Häuslichkeit.

Wie wichtig *Sinterklaas* ist, beweist auch die Tatsache, dass der amerikanische *Santa Claus* ihm seinen Namen verdankt: »*Santa Claus* geht auf *Sinterklaas* zurück«, erklärte mir meine strenge Hauswirtin Mevrouw Visser, die mir während meines Sprachkurses in Vught ja schon so viele andere sprachliche Überraschungen offenbart hatte.

Sie schickte uns an Weihnachten jedes Jahr treu eine Karte, die wir dann zu den anderen Karten an eine Schnur über die Bar hängten (das Wohnzimmerfenster kam für mich nicht infrage). Und ich rief sie kurz vor dem Nikolausfest immer an, um zu fragen, wie es ihr gehe. Das war auch 1995 so.

»Nicht ganz so gut wie sonst, Kindchen«, sagte Mevrouw Visser. Sie bekam Bestrahlungen, da bei ihr Brustkrebs diagnostiziert worden war. »Aber das werden wir schon schaffen«, sagte sie zuversichtlich. Den Nikolausabend jedenfalls würde sie wie gehabt zusammen mit ihren Kindern und Enkelkindern feiern können und den ersten Weihnachtsfeiertag auch.

»Stell dir vor, mein Schwiegersohn wollte die Bescherung dieses Jahr nach deutschem Vorbild auf Weihnachten verlegen«, entrüstete sie sich. »Zum Glück hatten alle anderen etwas dagegen!« Wäre ja noch schöner, fand Mevrouw Visser, wenn der Weihnachtsmann oder das Christkind nun auch in ihrer Familie dem *Sint* ins Handwerk pfuschen würde!

Die beiden machen dem Nikolaus nämlich zunehmend Konkurrenz: Immer mehr Niederländer wagen es, sich erst an Weihnachten zu beschenken. In vielen Geschäften steht schon im November ein rot gekleideter *Santa Claus* mit Zipfelmütze und singt *Jingle Bells*.

»Dabei hat der vor dem 6. Dezember bei uns nichts zu suchen. Erst wenn der Nikolaus abgereist ist, darf der Weihnachtsmann eintreffen!«, schimpfte Saskia, als ich an einem grauen Novembernachmittag im Büro mit ihr mal wieder eine deutsche Konversationsstunde abhielt.

Von unten, wo der schwule Pim sein Plüschreich aus Tausendundeiner Nacht hatte, dudelten die Klänge von *More than words* zu uns herauf und wurden immer lauter. Es war schon das dritte Mal hintereinander und ein klares Zeichen dafür, dass Pim mal wieder von seinem Lover verlassen worden war. Sogar Nelson, der wie immer zusammengerollt auf seinem Stammplatz lag, dem alten Ohrensessel, wurde es zu viel: Er spitzte stirnrunzelnd die Ohren.

»Wo hast du denn den Besenstiel gelassen?«, fragte Saskia. Aber wir brachten es beide nicht übers Herz, Pim in seinem Liebeskummer zu stören.

Stattdessen holte Saskia einen dicken Packen mit Proteststickern aus ihrer Tasche. Darauf war ein Verbotsschild zu sehen mit einem durchgestrichenen Weihnachtsmann. Ich kannte sie, solche Aufkleber prangen jedes Jahr um diese Zeit an Schaufenstern, die vor dem 6. Dezember bereits weihnachtlich mit Christbaumkugeln geschmückt sind und nicht, wie es sich gehört, mit Pfeffernüssen und Spekulatius. Es gibt diese Sticker sogar ganz groß als Verkehrsverbotsschilder: Manche Gemeinden stellen sie am Ortseingang auf, um deutlich zu machen, dass der Weihnachtsmann bei ihnen vor dem 6. Dezember nichts verloren hat.

Mir schwante nichts Gutes, und tatsächlich bat Saskia, die in dieser Hinsicht wie viele ihrer Landsleute sehr traditionell war: »Kannst du auch ein paar aufkleben, sobald du siehst, dass der Weihnachtsmann dem Nikolaus ins Handwerk pfuscht?«

Ich versprach ihr, die Augen offen zu halten, und packte die Sticker ein. Die Hälfte des Stapels allerdings überreichte ich noch am selben Tag Pim, denn vor dem Nachhauseradeln beschloss ich, noch schnell unten bei ihm vorbeizuschauen.

Mit einem tieftraurigen Blick öffnete er die Tür, um kurz darauf schniefend neben mir in seinem lilafarbenen Diwan zu versinken.

Pim war wie so viele Schwule ein bildhübscher Kerl mit viel Gefühl für Ästhetik und einem Kurzhaarschnitt, der seine klaren, symmetrischen Gesichtszüge betonte. Mit seinen schwarzen Haaren erinnerte er mich ein bisschen an Keanu Reeves.

Seinen Ex allerdings hatte er damit nicht halten können: »Der hat einfach Schluss gemacht, und das kurz vor dem Nikolausabend«, jammerte Pim und warf das Kleenex, mit dem er sich gerade die Nase geputzt hatte, achtlos neben dem Diwan auf den Boden, wo bereits unzählige zusammengeknüllte Papiertaschentücher lagen. »Dabei hatte ich schon ein Geschenk für ihn gekauft – und ein Gedicht für ihn gereimt.«

Denn so gehört sich das am *Sinterklaasavond:* Man beglückt seine Liebsten auch mit einem Gedicht, das laut vorgelesen wird. Darin darf man an alles erinnern, was in den letzten zwölf Monaten passiert ist, und sich auch unverblümt die Meinung sagen. In manchen Familien lassen sich anhand dieser Gedichte über Generationen hinweg alle heiteren und traurigen Vorfälle nachvollziehen.

Wer nun allerdings denkt, die Niederländer entpuppten sich als Volk der Dichter, liegt falsch: Es gibt überall praktische kleine Reimfibeln, inzwischen auch im Internet, mit fix und fertigen *Sinterklaas*-Gedichten für alle erdenklichen Lebenslagen, man muss nur noch den entsprechenden Namen einflicken.

»Auch auf mein Geschenk war ich so stolz«, jammerte Pim weiter und holte ein Riesenpaket hinter dem Diwan hervor, in dem gut und gerne gleich zwei Paar Skischuhe Platz gefunden hätten. Es war von einer ebenso riesigen knallroten Papierrose geschmückt und sah aus wie ein Kunstwerk. Denn vor dem *Sinterklaasavond* gerieten die Niederländer nicht nur ins Reim-, sondern auch ins Bastelfieber: Die Geschenke mussten kunstvoll verpackt werden, je verrückter, desto besser, Hauptsache, nichts verriet mehr, was drin sein könnte. *Surprises* wurden sie deshalb auch genannt.

»Sieht doch toll aus, oder?«, fand Pim. »Und weißt du,

was drin ist? Ein klitzekleines goldenes Armband. Das kann ich jetzt natürlich umtauschen.« Er schwieg einen Moment. »Oder ich hebe es für meinen Sohn oder meine Tochter auf.«

»Wie bitte?« Ich glaubte mich verhört zu haben.

»Ja«, sagte Pim und wies auf die aufgeschlagene Zeitungsseite, die mit einer rot umrandeten Annonce vor uns auf dem Tisch lag. »Ich habe mich als Samenspender gemeldet für eine Frau, die schon Mitte dreißig ist. Sie hat keine Lust und keine Zeit mehr, mit ihrem Kinderwunsch zu warten, bis Mister Right endlich auftaucht. Ich übrigens auch nicht mehr«, fügte er trotzig hinzu.

Ich rutschte auf die Sofakante vor. »Du willst Vater werden?«

»Warum denn nicht? Ich darf dann auch Kontakt haben zu meinem Kind, und meine Mutter freut sich schon, dass sie, obwohl sie einen schwulen Sohn hat, doch noch Oma werden kann. Das ist doch einfach ideal.«

Pim merkte, dass ich das alles erst einmal verdauen musste.

»Mach dir keine Sorgen, *Kers*, ich habe gut darüber nachgedacht«, sagte er und schnäuzte sich entschlossen noch einmal die Nase: »Man muss aus dem Leben rausholen, was drin ist!«, verkündete er dann. Wer weiß, das nächste Nikolausfest konnte er vielleicht schon mit seinem Sohn oder seiner Tochter feiern.

»Und dieses Jahr? Willst du bei uns vorbeikommen?«, bot ich ihm an. Denn in den Niederlanden fühlen sich Singles nicht an Weihnachten, sondern am Nikolausabend, wenn der Rest des Landes auf Familie machte, mutterseelenallein auf der Welt und wollen auch niemand anderen stören.

»Wieso, feiert ihr denn nicht?«, fragte Pim.

»Nein, Daphne feiert wie immer mit ihrer Mutter, und Jan Kees hat mit Traditionen nicht so viel am Hut.«

Ich musste ja froh sein, dass er an Weihnachten mit nach Deutschland kam, um dort mit meiner Familie zu feiern. Was allerdings vor allem an Daphne lag: Ihr war der deutsche Heilige Abend inzwischen heilig, und sie war nicht bereit, sich das Beste zweier Welten nehmen zu lassen: nämlich eine zweite Bescherung nach der ersten daheim am *Sinterklaas-avond.*

Mir fiel es deshalb auch nicht weiter schwer, auf diese erste zu verzichten, selbst wenn wir dabei so ziemlich alleine auf weiter Flur waren: Fast alle unsere Freunde und Bekannten gerieten ins Nikolausfieber. Wer konnte, tat sein Bestes, um hemmungslos im Familienglück zu schwelgen – angefangen bei unseren Nachbarn Stef und Michelle bis hin zu Sexie-Hexie-Oma Janine, die sämtliche Kinder und Enkelkinder eingeladen hatte. Selbst der ebenso reiche wie sture Vater von Marieke versöhnte sich schließlich doch wieder mit seiner Tochter und seinem angehenden Schwiegersohn Thibaut: Alle feierten 1995 erstmals zusammen mit Klein-Tessa im schicken Wassenaar hinter dicken Fichtenstämmen unterm Reetdach.

Auch Rijn und seine Nelleke hofften, alle ihre Lieben um sich herum versammeln zu dürfen. Ob ihr Sohn Adriaan erscheinen würde, war zwar noch unsicher. Der ehemalige *Dutchbatter* hatte nach wie vor große psychische Probleme und sich noch nicht gefangen. Aber sein Vater Rijn hatte vorsichtshalber auch für ihn ein kunstvoll verpacktes Geschenk bereitstehen.

Am stolzesten allerdings war Rijn auf die *surprise,* die er für seine älteste Tochter Anna gebastelt hatte – die mit den beiden kleinen Kindern: Sie bekam von ihren Eltern dieses Jahr ein sogenanntes *bakfiets,* ein Wannenrad.

»Glaubt mir, in zehn Jahren hat jeder so ein Rad, denn es ist unglaublich praktisch«, prophezeite Rijn. In die Wanne passe alles rein, egal, ob Kinder, Hunde oder Einkäufe. »Aber fragt mich nicht, wie ich es geschafft habe, es zu verpacken!«

Ich konnte mir unter einem *bakfiets* nicht so richtig etwas vorstellen. Aber das änderte sich schlagartig, als ich Nina kennenlernte.

24. Kapitel In dem ich nach einer unheimlichen Begegnung mit einem »bakfiets« Nina kennenlerne, bei ihrem Lieblingsitaliener alles über Einbürgerungskurse erfahre und dank ihres Ehemannes auch noch in die hohe Kunst des Deichbaus eingeweiht werde

»Kannst du nicht aufpassen!«, rief ich entsetzt, aber es war zu spät. Mit einem Affenzahn war das Geschoss um die Ecke gekommen. Ehe ich mich versah, saß ich auf der Straße und guckte in einen Tannenbaum, aus dem ein kleines karamellfarbenes Wollknäuel herausgesprungen war, das mich nun wütend anbellte. Es entpuppte sich als ein *Basset Fauve de Bretagne*, der unbedingt zum Hundefriseur musste. Das erklärte mir sein Frauchen später. Vorerst stand sie nur bestürzt vor mir und entschuldigte sich tausend Mal.

»*Sorry!*«, sagte Nina, und sie meinte es wirklich aufrichtig. Aber als ich sie besser kannte, wusste ich, dass das für sie keinerlei Grund war, ihr Verhalten wesentlich zu ändern. Das nächste Mal würde Nina genauso unvorsichtig mit einem Affenzahn und einem hoffnungslos überladenen *bakfiets* um die Ecke fahren.

Immerhin wusste ich nun, womit ich es zu tun hatte: Ein *bakfiets* ist ein Rad, bei dem sich zwischen Lenkstange und Vorderrad eine Art Wanne befindet, ein *bak* aus Holz oder Kunststoff. Der Radler kutschiert sie vor sich her und muss bei jeder Kurve etwas ausholen, denn insgesamt bringt es ein solches Transportrad auf eine stattliche Länge von gut und gerne zwei Meter zwanzig. Eigentlich ist es eine Art zu groß geratener Skibob. Dafür passt dann aber auch wirklich so gut wie alles rein, in diesem Fall neben Einkaufstaschen und einem *Fauve de Bretagne* auch noch ein Weihnachtsbaum.

»*Sorry!*«, sagte Nina noch einmal und begann, meine Einkäufe für das Abendessen einzusammeln, die durch den unsanften Zusammenstoß auf der Straße verstreut lagen.

Ich selbst sagte erst einmal gar nichts mehr, ich saß einfach nur da und guckte. So eine Frau hatte ich noch nie gesehen! Nina war groß, sehr groß sogar, und auch sehr kräftig, um es schmeichelhaft auszudrücken. Sie sah aus wie eine wagnerische Walküre, aber dann die holländische Ausgabe mit einem weizenblonden Bobhaarschnitt. Der umrahmte ein wunderschönes ausdrucksstarkes Gesicht mit zwei strahlend blauen Augen, einer schwungvollen Nase und prachtvoll geformten vollen Lippen – einem echten Kussmund.

Entschlossen stellte Nina meine beiden vollen Einkaufstaschen in ihr Wannenrad, in dem sich auch Joep, wie das karamellfarbene Wollknäuel hieß, nun wieder breitmachte. »Komm, ich lad dich zur Entschädigung bei *Rick's* zu einem Drink ein, der hat schon auf«, sagte sie und führte mich zu ihrem Lieblingsitaliener drei Straßen weiter in der Leidener Altstadt. Sie hatte ihn *Rick's Cafe* genannt, frei nach dem Hollywoodklassiker *Casablanca* mit Humphrey Bogart und Ingrid Bergman. Denn der Chef von Ninas Lieblingsitaliener war ein Marokkaner.

Ich fühlte mich sofort wie zu Hause, als ich kurz vor sechs Uhr abends an jenem grauen Dezembertag erstmals an der gemütlichen und noch leeren Holzbar vom *Rick's* landete. Was auch für Nina schon seit Langem gelten musste, denn noch bevor sie den Mund aufgemacht hatte, stellte Antonio, der Ober aus Neapel, einen Weißwein und ein Glas Mineralwasser vor sie auf den Tresen. »Für mich das Gleiche, bitte«, sagte ich.

Antonio war klein und rund und neben der Menükarte das einzig Italienische an Ninas Lieblingsitaliener. Er hatte einen leichten Watschelgang mit nach außen gestellten Füßen und immer ein Glas Whisky gegen das Heimweh auf dem Tresen stehen. Das Einzige, was neben diesem Whisky sein Heimweh lindern konnte, war ein gutes Fußballspiel, am besten mit Inter Mailand, die dann natürlich gewinnen mussten. Wenn jemand von seinen Stammgästen Geburtstag hatte, griff er zum Mikrofon und sang so gut *Volare* oder *Lasciate mi cantare* und wegen des Beinamens des Restaurants manchmal auch *As time goes by*, dass sich alle Gäste vorkamen wie eine einzige große Familie.

Unterstützt wurde Antonio von Dolores, der Bedienung – und das auch beim Singen. Aber erstens konnte Dolores nicht ganz so gut singen wie Antonio, und zweitens, was denselben weitaus mehr irritierte, tat sie es auf Spanisch. Denn Dolores kam aus Kolumbien und war ebenso kokett wie energisch, mit großen feurigen Augen in einem Puppengesicht. Sie erinnerte mich ein bisschen an die Anita aus der *West Side Story*, die so temperamentvoll zum »I like to be in A-me-ri-ca« ansetzte. Jedenfalls weckte Dolores in jedem Mann nicht bloß dessen Eroberungsdrang, sondern auch sämtliche Beschützerinstinkte. Das Problem war, dass Dolores alles andere als beschützt werden wollte, höchstens finanziell. Deshalb war wohl auch ihre Ehe gescheitert, die sie mit einem Niederländer auf Aruba geführt hatte, jener kleinen Insel und niederländischen Kolonie in der Karibik, die seit 1986 zwar autonom ist, aber immer noch Teil des niederländischen Königreiches. Aruba liegt nur einen Steinwurf entfernt vom nördlichen Ende des lateinamerikanischen Kontinents, und weil auf dieser Insel in der Regel auch niederländische Junggesellen herumzulaufen pflegen, gilt sie für junge Frauen aus Ländern wie Venezuela oder Kolumbien als beliebter Heiratsmarkt.

Nach ihrer Scheidung konnte Dolores aufgrund ihres niederländischen Passes problemlos mit ihren beiden Kindern nach Holland umziehen. Sie wohnte nun in Leiden und hätte nur allzu gerne wieder einen Mann – einen, der es im Wesentlichen dabei beließ, ihr finanzielles wie auch emotionelles Konto aus dem roten Bereich zu holen. Doch mit den niederländischen Männern hier tat sie sich noch schwerer als mit denen auf Aruba. Eigentlich war es ein Wunder, dass sie den *West Side Story*-Hit »I like to be in A-me-ri-ca« noch nicht in »I hate to be in the Ne-ther-lands« umgewandelt hatte.

»In diesem Land setzen die Männer ihre Frauen samt Kindern und Einkaufstaschen auf ein Rad und fahren dann selbst in ihrem dicken leeren Auto zur Arbeit«, schimpfte sie. So konnte man es natürlich auch sehen.

»In diesem Land«, empörte sie sich weiter, »müssen Frauen nicht nur Rad fahren, sondern auch Rasen mähen.« Dolores konnte beides nicht.

Am allerschlimmsten allerdings fand sie es, wie die Frauen sich hier anzogen: »Wie die Kerle!«

Zufrieden zupfte sie an ihrem trotz der Jahreszeit recht großzügig ausgefallenen Dekolleté herum und musterte mich dann eingehend, bis ihr Blick an meinen neuen Schnürstiefelchen mit dem schlanken Absatz hängen blieb, die ich mir während der Sommerfrische mit Daphne in Konstanz geleistet hatte: »Du bist sicher nicht von hier, oder?«

»Jetzt langt's aber, Do!«, rief Nina, die wie alle Niederländer die Angewohnheit hatte, bei Namen rabiate Silbenamputationen vorzunehmen. »Wir Niederländerinnen sind halt viel emanzipierter als ihr Lateinamerikanerinnen, und unsere Männer auch.«

»Ha!«, konterte Dolores, die immer mehr in Fahrt geriet. »Und was habt ihr davon? Eure Männer können ja noch nicht einmal mehr anständig flirten.«

Doloros wollte ganz romantisch erobert werden, mit dem klassischen Gesamtprogramm – angefangen bei Rosensträußen und knisternden *tête-à-têtes* bis hin zum traditionellen Kniefall mit Überreichung des obligatorischen Brillantrings.

Allerdings war sie da im falschen Teil Europas gelandet: Im Gegensatz zu Franzosen oder Italienern kommt es niederländischen Männern nicht nur nicht in den Sinn, einer Frau hinterherzupfeifen. Sie machen ihr auch nicht groß den Hof, dazu ist ihnen das klassische Eroberungsprogramm viel zu umständlich – und vor allem zu teuer. Niederländische Männer, das habe auch ich im Laufe der Jahre immer wieder beobachtet, lassen sich lieber erobern, da muss frau beherzt zugreifen, sonst kommt sie auf keinen grünen Zweig.

Aber zu so etwas würde sich Dolores nie herablassen, das stellte ihr Weltbild komplett auf den Kopf: »Bei euch muss man als Frau wirklich *alles* selber machen«, seufzte sie und rümpfte die hübsche kleine Stupsnase, während Antonio, der bislang schweigend zugehört hatte, ein weiteres Mal an seinem Whisky nippte und dann beschloss, dass ihm das Gespräch zu viel wurde: Kopfschüttelnd entschwand er mit seinem leichten Watschelgang Richtung Küche, während Nina erneut zur Gegenoffensive ansetzte.

»Was heißt hier ›alles selber machen‹!«, konterte sie, denn so wie unsere Nachbarin Mevrouw Mulder konnte auch Nina Kritik an ihrem Heimatland nur schwer akzeptieren. Zwar waren die Niederlande für sie nicht unbedingt die beste, aber doch zumindest die am wenigsten schlechte aller Welten: »Immerhin gehen unsere Männer nicht dauernd fremd wie die Latinos, und sie hängen auch mal die Wäsche auf oder räumen die Spülmaschine aus ...«

»... was ihnen einen ungeheuren Sex-Appeal verleiht!«, funkte ihr Dolores dazwischen.

»... und so mancher niederländische Mann arbeitet ja sogar Teilzeit und bringt einmal in der Woche seine Kinder in die Schule!«, beendete Nina unbeirrt ihr Loblied. »So weit sind ja noch nicht einmal die Männer in unseren Nachbarländern, stimmt's, *Kers*?«

Da musste ich ihr recht geben, in Sachen Teilzeit waren bei uns ja noch nicht einmal die Frauen so weit, wie sie es gerne wären.

Nina hingegen gehörte zu den Pionieren der Teilzeitarbeit. Als sie in den Achtzigerjahren damit begann, war sie noch eine Ausnahme, inzwischen ist Teilzeit für die Niederländer die normalste Sache der Welt, und sie haben die größte Teilzeitarbeitsquote der Welt.

»Einfach ideal«, schwärmte Nina. Auf diese Weise konnte sie problemlos ihre ersten beiden Söhne großziehen und nun auch die beiden Kinder, die sie nach ihrer Scheidung mit ihrem zweiten Mann bekommen hatte: »Mein zweites Nest«, nannte sie das.

Nina war Dozentin und gab Niederländischsprachkurse für Immigranten. »Eigentlich für Männer *und* Frauen, aber die dürfen meistens nicht, weil es oft um moslemische Frauen geht«, erzählte sie. Im Klassenzimmer stand sie deshalb in der Regel fast nur vor Männern: »Aber die akzeptieren protestlos, was ich ihnen sage«, versicherte sie mir, was ich ihr sofort abnahm: Nina zu widersprechen, das würde so schnell niemand wagen, wahrscheinlich noch nicht einmal ein moslemischer Fundamentalist.

»Anfangs sind es immer so an die dreißig Mann, aber dann schrumpfen die Klassen meistens etwas«, erzählte Nina weiter und nahm einen Schluck Weißwein. Denn auch wenn sie eine gewaltige Portion Autorität ausstrahlte: Einige ihrer Schüler nahmen es sich dennoch heraus, zu schwänzen oder dem Unterricht sogar ganz fernzubleiben. Warum auch nicht, schließlich hatte das keinerlei Folgen, auch nicht für das Erlangen ihrer Aufenthaltsgenehmigung. Das wurde gar nicht erst weiter kontrolliert.

»Man kann sie ja nicht zwingen«, hub Nina an. »Das hat ja keinen Zweck, denn dann ...«

»... sind sie nicht motiviert, ich weiß«, beendete ich ihren Satz und verdrehte dabei die Augen.

Nina musterte mich kritisch: »Du sagst das so, als ob du selbst nicht davon überzeugt wärst.«

»Nun ja, in Deutschland denken wir darüber ein bisschen anders«, fing ich an.

»Ich weiß, ihr Deutschen seid Kontrollfreaks«, fiel sie mir ins Wort.

»Nun ja«, sagte ich schon wieder und suchte nach Worten. »Wir Deutschen helfen schon schneller nach, wenn's sein muss. Wir halten uns da eher an die Devise ›Vertrauen ist gut, Kontrolle ist besser‹.«

Nina guckte mich an, als ob ich etwas ganz, ganz Furchtbares gesagt hätte. Kontrolle, das war für einen Niederländer fast so schlimm wie Zwang: »Also, *Kers*«, sagte sie entrüstet, »man muss doch Vertrauen in die Menschheit haben.«

Ich fand das zwar sehr löblich, aber doch etwas naiv und eigentlich auch ziemlich bequem. Aber das sagte ich nicht laut. Vom *worst case scenario* jedenfalls wurde in diesem Land grundsätzlich nie ausgegangen: etwa dass bei einer Hausgeburt etwas schiefgehen, ein Auto beim Einparken an der Gracht ins Wasser fallen oder eine Mutter mit zwei Kindern auf dem Rad ohne Sturzhelm sich eine Kopfverletzung zuziehen könnte. Ein Niederländer ging auch nicht davon aus, dass seine Landsleute das Sozialamt um Millionen prellen könnten, obwohl sich das erst neulich herausgestellt hatte, die Zeitungen waren voll von diesem Skandal gewesen. Oder dass ihre Mitmenschen nicht edel genug sein könnten, ihre Sozialwohnung von selbst zu räumen, sobald ihr Gehalt so gestiegen war, dass sie sich eigentlich eine Villa mit Reetdach leisten konnten. Auch Willem wohnte mit seiner Hedy immer noch in ihrer Sozialwohnung mit den Stockrosen neben der Haustür, obwohl beide dafür inzwischen zu viel verdienten. Kein Hahn, der danach krähte. Jedenfalls fiel es niemandem im Traum ein, dies zu kontrollieren.

»Ihr geht immer vom Guten im Menschen aus und fallt dann aus allen Wolken, wenn dieses Vertrauen missbraucht wird«, sagte ich.

Nina hatte schon den Mund aufgemacht, um zu kontern, doch da bekam ich völlig unerwartet Schützenhilfe: »Da hat sie recht«, meinte ein flotter junger Mann um die dreißig mit rabenschwarzen Locken, der gerade hereingekommen war. Er sprach das aus, was ich nur gedacht hatte: »Das ist nicht nur naiv, da macht ihr es euch auch ganz schön bequem.«

Wie selbstverständlich begab er sich hinter die Theke an die Kasse, denn Khaled – so hieß er – war der marokkanische Wirt von *Rick's*. Ich war hier wirklich bei einem Multikulti-Italiener gelandet – ein Prädikat, das in den Neunzigerjahren noch kein Schimpfwort war.

Khaleds Familie führte rund um Leiden eine ganze Reihe italienischer Restaurants; es war ein regelrechter Clan, aber einer, der sehr gut integriert war. Das tadellose *Nederlands*, das Khaled sprach, war der beste Beweis dafür. »Was ich mir allerdings selbst beigebracht habe«, stellte er mit einem Blick auf Nina klar. »Das liegt weniger an deinen Sprachkursen als an meiner Eigeninitiative.«

»Und an den zahllosen niederländischen Frauen, die du bereits verschlissen hast«, mischte sich Dolores, die gerade die ersten Gäste bedient hatte, wieder ins Gespräch ein.

»Nein, im Ernst«, sagte Khaled, als er nach der Liste mit den Tischreservierungen für diesen Abend kramte: »Ihr Niederländer seid viel zu unverbindlich.«

Eine seiner zahlreichen Cousinen sei vor Kurzem im Rahmen der Familienzusammenführung aus Casablanca eingetroffen, und neben dem obligatorischen Sprachkurs wurden ihr sofort ein Radkurs und dann auch noch ein Kochkurs angeboten.

»Wahrscheinlich, um sie an *andijviestamppot* zu gewöhnen«, konnte ich mir nicht verkneifen zu sagen.

»Das ist ja alles wirklich herzensgut gemeint«, fuhr Khaled fort. »Aber es kostet viel Geld und ist, eben weil es völlig unverbindlich ist, auch völlig ineffizient.« Er selbst jedenfalls würde sich lieber noch mal im Bett umdrehen, anstatt für einen solchen Kurs früh aufzustehen.

Die besagte Cousine wohnte nun in Feyenoord in Rotterdam, einem wegen seines gleichnamigen Fussballklubs berühmten, aber ebenso berüchtigten Viertel im Süden der Hafenstadt, wo nicht nur Arbeitslosigkeit und Immigrantenanteil hoch waren, sondern auch die Kriminalitätsrate: »Da wage ich mich ja als Mann manchmal kaum noch auf die Straße!«, seufzte Khaled und schenkte sich kopfschüttelnd ein Glas Cola ein. »Ich verstehe das nicht: Einerseits packt ihr Immigranten in Watte, andererseits überlasst ihr sie völlig ihrem Schicksal.«

Ich sollte noch oft an diese Worte zurückdenken, denn damit legte Khaled den Finger auf eine Wunde, die die etablierten Parteien im schicken Haager Regierungsviertel, wo die Welt noch in Ordnung war, geflissentlich zu übersehen pflegten – bis ein gewisser Pim Fortuyn sie unsanft aus ihrem Dornröschenschlaf weckte: Dieser ebenso schillernde wie umstrittene schwule Rechtspopulist mit seinen zwei Schoßhündchen war der Erste, der es 2001 wagte, die Schattenseiten der von allen Seiten so gelobten Immigrationspolitik der Niederländer anzuprangern. Damit brach Fortuyn nicht nur ein Tabu, sondern verursachte auch ein politisches Erdbeben.

Davon jedoch war an diesem Dezembertag 1996, als ich mit Do und Nina erstmals an der Bar von *Rick's* saß, noch nichts zu spüren. Und Khaled konnte es sich nicht länger leisten, mit uns über die niederländische Integrationspolitik und seine Cousine in Feyenoord zu reden, denn inzwischen begann sich sein Restaurant zu füllen.

»Was ist jetzt, *dames*, bleibt ihr zum Essen oder nicht?«, fragte er uns und wies auf einen der letzten freien Tische in der Ecke.

Nina und ich guckten uns an. Aber nur ganz kurz. Länger brauchten wir nicht, um zu beschließen, die Einkäufe Einkäufe sein zu lassen und unsere Männer zu benachrichtigen, die sich uns nur wenig später anschließen würden. Dann setzten wir uns an den freien Tisch in der Ecke und bestellten noch ein Glas Weißwein. Es war der Beginn einer wunderbaren Freundschaft.

Nina ist eine Seele von einem Menschen. An ihrem großen, weichen Busen scheint sich die ganze Welt ausweinen zu wollen. Egal, ob größere oder kleinere Katastrophen, Liebeskummer, Affären, Sexprobleme oder Seitensprünge – Nina ist grundsätzlich genauestens informiert, und zwar ganz ohne dafür öfter als andere zum Friseur gehen zu müssen. Sie hat etwas an sich, dass bei ihren Mitmenschen den unwiderstehlichen Drang auslöst, ihr das Herz auszuschütten.

»Nichts Menschliches ist mir fremd«, pflegt sie zu sagen, und wer Probleme hat, vertraut sie deshalb Nina an. So wie die Mutter eines Mitschülers ihres Sohnes, die eines Tages über die mangelnde Libido ihres Ehemannes klagte und Nina fragte, ob sie nicht eine attraktive Bekannte habe, die ihr als Nummer drei im Bett helfen wollte, ihr eingeschlafenes Sexleben wieder auf Vordermann zu bringen. Nina versprach ihr, sich einmal umzuhören. Oder die junge nigerianische Frau aus einem ihrer Einbürgerungssprachkurse, die ihr eines Tages in Tränen aufgelöst gestand, schwanger zu sein – dummerweise nicht von ihrem Freund: Der war nämlich unfruchtbar, und deshalb hatte sie sich einen One-Night-Stand geleistet, um doch noch ein sehnlichst erwünschtes Baby zu bekommen – allerdings ohne das vorher mit ihrem Freund, ebenfalls einem Nigerianer, zu besprechen. Der wollte jetzt nichts mehr von ihr wissen, und deshalb war sie jetzt allein mit ihrem immer dicker werdenden Bauch. Aber, da war sich Nina sicher, »das wird sich schon wieder einrenken, sie wollte ihn ja nicht betrügen, sie wollte bloß schwanger werden«. Notfalls würde sie sich den jungen Mann halt einmal vorknöpfen.

Ninas Mann, ein sportlicher und im Gegensatz zu seiner Frau eher stiller und zurückhaltender Typ, verdreht angesichts solcher Themen immer machtlos die Augen. Denn Nina ist ja, wie gesagt, unbelehrbar. Doch da Dolf – Dolf wie Rudolf, so heißt ihr Mann – sie heiß und innig liebt, nimmt er das eben in Kauf.

In Dolfs Leben gab es neben Nina nur eine zweite Leidenschaft, und das waren Deiche und Dämme, Brücken und Flutwehre. Denn Dolf war Wasserbauingenieur, er arbeitete bei der staatlichen Wasserbaubehörde *Rijkswaterstaat*. Das lag ihm einfach im Blut: »Schon mein Vater war Ingenieur, mein Onkel, mein Bruder – und vielleicht wird mein Sohn es auch werden«, meinte er eines Abends, als wir auf Dolores warteten.

Denn wir drei Frauen trafen uns seit Neuestem einmal pro Woche, dann versuchte Dolores, unsere Spanischkenntnisse aufzupeppen. Wundervolle Abende waren das immer, bei denen wir auch tatsächlich ein bisschen Spanisch lernten. Aber nur ein bisschen.

Wir trafen uns abwechselnd bei Nina, Dolores oder mir, und dieses Mal war Nina dran. Sie wohnte mit ihrer Familie am Stadtrand von Leiden in einem modernen Einfamilienhaus direkt an einem Kanal. Wie bei so vielen holländischen Familien, die am Wasser wohnen, dümpelte auch bei ihnen im Garten am hauseigenen Steg eine riesige Segeljacht, die den Kanal zu sprengen schien, sodass man sich unwillkürlich fragte, wie dieses Gefährt jemals freie Gewässer erreichen wollte, ohne stecken zu bleiben. *Witte Olifant* hieß sie, *Weißer Elefant*.

Denn streng genommen hatte Dolf neben Nina und dem Deichbau noch eine dritte Leidenschaft: das Segeln. Schon als Student hatte er ein paarmal nach England übergesetzt. Bloß kam diese Leidenschaft wegen der beiden anderen immer zu kurz. Segeln stand deutlich an dritter Stelle, Platz eins gehörte Nina. Das jedenfalls behauptete Dolf, Nina selbst sah das etwas anders.

»Ich war schon so weit, dass ich mir ernsthaft überlegt habe, ob ich auf einen Deich eifersüchtig sein kann«, klagte sie, als sie im Wohnzimmer ihre Spanischsachen zusammensuchte. Dass die gesamte Familie anrücken musste, sobald ein neuer *dam* oder Deich eingeweiht wurde, um den dann gebührend zu bewundern, das mochte ja noch angehen. »Aber sobald ich mit Dolf im Auto sitze, macht er Umwege. Wir kommen nie irgendwo rechtzeitig an. ›Wo fährst du denn jetzt schon wieder hin!‹, rufe ich dann, aber es nützt nichts: Er will unbedingt nachsehen, wie es dem einen oder anderen Deich geht«, seufzte Nina. »Als seien diese Spuren, die er in der Landschaft hinterlassen hat, seine Kinder.«

Schon beim Bau des inzwischen legendären Pfeilerdamms in der Oosterschelde war Dolf, frisch von der Uni weg, mit dabei gewesen. Dieser Damm mit seinen vierzig Meter hohen Pfeilern wurde bei seiner Fertigstellung 1986 als Wunderwerk der Technik gefeiert, denn seine Zwischenräume lassen sich bei Gefahr abschotten. Ansonsten kann das Wasser ungehindert zwischen den Pfeilern hindurchströmen, Ebbe und Flut bleiben erhalten – »und mit ihnen auch die Existenzgrundlage der Muschel- und Austernfischer«, erklärte Dolf und setzte sich zu uns vor den Kamin, denn Dolores ließ wie immer auf sich warten.

Der Oosterscheldedamm ist das erste Glied der Deltawerke, jener Kette aus Deichen, Dämmen und Flutwehren, mit denen die Niederländer nach der furchtbaren Flutkatastrophe von 1953 die Küste von Seeland und Südholland abgeriegelt haben. Mehr als 1800 Menschen kamen damals in jener verhängnisvollen Nacht auf den 1. Februar 1953 ums Leben, als ein Sturm das Wasser bis auf viereinhalb Meter über Normalnull steigen ließ. Wie eine gigantische Wassermauer drückte er die Nordsee bei Seeland und Südholland gegen die viel zu schwachen Deiche an. Zehntausende Kühe, Pferde und Schafe ertranken in den Fluten, fünfhundert Kilometer Deiche brachen zusammen, vierhundert Hektar wurden überflutet – »ein Gebiet, fast viermal so groß wie der Bodensee«, sagte Dolf.

Dieser sogenannte *watersnoodramp* war die letzte große Naturkatastrophe der Niederländer. Auch Henk, der beste Freund von Dolfs Vaters, hatte dabei seine gesamte Familie verloren: *Ome* Henk, Onkel Henk, wie Dolf ihn noch heute nennt, war damals fünfzehn Jahre alt, seine Schwester sechs, sein Bruder zehn. »Die gesamte Familie war auf den Dachboden geflüchtet, doch innerhalb einer Viertelstunde stand auch der unter Wasser«, erzählte Dolf, der sich den Ablauf dieser Nacht von *Ome* Henk mehrmals detailliert hatte erzählen lassen. »Er wollte aus dem Fenster springen, auf einen der vorbeitreibenden Strohballen. Doch sein Vater verbot es ihm, obwohl die Balken des Hauses immer bedrohlicher ächzten.« Irgendwann jedoch habe Henk nichts mehr halten können, er sei einfach gesprungen und wurde von den Fluten auf einen Deich getrieben. »Später erfuhr er dann von Augenzeugen, dass das Haus seiner Eltern nur eine Minute nach seinem Sprung wie ein Kartenhaus eingestürzt war«, seufzte Dolf und legte noch einen Scheit Holz aufs Feuer. »Er hat seine Eltern und Geschwister nie wieder gesehen.«

Im Erdkundeunterricht hatte sich nach der Katastrophe von 1953 alles um die Kunst der Wasserbauingenieure gedreht. Nationale Helden waren das, zu denen die Kinder ehrfürchtig aufsahen. Auch Dolf. Er wollte mithelfen, die Niederlande vor dem Wasser zu schützen, das stand für ihn schon als Grundschüler fest. »Fertig sind wir in diesem Land nie«, meinte er mit einem kleinen Lachen. »Wir werden es uns nie leisten können, die Hände in den Schoß zu legen.«

Das war den Niederländern erst 1993 und 1995 wieder schmerzlich bewusst geworden, als im Dreistromland von Waal, Maas und Rhein bei Nimwegen und Arnheim die altersschwachen Flussdeiche nachzugeben drohten. Bilder von Niederländern, die auf dem Deich verzweifelt Sandsäcke schleppten, gingen damals um die ganze Welt. 1995 wurde das Gebiet sogar sicherheitshalber evakuiert: Zweihundertfünfzigtausend Menschen mussten Hals über Kopf ihr Heim verlassen.

»Mit einer Flut von hinten hatte niemand gerechnet«, erinnerte sich Dolf. »Wir haben die Flussdeiche jahrzehntelang vernachlässigt, denn durch den *watersnoodramp* galt alle Aufmerksamkeit den Deltawerken an der Küste!«

Die waren inzwischen so gut wie fertig, in Kürze sollte als krönender Schlussstein das bewegliche Sturmflutwehr bei Hoek van Holland eingeweiht werden, die *Maeslantkering*. Beim Gedanken daran bekam Dolf leuchtende Augen – während Nina die ihren seufzend nach oben verdrehte, denn sie hatte das Loblied, das ihr Liebster nun zu singen begann, schon zu oft anhören müssen.

»Das ist wirklich ein Wunderwerk der Technik«, begann Dolf zu schwärmen, als es an der Tür klingelte. Das war sicher Dolores.

»Das Prinzip ist ebenso einfach wie genial«, fuhr Dolf fort, während Nina aufstand, um die Tür zu öffnen. »Stell dir zwei gigantische Stahlrohrkonstruktionen vor, die aussehen wie zwei umgekippte Eiffeltürme.«

Diese Eiffeltürme, beide zweihundertfünfzig Meter lang, liegen nun bei der Einfahrt zum Rotterdamer Hafen am *Nieuwe Waterweg* rechts und links am Ufer. »Bei drohendem Hochwasser können sie mithilfe von Kugelgelenken auf das Wasser hinausgetrieben werden und den *Nieuwe Waterweg* abriegeln«, erklärte Dolf weiter.

Der Clou: Nur bei Gefahr wird der Schifffahrtsverkehr zum Rotterdamer Hafen beeinträchtigt. Auch Eingriffe ins Landschaftsbild fielen weitaus weniger drastisch aus als bei einer traditionellen Deichverstärkung: »Für diese Alternative hätten zwanzigtausend Häuser abgerissen werden müssen«, stellte Dolf klar, während in der Diele die helle Stimme von Dolores mit ihrem schweren spanischen Akzent ertönte.

Im Mai 1997 würde die *Maeslantkering* im Beisein von Königin Beatrix feierlich eingeweiht werden: »Ihr müsst euch das alles unbedingt einmal anschauen, ich führe euch gerne übers Gelände«, bot uns Dolf an, als Nina mit Dolores ins Wohnzimmer zurückkam.

Die hatte seine letzten Worte gehört und war sofort zu allen Schandtaten bereit: »*Fantastico!*«, rief sie und klatschte begeistert in die Hände: »Daraus machen wir einen wunderschönen Ausflugstag, dann gehen wir hinterher noch in Rotterdam bummeln und essen und schauen bei Raffaello vorbei!«

Raffaello war ein Rotterdamer Bekannter von Dolores und Tanzlehrer. Bei ihm sollten wir nach Besichtigung der Maeslantkering, nach Einkaufsbummel und Abendessen die ganze Nacht lang Samba tanzen. Besser gesagt: Nina und ich versuchten es, denn im Gegensatz zu Dolores ließ nicht nur unser Hüftschwung deutlich zu wünschen übrig, wir waren, wie Raffaello seufzend konstatieren sollte, auch deutlich weniger bereit, uns führen zu lassen.

Aber so weit war es noch nicht. Vor dieser unvergesslichen Nacht im Sommer 1997 erlebten wir erst noch einen Winter, der es in sich hatte und ebenfalls unvergesslich werden sollte: Bescherte er den Niederländern doch nach elf Jahren des sehnsüchtigen Wartens erstmals wieder einen heiß ersehnten *Elfstedentocht.*

25. Kapitel   Wieso eine ganze Nation vom Eisfieber infiziert wird, Eischirurgen nach einem nassen Vorspiel Überstunden einlegen müssen und sich Willem auf seinem Hausboot vorkommt wie ein Entdeckungsreisender auf Nowaja Semlja

Sobald es mehr als drei Nächte hintereinander friert, stellen sich meine neuen Landsleute nur noch eine Frage: »Kommt er – oder kommt er nicht?«

Gemeint ist der *Elfstedentocht*, jener legendäre zweihundert Kilometer lange Eislauf, der die elf Städte der niederländischen Provinz Friesland miteinander verbindet – angefangen bei Leeuwarden über Sneek und Harlingen bis hin nach Dokkum, um dann wieder in Leeuwarden zu enden.

Dieser Elf-Städte-Lauf ist für Eislaufprofis wichtiger als jede Olympiade oder Weltmeisterschaft. Er gilt als »Lauf der Läufe«, als »Tag der Tage« – und jeder, der ihn trotz Knochenbrüchen und Schnittwunden, abgefrorenen Zehen und Fingern, eisigen Minusgraden und schneidendem Nordostwind überlebt, als Held.

Zum Leidwesen der Niederländer hat auch in ihrem feuchtkalten *kikkerlandje*, dem Froschländchen, der Klimawandel dafür gesorgt, dass sie sich diese Tortur nicht mehr ganz so oft antun können, wie sie gerne möchten. Denn dazu muss es über Tage hinweg so kalt sein, dass eine Eisdecke von mindestens fünfzehn Zentimetern heranwächst – und das über die ganzen zweihundert Kilometer.

Zum letzten Mal war das 1997 der Fall – und auf diesen 15. *Elfstedentocht* seit 1909 haben die Niederländer elf Jahre warten müssen. Nicht umsonst wird er mit einer atemberaubend schönen Frau verglichen, die es in neun von zehn Fällen nicht weiter als bis zum Vorspiel kommen lässt.

Doch dann, an einem bitterkalten Wintertag Anfang Januar

1997, sprach der Vorsitzende der *Elfsteden*-Vereinigung auf Friesisch die erlösenden Worte: »*It giet oan*« – »Es wird geschehen.«

Was dann geschah, lässt sich weniger mit einem Orgasmus vergleichen als mit der Spanischen Grippe, die 1918 und 1920 für Millionen von Todesopfern gesorgt hatte. In diesem Falle ging es um den Ausbruch eines hemmungslos wütenden Eisfiebers, einer Epidemie sondergleichen, die nahezu alle sechzehn Millionen Niederländer infizierte: Tagelang wurde über nichts anderes gesprochen als den *Elfstedentocht*, die Post brachte eine Sonderbriefmarke heraus, ein Getränkefabrikant einen speziellen Eisschnaps, die elf friesischen Städte schmückten sich mit Flaggen und Fähnchen, entlang der Strecke wurden sechzig Erste-Hilfe-Zelte für die zu erwartenden Verletzten aufgebaut, und da die Hotelzimmer in Friesland für die mehr als sechzehntausend Läufer, zweitausend Journalisten und eineinhalb Millionen Schaulustigen aus aller Welt, die erwartet wurden, bei Weitem nicht ausreichten, stellten Privatleute zumindest den Sportlern großzügig ihre Privatbetten zur Verfügung.

Ich erfuhr in diesen Januartagen auch, dass Eischirurgie ein sehr ernst zu nehmendes Fach ist, denn um die Strecke optimal zu präparieren, gilt es nicht bloß, raue Stellen mit dem Flammenwerfer zu glätten. Gebannt saß ich mit Jan Kees und Daphne, deren Augen übrigens ebenfalls seit Tagen diesen seltsamen fiebrigen Glanz hatten, vor dem Fernseher und schaute zu, wie Eischirurgen Eistransplantationen durchführten: Gekonnt sägten sie anderswo dicke Eisplatten heraus, um diese dann an Schwachstellen ins Wasser zu schieben, wo sie über Nacht festfrieren würden.

Zu diesen Schwachstellen gehörte neben Brücken auch das Eis unter großen Bäumen. Das wusste ich inzwischen nur allzu gut aus eigener Erfahrung. Denn natürlich hatte auch ich schon längst meine Uraltschlittschuhe vom Speicher geholt, um mich mit Daphne auf den zugefrorenen Kanal direkt vor unserem Haus zu wagen. Dort herrschte ein buntes Treiben: Ganze Familien begaben sich mitsamt Schlitten und

Dackel aufs Eis, Jungs spielten Eishockey, und Anfänger schoben einen Stuhl vor sich her, um nicht dauernd umzufallen.

Auf den Stuhl erlaubte ich mir zwar zu verzichten, aber zu behaupten, dass ich da selbstsicher meine Bahnen zog, wäre übertrieben gewesen.

»Halt, Daphne, nicht so schnell«, brüllte ich ihr hinterher, und während ich mitzuhalten versuchte, entdeckte ich einen alten Bekannten nach dem anderen auf dem Eis: Auch Sexie-Hexie-Oma Janine glitt elegant vorbei, auf dem Kopf eine frivol knallrosa Wollmütze und an jeder Hand ein Enkelkind.

»*Gezellig, he!*«, rief sie mir lachend zu, während ich krampfhaft versuchte, das Gleichgewicht zu halten.

Ich tröstete mich gerade mit dem Gedanken, dass ich zumindest besser Ski fahren konnte als die meisten meiner neuen Landsleute, als Rijn und Nelleke auf mich zukamen, Hand in Hand und sogar synchron, in schönen ausholenden Schwüngen. »Wir fahren Richtung Innenstadt, da gibt's Glühwein und Erbsensuppe«, teilte Rijn mir im Vorbeifahren gut gelaunt mit. Denn im Stadtzentrum hatten viele Händler ihre Buden auf dem Eis aufgestellt, und so mancher Kneipenwirt rollte den roten Teppich aus, damit die Schlittschuhläufer auf den Kufen an die Bar stolpern konnten, um sich bei einem *Jenever* wieder aufzuwärmen.

Nicht ohne Neid sah ich Rijn und Nelleke Hand in Hand Richtung Innenstadt entschwinden. Ich musste ein paarmal mit den Augen zwinkern, denn einen Moment lang hätte ich doch tatsächlich schwören können, sie würden in Pluderhosen und Halskrause übers Eis gleiten – so wie die Schlittschuhläufer auf den Gemälden alter Meister aus dem goldenen 17. Jahrhundert, an denen ich mich nicht sattsehen kann. Und so wie beim Betrachten dieser Bilder erfasste mich auch an diesem Freitagnachmittag wieder jenes starke Vermuten, dass Eis einen egalisierenden Effekt hat: Eis verbindet, Eis verbrüdert, Eis stärkt das Zusammengehörigkeitsgefühl, denn auf dem Eis haben alle den gleichen Spaß, egal, ob arbeitslos oder Millionär. Sollte es daran liegen, dass der gemeinsame Feind, das Wasser, besiegt scheint?

Ich wusste es nicht, ich wusste nur, dass ich mir vorkam, als wäre ich mitten in ein lebendig gewordenes Bild von Hendrick Avercamp geraten, meinem Lieblingseismaler. Dieser alte Meister war schon zu Lebzeiten berühmt und hatte die Winterlandschaft zu einem eigenständigen Genre gemacht. Schuld daran war die kleine Eiszeit um 1600, die den Niederländern den kältesten Winter seit Menschengedenken beschert hatte: 1607/08 fror selbst die wilde *Zuiderzee* zu, die damals noch nicht durch den Abschlussdeich zum *Ijsselmeer* gezähmt worden war: Man konnte einfach mit der Kutsche quer über diese zugefrorene Meeresbucht hinweg nach Amsterdam fahren. Über Monate hinweg, von November bis Februar, war es bitterbitterkalt.

Anno 1608 wäre ich mit Sicherheit problemlos um den großen Weidenbaum herumgekommen, hinter dem Daphne gerade verschwunden war. Denn anno 1608 gab es mit Sicherheit keine Schwachstellen im Eis und auch keine Eischirurgen.

Aber ich wagte mich ja erst rund vierhundert Jahre später erstmals auf holländisches Eis. Und da ich Daphne einholen wollte, beschloss ich abzukürzen und machte einen nicht ganz so großen Bogen wie sie um den Weidenbaum herum. Was anno 1997 ein ziemlicher Fehler war.

»Hilfe!«, brüllte ich – und schämte mich sogleich ganz fürchterlich. Denn von allen Seiten schossen sofort Helfer herbei, obwohl mir keineswegs der Ertrinkungstod drohte. So schlimm war es nun auch wieder nicht. Es war bloß furchtbar unangenehm, furchtbar kalt – und vor allem nass. Bis zur Hüfte stand ich auf meinen Schlittschuhen im Wasser. Tiefer war der Kanal vor unserem Haus zum Glück nicht. Und deshalb konnte ich auch ganz problemlos selbst aus dem Eisloch krabbeln und die Hilfe der herbeigeeilten anderen Schlittschuhläufer, darunter auch Daphne und Sexie-Hexie-Janine, dankend ablehnen.

»Alles im grünen Bereich«, rief Janine beruhigend in die Runde und guckte so, als wolle sie gleich auch noch sagen:

»Die ist nicht von hier, sonst wäre das nie passiert.« Stattdessen drückte sie sich ihre frivol-rosa Wollmütze fester auf den Kopf, um mir dann dabei zu helfen, ans Ufer zu klettern und die Schlittschuhe auszuziehen.

Auf Wollsocken und in klatschnassen Jeans trabte ich kurz darauf auf der Straße die paar Hundert Meter nach Hause, wo ich mich sofort unter die heiße Dusche stellte. Ich war ja kein Weichei, und deshalb bekam ich weder eine Blasenentzündung noch eine Erkältung. Und hätte ich mir eine eingefangen, hätte ich sie ertragen, ohne zu klagen, denn ein Besuch beim Hausarzt nützte in diesem Land ja doch nichts, der verschrieb einem ja ohnehin nie etwas.

Ich hätte mich sogar gleich am nächsten Tag wieder aufs Eis gestellt. Aber das ging nicht, an diesem Samstag waren sämtliche Straßen und auch Eisflächen wie leer gefegt. Bloß die in Friesland nicht. Und wer es nicht gewagt hatte, sich dorthin zu begeben, der hing vor dem Fernseher. Denn dieses Mal blieb es nicht beim Vorspiel: An diesem 4. Januar 1997 fand der 15. *Elfstedentocht* statt.

Ich kann die Formel-1-Fans unter meinen deutschen Freunden und Bekannten noch heute nicht verstehen, dass sie in aller Herrgottsfrühe aufstanden, um Schumi dabei zu beobachten, wie er eine Runde nach der anderen drehte. Doch an diesem Januarmorgen machte ich genau das Gleiche – wobei es allerdings nur um eine einzige große Runde ging, zweihundert Kilometer lang, und um eine, die auf Kufen bewältigt werden musste.

Jedenfalls saßen wir schon um fünf Uhr morgens erwartungsvoll bei uns im Wohnzimmer vor dem Fernseher: Jan Kees und ich und Thibaut und Marieke, die Töchterlein Tessa am Vorabend bei ihren Eltern gelassen hatten. Rijn war nicht nur mit einer ganzen Reihe von Katalogen mit den neuesten Wohnwagenmodellen angerückt, da er und Nelleke sich endlich einen neuen *Caravan* kaufen wollten, sondern auch mit einem großen Sack Aufbackbrötchen, die bereits im Backofen knusprig wurden. Und auch Pim war mit von der Partie, zu seinem Leidwesen immer noch als Single, aber dafür immerhin als Vater: Gleich seine allererste Samenspendenaktion war erfolgreich verlaufen und das Resultat ein rauschgoldengelhaftes Wesen mit blonden Löckchen und dunkelbraunen Augen namens Daan.

Pim hatte einen ganzen Haufen Fotos mitgebracht, die er stolz herumreichte: Daantje beim Gewickeltwerden, Daantje in der Badewanne, Daantje an Mutters Brust: »Ich schaue regelmäßig vorbei, seine Mutter und ich verstehen uns zum Glück wunderbar«, begann er. »Sobald Daantje älter ist …«

»Schschscht!«, unterbrachen uns Jan Kees und Rijn, und wir verstummten gerade noch rechtzeitig, um den TV-Moderator verkünden zu hören, dass sich genau 16 372 Läufer eingeschrieben hatten. Der Älteste war vierundsiebzig und der Prominenteste Johan Olaf Koss, mehrfacher Olympiasieger aus Norwegen und, so fanden jedenfalls Marieke, Pim und ich, ein *lekker ding*.

Der TV-Moderator wusste auch zu berichten, dass es zehn Grad unter Null war und ein eisiger Ostwind Stärke fünf wehte. Dadurch fühlte sich die Außentemperatur zwar an wie minus achtzehn Grad, aber, so schnaubte Rijn verächtlich: »Das sind ja *peanuts*, Jungs! Wisst ihr noch, 1963, da waren es minus zwölf Grad – und Sturm aus Nordost!«

Jener Elf-Städte-Lauf gilt als der bislang schrecklichste und damit auch heroischste: Nur knapp hundertzwanzig von neuntausendneunhundert Läufern kamen damals über die Ziellinie, und wer es schaffte, war nicht wiederzuerkennen mit den dicken Eiszapfen im Bart und an den Augenbrauen. Es kam sogar zu Augenverletzungen, da die Tränenflüssigkeit gefror. Ganz zu schweigen von den unzähligen Fingern und Zehen, die damals amputiert werden mussten. Der erfrorene Zeh eines gewissen Kohlenhändlers namens Karst Lemburg kann noch heute als Reliquie in einer Vitrine im Eislaufmuseum in Hindelopen bewundert werden. Der Sieger 1963 hieß Reinier Paping und bekam königlichen Besuch, als er nach der Tour mehr tot als lebendig auf dem Massagetisch im Erste-Hilfe-Zelt lag: »Oh, mein Respekt vor Ihnen ist grenzenlos«, soll die damalige Königin Juliana völlig ergriffen gestammelt haben.

Aber auch wenn der Lauf von 1997 nicht mit dem von 1963 verglichen werden kann: Immerhin war er kälter als der letzte, der 1986 stattgefunden hatte. Der galt eher als Schlappschwanztour, denn das Thermometer war auf ein Grad über Null geklettert, und der Wind hatte sich so gut wie gelegt. Von der Tatsache, dass sich 1986 auch Kronprinz Willem Alexander unter die Läufer gewagt und bis zum Schluss durchgehalten hatte, ließen sich seine zukünftigen Untertanen denn auch nicht weiter beeindrucken: »Der hatte ja auch noch vier Leibwächter bei sich«, entrüstete sich mein Liebster. »Die haben ihm immer kräftig unter die Arme gegriffen, sobald er schlappzumachen drohte!«

Rijn konnte Jan Kees da nur beipflichten: »So schaffe ja selbst ich die Tour noch«, verkündete er großspurig, um dann vom Sofa aufzuspringen: »*Jongens,* ich glaube, die Brötchen verbrennen!«

Als es zwei Stunden später hell wurde und die Eisläufer keine Fackeln und Traktorenscheinwerfer mehr brauchten, um den Weg zu finden, hatten wir bereits einen ganzen Berg *broodjes* verdrückt, vier Kannen Kaffee geleert, einmal Nelson Gassi geführt und die Hälfte der Linzertorte verdrückt, die ich wie immer an Weihnachten von Margit, der Nachbarin meiner Eltern, bekommen hatte: Margit backte immer zehn, und eine davon war für mich, die sie mir dann als eine Art Carepaket mit nach Holland gab.

Zwei Stunden später, so gegen zehn, erreichten die ersten Läufer das alte Walfängerhafenstädtchen Harlingen. Die Kamera zoomte auf die *Oude Turfkade* ein, wo sich eine bunte Menschenmenge am Kai versammelt hatte und Blaskapellen muntere Weisen schmetterten. Vergeblich versuchten wir, unter den Schaulustigen, die fröhlich singend auf und nieder hüpften, um sich warm zu halten, Willem und Hedy zu entdecken. Die hatten eines der letzten Hotelzimmer in Harlingen ergattert und waren schon am Vorabend nach Friesland abgereist.

»Habt ihr schon das Hausboot begutachtet, auf dem die beiden jetzt wohnen?«, wollte Thibaut wissen. Denn Hedy und Willem waren kurz vor Weihnachten doch tatsächlich nach Amsterdam auf das alte Frachtschiff von jenem Klaas umgezogen, dem ich damals meine lädierte Pobacke zu verdanken hatte, nachdem er Willem an diesem Tag besagtes Rad ausgeliehen hatte.

»Nein, das tun wir morgen, die zwei haben uns zum Abendessen eingeladen«, antwortete Jan Kees und wollte sich noch eine Tasse Kaffee einschenken: »Mist, die Kanne ist ja schon wieder leer!«, konstatierte er und lief sogleich in die Küche, um das zu ändern.

Gegen Mittag hatte der Sieger des 15. *Elfstedentocht* die »Tour der Leiden« dann bereits so gut wie hinter sich gebracht: Nach genau sechs Stunden, neunundvierzig Minuten, achtzehn Sekunden und mit einem Meter Vorsprung flitzte er in Leeuwarden über die Ziellinie, ein neunundzwanzig Jahre alter Rosenkohlzüchter namens Henk Angenent.

Wir hingegen hatten noch nicht einmal Halbzeit und kämpften gegen den Schlaf. Denn auch wenn die Besten die zweihundert Kilometer innerhalb von sieben Stunden schaffen: Die Letzten brauchen dafür gut das Dreifache.

Dass wir dennoch durchhielten, lag nicht nur an Nelson, der uns wachhielt, weil er zwischendurch immer mal wieder Gassi geführt werden musste, sondern auch an Nelleke, Rijns Ehefrau: Die stand gegen vier Uhr nachmittags völlig überraschend mit einem großen Topf Erbsensuppe vor der Tür.

Als das Hauptfeld der Läufer Dokkum erreichte, die elfte der zwölf friesischen Städte, kannten wir sämtliche neuen Wohnwagenmodelle auswendig, die demnächst auf den Markt kommen würden, und wussten auch alles über den ersten Job von Marieke, die ihr Jurastudium inzwischen erfolgreich abgeschlossen hatte und nun als Rechtsanwältin bei einer bekannten Amsterdamer Kanzlei arbeitete. Von Margits Linzertorte lagen nur noch ein paar Krümel auf der von allen so bewunderten Weihnachtstischdecke, die mir meine Mutter höchstpersönlich gestickt hatte und die immer noch auf dem

Wohnzimmertisch lag, denn das offizielle Ende der Weihnachtszeit sind ja erst die Heiligen Drei Könige am 6. Januar.

Nach Mitternacht schleppten sich dann die letzten Läufer am Ende ihrer Kräfte über die Ziellinie, während wir kaum noch die Augen offen halten konnten und Rijn mit weit zurückgelegtem Kopf bereits seit gut eineinhalb Stunden selig auf dem Sofa schnarchte.

Die Bilanz dieses 4. Januar 1997: 9000 von ursprünglich 16 372 Läufern, die ins Ziel kamen, ein Toter, der kurz nach Harlingen mit Herzversagen auf dem Eis zusammengebrochen war, sechzig Erste-Hilfe-Zelte, die Feldlazaretten glichen, in denen Ärzte und Krankenschwestern alle Hände voll zu tun hatten, um Knochenbrüche, Verstauchungen, Schnittwunden und Erfrierungen zu behandeln, neun Millionen Fernsehzuschauer, die so wie wir tapfer vor den Bildschirmen ausgeharrt hatten – und ein Brandloch in der Weihnachtsdecke: Marieke war ein Streichholz aus der Hand gefallen, als sie die Linzertorte mit einer Kerze ins rechte Licht hatte rücken wollen. Sie dachte, ich hätte nichts gesehen, und schnell ein Glas drübergestellt. Ich war zu müde, um etwas zu sagen. Eigentlich konnte sie ja auch nichts dafür. Marieke war halt einfach ein Schussel.

Am nächsten Tag fuhren Jan Kees und ich nach Amsterdam, um das neue schwimmende Zuhause von Willem und Hedy zu bewundern, das sie Klaas abgekauft hatten: ein fast achtzig Jahre altes, grünrot angestrichenes Frachtschiff, das malerisch zwischen anderen Hausbooten an der Keizersgracht lag.

»Immer rein in die gute Stube!«, rief uns Willem zu, dessen Kopf in der Dachluke über Deck erschienen war. Über eine altersschwache Holzplanke balancierten wir an Bord, um dann durch die Dachluke eine steile Treppe hinab im Schiffsbauch zu verschwinden.

Der entpuppte sich als erstaunlich geräumig: Hedy stand in einer behaglich warmen Wohnküche hinterm Herd und rührte in einem Topf heißer Schokolade, während in der einen Ecke ein Ofen bullerte und in der anderen Willem die

Zeitungen auf den beiden Sofas zusammenräumte. »Kommt, ich zeig euch schnell noch das Bad und die beiden Schlafzimmer!«, sagte er dann voller Stolz.

Alles in allem war die Wohnfläche, die sein alter Kahn zu bieten hatte, nicht viel kleiner als die des Leidener Grachtenhäuschens mit den Stockrosen vor der Haustür. »Aber hier haben wir ja auch noch das Deck, das wir im Sommer als große Terrasse nutzen können«, pries Willem die Vorzüge seines schwimmenden Heimes. »Vergiss nicht den Grünstreifen zwischen Wasser und Straße«, ergänzte Hedy. »Da habe ich schon ein paar Tulpenzwiebeln gepflanzt!«

Wie auf einem Schiff kamen sich die beiden zur Zeit weniger vor, eher wie zwei Entdeckungsreisende, die so wie Willem Barentsz – der legendäre niederländische Seefahrer, nach dem die Barentssee benannt ist – auf Nowaja Semlja im Packeis steckengeblieben waren.

»Nachts ächzt und stöhnt das Eis und drückt gegen die Schiffswände, dass einem angst und bange werden kann«, gab selbst die ansonsten ziemlich furchtlose Hedy zu, als sie auf dem Sofatisch gleich mehrere angebrochene Tüten *drop* zur Seite schob, um Platz zu schaffen für vier Becher mit dampfender *chocolademelk*.

»Und neulich ließ ich ahnungslos die Waschmaschine laufen, aber stellt euch vor: Der Abfluss war zugefroren«, erzählte sie lachend. »Das ganze Wasser strömte ins Boot! Das war vielleicht eine Sauerei! Wir haben uns schleunigst eine spezielle Wärmeschutzhülle für unsere Waschmaschine zugelegt, damit das nicht noch mal passieren kann.«

Aber trotz kleiner Katastrophen wie dieser hielten es Hedy und Willem so wie Altfußballer Johan Cruijff: Jeder Nachteil hat einen Vorteil. »Durch das Eis können wir in aller Ruhe um unser Boot herumlaufen, um die Fenster zu putzen oder längst fällige Reparaturarbeiten zu erledigen«, betonte Willem. Normalerweise müssen Hausbootbewohner dies ja von einem schwankenden Beiboot aus erledigen.

Und je tiefer die Temperaturen, so hatten unsere frisch gebackenen Hausbootbesitzer bereits in Erfahrung bringen können, desto wärmer das nachbarschaftliche Verhältnis: »Die Nachbarn vom anderen Ufer haben wir sofort kennengelernt«, berichtete Hedy. »Normalerweise hat man mit denen ja kaum Kontakt, weil man erst umständlich über die nächste Brücke gehen muss, um zu ihnen zu gelangen.«

Die Nase voll hingegen hatte sie von den vielen Schlittschuhläufern, die natürlich auch in Amsterdam die Grachten unsicher machten: »Die gucken ungeniert zum Fenster rein«, empörte sie sich und stand auf, um das Abendessen vorzubereiten. Hedy war tatsächlich schon so weit, dass sie darüber nachdachte, sich Gardinen anzuschaffen. »Bei Hema sind sie momentan im Sonderangebot«, wusste Willem.

Manche Leute, so klagte auch er, seien so dreist, sich ganz einfach bei ihnen oben aufs Deck zu setzen: »Da ziehen sie sich dann in aller Seelenruhe die Schlittschuhe an!«

»Und Anfänger nutzen unsere Außenwände, um sich festzuhalten!«, rief Hedy uns aus der Küchenecke zu, bevor ihr Kopf in einem Küchenschrank verschwand, wo sie die Pastamaschine suchte. Die war natürlich nicht in Leiden zurückgeblieben.

Ich beschloss, Hedy zu helfen, und erkundigte mich nach ihrer Arbeit. Unsere Botanikerin hatte immer etwas Spannendes zu erzählen, meistens von einer ihrer letzten Tulpenexpeditionen.

Dieses Mal jedoch hatte Hedy etwas völlig anderes in petto: »Weißt du, was ich am liebsten machen würde?«, fragte sie mich, als sie den Nudelteig ausrollte, den sie bereits vorbereitet hatte. »Eine blaue Tulpe züchten! Das wäre mein Traum!«

Ich dachte an die blauen Rosen, Nelken und Gerbera, die ich manchmal bei meinem Blumenhändler Arie in den Kübeln stehen sah; am Königinnentag hatte Arie auch Eimer voller knallorangefarbener Blumen in allen Sorten im Angebot.

»Aber die stehen in gefärbtem Wasser und nehmen deshalb die jeweilige Farbe an«, klärte mich Hedy auf. »Wirklich blau sind die nicht!«

Was, wenn es nach Hedy ginge, die längste Zeit so gewesen war: »Ich werde demnächst versuchen, ein Forscherteam zusammenzustellen«, plauderte sie beim Schneiden der Tagliatelle weiter. »Es gibt nämlich bereits eine Tulpe, die ein blaues Blütenherz besitzt, und eine mit bläulichen Blütenblättern. Die könnte man versuchen zu kreuzen.«

»Und daraus wird dann ein richtiges Blau?«, fragte ich und machte mich daran, den Salat zu waschen.

»Das hoffen wir zumindest, aber bis es so weit kommt, wird unsere Geduld auf eine harte Probe gestellt«, seufzte Hedy. »Denn im Gegensatz zu den meisten anderen Blumen hat die Tulpe eine Jugendphase von bis zu fünf Jahren.«

»Eine Jugendphase?«, fragte ich zurück.

»Ja, erst dann blüht sie zum ersten Mal.«

»Heißt das, ihr müsstet fünf Jahre auf euer blühendes Wunder warten und würdet erst dann wissen, ob es wirklich ein blaues ist?«

»Genauso ist es«, bestätigte Hedy lachend und wischte sich die Hände ab, um zwei Bier für unsere Männer aus dem Kühlschrank zu holen. Die waren in der Sofaecke ins Gespräch vertieft.

»Ach, am liebsten würde ich ebenfalls umziehen«, hörten wir Jan Kees sagen. »Ich würde auch viel lieber auf einem Hausboot wohnen.«

Erstaunt kam Hedy in die Küchenecke zurück: »Habt ihr denn ebenfalls Umzugspläne? Das ist mir ja ganz neu«, erkundigte sie sich.

»Mir auch«, entgegnete ich trocken. Aber sonderlich überrascht war ich nicht, Jan Kees wollte in letzter Zeit ja so vieles ändern, nichts war ihm mehr recht, auch der neue Job nicht, den er in seiner Firma bekommen hatte. Er suchte Streit, die Stimmung zu Hause sank immer öfter unter Null.

»Er findet auf einmal alles bürgerlich, unser Haus, seinen Job …«, sagte ich und reichte Hedy den Schneebesen, mit dem sie die Salatsoße anrührte. »Weißt du, was er am liebsten machen würde? Alles hinschmeißen und in Spanien einen Campingplatz aufmachen.«

Hedy ließ den Schneebesen sinken. »Au weia, Kerstin«, sagte sie. »Das klingt nach einer handfesten Midlifecrisis.«

Auf der Heimfahrt sprachen Jan Kees und ich nicht viel. Er ging sofort nach oben ins Bett, ich hingegen machte mir noch einen Tee. Nachdenklich setzte ich mich an die Bar und blickte auf den Stapel Weihnachtskarten vor mir. Wir hatten sie wie immer über die Bar gespannt, aber bereits wieder abgehängt. Ganz oben lag die Karte von Mevrouw Visser, die uns auch dieses Jahr nicht vergessen hatte. Ich musste an die Worte denken, die sie mir während meines Sprachkurses in Vught mit auf den Weg gegeben hatte: »Hauptsache, er ist die Hauptsache in deinem Leben.«

Seufzend rollte ich den warmen Teebecher zwischen den Handflächen hin und her. Es war, als ob ich diese Worte in einem anderen Leben gehört hätte. Waren Jan Kees und ich denn wirklich noch die Hauptsache in unserer beider Leben? Es war doch eher so, dass wir aneinander vorbeilebten. Und wenn nicht, dann zankten wir uns. Im besten Falle blieb es bei Irritationen. Wann hatte das eigentlich angefangen? Was war bloß mit uns geschehen?

Ich blickte in den dunklen, tief verschneiten Garten, wo sich die Konturen des Apfelbaums abzeichneten. Neben mir auf dem Küchenfußboden saß Nelson und blickte, hoffnungsvoll mit dem Schwanz wedelnd, zu mir auf.

Ich würde Mevrouw Visser gleich morgen anrufen, beschloss ich und stand auf, um Nelson einen Hundekeks zu geben. Anfang Dezember noch hatte ich mich bei ihr gemeldet, um ihr wie immer ein schönes Nikolausfest und einen guten Rutsch zu wünschen. Es ging ihr gar nicht gut, die letzte Chemotherapie hatte nicht geholfen, der Krebs fraß sich weiter durch ihren Körper.

»Aber ich mache noch eine zweite Chemo, Kindchen«, hatte sie zu mir gesagt. »Ich gebe nicht so schnell auf.«

Doch auch diese zweite Kur sollte nichts nützen. Eine Weihnachtskarte bekamen wir von Mevrouw Visser noch, dann war sie tot. Allerdings nicht, ohne sich – wie sie es versprochen hatte – vorher von mir zu verabschieden.

26. Kapitel   Weshalb niederländische Patienten ihre Hausärzte nicht mehr um ein Verbrechen bitten müssen, Den Haag den internationalen Alleingang wagt und Mevrouw Visser zu neuen, unbekannten Ufern aufbrechen darf

»Kindchen, es ist so weit«, sagte Mevrouw Visser, und ihre Stimme klang überraschend stark und entschlossen: »Ich gehe auf die Reise.«

Der Anruf kam kurz nach den Acht-Uhr-Nachrichten. Ich wusste sofort, was sie meinte. Wir hatten oft darüber geredet. Dennoch war es, als ob eine kalte Hand an mein Herz fasste. Ich musste mich setzen.

»Wann?«, fragte ich nur und wunderte mich, dass ich überhaupt einen Ton herausbrachte.

»Mein Hausarzt kommt morgen um zehn«, sagte Mevrouw Visser. Die Trauerkarten waren bereits gedruckt, ihre Tochter und ihre Enkeltochter würden, wie sie es sich gewünscht hatte, dabei sein und ihre Hand halten.

»Sie haben schon überall Kerzen aufgestellt und das ganze Zimmer mit bunten Gerberas geschmückt.« Gerberas waren Mevrouw Vissers Lieblingsblumen. »Und stell dir vor, meine Tochter hat auf dem Speicher die alte Platte mit Liebesliedern von Schubert gefunden, die ich mir so oft zusammen mit ihrem Vater angehört habe.«

Die würde sie auflegen, bevor der Hausarzt ihr die erste Spritze gab, um sie in einen tiefen Schlaf zu versetzen. Dann würde die zweite folgen, die tödliche.

»Ich bin froh, dass ich in einem Land lebe, in dem ich die Möglichkeit habe, auf diese Weise aus dem Leben zu gehen«, hatte Mevrouw Visser immer betont, wenn wir über Sterbehilfe sprachen. Die alte Dame war eine gläubige Christin. Aber, so pflegte sie zu sagen: »In der Bibel steht zwar: Du sollst nicht töten. Aber nirgendwo steht: Du darfst nicht würdig sterben. Wenn Gott mich liebt, versteht er mich.«

Der Hausarzt hatte ihr allerhöchstens noch ein, zwei Wochen gegeben, und die wollte sie sich ersparen. Die Abstände zwischen den Bluttransfusionen, die sie in den letzten Monaten bekommen hatte, waren immer kürzer geworden. Inzwischen hätte sie alle zwei Stunden eine neue bekommen können, ohne dass dies noch etwas genützt hätte. »Es hat keinen Zweck mehr, Kerstin«, sagte sie.

Sie merkte, wie ich mit den Tränen kämpfte und nach Worten suchte.

»Eigentlich mache ich nichts anderes als Henry Hudson damals, als er in der Neuen Welt landete«, versuchte sie mich zu trösten. »Ich breche zu neuen, unbekannten Ufern auf.« Denn dass es diese Ufer gab, davon war sie als gläubige Christin überzeugt. »Ich weiß bloß nicht, wie sie aussehen, aber ich bin mir ziemlich sicher, dass ich euch alle von dort aus gut im Auge behalten kann – auch dich, Kerstin!«

Ich bemühte mich, Trost in diesem Gedanken zu finden, aber es gelang mir nicht wirklich. Stattdessen stellte ich fest, dass die Stimme von Mevrouw Visser schwächer geworden war. Das Gespräch strengte sie zu sehr an. Ich wusste ja, welch starke Schmerzen sie hatte. Bei meinem letzten Besuch konnte ich sie kaum anfassen, alles tat ihr weh.

»Ich muss aufhören, Kerstin«, sagte sie. »Ich wünsche dir viel, viel Glück mit deinem weiteren Leben. Und denk dran: Nutze die Chancen, die es dir bietet!«

Im Grunde genommen sagte sie das Gleiche wie Pim, als er beschlossen hatte, Vater zu werden, weil er aus seinem Leben rausholen wollte, was drin war.

Ich wusste immer noch nicht, was ich sagen sollte. Wie verabschiedet man sich von einem Menschen, den man sehr liebgewonnen hat und der beschlossen hat zu sterben und vorher noch an alle ein letztes persönliches Wort richtet – so wie Jacques Brel in seinem berühmten Chanson *Le Moribond?*

»Ich wünsche Ihnen viel Kraft, Mevrouw Visser«, sagte ich

schließlich und fand meine Worte total idiotisch. »Passen Sie gut auf sich auf – wo immer Sie auch ankommen mögen!«

»Das mache ich, Kindchen«, versprach sie mir und legte auf.

Ich ließ den Telefonhörer neben mich auf das Sofa fallen. Dann rutschte ich runter auf den Teppich, umschlang die Knie mit den Armen und begann hemmungslos zu weinen.

Eine Woche später bei der Beerdigung erzählte uns Mevrouw Vissers Tochter, dass ihre Mutter friedlich eingeschlafen sei. »Ich bin so dankbar, dass ihr letzter Wunsch in Erfüllung gehen konnte«, sagte sie. Furchtbar sei es gewesen, all diese Monate einen geliebten Menschen so leiden zu sehen: »Wer dem Tod ins Angesicht blickt, sollte selbst entscheiden können, wie er sterben will«, meinte sie beim Verlassen des Friedhofs. »Wir Niederländer sind da wirklich privilegiert! Wir haben diese Möglichkeit in Kürze ja sogar schwarz auf weiß im Gesetzbuch.«

Tatsächlich wagten die Niederländer schon wenig später den internationalen Alleingang: Im November 2000 verabschiedete das niederländische Abgeordnetenhaus mit großer Mehrheit eine gesetzliche Sterbehilferegelung – und löste damit im Ausland eine Woge des Entsetzens und der Entrüstung aus, die einem Tsunami gleich über den kleinen Polderstaat hinwegschwappte.

Dabei ist Sterbehilfe auch in den Niederlanden nach wie vor strafbar und kann mit bis zu zwölf Jahren Haft geahndet werden. Das wird im Ausland oft falsch verstanden. Aber hält sich der Arzt beim Leisten der Sterbehilfe an bestimmte Richtlinien, braucht er nichts zu befürchten, und die Staatsanwaltschaft wird von einer Strafverfolgung absehen.

Diese Richtlinien galten in der Praxis schon seit 1994, sechs Jahre später wurden sie in einer Ausnahmeklausel im Strafgesetzbuch verankert: So etwa muss der betreffende Arzt einen Kollegen zurate ziehen und eine spezielle Meldestelle für Sterbehilfe umgehend über den Fall informieren. Der Patient muss unerträglich und ohne Aussicht auf Heilung leiden und – ganz wichtig – den Wunsch nach Sterbehilfe mehrfach selbst ausdrücklich geäußert haben.

»Es ist wirklich nicht so, dass kranke Menschen hier gegen ihren Willen aus dem Weg geräumt werden können«, versuchte ich meine Mutter zu beruhigen. Das nämlich hatten die Christdemokraten in Baden-Württemberg im Wahlkampf behauptet. Sie versprachen ihren Wählern, es nicht zu holländischen Zuständen kommen zu lassen, worauf meine Mutter einigermaßen entsetzt bei mir anrief, um mehr über diese Zustände zu erfahren.

Sie war nicht die Einzige: Auch Christine aus dem fernen München musste ich davon überzeugen, dass die Ärzte in meiner Wahlheimat nicht allesamt mit der Spritze anschlagbereit hinterm Rücken in langen Krankenhausgängen stehen und Opfern auflauern.

Solche Räuberpistolen machten tatsächlich die Runde, und wir Korrespondenten hatten alle Hände voll zu tun, um sie aus der Welt zu schaffen und jenseits der Grenze die Gemüter zu beschwichtigen.

»Könnte ich meine kranke Oma jetzt zu euch nach Holland zum Sterben schicken?«, wollte Christine wissen.

»Nein«, stellte ich klar. In den weitaus meisten Fällen wird Sterbehilfe ja vom Hausarzt geleistet, ein sogenannter Sterbehilfetourismus ist dadurch ausgeschlossen: »Patient und Hausarzt müssen sich gut kennen und ein Vertrauensverhältnis aufgebaut haben.«

In Gesprächen mit der Heimatfront musste ich auch immer wieder betonen, dass niederländische Patienten im Gegensatz zu vielen Deutschen sehr mündig und die Ärzte für sie keine Halbgötter in Weiß sind. Vielleicht liegt es daran, dass sie deshalb viel selbstverständlicher auch das Recht auf ihren eigenen Tod fordern. Die Kirchen mögen sich – so wie im Ausland – mit der Sterbehilferegelung schwertun – von den Bürgern stehen mehr als achtzig Prozent hinter ihr.

»Das kam ja auch alles nicht über Nacht, das darfst du nicht vergessen, sondern nach fast dreißig Jahren heftiger gesellschaftlicher Debatten«, erklärte ich Christine weiter.

»Ach ja, stimmt«, antwortete die. »Poldern heißt das bei euch doch, oder?«

»Richtig«, entgegnete ich. »Und wie du weißt, sind die Niederländer sehr pragmatisch eingestellt und der Ansicht, dass Verbote ...«

»... nicht viel nützen, ich weiß«, vollendete Christine meinen Satz mit einem Seufzer, der mir verriet, dass sie in dieser Hinsicht nach wie vor anderer Meinung war.

Die Niederländer hingegen dulden aus genau diesem Grund unter bestimmten Bedingungen den Konsum weicher Drogen und gingen bei der Abtreibung bereits 1981 sogar noch einen Schritt weiter bis hin zur vollen Legalisierung. Denn rigorose Verbote, so die Grundhaltung meiner neuen Landsleute, bringen nur Nachteile mit sich. Tabuisierung zum Beispiel. Oder Vertuschung.

»Glaubst du etwa, dass meine Kollegen in Nachbarländern wie Deutschland oder Frankreich nicht mit Sterbehilfe konfrontiert werden?«, fragte mich Doktor Veerman, mein Hausarzt, mit dem ich nach wie vor oft über die Sterbehilferegelung spreche.

»Die stehen genau vor demselben Dilemma wie wir – bloß müssen die es heimlich tun«, stellte er klar. »Wir Niederländer hingegen können offen darüber reden, wir haben so viel Mut, dem Problem nicht länger aus dem Weg zu gehen.« Doktor Veerman war die Räuberpistolen aus dem Ausland ein bisschen müde: »Wer beschuldigend den Finger auf uns richtet, sollte erst mal nachprüfen, wie die Lage im eigenen Land ist und wie viel da unter den Teppich gekehrt wird!«

Er jedenfalls war erleichtert darüber, dass seine Patienten ihn nicht mehr um ein Verbrechen bitten müssen, wenn sie nach Sterbehilfe fragen, und er sich nicht mehr wie ein Krimineller vorkommt, wenn er sie dann auch leistet.

»Wobei du eines nicht vergessen darfst, Kerstin«, sagte er eindringlich. »Die Belastung für uns Hausärzte ist enorm, keiner von uns wartet darauf, Sterbehilfe zu leisten.«

So wie neulich bei einem achtzigjährigen Patienten mit Lungenkrebs: »Ich konnte nichts mehr für ihn tun, es blieben

ihm nur noch drei, vier Tage, die wollte er sich ersparen.«
Mein Hausarzt erfüllte ihm diesen Wunsch. »Aber glaub mir,
Kerstin, es wäre mir viel lieber gewesen, wenn er diese drei
Tage auch noch durchgehalten hätte.«

Ich konnte Doktor Veerman verstehen. Aber ich war froh
für seinen Patienten, der nicht bis zum bitteren Ende durch-
zuhalten brauchte. So wie ich für Mevrouw Visser froh war.
Denn auch sie konnte selbst entscheiden, wann sie die bereits
ausgestreckte Hand des Todes ergreifen wollte.

27. Kapitel In dem die Zuhälter und Nutten in Mariekes Nachbarschaft im Amsterdamer Rotlichtviertel zu ehrenwerten Leuten der Relaxbranche werden sollen und Pim endlich heiraten könnte – wenn er dazu jemanden hätte

Die Sterbehilferegelung war Teil einer grandiosen Apotheose, mit der das sozialliberale sogenannte lila Kabinett von Wim Kok zum Endspurt ansetzte. Es war gerade so, als spürten die Minister, dass hinter den Deichen bald ein anderer Wind wehen würde, und als beeilten sie sich daher, umso lauter »*moet kunnen*« in den Poldern erschallen zu lassen – und zwar gleich drei Mal hintereinander.

Denn die Sterbehilfe war nur ein Tabuthema, dem sich Den Haag Ende 2000 allen Protesten aus dem Ausland zum Trotz unerschrocken stellte: Kurz zuvor hatten die Niederländer bereits das Bordellverbot aufgehoben und ebenfalls im internationalen Alleingang sämtliche Bordelle, Sexklubs und Fenstervermietungen legalisiert. Das sind seitdem alles Unternehmen der sogenannten Relaxbranche – vorausgesetzt, sie sorgen für bestimmte Arbeitsumstände und arbeiten ausschließlich mit volljährigen Frauen zusammen, die freiwillig in der Prostitution tätig sind und aus der EU stammen. Auf diese Weise wollte Den Haag das Rotlichtmilieu entkriminalisieren, dem Frauenhandel einen Riegel vorschieben und Prostituierte besser schützen. Die üben seitdem einen ganz legalen Beruf aus mit Rechten und Pflichten wie andere Arbeitnehmer auch.

»Wir sind jetzt von lauter ehrenwerten Leuten umgeben«, witzelten Marieke und Thibaut, die ja immer noch mitten auf den Wallen *antikraak* wohnten, aber inzwischen ernsthaft darüber nachdachten, dem Eigentümer das Haus zu einem guten Preis abzukaufen und es zu sanieren – »mit Papas

Hilfe«, verkündete Marieke freudestrahlend. Der beginne als gestandener Geschäftsmann zu ahnen, dass es nicht so verkehrt sein könne, sein Geld in den malerischsten und schönsten Teil Amsterdams zu investieren: »Ich sage euch, in ein paar Jahren ist dieser Sündenpfuhl total aufgepeppt und eine der coolsten Adressen der Stadt«, prophezeite Thibaut und hob sein Glas: »Darauf wette ich eine Flasche Champagner!«

Es war ein Freitagabend im Mai 2001, und wir saßen bei *Rick's*, unserem Multikulti-Lieblingsitaliener, um endlich Daphnes Schulabschluss zu feiern. Schon im letzten Sommer hatte sie mit Bravour die sogenannte HAVO abgeschlossen und damit die Fachhochschulreife erlangt – allerdings ohne sich über allzu viele Neuner oder gar Zehner schämen zu müssen, aber dafür immerhin mit einer ganzen Reihe von Achtern, was nicht zuletzt an der letzten Sommerfrische am Bodensee lag.

Jedenfalls hatte sie so wie alle niederländischen Schüler nach bestandenem Abschluss sofort ihren alten Schulranzen an den Fahnenstock gehängt und zusammen mit der Nationalflagge demonstrativ über der Haustür im Wind flattern lassen. Bestandene Schulabschlüsse gehören in den Niederlanden zu jenen Ereignissen, die kollektiv gefeiert werden. Anschließend entschwand Daphne für ein paar Monate nach Kenia, wo sie mit einer Freundin erst wochenlang durch die Wildnis zog und dann in einem Waisenhaus arbeitete, denn sie wollte in Rotterdam Sozialpädagogik studieren.

Vor ein paar Tagen war sie zurückgekommen, und deshalb hatten wir beschlossen, schleunigst das Essen zur Feier des Examens nachzuholen und es ebenfalls ein bisschen kollektiver zu gestalten: Mit am Tisch saßen nicht nur Thibaut und Marieke, die das Wochenende ohnehin in Wassenaar verbringen wollten, sondern auch Pim, der mir beim Verlassen des Büros über den Weg gelaufen war und den ich mitgenommen hatte, um ihn auf andere Gedanken zu bringen.

Pim war ein bisschen niedergeschlagen, nicht etwa, weil er wieder einmal Liebeskummer hatte, nein, es war wegen seiner Mutter: »Die wartet nun schon seit Monaten auf ihre

Hüftoperation und hat schreckliche Schmerzen, aber ein Operationsdatum ist immer noch nicht in Sicht«, klagte er, denn in den Niederlanden gab es für bestimmte Eingriffe lange Wartelisten, weshalb jedes Jahr Patienten starben, weil sie nicht rechtzeitig an die Reihe kamen. »Das ist doch nicht normal für ein zivilisiertes Land«, schimpfte er beim Betreten von *Rick's*, und da musste ich ihm recht geben.

Nina und Dolf konnten leider nicht mitfeiern, die hatten beschlossen, dieses Wochenende Dolfs dritter Leidenschaft zu widmen, und steuerten irgendwo auf dem Ärmelkanal mit hoffentlich geblähten Segeln auf ihrem *Witte Olifant* auf die englische Küste zu. Und Rijn und Nelleke waren mit ihrem alten Wohnwagen irgendwo in Frankreich unterwegs.

Pim und ich winkten Marieke und Thibaut zu, die bereits an unserem runden Stammtisch in der Ecke saßen, den Khaled für uns zu reservieren pflegte. Daphne und Jan Kees ließen auf sich warten, denn Daphne wollte sich erst noch *Big Brother* angucken, die erste *real life soap*, mit der ein gewisser John de Mol Ende 1999 Fernsehgeschichte geschrieben hatte: Von den Niederlanden aus setzte sie zum Siegeszug um die ganze Welt an und sorgte für Millionen von Opfern. Auch Daphne gehörte zu den Süchtigen, und ich muss sagen, eine Zeit lang sah es so aus, als ob auch Jan Kees und ich infiziert wären, da wir uns »BB« bei einer Süchtigen im Haus ja wohl oder übel immer mit angucken mussten.

»*Increíble!*«, schimpfte Dolores, die Bedienung aus Kolumbien, und zog den Bauch ein, um ihr Dekolleté ins rechte Licht zu rücken, das der Frühling wie eine appetitliche und sehr große Knospe hatte aufspringen lassen.

»Meine Tochter Christina ist auch süchtig«, erzählte sie uns, als sie eine Karaffe Weißwein auf den Tisch stellte. Christina war genauso alt wie Daphne und wollte ebenfalls mit dem Studium beginnen, allerdings in Amsterdam, wo sie derzeit ein Zimmer suchte.

»Habt ihr nicht noch einen Platz für sie in eurem Haus frei?«, fragte Dolores Marieke und Thibaut. Wenn auf den Wallen jetzt alles ganz legal zuging, konnte sie ihre Tochter getrost ziehen lassen, ohne sich noch mehr Sorgen um sie machen zu müssen, als sie es ohnehin schon tat. Wobei Dolores allerdings nicht nachvollziehen konnte, wie es die Niederländer schaffen wollten, aus dem ältesten Gewerbe der Welt ein ehrenhaftes zu machen.

»Das ist ja auch völlig utopisch«, warf Khaled ein, der sich wie immer, wenn wir bei ihm waren, einen Moment lang zu uns an den Tisch gesellte. »Oder denkt hier etwa jemand, dass Prostitution jemals ein Beruf wie jeder andere werden wird? Dass ein Mädchen so wie ein Junge, der Feuerwehrmann oder Lokomotivführer werden will, irgendwann einmal mit glänzenden Augen sagt: ›Ich will Hure werden‹?« Khaled musste regelrecht nach Luft schnappen.

»Na ja, Edelnutte könnte noch angehen. Oder ein sauteures Luxuscallgirl«, ertönte hinter ihm die Stimme von Daphne, die gerade reingekommen war – mit ihrem Vater im Schlepptau, wie ich erleichtert feststellte. Meistens war Jan Kees nicht mehr dazu zu bewegen, mich zu begleiten, aber dem Examensessen seiner eigenen Tochter konnte er schwerlich fernbleiben. »Papa ist un-aus-steh-lich«, hatte selbst Daphne bereits mehrfach konstatiert, und die Tatsache, dass sie »Papa« sagte und nicht »Jan Kees«, bewies, wie ernst es ihr war.

Mit großem Hallo wurden die beiden empfangen. Khaled schenkte Daphne sofort höchstpersönlich ein Glas Wein ein und fing dann wie immer an, hemmungslos mit ihr zu flirten. Denn Daphne war mit ihren fast achtzehn Jahren, den langen hellblonden Locken und grünen Katzenaugen tatsächlich ein extrem *lekker ding* geworden.

»Findest du die Aufhebung des Bordellverbots denn nicht in Ordnung?«, fragte sie ihn.

»Ich finde es übertrieben«, entgegnete Khaled, als sich Antonio, der neapolitanische Ober, mit dem für ihn so typischen Watschelgang aus der Küche näherte, um eine Riesenplatte mit *antipasti* auf den Tisch zu stellen.

»Es ist einfach wieder einmal so typisch für euch Holländer«, fuhr Khaled fort. »Ihr habt euch eurer Land selbst gemacht, sprich: der See abgerungen, und deshalb denkt ihr nun, dass ihr euch auch eure Gesellschaft selbst machen könnt. Die versucht ihr ganz nach Belieben zu kneten und zu formen.« Khaled hatte ganz offensichtlich tief über die Psyche seiner neuen Landsleute nachgedacht.

Antonio, der als Neapolitaner etwas konservativer eingestellt war als der Durchschnittsholländer, konnte ihm da nur beipflichten. Das mit der Sterbehilfe war ihm schon zu weit gegangen, dann hatten sie mit der Aufhebung des Bordellverbots noch eins draufgesetzt, doch selbst damit nicht genug – die Niederländer mussten auch das noch toppen: »Jetzt können Schwule und Lesben hier auch noch ganz normal heiraten wie Mann und Frau«, klagte er beim Austeilen der Teller.

Das war der dritte und letzte »*moet kunnen*«-Schrei gewesen, den das lila Kabinett über die Polder hatte schallen lassen: Am 1. April 2001 hatten die Niederlande als erstes Land der Welt die sogenannte Homoehe eingeführt.

»Höchste Zeit!«, konstatierte Pim, der es angesichts der Bemerkung von Antonio für angebracht hielt, sich zu Wort zu melden. Selbst hatte Pim zwar immer noch keinen Kandidaten, mit dem er von diesem neuen Recht Gebrauch hätte machen können, aber das hielt ihn nicht davon ab, sich immer und immer wieder hingerissen die Aufzeichnung von den Hochzeiten der allerersten Homoehepaare anzusehen, drei Schwulenpärchen und ein Lesbenpaar. Am 1. April kurz nach Mitternacht hatten sie sich im Amsterdamer Rathaus das Jawort gegeben. Ich wusste inzwischen genau, an welchen Stellen der Jubel ausbrach, denn ich hörte oben im Büro über Pim ja immer mit.

»Völlig gleichgestellt sind wir übrigens immer noch nicht«, betonte der und piekste eine Artischocke von seinem Teller. »Wir dürfen nur niederländische Kinder adoptieren, weil das Kabinett ausländische Vermittlungsinstanzen für Adoptivkinder nicht abschrecken will.« Und wird in einer homosexuellen Ehe ein Kind geboren, dann muss der Partner es erst adoptieren: »In einer heterosexuellen Ehe hingegen gilt der Ehemann automatisch als der Vater, auch wenn ihm ein Kuckucksei ins Nest gelegt wurde«, klagte Pim kopfschüttelnd.

»Sag mal, das sind doch nun eigentlich wirklich alles *peanuts*«, meldete sich Jan Kees zu Wort und guckte die Artischocke an, die Pim immer noch auf seiner Gabel aufgepiekst hatte. Jan Kees mochte keine Artischocken.

»Was heißt hier *peanuts!*«, konterte Pim. »Wir fordern genau die gleichen Rechte, um ...«

Jan Kees unterbrach ihn schroff: »... um genauso spießbürgerlich werden zu können wie der Rest dieser Gesellschaft!«

Einen Moment lang ließen alle am Tisch entgeistert die Gabel sinken, auch Pim seine mit der Artischocke. Dann kam zum Glück Dolores vorbei und fragte, ob alles recht sei.

»Der ist aber schlecht drauf«, raunte mir Pim zu. »Da kann ich dir nur wünschen, dass sich seine Laune bald bessert!«

»Und dir wünsche ich, dass dir bald Mister Right über den Weg läuft, den du dann heiraten kannst«, entgegnete ich.

Mein Wunsch sollte in Erfüllung gehen. Pim musste sich zwar noch etwas gedulden, aber dann traf er auf seine große Liebe – und wie es meistens in solchen Fällen ist, in einem Moment, in dem er am allerwenigsten damit gerechnet hatte. Es war der berühmte *coup de foudre*, bei Albert Heijn an der Kasse. Pim hatte seine Bonuskarte vergessen, war aber ganz versessen darauf, seine Kristallsammlung um ein wunderschön geschnittenes Pralinenschüsselchen zu erweitern, jedoch – wie es sich für einen anständigen Holländer gehört – nicht zum vollen Preis.

»Nimm doch einfach meine Bonuskarte«, sagte der Mann hinter ihm und blickte Pim tief in die Augen. Er war ein Designer namens Wim, der so aussah wie Jude Law. Bei Pim und Wim hat die Damenwelt wirklich doppelt Pech gehabt.

Die beiden waren sich schnell einig, dass sie den Rest ihres Lebens miteinander verbringen wollten. Es war der klassische Fall vom *potje*, das endlich sein *dekseltje* gefunden hat.

Im September 2005 heirateten Pim und Wim. Selbstverständlich war ich bei der Hochzeit dabei, ich war sogar einer der beiden Trauzeugen. Aber selbst war ich wieder Single.

28. Kapitel In dem Jan Kees doch noch den Bus nimmt, den er vor mehr als zehn Jahren verpasst hatte, ich am Tropf meiner Freunde hänge und bei der Hochzeit von Willem Alexander und Maxima Rotz und Wasser heule

Christine war so erschüttert, dass sie noch nicht einmal ihr übliches »Du liebe Güte« herausbrachte. »Sag, dass das nicht wahr ist!«, meinte sie stattdessen. »Ist denn da wirklich nichts mehr zu kitten?« In ihrer eigenen Beziehung mit Franz krachte es ja auch immer mal wieder, aber bislang war es den beiden jedes Mal gelungen, sich wieder zusammenzuraufen.

»Weißt du noch, wie wir Jan Kees damals in Spanien kennengelernt haben?«, stellte ich eine Gegenfrage.

»Ja. Er hatte den Bus nach Granada verpasst.«

»Genau. Jetzt hat er den Bus doch noch genommen. So musst du das sehen.«

So versuchte ich selbst auch, es zu sehen. Reisende soll man nicht aufhalten – diese fünf Worte sagte ich mir immer wieder vor. Geradezu fieberhaft beauftragte ich meinen Verstand damit, das Geschehene einzuordnen, um das Unfassbare fassbar zu machen. Es war eine Art Rettungsring, den mein Verstand mir zuwarf, denn gefühlsmäßig kam ich mir vor wie ein Patient nach einer Amputation, die ohne Betäubung vorgenommen worden war. Alles tat höllisch weh.

Reisende soll man nicht aufhalten ...

Dabei schafften fünf andere Worte viel mehr Klarheit: Er liebte mich nicht mehr. So etwas passiert ja recht häufig. Aber wenn es einem selbst zustößt, will man es nicht wahrhaben.

Liebte ich ihn denn noch? Oder hatte ich nur krampfhaft versucht, den Schein aufrechtzuerhalten, weil ich so schlecht darin bin aufzugeben, und die Wahrheit nicht sehen wollte?

Jan Kees hatte wieder frei sein wollen. Alles abschütteln – den Job, das Haus, die Hypothek, ja, selbst seine Beziehung. Unbelastet von allen bürgerlichen Pflichten und Verantwortungen, wollte er durch Spanien ziehen. So wie damals, nach seiner Scheidung, bevor er mich kennengelernt hatte. Aber dieses Mal für unbegrenzte Zeit.

»Daphne ist ja jetzt aus dem Gröbsten raus«, meinte er, da müsse er auch als Vater nicht mehr so präsent sein. Deshalb war er bereit, alle Zelte rigoros hinter sich abzubrechen. Er würde schon sehen, was das Leben noch für ihn in petto hatte, vielleicht in der Tat einen Campingplatz an der Küste, vielleicht eine neue Liebe. Vorerst jedenfalls würde er erst einmal unbeschwert von Ort zu Ort ziehen.

»Du kannst ja mitkommen«, hatte er mir angeboten. Dabei wusste ich genau, dass ihm klar war, ich würde Nein sagen. Ich war kein Aussteigertyp. Außerdem: Ich hatte ja schon einmal alle Zelte hinter mir abgebrochen. Für ihn. Und im Gegensatz zu Jan Kees war ich mit meiner Form des Daseins eigentlich ganz zufrieden gewesen. Bislang jedenfalls. Für diesen Mann war ich in dieses Land gekommen. Aber würde ich ohne ihn bleiben?

Die Frage beschäftigte auch Daphne, die ebenso erschüttert über unsere Trennung war wie unsere Freunde. »Du gehst jetzt sicher nach Deutschland zurück?«, fragte sie mich. Die Angst in ihren Augen war ein wunderbarer Liebesbeweis, den ich zum Glück bei allem Schmerz zu erkennen imstande war.

»Komm her, mein Schatz«, sagte ich und drückte sie ganz fest an mich. Die Antwort aber blieb ich ihr schuldig. Ich hatte keine Ahnung, wie der Rest meines Lebens aussehen würde. Ich hing am Tropf meiner Freunde.

Es war so merkwürdig. Einerseits befand ich mich in einem schwarzen Loch, denn gerade hatte mich der Mann, den ich für die Liebe meines Lebens gehalten hatte, verlassen. Andererseits entdeckte ich gerade dadurch, wie reich ich trotz allem mit Liebe gesegnet war. Denn nicht nur meine Freunde, Eltern und Geschwister in Deutschland, auch die Menschen in meiner Wahlheimat, die mir ans Herz gewachsen waren, kümmerten sich geradezu rührend um mich. Egal, ob Marieke, Willem oder Pim: Alle riefen täglich an und fütterten mich regelrecht durch. Selbst die Mulders meldeten sich, obwohl sie umgezogen waren und in einem Neubauviertel am anderen Ende der Stadt Wohnkarriere gemacht hatten: Sie wohnten nun nicht mehr in einem banalen Reihenhäuschen, sondern *twee onder een kap*, wie das hier heißt, in einem Zweifamilienhaus.

Von dort aus schickten sie die übliche runde Chrysantheme mit einer Einladung zum Abendessen. Ich lehnte dankend ab und erfand eine Ausrede: Mevrouw Mulder würde mich nur von hinten bis vorne ausfragen, um ihren Bridgedamen dann in den schillerndsten Farben en détail ausmalen zu können, wie Jan Kees mir das Herz gebrochen hatte. Da heulte ich mich lieber bei meinen Freunden aus.

»So, und das isst du jetzt alles auf, *lief*!«, sagte Nina in einem Ton, der keinen Widerspruch duldete. *Lief* nannte sie mich immer, wenn sie es besonders gut mit mir meinte, und das war auch an diesem Abend der Fall, denn sie hatte mir gerade einen riesengroßen Teller mit Tagliatelle und Lachssahnesoße vor die Nase geschoben. Nina war so herrlich unholländisch, alles an ihr war üppig.

»Du kannst die Autoschlüssel auf den Küchentisch legen«, rief sie ihrem jüngsten Sohn Floris zu, denn der plante eine Marokkoreise und hatte sich das Auto seiner Mutter ausgeliehen, um beim Konsulat sein Visum abzuholen.

»Er hat gerade seinen Führerschein bestanden – auf Anhieb«, erzählte Nina voller Stolz, als sie sich zu mir an den Tisch setzte – ebenfalls mit einem dampfenden Teller voller Nudeln, der bewies, dass sie ihre Diätpläne mal wieder in die hinterste Ecke des Eisschranks gelegt hatte.

»Jan Kees war ohnehin schon lange nicht mehr dein Ritter auf dem weißen Ross«, meinte sie dann. »Jedenfalls war das allerhöchstens noch das Idealbild, das in deinem Kopf herumspukte, aber nicht mehr der Realität entsprach.«

Wo Nina recht hatte, hatte sie recht. Ich guckte durch ihr

Gartenfenster bis hin zur weißen Segeljacht, die da wie immer am Steg dümpelte, und dachte an meinen ursprünglichen Ritter auf dem weißen Ross zurück – den mit den dunklen Augen und der olivfarbenen Haut, der Französisch sprach. Ihn hatte ich im Stich gelassen für dieses Nordlicht, das nun mit dem Rucksack durch Spanien zog, um Frauen erneut schöne grüngraue Augen zu machen.

Auf einmal erfasste mich das unwiderstehliche Verlangen, den Teller mit den Tagliatelle mit voller Wucht durch Ninas Gartenfenster zu werfen. Ich bin zwar nie sehr gut im Werfen gewesen, da habe ich im Schulsport immer versagt. Aber in diesem Moment, da bin ich mir ziemlich sicher, hätte ich über mich hinauswachsen können, und der größte Teil der Nudeln wäre an Bord vom *Witte Olifant* gelandet.

Nina muss den Zorn in meinen Augen gesehen haben. »Sehr gut, Wut ist der erste Schritt hin zur vollständigen Genesung«, dozierte sie.

Meine Freundin sah immer alles ganz praktisch, auch die größeren und kleineren Katastrophen im Laufe eines Menschenlebens: »Trennungen haben immerhin den Vorteil, dass man abnimmt«, plauderte sie weiter. Und wieder konnte ich ihr nur recht geben: Inzwischen passte ich mühelos wieder in Größe 36 und war froh, ein paar schicke, aber zu klein gewordene Hosen in meinem Schrank doch nicht weggegeben zu haben.

»Nach der Scheidung von meinem ersten Mann war auch ich wieder gertenschlank und hatte Größe 38«, seufzte Nina, in Erinnerungen schwelgend, und drehte sich eine dicke Ladung Tagliatelle auf die Gabel. Dummerweise wurde sie dann mit Ehemann Nummer zwei so glücklich, dass sie anfing, sich doppelt so viele Pfunde wieder anzufuttern. Aber da Dolf sie ja liebte, machte das nicht wirklich etwas aus.

Ich versuchte mir gerade ebenso angestrengt wie erfolglos vorzustellen, wie Nina mit Größe 38 wohl ausgesehen haben mochte. Doch die hatte schon wieder das Thema gewechselt.

»Sag mal, weißt du schon, dass Do ihrem letzten Lover den Laufpass gegeben hat?«, eröffnete sie mir.

»Wirklich? Die waren doch so gut wie verlobt!«

Immerhin hatte Karel, so hieß der Gute, sich so viel Mühe gegeben, Dolores den klassischen Ring mit Brilli zu schenken. Er hatte ihr sogar geholfen, endlich das Apartment zu renovieren, das sie seit zwei Jahren mit ihren beiden Kindern an der Leidener Meppellaan bewohnte. »Du wirst es nicht glauben«, hatte sie beim Einzug zu mir gesagt. »Ich wohne jetzt in einer Straße mit zwei p, zwei l und zwei a. Das nimmt mir zu Hause in Kolumbien niemand ab!«

Gegen das Renovieren und den Brilli hatte Dolores nicht das Geringste einzuwenden gehabt. Für einen Buchhalter hatte Karel dabei erstaunlich viel handwerkliches wie auch romantisches Geschick bewiesen. Doch dann beging er den großen Fehler, sich in Dos Finanzen zu vertiefen, und wollte ihr ein Schuldensanierungs-Sparprogramm verordnen. Von da an ging es schief.

»Stell dir vor, die beiden haben so gestritten, dass Do sich ihren Brilli vom Finger riss und in einem großen Bogen aus dem Balkonfenster nach draußen warf!«

Dolores wohnte im siebten Stock.

Ich konnte mir die Szene sofort problemlos vorstellen. Wahrscheinlich hatte Dolores, während sie einen Schwall wütender spanischer Worte von sich gab und den Ring über Bord gehen ließ, auch noch mit dem Fuß aufgestampft. Ninas Gesichtsausdruck verriet mir, dass auch sie diese Vorstellung in vollen Zügen genoss.

»Aber kaum hatte sich Karel für immer verzogen, bereute sie ihre Tat zutiefst«, erzählte sie weiter.

»Wie meinst du das? Wollte sie Karel denn zurückhaben?«, fragte ich zurück.

»Nein, nicht Karel – den Ring«, stellte Nina klar. »Deshalb rief sie mich hinterher ja auch sofort an!«

Zentimeter für Zentimeter haben meine beiden Freundinnen zusammen den Grünstreifen unter dem Balkon von Dolores abgesucht. Auch diese Szene konnte ich mir problemlos im Detail vorstellen.

»Nach zwei Stunden haben wir ihn gefunden«, lachte Nina.

»Zum Glück – was wäre das für eine Verschwendung gewesen! Man braucht mit einem Mann ja nicht auch gleich alle Geschenke über Bord zu werfen, oder?« Meine Freundin sah auch das ganz pragmatisch. »Sag mal, sollen wir heute Abend noch ins Kino gehen?«, fragte sie dann und ging in die Küche, um zwei Espressos zu machen. Nina wollte unbedingt diesen neuen britischen Film sehen, *Bridget Jones' Diary.*

Der stand auch auf meiner To-do-Liste. Aber, so rief ich ihr hinterher: »Ich kann nicht. Ich muss noch arbeiten.«

»Übertreibst du nicht ein bisschen?«, rief Nina zurück. »Du bist ein richtiger Workaholic geworden, seit du wieder Single bist, weißt du das! Was steht denn jetzt schon wieder an?«

»Maxima«, rief ich zurück. Der SWR hatte ein Porträt von der zukünftigen Frau des niederländischen Kronprinzen bei mir bestellt. Es gab ja auch noch Leute, die sich nicht trennen, sondern – im Gegenteil – heiraten wollten.

»Ob Maxima wohl auch so viel lateinamerikanisches Temperament hat, dass sie mit Verlobungsringen um sich schmeißt?«, fragte Nina lachend, als sie mit dem Espresso zurück ins Wohnzimmer kam. Denn Maxima kam ja aus Argentinien. »Aber die hat wahrscheinlich so viele Ringe, dass es auf einen mehr oder weniger nicht ankommt«, seufzte Nina und hielt mir ein Schälchen mit herrlichen belgischen Bonbons vor die Nase. »Also gut, Kerstin«, sagte sie. »Dann gehen wir halt morgen ins Kino, keine Widerrede. Ich rufe Do an, ob sie auch mitkommt.«

Das mit Bridget Jones wurde nichts, den Film schaute ich mir erst gut ein Jahr später in Dos Wohnzimmer in der Meppellaan auf Video an. Für Kino blieb uns Auslandskorrespondenten damals keine Zeit, stattdessen verfassten wir einen Bericht über Maxima nach dem anderen. Je näher das magische Datum 02-02-2002 rückte, desto mehr wurden es. Denn dann würden sich die beiden in Amsterdam das Jawort geben. Schon Monate zuvor war im ganzen Land die sogenannte *Maximania* ausgebrochen: In den Schaufenstern türmten sich Maxima-Barbiepuppen im Brautkleid, Maxima-Parfums und Kaffeebecher mit dem herzförmigen Foto des Brautpaares. Es gab eine Zehn-Euro-Hochzeits-Sondermünze, Maxima-Damenslips mit einem Krönchen, und über dem Eingang der Ankunftshalle des Amsterdamer Flughafens schwebte ein riesiges oranjefarbenes Herz aus unzähligen Luftballons und mittendrin »2-2-02«.

Dabei hatten die Niederländer anfangs nicht sonderlich viel von Alex' neuer Flamme wissen wollen. Denn die Lateinamerikanerin, so attraktiv sie auch war, hatte einen kleinen Schönheitsfehler – genauer gesagt, ihr Vater: Der war während der argentinischen Militärjunta Agrarminister gewesen, also zu einer Zeit, in der Zehntausende von Argentiniern gefoltert und ermordet wurden. Jorge Zorreguieta, so hieß der zukünftige Brautvater, behauptete zwar, von den Gräueltaten nichts gewusst zu haben. Aber ein renommierter niederländischer Historiker, der im Auftrag der Regierung in Den Haag Zorreguietas Vergangenheit unter die Lupe genommen hatte, war zu einem anderen Schluss gekommen: Er hielt das für undenkbar – und dieses eindeutige Urteil hatte die Begeisterung meiner neuen Landsleute über die rassige Blondine, in die sich ihr Kronprinz auf einer Jetsetparty in Sevilla verknallt hatte, merklich gesenkt – da mochte Maxima noch so charmant, temperamentvoll und auch intelligent sein.

»Sie hat ja bis vor Kurzem als Bankerin in New York gearbeitet«, meinte meine Nachbarin Lineke, die immer etwas sauertöpfisch dreinblickende Lehrerin, mit einer Spur von Anerkennung. Lineke wollte nicht viel von Maxima wissen: »Ihr Haar ist sowieso gefärbt, das sieht man ja am Ansatz«, meinte sie, und statt Anerkennung lag jetzt jener Giftton in ihrer Stimme, zu dem nur Frauen fähig sind.

Wir saßen zusammen mit Saskia, meiner ehemaligen Mitbewohnerin aus dem Büro, mit total zerzausten Haaren und geröteten Wangen im *St. Moritz aan Zee*. Es war ein strahlender Wintertag Anfang Januar 2002, und wir hatten trotz der Kälte und des starken Windes gerade einen langen Strandspaziergang in den nächsten Badeort Katwijk und zurück gemacht, gut zwei Stunden, unterbrochen von einer Kaffeepause in *De Zwaan*, einem beliebten Restaurant direkt am Katwijker Strand. Jetzt wollten wir im *St. Moritz* zu Mittag essen.

Saskia hatte ihr Studium längst abgeschlossen und ihre erste Stelle als Deutschlehrerin angetreten – zufällig am selben Gymnasium in Leiden wie Lineke.

»Es macht mir sehr viel Spaß«, erzählte sie uns. »Jedenfalls die Arbeit mit den Kindern. Ich hätte bloß nicht gedacht, dass ich nebenbei auch noch so viel Papierkram erledigen muss. Das kostet fast mehr Zeit als meine eigentliche Arbeit als Lehrerin.«

»Wem sagst du das«, antwortete Lineke seufzend und reichte mir die Menükarte. »Die Bürokratie an den Schulen ist katastrophal geworden!«

Saskia war längst aus dem *antikraak*-Haus ausgezogen, das wir gemeinsam bewohnt hatten. Das galt auch für mich, denn seit der Trennung von Jan Kees konnte ich mir ein externes Büro, so billig es auch war, nicht mehr leisten. Ich hatte unbedingt in dem kleinen Backsteinreihenhäuschen bleiben wollen, die Trennung war genug an Veränderungen, fand ich, zumindest die Umgebung sollte bleiben, wie sie war – auch wenn ich die gesamte Hypothek nun alleine zahlen musste. Und ich hatte zu Hause ja nun Arbeitsraum genug, denn auch Daphne war längst ausgezogen.

»Die hat jetzt eine Studentenwohnung in Rotterdam«, erzählte ich und blickte aus dem Fenster runter auf den Strand, wo trotz Sturm und Kälte eine ganze Reihe von Spaziergängern unterwegs war, um das Naturspektakel einer laut rauschenden und dramatisch von Wellen und Schaumkronen bewegten Nordsee zu genießen. Das Meer war zu jeder Jahreszeit faszinierend.

»Vielleicht sehen wir Maxima und Alex ja auch noch schwer verliebt Hand in Hand vorbeikommen«, hoffte ich. Denn am *Wassenaarse Slag* ließen sich Königs ab und zu mal blicken, für einen Strandritt oder einen Spaziergang.

»Also, ich finde nach wie vor, dass diese Maxima nichts für uns ist«, sagte Lineke, die sich ganz offensichtlich als Teil von

Maximas zukünftiger Schwiegerfamilie betrachtete. »So ein Mann wie ihr Vater kann doch unmöglich der Schwiegervater unseres zukünftigen Königs werden!«

Ich gab die Menükarte an Saskia weiter. »Ich finde das etwas scheinheilig«, meinte die. »Was ist denn mit den zahllosen Affären unseres eigenen Königshauses?« So sauber sei die Familie, in die Maxima einzuheiraten gedenke, ja nun auch wieder nicht. »Denkt doch nur an die Lockheed-Affäre von Prinz Bernhard. Oder an all seine Liebschaften und unehelichen Kinder!«, eiferte sie sich. »Würde mich interessieren, ob die auch alle zur Hochzeit eingeladen werden, diese unehelichen Onkel und Tanten von Alex.«

Ich saß andächtig lauschend zwischen den beiden und kam mir dabei vor wie ein Tennislinienrichter ohne Hochsitz. Normalerweise sorgten die niederländischen Royals ja nicht für sonderlich viel Unruhe, sicher nicht verglichen mit ihren britischen Kollegen. Aber kam es – so wie nun – zu einem handfesten Skandal, dann beschäftigte der die gesamte Nation, vom kleinen Handwerker bis hin zum Universitätsprofessor. Das zeigte mir mal wieder, wie sehr die Oranjes hier Teil der nationalen Identität sind. Als Immigrantin aus einem könighauslosen Land konnte ich darüber nur staunen.

»Wir Deutschen kennen so was ja schon seit Langem nicht mehr«, mischte ich mich ins Gespräch ein.

»*Klopt*, und deshalb seid ihr im Grunde eures Herzens alle ein bisschen neidisch auf uns!«, glaubte Saskia als Deutschlehrerin zu wissen, um sich dann wieder auf ihre Gegenspielerin Lineke zu konzentrieren: »Wenn wir Maxima gegenüber schon so kritisch sind«, holte sie zum nächsten Aufschlag aus, »dann sollten wir einmal an unsere eigene Geschichte denken, zum Beispiel, wie wir uns in unserer Kolonialzeit aufgeführt haben – sicher sehr viel schlechter als Vater Zorreguieta!«

Aber, so seufzte Saskia und wandte sich wieder mir zu, »wie du weißt, liebe Kerstin, richten wir Niederländer den moralischen Zeigefinger ja nur allzu gerne auf andere anstatt auf uns selbst.«

»Also, ich bitte dich«, konterte Lineke. »Bemüh jetzt nicht die Kolonialzeit! Du scheinst vergessen zu haben, dass auch viele Abgeordnete im Parlament Bedenken hatten – und zwar so starke, dass die Hochzeit beinahe gar nicht erst geplant worden wäre!«

Da hatte Lineke einen Punkt gemacht. Um heiraten zu können, brauchten Alex und Maxima den Segen des Parlaments, und der hatte zunächst auf sich warten lassen. Vor Kurzem war sogar noch von Thronverzicht die Rede gewesen: Wenn Alex seine rassige Lateinamerikanerin unbedingt heiraten wollte – bitte schön! »Dann hätte sein Bruder Johan Friso eben für ihn in die Bresche springen müssen«, meinte Lineke und wartete darauf, dass sich der Ober mit seinem »*Apres ski-leraar*«-Aufdruck auf dem Rücken endlich umdrehte.

Doch der zukünftige König der Niederlande heißt nach wie vor Willem Alexander. Denn seiner Herzensdame gelang es doch noch rechtzeitig, allen ihren Gegnern den Wind aus den Segeln zu nehmen: Maxima distanzierte sich nicht nur öffentlich vom Regime ihres Vaters, sie setzte dabei auch noch eine Waffe ein, die diesem nüchternen kalvinistischen Handelsvolk hinter den Deichen total fremd war: ihren temperamentvollen südamerikanischen Charme. Wie eine nicht endende Flutwelle ergoss er sich über die Polder und brach sämtliche Deiche.

»Es tut mir leid, dass mein Vater in einem falschen Regime für die Landwirtschaft sein Bestes gegeben hat«, sagte sie nach der Verlobung im niederländischen Fernsehen. Die gesamte Nation hing an ihren Lippen, die ersten Taschentücher wurden gezückt – erst recht, als sie dann noch hinzufügte: »Ich bin so glücklich, Alexander gefunden zu haben, er bringt das Beste in mir zum Vorschein – er ist liebevoll, stark und intelligent. Was uns verbindet, ist etwas ganz Besonderes.«

Und das alles sagte sie in einem tadellosen *Nederlands*, das sie in kurzer Zeit gelernt hatte.

Nachdem das Kabinett dann auch noch bekannt gemacht hatte, dass Maximas Vater der Hochzeit fernbleiben würde, ließ die Zustimmung des Parlaments nicht länger auf sich warten. Der Weg zum Traualtar war frei.

»Zu Unruhen so wie bei der Hochzeit von Beatrix und Claus wird es bestimmt nicht kommen«, meinte Saskia, denn Menschenrechtsorganisationen hatten versprochen, friedlich zu demonstrieren. »Eigentlich war Maxima ähnlich unerwünscht wie einst ihr zukünftiger Schwiegervater!«

Aber so wie Prinz Claus werde es auch ihr gelingen, zum populärsten Mitglied des Königshauses aufzusteigen, da war sich Saskia ganz sicher. Nach Prinz Claus sei Maxima sowieso das Beste, was dem niederländischen Königshaus passieren konnte: »Endlich bringt jemand Schwung in die verstaubte Hofhaltung von Beatrix«, meinte sie, als es Lineke endlich gelang, den Ober herbeizuwinken.

Die musste zugeben, dass Beatrix dies durchaus gebrauchen konnte. Und bei aller Kritik an Maxima: Natürlich würde auch Lineke am 2. Februar vor dem Fernseher sitzen. »Das lasse ich mir nicht entgehen«, bekannte sie frank und frei. Dann wandte sie sich dem Ober zu: »Ich nehme die Scholle!«

Ich habe die Hochzeit von Maxima und Alexander noch so vor Augen, als wäre es gestern gewesen, denn natürlich war auch ich in meinem Arbeitszimmer vor dem Fernsehschirm live mit dabei: In einem schlichten cremefarbenen Brautkleid von Valentino schritt Maxima durch die *Nieuwe Kerk* in Amsterdam zum Traualtar. Am ergreifendsten war der Moment, als Tangomusik erklang und live in der Kirche auf einem Bandoneon das Lied *Adios, Nonino* gespielt wurde, »Adieu, lieber Vater!«. Natürlich muss Maxima in diesem Moment an ihren Vater gedacht haben und wohl auch an ihre Mutter, die aus Solidarität mit ihrem Mann ebenfalls nicht in der Kirche saß. Mit der einen Hand, so war in Großaufnahme auf den Fernsehschirmen zu sehen, drückte Maxima immer wieder die ihres frisch gebackenen Ehemannes, mit der anderen, die ebenfalls in Großaufnahme erschien, tupfte sie die Tränen weg, die ihr unaufhaltsam über die Wangen kullerten. Wobei die gesamte Nation mitheulte.

Nun ja, fast die gesamte Nation. Bis auf uns Journalisten und Korrespondenten eben, aber wahrscheinlich auch nur deshalb, weil uns keine Zeit zum Heulen blieb. Den ganzen Tag lang berichteten wir in allen Facetten über diese Hochzeit, die letztendlich doch noch eine märchenhafte geworden war – bis hin zum Doppelkuss auf dem Balkon des königlichen Palastes auf dem Dam, dem ehemaligen Rathaus auf seinen mehr als dreizehntausend Pfählen: Dort zierte sich Maxima nicht, nach einem ersten, eher mager ausgefallenen Kuss ihren Alex herzhaft an sich zu ziehen, um ihm einen zweiten, weitaus längeren auf die Lippen zu drücken – worauf sich der Jubel Tausender Schaulustiger auf dem Dam in fast hysterische Höhen schraubte.

Es war weit nach zehn Uhr abends an diesem 2. 2. 2002 und nach mindestens zwanzig Berichten und Liveschaltungen über Küsse und kullernde Tangotränen, als ich die Tür meines Arbeitszimmers zu Hause hinter mir zuzog, die Hundeleine aus dem Schrank und das Rad aus der Garage holte und mit Nelson zu *Rick's* radelte, um diesen denkwürdigen Tag ausklingen zu lassen.

Meine Freundesclique hing einträchtig an der Bar und starrte hingerissen auf den großen Bildschirm an der Wand. Wo normalerweise Inter Mailand seine Gegner das Fürchten lehrte oder andersherum, war nun Maxima in der zigsten Wiederholung zu sehen, wie sie in ihrem Valentino-Brautkleid vor dem Pfarrer stand, hinter ihr die prächtige Schleppe.

Nur Antonio, der Ober, und Khaled, der Wirt, hatten Besseres zu tun. Antonio bediente die letzten Gäste, und Khaled las einen arabischen Brief, den Nina ihm zum Übersetzen mitgebracht hatte. »Sozusagen von Schwiegermutter zu Schwiegermutter«, eröffnete er mir lachend und schob Antonios Whiskyglas zur Seite.

»Wie bitte?« Ich glaubte mich verhört zu haben.

»Ja, Ninas Sohn Floris ist doch gerade von seiner Marokkoreise zurück«, antwortete Khaled.

Das wusste ich bereits. Nina hatte mir auch erzählt, dass Floris sich dabei unsterblich in eine junge Marokkanerin verliebt hatte, die ihm in einer Kleinstadt an der algerischen Grenze über den Weg gelaufen war.

»Eine Ferienliebe«, hatte sie geseufzt. »Mal gucken, wie ernst es ist.«

Anscheinend ernst genug, dass die Mutter der jungen Marokkanerin es für angebracht hielt, Nina ein paar Zeilen zu schreiben.

»Mehr weiß ich auch nicht, aber ich glaube nicht, dass es Sinn macht, Nina jetzt danach zu fragen«, grinste Khaled.

Da hatte er recht, denn Nina guckte zusammen mit Dolores immer noch regelrecht hypnotisiert auf den großen Bildschirm, wo Maxima gerade mal wieder »Ja!« gesagt hatte, es muss so ungefähr das 159 678. Mal gewesen sein.

»Ihre Schleppe ist fünf Meter lang«, murmelte Do hingerissen und schenkte mir völlig abwesend ein Glas Weißwein ein.

»Gleich kommt die Szene mit der Tangomusik!«, kündigte Nina mit einem wohligen Seufzer an, um mir das Glas Wein geistesabwesend vor die Nase zu schieben und gleich anschließend eine Schachtel mit Kleenex.

»Tu dir keinen Zwang an, wir haben auch schon einiges konsumiert«, sagte sie und meinte eigentlich die Taschentücher. Denn auch ich, und das wusste Nina, würde gleich heulen – und zwar nicht nur wegen Maxima, dieses Klasseweibs, das beschlossen hatte, den Rest seines Lebens hinter den Deichen in diesem *kikkerlandje*, diesem Froschländchen, zu verbringen, so wie auch ich es zwölf Jahre zuvor eines Mannes wegen getan hatte.

Warum kommt es bei Hochzeiten eigentlich so oft vor, dass neben der Braut auch die Hochzeitsgäste heulen, vor allem die weiblichen? Liegt es daran, dass sie so wie Nina sentimental werden, weil sie ihre eigene Beziehung und damit ihre Ideale über die Jahrzehnte hinweg haben retten können und ihr Prinz immer noch gut im Sattel sitzt, auch wenn Reiter und Ross ein bisschen klapprig zu werden beginnen? Ist es deshalb, weil sie so wie Dolores am Verzweifeln sind, da sich partout kein Prinz finden lässt, der sich auf dieses Ross setzen lässt – oder umgekehrt, kein Ross diesen Reiter ertragen will? Oder liegt es daran, dass sie sich – so wie ich damals – völlig ernüchtert aller Ideale beraubt fühlen, da der Prinz das Ungeheuerliche fertiggebracht hat und freiwillig von seinem Ross gestiegen ist, um es dann scheu zu machen?

Ich wusste es nicht. Stattdessen griff ich zum ersten Kleenex. Das Timing war perfekt. Gerade als der Braut zu herzergreifenden Bandoneonklängen die ersten Tränen über die Wangen kullerten, fühlte auch ich, wie sich meine beiden Augen füllten. Dann liefen sie über. Erst das linke, dann das rechte. Einträchtig mit Maxima fing ich zu heulen an. Sie auf dem Bildschirm, ich an der Holzbar von *Rick's*.

29. Kapitel Wie der Schlachtuf »Moet kunnen« in den Poldern verhallt, der schöne Adriaan rehabilitiert wird und ein populistischer Rechtsexzentriker Den Haag aus dem Dornröschenschlaf reißt

Der Hochzeitskuss auf dem Amsterdamer Palastbalkon markierte das ebenso strahlende wie emotionale Ende einer Ära. Ein neues Zeitalter würde anbrechen und das kleine Land hinter den Deichen unwiderruflich verändern.

Anzeichen hatte es genug gegeben: die Feuerwerksexplosion von Enschede, die im Mai 2000 ein ganzes Stadtviertel dem Erdboden gleichmachte, als in einer Fabrik mehr als hundert Tonnen an unvorschriftsmäßig gelagerten Feuerwerkskörpern explodierten. Dreiundzwanzig Menschen kamen ums Leben, neunhundertfünfzig wurden verletzt.

Oder der Caféhausbrand in Volendam in der Neujahrsnacht von 2000/01: Eine Wunderkerze hatte in einer total überfüllten Kneipe die Weihnachtsdekoration an der Decke in Brand gesetzt. Vierzehn Jugendliche kamen in den Flammen um, einhundertachtzig erlitten zum Teil schwerste Brandwunden und sind für den Rest ihres Lebens entstellt.

In beiden Fällen hatten es die Behörden mit den Kontrollen nicht so genau genommen und gleich mehrere Augen zugedrückt – in Volendam bei den Brandschutzvorschriften, in Enschede bei den Lagerungsvorschriften und vorgeschriebenen Obergrenzen für schwere Feuerwerkskörper.

Auf einmal zeigte der Schlachtruf der Sechzigerjahre »*Moet kunnen*« sein anderes Gesicht. Düster war es, düster und hässlich, und es wollte nicht mehr verschwinden. Dafür sorgte ein Mann, der wie ein Shootingstar am Polithimmel erschienen war und der gesamten Nation dieses Gesicht wie einen Spiegel vorhielt. Sein Name war Pim Fortuyn.

Die Niederländer schnappten nach Luft. Sie taten sich nicht nur schwer, in diesen Spiegel zu gucken, sie konnten auch beim Anblick dieses Politikers ihren Augen kaum trauen. Denn Fortuyn war schrill, schräg und schwul. Der vierundfünfzigjährige Soziologieprofessor trug teure Designeranzüge mit grellbunten Krawatten, saß vorzugsweise in einem eleganten Bentley und hatte zwei Schoßhündchen namens Kenneth und Carla, ein Cavalier-King-Charles-Spanielduo.

»Allemachtig!«, sagte Janine.

»So was hat's bei uns noch nie gegeben«, stellte auch Nina nicht ohne einen wohligen Schauer fest.

Auch ich kam aus dem Staunen nicht mehr heraus: Auf einmal war die Politik im Polderstaat nicht mehr langweilig und auf Konsens bedacht, sondern spannend und unvorhersehbar. Auf einmal waren die Wahlen, die am 15. Mai 2002 stattfinden sollten, Gesprächsthema Nummer 1 – sowohl in Talkshows als auch auf dem Leidener Samstagsmarkt, sowohl an Stammtischen als auch unter meinen Freunden.

Denn was Fortuyn von sich gab, ließ die Wähler aufhorchen: Er wollte dem, wie er es nannte, »Verludern und Verlottern« dieser Gesellschaft, in der sich niemand mehr an Regeln und Vorschriften hielt, Einhalt gebieten.

»Höchste Zeit!«, fanden nicht nur die Mulders, sondern auch Rijn und seine Nelleke. »Für was haben wir denn Regeln und Vorschriften, wenn sich niemand dran hält?«, meinte Rijn.

Fortuyn sagte auch der Bürokratie den Kampf an: Lehrer müssten wieder vor den Klassen stehen und sich auf ihre Schüler konzentrieren, Polizisten auf der Straße, um Verbrecher zu fangen, und Ärzte im OP, um zu operieren. Dann würden auch die ellenlangen Wartelisten im Gesundheitswesen verschwinden.

»Höchste Zeit!«, fanden die beiden Lehrerinnen Lineke und Saskia und auch Pim und seine Mutter mit der kaputten Hüfte.

Dennoch zögerten meine Freunde und Bekannten, der »Liste Pim Fortuyn«, kurz LPF genannt, ihre Stimme zu geben. Denn Fortuyn ging noch einen Schritt weiter und wagte es, auch die Haager Einwanderungs- und Integrationspolitik zu kritisieren. Das machte ihn nicht salonfähig. Damit brach er ein Tabu und musste sich als Rechtsextremist ausschimpfen lassen, obwohl er allerhöchstens ein populistischer Rechtsexzentriker war.

Fortuyn forderte so ungeheuerliche Dinge wie einen Zuwandererstopp: Erst einmal sollten die 1,7 Millionen Einwanderer, die es bereits gab, anständig integriert werden. »Bei laufendem Wasserhahn«, so Fortuyn ganz derb, »lässt sich nicht gut aufwischen.«

Und Aufwischen, das war in seinen Augen dringend nötig: In Amsterdam und Rotterdam gab es längst sogenannte schwarze Stadtviertel wie Feyenoord, wo Khaleds Cousine wohnte. Wo Armut und Arbeitslosigkeit, Kriminalität und Ausländeranteil hoch waren. Wo man kaum noch *Nederlands* auf den Straßen hörte und wo die Kinder in sogenannte schwarze Schulen gingen, während die Alteingesessenen in weißen Stadtvierteln wohnten und ihren Nachwuchs auf weiße Schulen schickten.

Denn die unverbindliche Integrationspolitik der Niederländer, bei der jeder Zwang vermieden wurde, hatte nicht zu Integration geführt, sondern, im Gegenteil, zu Segregation. Parallelgesellschaften waren entstanden. Immigranten bekamen eine Aufenthaltsgenehmigung und Sozialhilfe, man gab ihnen bei Bedarf auch einen niederländischen Pass – aber Forderungen wurden nicht an sie gestellt: Wenn sie wollten, konnten sie zwar *Nederlands* lernen oder sich in die Eigenheiten ihrer neuen Heimat vertiefen, um Land und Leute besser kennenzulernen – doch niemand verpflichtete sie dazu, auch wenn das zu ihrem eigenen Besten gewesen wäre.

Aber zu dieser Einsicht waren die etablierten Parteien zu diesem Zeitpunkt noch nicht gelangt, die Schattenseiten der Integrationspolitik wurden von ihnen geflissentlich unter den Teppich gekehrt – sie zu kritisieren gehörte sich nicht und galt als politisch nicht korrekt. Von Missständen wie in Feyenoord hatte die politische und wirtschaftliche Elite des Landes ohnehin keine Last, denn die wohnte so wie Mariekes Vater und die Eltern anderer *hockeymeisjes* und *-jongens* weit weg unter Reetdächern im sogenannten Speckgürtel oder im schicken Amsterdamer Grachtengürtel.

Aber in diesen sogenannten schwarzen Stadtvierteln gab es neben Immigranten auch alteingesessene Bewohner – und ihnen sprach Fortuyn aus dem Herzen.

»Was ich durchaus nachvollziehen kann«, meinte selbst Khaled, der Wirt von *Rick's*, der die softe und zwanglose Integrationspolitik seiner neuen Landsleute mit ihren Koch- und Radkursen ja schon immer belächelt und als ineffizient verurteilt hatte.

Weniger gut hingegen fand es Khaled, dass Fortuyn nicht davor zurückschreckte, neben der Integrationspolitik auch noch den Islam selbst zu kritisieren und als »rückständige Kultur« zu bezeichnen.

»Als Homosexueller glaubt er allerdings, gute Gründe für diese Meinung zu haben«, gab ich zu bedenken, als ich eines Abends zusammen mit Daphne nach dem Pizzaessen bei ihm und Dolores an der Bar hängengeblieben war.

Denn für viele Moslems sind Homosexuelle eine minderwertige Sorte Mensch und »noch weniger wert als Schweine«, wie es Fortuyn ausdrückte.

»Neulich hat ihn ein Journalist gefragt, ob er überhaupt schon mal mit einem Moslem gesprochen habe«, erzählte ich. »Wisst ihr, was Fortuyn geantwortet hat?«

»Aber sicher!«, riefen die anderen lachend im Chor, denn die Antwort, die der exzentrische Politiker gegeben hatte, ist noch heute legendär: »Mit ihnen gesprochen?«, fragte Fortuyn zurück. »Mit denen gehe ich sogar ins Bett!«

Die Niederländer kamen aus dem Nach-Luft-Schnappen gar nicht mehr heraus. Bislang hatte es niemand gewagt, solche Sachen von sich zu geben. Um politische Korrektheit scherte sich Fortuyn einen Teufel, auch wenn er damit in dieser so auf Konsens bedachten Gesellschaft gegen sämtliche Schienbeine trat und das tat, was die etablierten Parteien bislang tunlichst zu vermeiden versucht hatten: polarisieren.

Denn auf einmal scheuten sich auch viele Wähler nicht länger, mit ihrer Meinung über Immigranten und Ausländer hinter dem Berg zu halten – wobei es vor allem um diskriminierende Bemerkungen über Moslems ging. Aus dem Riss, der nach den New Yorker Terroranschlägen auch in den Niederlanden zwischen Zuwanderern und Alteingesessenen entstanden war, wurde nun eine Kluft.

Dolores konnte das nur bestätigen: »Stellt euch vor, neulich musste ich mich im Bus von einer Frau ausschimpfen lassen, nur weil ich den Busfahrer beim Einsteigen etwas gefragt hatte und seine Antwort nicht sofort verstand«, erzählte sie entrüstet, als sie hinterm Tresen Weingläser polierte.

»Setz dich endlich hin und halt den Mund«, habe die Frau zu ihr gesagt. »Lern erst mal anständig *Nederlands*. Ihr Ausländer denkt, dass ihr euch alles herausnehmen könnt!«

Dolores war immer noch voller Empörung und musste tief durchatmen.

»Mit dem *Nederlands* hatte die Frau ja nicht ganz unrecht«, stellte Khaled richtig, worauf er sich von Dolores mit dem Küchenhandtuch bewerfen lassen musste. Denn Do fiel immer noch regelmäßig ins Englische, wenn ihr im Niederländischen die Worte fehlten.

Aber auch wenn Fortuyn in vielen Punkten ins Schwarze getroffen habe: Das gesellschaftliche Klima, so musste auch Khaled einräumen, sei seitdem nicht besser geworden: »Ich bin wirklich gespannt, ob er es schafft, der nächste Ministerpräsident zu werden.«

Die letzten Umfragen jedenfalls sagten Fortuyn bei den bevorstehenden Parlamentswahlen einen grandiosen Erfolg voraus. Schon bei den Gemeinderatswahlen im März 2002 hatte die lokale Ausgabe seiner LPF in Rotterdam für ein politisches Erdbeben gesorgt und war auf Anhieb größte Partei geworden. Die sozialdemokratische *Partij voor de Arbeid*, die in der Hafenstadt bislang am Ruder gewesen war, wurde regelrecht weggefegt: »Die hat ja wirklich eine unglaubliche Schlappe erlitten!«, staunte ich noch im Nachhinein und guckte Daphne an, die neben mir auf dem Barhocker saß, denn die studierte ja seit Kurzem in Rotterdam: »Du hast doch grade zum ersten Mal gewählt, oder?«

»Nein«, seufzte sie und meinte kleinlaut: »Ich wusste wirklich nicht, wem ich meine Stimme geben sollte.« Daphne war gerade dabei, ein politisches und vor allem linkes Bewusstsein zu entwickeln, deshalb hätte sie am liebsten die *Partij voor de Arbeid* gewählt. Aber die Sozialdemokraten hätten ihre Stimme nicht verdient, fand Daphne, die Niederlage sei zu Recht gewesen: »Es konnte doch wirklich nicht so weitergehen! Ihr könnt euch das vielleicht nicht vorstellen, aber ich muss mich auf der Straße oder in der Tram von moslemischen Jungs als Hure ausschimpfen lassen, nur weil ich geschminkt bin oder einen kurzen Rock anhabe – angenehm ist etwas anderes.«

Daphne wusste auch noch nicht, wem sie bei den Parlamentswahlen ihre Stimme geben sollte. »Aber es würde mich nicht wundern, wenn Fortuyn erneut der Größte wird!«

Der war sich seiner Sache übrigens ganz sicher: »Täuschen Sie sich nicht, Sie sprechen mit dem zukünftigen Ministerpräsidenten dieses Landes«, sagte Fortuyn eines Tages aus seinem Bentley heraus vor laufenden Fernsehkameras in ein Mikrofon. Dann kurbelte er die Scheibe hoch und fuhr weiter.

Das war im Frühling 2002, kurz vor den Wahlen Mitte Mai. Ich sehe diese Szene immer noch so genau vor mir, als sei es gestern gewesen. Denn es kam ganz anders. Die Ereignisse überstürzten sich. Es sollte ein schwarzer Frühling werden.

Es begann damit, dass der amtierende sozialdemokratische Ministerpräsident Wim Kok den Handschuh, den ihm Fortuyn hingeworfen hatte, nicht mehr annehmen konnte: Mitte April trat er mit seinem gesamten Kabinett zurück. Die Vergangenheit hatte ihn eingeholt: Sieben Jahre nach dem Völkermord von Srebrenica im Juli 1995, der für die niederländische Gesellschaft inzwischen zu einem nationalen Trauma und zu einer *never ending story* geworden war, präsentierte das renommierte »Niederländische Institut für Kriegsdokumentation« NIOD auf sechstausend Seiten seinen Abschlussbericht. In aller Herrgottsfrühe fuhr ich nach Den Haag, um mir rechtzeitig vor der Pressekonferenz ein Exemplar zu sichern.

Die *Dutchbatters* wurden in diesem Bericht rehabilitiert. Sie hatten sich seit dem Massaker von Srebrenica immer wieder als Feiglinge ausschimpfen lassen müssen, aber, so das NIOD: Sie trifft keine Mitschuld an diesem Völkermord.

»Höchste Zeit«, fand Rijns Sohn, der schöne Adriaan, erleichtert. Ich rief ihn noch am selben Tag an und schaute am Abend kurz bei ihm vorbei. Er wohnte wieder mit seiner Frieda zusammen und hatte auch keine Albträume mehr. Aber die Folgen jenes verhängnisvollen Bosnieneinsatzes machten ihm trotzdem immer noch zu schaffen. Deshalb spielte Adriaan mit dem Gedanken, nach Srebrenica zurückzukehren: »Ich bin mit diesem Kapitel in meinem Leben noch nicht fertig«, sagte er mir an diesem Abend. »Und ich fürchte, ich werde damit auch nie fertig werden.«

An der Regierung in Den Haag hingegen übte der NIOD-Bericht herbe Kritik: Sie habe Blauhelme wie Adriaan völlig unvorbereitet mit einem undeutlichen Mandat auf eine unmögliche Mission geschickt, um sich auf der politischen Weltbühne zu profilieren – sprich: wieder einmal zu zeigen, worin ein kleines Land ganz groß sein kann. Dieses Mal jedoch waren die Niederländer dabei kläglich gescheitert – mit katastrophalen Folgen.

Premierminister Kok zog die Konsequenzen, nachdem ihm das schwarz auf weiß bescheinigt worden war: »Die Schuld an diesem Mord an Tausenden von Moslems nehmen wir nicht auf uns«, sagte er. »Aber mit unserem Rücktritt können wir deutlich machen, dass wir Mitverantwortung tragen.«

Mein belgischer Freund Thibaut, der immer noch für die Anklagebehörde des Jugoslawientribunals in Den Haag arbeitete, lobte diesen Schritt: »Das war sehr mutig von Kok«, fand er.

Thibaut war nach wie vor davon überzeugt, dass auch die Schuldigen für diesen Völkermord über kurz oder lang in Den Haag zur Rechenschaft gezogen werden würden, Karadžić und Mladić. »Das ist nur eine Frage der Zeit«, meinte er, obwohl es inzwischen sieben Jahre her war, dass das Tribunal Anklage gegen die beiden erhoben hatte.

»Milošević ist schließlich auch hier gelandet«, meinte Thibaut. Der Prozess gegen den ehemaligen serbischen Präsidenten, der vor knapp einem Jahr verhaftet und nach Den Haag überstellt worden war, hatte gerade begonnen – und Thibaut keine freie Minute mehr. Zu Hause hing der Haussegen deswegen schief, denn Marieke war hochschwanger, Töchterchen Tessa sollte in Kürze ein Brüderchen bekommen.

Das alles war knapp einen Monat vor den Parlamentswahlen vom 15. Mai 2002. Noch nie waren Wahlen in den Niederlanden so spannend gewesen, jedenfalls konnte sich niemand daran erinnern. Und mit Koks Rücktritt schien für Pim Fortuyn der Einzug ins *torentje*, das Backsteintürmchen und der traditionelle Sitz des Ministerpräsidenten im Haager Regierungsviertel, frei zu sein.

Doch rund dreieinhalb Wochen später, am 6. Mai 2002, war auch Fortuyn aus der politischen Arena verschwunden – ebenso abrupt wie gewaltsam.

Es war kurz nach sechs Uhr an diesem Abend. Fortuyn hatte dem Radiosender 3FM in Hilversum gerade ein Interview gegeben und verließ das Rundfunkgebäude. Er war auf dem Weg zu seinem Auto, als sechs Schüsse auf ihn abgefeuert wurden. Sie trafen ihn in die Brust und den Kopf.

Sämtliche Sendungen im Radio und Fernsehen wurden unterbrochen, um die schockierte Nation über diesen Anschlag zu informieren. Auch ich starrte bestürzt auf den Bildschirm, wo ein lebloser Körper unter einem blutbespritzten weißen Tuch zwischen Autos auf dem Boden lag. Ich weiß noch genau, wie ich dachte: Das kann nicht wahr sein, das darf nicht wahr sein, er kommt ins Krankenhaus und wird überleben!

Kurz darauf begannen bei mir zu Hause sämtliche Telefone zu klingeln: der Festanschluss oben im Arbeitszimmer, der private im Wohnzimmer und das Handy. Es waren die Radioredaktionen in Deutschland. Ich musste an die Arbeit.

Eineinhalb Stunden später, bei den Acht-Uhr-Nachrichten,

war es eine Tatsache: »*Pim Fortuyn is dood!*«, sagte der Nachrichtensprecher.

Viel Zeit für Fassungslosigkeit blieb mir nicht: So wie die meisten Journalisten und Korrespondenten habe ich an jenem 6. Mai 2002 eine Nachtschicht eingelegt, um auch in den folgenden Tagen über nichts anderes zu berichten als dieses Attentat, das die niederländische Gesellschaft aus den Angeln gehoben hatte: In den Niederlanden war ein Politiker wegen seiner Auffassungen auf offener Straße kaltblütig erschossen worden. In den Niederlanden! Das hatte es während der deutschen Besatzungszeit zum letzten Mal gegeben. Die Niederlande, die waren doch das Land, in dem das Grundrecht der Meinungsfreiheit seit Jahrhunderten ganz großgeschrieben wurde. Das Land, in dem die Bürger so stolz darauf waren, dass sie sich mit Worten und nicht mit Waffen bekämpften. Hier wurde gepoldert, aber doch nicht getötet!

Die gesamte Nation schien wie gelähmt:»Ich kann es nicht fassen«, sagte Nina, und nicht nur sie sagte diese Worte, auch Rijn, Willem, Marieke, eigentlich alle meine Freunde. Eigentlich alle Niederländer. So wie nach Srebrenica 1995 mussten sie erneut ihr Selbstbild überdenken – dieses Mal das Bild der toleranten, friedlichen Nation, der Gewalt fremd war.

Der Täter konnte noch am selben Abend gefasst werden. Er hieß Volkert van der Graaf, ein fanatischer Umweltschützer, der in Pim Fortuyn eine Gefahr für die Gesellschaft gesehen hatte.

»Ein Niederländer – Allah sei Dank!«, sagte Khaled mit einem Stoßseufzer der Erleichterung. Dabei war Khaled nicht sonderlich religiös. Aber er dachte an die Kluft, die sich zwischen Immigranten und Alteingesessenen aufgetan hatte und die im Laufe des Wahlkampfes immer größer geworden war. Als er hörte, dass Fortuyn ermordet worden war, hatte Khaled deshalb den Atem angehalten und zu beten begonnen:»Bitte, bitte, lass den Mörder kein Moslem sein!«

Zwei Jahre später schickte Khaled dieses Stoßgebet erneut gen Himmel. Doch dieses Mal wurde er nicht erhört. Dieses Mal war der Mörder ein Moslem.

30. Kapitel   In dem die niederländische Gesellschaft aus den Angeln gehoben wird, Khaled auswandern will, ich schwarzsehe und Nina unverdrossen versucht, ihre marokkanische Schwiegertochter zu importieren

Mit durchgeschnittener Kehle lag Theo van Gogh neben dem Radweg auf der Linnaeusstraat in Amsterdam. Sein Mörder hatte ihn um halb neun Uhr morgens auf dem Weg zur Arbeit abgefangen, vom Rad gestoßen und regelrecht hingerichtet: Der bekannte islamkritische Filmemacher hatte noch zu flüchten versucht und schließlich sogar auf Knien um Gnade gebettelt – umsonst: Mohammed Bouyeri, ein sechsundzwanzig Jahre alter islamistischer Fundamentalist, tötete ihn kaltblütig mit mehreren Pistolenschüssen und Messerstichen. Dann schnitt er seinem Opfer auch noch die Kehle durch und rammte ihm mit einem letzten Messerstich ein fünfseitiges Bekennerschreiben in den Bauch. In tadellosem *Nederlands* rief Bouyeri darin zum Dschihad auf, zum Heiligen Krieg, und bedrohte zwei weitere islamkritische Niederländer mit dem Tod: die beiden rechtsliberalen Abgeordneten Ayaan Hirsi Ali und Geert Wilders. Die mussten sofort untertauchen. Das Motiv des Mörders: Regisseur van Gogh hatte in seinem letzten Film zusammen mit Ayaan Hirsi Ali die Unterdrückung der Frau durch den Koran angeprangert.

Wenn das Attentat auf Pim Fortuyn am 6. Mai 2002 ein Erdbeben gewesen war, dann folgte mit dem Mord an Theo van Gogh am 2. November 2004 nun der Tsunami. Mit brachialer Gewalt rollte er über das kleine Land am Rheindelta hinweg.

Denke ich heute an diese Zeit zurück, kann ich sie nur als eine Periode von Chaos und höchster Verwirrung bezeichnen: Eine gesamte Nation war völlig aus dem Gleichgewicht geraten und musste sich neu ordnen.

»In den Niederlanden kommen gesellschaftliche Veränderungen immer nur schockweise zustande«, erklärte der bekannte niederländische Schriftsteller Geert Mak uns Korrespondenten bei einem Treffen im Pressezentrum Nieuwspoort in Den Haag.

Der erste Schock war die Studentenrevolte in den Sechzigerjahren gewesen, die hatte die streng kalvinistische prüde Gesellschaft der Nachkriegsjahre zum Land der unbegrenzten Möglichkeiten gemacht – und das Credo »*Moet kunnen*« zum Maß aller Dinge.

Mit den beiden Morden an Theo van Gogh und Pim Fortuyn hatte sich nun der zweite Schock vollzogen – und der löste einen Rechtsruck aus, der zwar später kam als in den Nachbarländern, aber dafür umso rabiater: Die Erkenntnis, dass Deiche zwar vor Hochwasser, aber nicht vor islamistischem Terror schützen konnten, machte aus den Niederlanden eines der Länder mit den strengsten Immigrations- und Integrationsgesetzen Europas.

Mir gefiel das gar nicht. »Das Land, in das ich 1990 gekommen bin, sah ganz anders aus«, klagte ich eines Abends Nina mein Leid, als wir uns bei ihr zum wöchentlichen Spanischlernen trafen und mal wieder auf Dolores warteten.

»Von unserer heilen Welt hinterm Deich ist nicht viel übrig geblieben, das stimmt – wenn sie denn jemals so heil war!«, meinte Nina ernüchtert und legte einen Scheit Holz in den brennenden Kamin.

Die Kluft zwischen Alteingesessenen und Zuwanderern war noch größer geworden, das gesellschaftliche Klima grimmig. Es brodelte hinter den Deichen. Nach dem Attentat auf van Gogh hatten nicht nur Kirchen gebrannt, sondern auch Moscheen und islamische Schulen. »Und stell dir vor, *Kers*, neulich auf dem Markt in Leiden, da begannen Christen und Moslems auf offener Straße zu streiten und sich aufs Übelste zu beschimpfen«, erzählte Nina und ging zum Wohnzimmertisch, wo neben dem Spanischlehrbuch ein für mich unbekannter Stapel mit Dokumenten lag.

»Das sind die Papiere von der Zuwanderungsbehörde, um

Noha einreisen zu lassen«, seufzte meine Freundin. Noha war jene junge Marokkanerin, in die sich Ninas jüngster Sohn Floris bei seiner Marokkoreise 2001 unsterblich verliebt hatte. Die Sache war tatsächlich so ernst, dass Floris und Noha beschlossen hatten zu heiraten. Dazu allerdings musste Noha erst einmal, wie Nina es nannte, »importiert« werden. Und das war nach dem Attentat auf Theo van Gogh noch komplizierter geworden, als es nach dem Mord an Pim Fortuyn ohnehin schon war. Nina verglich es mit einer Tür, die langsam, aber sicher ins Schloss fällt: »Wir hoffen alle, dass es Noha gelingt, gerade noch durchzuschlüpfen.«

Denn die etablierten Parteien, die von Pim Fortuyn unsanft aus ihrem Dornröschenschlaf geweckt worden waren, hatten zu einem gigantischen Aufholmänover angesetzt und die Rechtspopulisten dabei längst rechts überholt. Die Niederlande waren von einem Extrem ins andere gefallen: Unverbindlichkeit und Toleranz hatten das Feld geräumt und Platz gemacht für Verbote und eine neue, ungekannte Härte. »*Moet kunnen*« wurde begraben, »Regeln sind Regeln« lautete das neue Credo. Und Immigranten schienen auf einmal keinerlei Rechte mehr zu haben, sondern nur noch Pflichten.

»Die rosarote Brille habt ihr abgesetzt, aber dafür seht ihr jetzt rabenschwarz und lasst kein gutes Haar mehr an den Immigranten und an eurer alten Integrationspolitik«, sagte ich zu meiner Freundin und seufzte tief.

»Kerstin, scher uns bitte nicht alle über einen Kamm!«, antwortete Nina streng. »Zwischen mir und Rita Verdonk wirst du ja wohl noch ein paar Unterschiede entdecken!«

Rita Verdonk war die neue Integrationsministerin und Galionsfigur der strengen, polarisierenden Politik: Die »Eiserne Rita«, wie sie genannt wurde, wollte, dass auf niederländischen Straßen nur noch *Nederlands* gesprochen wurde. Sie versuchte auch gnadenlos, sechsundzwanzigtausend Asylbewerber abzuschieben, die zwar keine Aussicht auf eine Aufenthaltsgenehmigung hatten, aber seit Jahren in den Niederlanden lebten und hier auch Kinder bekommen hatten, da ihnen das alte System die Möglichkeit geboten hatte, gegen jede Abweisung immer wieder in Berufung zu gehen.

»Dabei hatte in diesem Fall selbst Pim Fortuyn noch für eine Generalamnestie plädiert«, meinte ich kopfschüttelnd. Viele Bürger und Bürgermeister, Kirchen- und Flüchtlingsorganisationen protestierten gegen diese geplante Massenabschiebung. Auch meine Nachbarin, die Architektin Michelle, stand eines Tages vor der Tür.

»Sie sammelte Unterschriften für einen Mitschüler ihres jüngsten Sohnes«, erzählte ich Nina. Er hieß Mier, war acht Jahre alt und sollte mit seinen beiden kleinen Schwestern und den Eltern in den Irak abgeschoben werden, obwohl alle drei Kinder in Leiden geboren waren.

Eine Woche nach Michelle stand auch Sexie-Hexie-Oma Janine vor der Tür und sammelte Unterschriften für ein paar Mitschüler ihrer Enkel, denen ebenfalls die Abschiebung drohte: »Ich hoffe, dass es ihnen allen gelingt, das zu verhindern!«, wünschte ich mir.

Erfolgreich durchgesetzt hingegen hatte Ministerin Verdonk bereits die Verschärfung der Zulassungskriterien bei der Familienzusammenführung. Auf diese Weise wollte sie den Zustrom an »Importbräuten« eindämmen.

Davon konnte nun auch Nina ein Lied singen. So hatten die Niederlande als erstes Land Europas ein Zulassungsexamen eingeführt, das Immigranten bereits in ihrem Heimatland absolvieren müssen, also noch bevor sie überhaupt einen Fuß in die Niederlande gesetzt haben. Dazu müssen sie Basiskenntnisse erwerben über Land und Leute, Werte und Normen und mindestens fünfhundert niederländische Vokabeln beherrschen. Das Examen wird per Telefon in der niederländischen Botschaft des jeweiligen Landes durchgeführt.

Ninas zukünftige Schwiegertochter Noha hatte es bereits bestanden. »Sie ist ja zum Glück sehr intelligent«, lobte Nina. Auch die Altersgrenze, die von achtzehn auf einundzwanzig Jahre angehoben worden war, stellte für Noha und Floris kein Problem dar.

Aber wer seinen Partner in die Niederlande immigrieren

lassen will, muss darüber hinaus auch noch einen festen Arbeitsvertrag vorweisen können und mindestens 120 Prozent des gesetzlichen Mindestlohnes verdienen. »Das sind umgerechnet 1140 Euro netto pro Monat.« Nina war genauestens informiert. Ihr Sohn Floris hatte gerade eine Stelle als Verkäufer in einem Herrenmodengeschäft angetreten und brachte es auf nur 1000 Euro netto pro Monat. »Deshalb wurde unser Antrag in erster Instanz abgewiesen«, erzählte seine Mutter.

Aber Nina wäre natürlich nicht Nina, wenn sie es dabei belassen würde. »Ich werde mir demnächst einmal Floris' Chef vorknöpfen und versuchen, ihn zu einer Gehaltserhöhung zu bewegen«, kündigte sie entschlossen an. »Dann gehen wir in die zweite Runde.«

Aber meine Freundin klang an diesem Abend nicht ganz so optimistisch wie sonst. Sie sagte, was viele Niederländer in jenen Tagen sagten: »Ich sehe ja ein, dass es nicht so weitergehen konnte. Aber müssen wir deshalb gleich übers Ziel hinausschießen?«

Es klingelte an der Tür. Das musste Do sein. Nina stand auf und ging in die Diele. »Hast du schon gehört, dass Khaled die Nase so voll hat, dass er ernsthaft darüber nachdenkt, alle Zelte abzubrechen und nach Marokko zurückzukehren?«, rief sie mir von dort aus zu.

»Ja, ich weiß!«, rief ich ihr hinterher. Khaled hatte die Spannungen und die vielen diskriminierenden Bemerkungen satt, die er sich nun regelmäßig anhören musste.

»Meine Neffen und auch mein kleiner Bruder haben Schwierigkeiten, einen Ferienjob zu bekommen, und werden in keine Disco reingelassen, weil sie Moslems sind«, hatte er mir eines Abends hinterm Tresen sein Leid geklagt.

»Und überhaupt«, fügte er hinzu und schob seinem Ober Antonio ein neues Glas Whisky zu: »Es ist einfach nicht mehr *gezellig* hier, Kerstin.« Worauf Antonio bedächtig mit dem Kopf nickte und an seinem Whisky nippte.

Ich wusste, was Khaled meinte. Die niederländische Gesellschaft war zerrissen – auf der einen Seite des Grabens wuchs eine Immigrantengeneration ohne Perspektive heran, die immer weniger bereit schien, sich integrieren zu wollen, aber deren Gewaltbereitschaft stieg; auf der anderen Seite des Grabens stellte eine Gesellschaft immer mehr Forderungen, bot aber keine Chancen mehr.

Was in aller Welt war aus meinem toleranten, weltoffenen Bilderbuchholländer geworden? Auf einmal schottete er sich hinter seinen Deichen ab und schien nur noch Angst zu haben: Angst vor Terror und dem Islam, aber auch Angst vor der Globalisierung und vor Europa, denn auch davon wollte er nicht mehr viel wissen.

Wo nur war das Verspielte geblieben, das Leichte und Freche, das den unnachahmlichen Reiz dieser kleinen Nation ausgemacht hatte?

Irgendwie fühlte ich mich verraten: Erst hatte mich der Mann meines Lebens enttäuscht – und nun auch noch das Land, in das ich für ihn gekommen war!

In der Diele erklang die helle Stimme von Dolores. Ich dachte an den Vertrag, der mir vor ein paar Tagen ins Haus geflattert war. Ich hatte noch niemandem davon erzählt. Eine Hamburger Redaktion hatte mir das Angebot gemacht, wieder als feste Redakteurin zu arbeiten. Ein verlockendes Angebot. Was hielt mich hier denn noch?

Mit einem strahlenden Lachen erschien Do im Wohnzimmer. »*Buenas tardes*«, sagte sie und drückte mich an sich. »Was hast du denn, *querida*? Guck doch nicht so ernst!«

Aber ich wollte ernst gucken. Ich tat genau das Gleiche, was ich meinen neuen Landsleuten vorwarf: Ich sah schwarz.

Dabei ist im Leben nie etwas nur schwarz oder weiß. Im Grunde genommen wusste ich das natürlich auch. Aber ich brauchte eine Weile, um es wieder zu entdecken.

Vorerst jedenfalls hing mein Bilderbuchholländer am Tropf. Und dann machte ich auch noch eine Zugfahrt, die ihm beinahe den Rest gegeben hätte.

31. Kapitel Wieso mein Bilderbuchholländer auf einer
Zugfahrt fast das Zeitliche segnet, aber nach einer zweiten
Reise erfolgreich wiederbelebt werden kann, obwohl ich
bereits seine Beerdigung eingeplant hatte

Ich saß alleine im Abteil und hörte ein Band mit einem Interview ab, das ich gerade in Gouda geführt hatte. Der Zug zuckelte durch das *Groene Hart*, das »Grüne Herz«, eine liebliche Polderlandschaft zwischen Utrecht und Leiden mit Wiesen und Weiden, kleinen Flüssen und Seen.

Da näherte sich die Schaffnerin.

»Oje!«, hörte ich sie sagen, nachdem ich ihr meine Fahrkarte gereicht hatte.

»Was ist denn?«, fragte ich und beugte mich ebenfalls über das kleine gelbe Kärtchen. Auf der Hinfahrt hatte es keine Kartenkontrolle gegeben.

»Oje!«, sagte dann auch ich, denn wie sich herausstellte, hatte ich, weil ich mal wieder in Zeitnot war und nicht genau hingeguckt hatte, im Kartenautomaten aus Versehen eine Wochenendrückfahrkarte gekauft – und zwar auch noch eine ohne Datum, die ich vor dem Betreten des Zuges hätte abstempeln müssen. Auch das hatte ich natürlich nicht getan, weil ich mir dessen ja überhaupt nicht bewusst gewesen war.

»Was hätte denn eine normale Rückfahrkarte in diesem Falle gekostet?«, fragte ich schuldbewusst.

»Preislich macht das keinen Unterschied, es hätte genau dasselbe gekostet«, eröffnete mir die Schaffnerin.

»Ach, dann ist es ja nicht so schlimm«, erlaubte ich mir erleichtert festzustellen. Schließlich befand ich mich hier ja in Holland, da gab es ja Busfahrer, die noch viel weiter gingen und einen sogar schwarzfahren ließen. Deshalb ging ich ganz automatisch davon aus, dass auch dieser Fall glimpflich ablaufen würde. Ich hatte schließlich gezahlt, wenn auch für die falsche Karte.

»Nicht so schlimm?«, konterte die Schaffnerin mit strenger Miene. »Sie haben nicht nur eine ungültige Karte, Sie haben diese Karte auch nicht abgestempelt.«

Mit dem linken Zeigefinger klopfte sie auf meine Fahrkarte, die sie immer noch anklagend in der rechten hielt, als ginge es um das alles entscheidende Beweisstück in einem Kapitalverbrechen. Wobei das Delikt für sie in diesem Falle ganz eindeutig war: »Sie haben versucht schwarzzufahren!«

»Aber das habe ich wirklich nicht absichtlich getan, das müssen Sie mir glauben«, brachte ich zu meiner Verteidigung vor und merkte, dass mich die Schaffnerin auf einmal entfernt an die »eiserne« Rita Verdonk erinnerte – erst recht nach den Worten, die ich mir dann noch herauszunehmen erlaubte: »Könnten Sie denn nicht ein Auge zudrücken?«, wagte ich zu fragen und wusste noch im selben Moment, dass diese Bemerkung ein großer Fehler war.

»Ein Auge zudrücken?«, wetterte die Schaffnerin, nun ganz deutlich die »eiserne Rita«. Das wäre ja noch schöner, dann würde sie den lieben langen Tag lang nichts anderes tun.

»Vorschriften sind Vorschriften!«, sagte sie in einem Ton, der keinen Widerspruch duldete, und zückte ihr Heftchen mit den Bußgeldbescheiden. Fünfunddreißig Euro Strafe hatte ich zu zahlen, plus die Kosten für die Fahrkarte, die ich eigentlich hätte lösen müssen.

»Sie können ja schriftlich protestieren«, sagte sie mir zum Abschied, bevor sie sich in den nächsten Waggon begab.

»Das habe ich dann auch umgehend getan, und ich bekam mein Geld auch tatsächlich zurück«, erzählte ich ein paar Monate später meinen Freunden. »Aber es kostete mich sehr viel Zeit, noch mehr Energie und ellenlange Telefonate.«

Wir planten ein gemeinsames Wochenende in Antwerpen, und da hatte ich sie kurzerhand zum Essen eingeladen. Ich hatte ein neues Moussakarezept, das ich unbedingt ausprobieren wollte.

»*Lekker!*«, konstatierte Hedy, unsere Tulpenexpertin, und meinte dann mit vollem Mund: »Sei doch froh, dass du dein Geld zurückbekommen hast! In Deutschland wäre das, glaube ich, nicht der Fall gewesen.« Genau das hatte Christine am Abend zuvor auch gesagt, als ich ihr das alles am Telefon erzählt hatte.

Ich war aber nicht in Deutschland, das war ja gerade der springende Punkt. »Früher wäre ich hier gar nicht erst zu einer Strafe verdonnert worden«, brummte ich.

»Jetzt stell dich doch nicht so an«, mischte sich Rijn ein. »Weißt du, was mir neulich passiert ist? Ich musste mich mit einem Streifenpolizisten anlegen!« Der hätte ihn beinahe zu einer Geldstrafe verdonnert. Und weshalb? »Bloß weil er mich beim Radfahren ohne Licht ertappt hatte!« Rijn war immer noch ganz empört.

»Da hast du aber Glück gehabt«, meldete sich Willem zu Wort. »Ich bin gestern sechzig Euro ärmer geworden!« Allerdings nicht wegen Radeln ohne Licht, sondern wegen des Delikts des sogenannten *wildplassens.*

»Hättest dich halt nicht beim Pinkeln in die Gracht erwischen lassen sollen«, stellte seine Freundin Hedy nicht ohne Schadenfreude fest. »Ist ja auch eine Sauerei!«

Darüber teilten sich an diesem Abend an meinem Wohnzimmeresstisch die Meinungen, aber eines war uns allen sonnenklar: Unter dem christdemokratischen Ministerpräsidenten Jan Peter Balkenende, der 2002 nach dem Attentat auf Pim Fortuyn das Ruder von dem Sozialdemokraten Wim Kok übernommen hatte, waren konservativere Zeiten angebrochen. Die neue Regierung trat auf die Bremse, am liebsten hätte sie alles, was sich das lila Kabinett in den Neunzigerjahren getraut hatte, wieder rückgängig gemacht – angefangen bei der Schwulenehe über Sterbehilfe bis hin zur Aufhebung des Bordellverbotes. Auch das *kraken* würde Den Haag am liebsten verbieten und sämtliche Koffieshops schließen.

Selbst die Reisenden in den Bahnhöfen waren vor dem neuen Ruf nach Zucht und Ordnung nicht sicher: Damit sie nicht länger die Rolltreppen blockierten, sollte ihnen nach deutschem Vorbild getreu dem Motto *Rechts staan, links gaan* Disziplin beigebracht werden: Für den Leidener Hauptbahnhof war ein entsprechendes Pilotprojekt geplant.

»Es ist nichts mehr so, wie es einmal war«, klagte ich. Selbst *St. Moritz aan Zee* gab es nicht mehr, das hieß jetzt *De Badmeester*, Zum Bademeister. »Wie originell!«, schnaubte ich verächtlich und stand auf, um die Teller abzuräumen.

»Vielleicht ist es einfach so, dass wir beginnen, ein ganz normales Land zu werden – so wie alle anderen auch?«, gab Rijn vorsichtig zu bedenken.

Das war es ja gerade! War das nun wirklich erstrebenswert? Seufzend trug ich die Teller in die Küche, um den Nachtisch aus dem Kühlschrank zu holen, frische Erdbeeren mit Vanille-Vla.

Vielleicht war es wirklich am besten, wenn ich das Angebot aus Hamburg annahm. Nelson könnte ich ja mitnehmen und Daphne und meine Freunde regelmäßig besuchen. Ich würde Janines Backsteinreihenhäuschen verkaufen oder vermieten, meinen Bilderbuchholländer begraben und als fröhliche Witwe wieder in Deutschland arbeiten.

Aber da hatte ich meinen Bilderbuchholländer unterschätzt.

Gut gelaunt kramte Rijn in seinem Rucksack. »Will jemand einen *krentenbol*?«, fragte er und holte eine Tüte mit typisch holländischen Rosinenbrötchen zum Vorschein.

Wir saßen im Zug Richtung Antwerpen und freuten uns wie die kleinen Kinder bei einem Schulausflug – Rijn mit seiner Nelleke, Willem und Hedy, ich und Nina. Dolf wäre auch gerne mit dabei gewesen, aber der weilte zusammen mit anderen Wasserbauexperten auf einem Symposium in China, um dort ein Hochwasserschutzprogramm zu entwickeln. Und auch Do fehlte, die lag mit einer schweren Erkältung im Bett.

»Stell dir vor«, hatte sie mir am Abend zuvor noch empört am Telefon erzählt, »ich war beim Hausarzt, aber der ...«

»... hat dir nur geraten, dich mit einer heißen Zitrone ins Bett zu legen und die Erkältung auszukurieren«, vollendete ich ihren Satz.

»Stimmt«, sagte sie verblüfft, »woher ...«

»Ich habe da so meine Erfahrungen«, sagte ich und wünschte ihr gute Besserung.

Marieke und Thibaut hingegen saßen mit uns im Zug. Marieke hatte inzwischen einen Sohn bekommen, der – wie in solchen Fällen üblich – zusammen mit seiner Schwester Tessa das Wochenende unter dem großelterlichen Reetdach in Wassenaar verbringen würde.

Als gebürtiger Antwerpener kannte Thibaut seine Heimatstadt wie seine Westentasche. Er würde uns zwei Tage lang mit jeder Menge Geheimtipps überraschen und vor allem dafür sorgen, dass wir das elfte Gebot befolgten, das in dieser flämischen Hafenstadt zugleich auch das oberste war: *Gij zult genieten* – »Du sollst genießen.«

»Vielleicht läuft dir ja auch endlich ein Mannsbild über den Weg, das Gnade vor deinen Augen findet«, hoffte Nina, die mich in der letzten Zeit immer wieder zu verkuppeln versuchte. »Es darf ruhig auch ein Belgier sein, Hauptsache, du lässt mal wieder einen an dich ran.«

Die anderen brachen in schallendes Gelächter aus, während ich bloß die Augen verdrehte – eine Beziehung war das Letzte, was ich derzeit gebrauchen konnte. Ich dachte an mein Gespräch mit Daphne zurück, die ab und zu mit ihrem Vater Kontakt hatte. Jan Kees hatte zunächst tatsächlich einen Campingplatz eröffnet, bei Málaga, zusammen mit einer Spanierin, die ihm dort über den Weg gelaufen war. Schon nach einem Jahr allerdings hatte die beschlossen, dass sie Besseres zu tun hatte. Deshalb versuchte sich mein Ex nun als Gastwirt: Gerade hatte er ein Restaurant eröffnet, dieses Mal bei Algeciras und zusammen mit einer Niederländerin, seiner bislang jüngsten Flamme, die so wie er mit dem Rucksack in Südspanien unterwegs gewesen war.

»Es bleiben Papa ja noch jede Menge Varianten«, hatte Daphne diese Entwicklungen zynisch kommentiert, »sowohl was die Touristenbranche betrifft als auch die Herkunftsländer seiner Frauen.«

Selbst hatte ich erst erstaunt und dann beruhigt festgestellt, dass mich Neuigkeiten dieser Art inzwischen ziemlich kaltließen. Wenigstens das Kapitel »Persönlicher Bilderbuchholländer« hatte ich schließen können.

Ich hatte mich gerade dafür entschieden, statt des *krentenbol* von Rijn eines der Croissants zu nehmen, die Thibaut aus seinem Rucksack gezaubert hatte, als der Schaffner in unserem Abteil erschien.

»Oje!«, hörte ich ihn sagen, als er neben einem Geschäftsmann auf der anderen Seite des Ganges stehen blieb. Ich spitzte die Ohren.

»Oje!«, sagte nun auch der Geschäftsmann, der bis Brüssel reisen wollte, aber – so wie ich damals vor dem Interview in Gouda –, ohne es zu wissen, eine falsche Fahrkarte gelöst hatte. Betreten guckte er erst auf die Fahrkarte und dann nach oben in das Gesicht des Schaffners: »Und jetzt?«

Doch der stempelte die falsche Karte ohne Zögern ab. »Eigentlich darf ich das ja nicht tun«, verriet er dem Geschäftsmann und guckte mit einem fröhlichen Augenzwinkern zu uns rüber. »Aber wir haben eine Viertelstunde Verspätung – und das gehört sich auch nicht.«

Ich starrte ihn überrascht an, es hätte nicht viel gefehlt, und ich hätte in die Hände geklatscht.

»Was hast du denn, du siehst ja auf einmal so fröhlich aus?«, fragten mich die anderen verwundert.

»Oh, nichts«, winkte ich ab, »ich habe bloß grade beschlossen, sowohl einen *krentenbol* als auch ein Croissant zu verdrücken.«

Innerlich hingegen jubelte ich. Hurra – er lebte noch, mein Bilderbuchholländer!

32. Kapitel   In dem uns ein Klavier spielender Bilderbuchholländer mit einem Aquakonzert verzaubert, Willem zum Pionier des Aquawohnens wird – und aus meiner Vernunftehe mit diesem Kikkerlandje doch noch Liebe

Wir haben uns in Antwerpen streng an das elfte Gebot gehalten, ganze Berge an Miesmuscheln *provençales* verputzt und nicht zu wenige *bollekes*, typisches Antwerpener Bier, getrunken. Am letzten Abend trafen wir in einer Hafenkneipe auf eine Gruppe russischer Matrosen, die ein Akkordeon dabeihatten. Wir haben bis in die frühen Morgenstunden zusammen getanzt und Seemannslieder gesungen. Auf der Heimfahrt am nächsten Tag war es dann ziemlich still, denn wir hatten alle einen Kater.

Ich habe dieses Wochenende nie vergessen – aber deutlich in Erinnerung geblieben ist mir auch der Schaffner, der den Geschäftsmann auf der Hinfahrt ohne gültige Fahrkarte hatte weiterreisen lassen. Denn dieser Schaffner war ein entfernter Verwandter jenes Busfahrers, der mich kurz vor meinem Umzug in die Niederlande 1990 hatte schwarzfahren lassen – und er sorgte dafür, dass ich aufhörte schwarzzusehen. Schließlich war er der lebende Beweis dafür, dass sein Geschlecht trotz aller Veränderungen, die in der Zwischenzeit stattgefunden hatten, nicht ausgestorben war. Dazu, so konnte ich nach diesem Wochenende erleichtert feststellen, war es zu stark und zu zäh.

Damals wurde mir auch klar, wie sehr ich dieses Land und seine Menschen zu lieben gelernt hatte. Es war wie mit einer langjährigen Beziehung: Der erste Lack war ab, sie hatte Kratzer und Beulen bekommen, der Partner Macken und unangenehme Seiten entwickelt, aber deshalb musste man sich ja noch lange nicht von ihm trennen! Denn jener unerklärliche Zauber, der vor Jahren dazu geführt hatte, dass ich mich, ob ich es nun wollte oder nicht, in ihn verliebt hatte, der war ja nicht völlig auf der Strecke geblieben.

Ich brauchte mir doch nur meine Freunde anzugucken: Die radelten nach wie vor ohne Licht über rote Ampeln und pinkelten im Notfall immer noch wild in die Gracht. Die ignorierten das Hinweisschild *Rechts staan, links gaan*, sodass auf niederländischen Rolltreppen nach wie vor kein Durchkommen war, auch wenn sich Nichtniederländer grün und blau darüber ärgerten. Die hatten immer noch so viel bürgerlichen Ungehorsam, dass sie gegen die strengen Integrations- und Immigrationsgesetze mobil machten, um wie Michelle oder Sexie-Hexie-Oma Janine die Abschiebung von Mitschülern ihrer Kinder und Enkel zu verhindern.

Beide hatten sich übrigens längst ein *bakfiets* angeschafft, Michelle für die Kinder, Janine für die Enkelkinder. Rijn hatte recht behalten, das *bakfiets* war zu einem echter Renner geworden. Aber sowohl Janine als auch Michelle weigerten sich nach wie vor standhaft, einen Helm aufzusetzen.

»Neulich meinte eine Frau auf der Straße, es sei verantwortungslos, was ich da machen würde«, erzählte mir Michelle an einem lauen Sommerabend 2005, als ich mein *fiets* aus der Garage holte, um in die Innenstadt zu radeln. Ich hatte mich dort mit Willem und Hedy auf ein Glas Wein verabredet. »Ich dachte bloß: *Mens*, lass mich in Ruhe, was geht dich das an!«, meinte Michelle kopfschüttelnd. Denn das Schlimmste für einen Durchschnittsholländer war und ist es nach wie vor, wenn ein anderer ihn zu betütteln versucht oder ihm vorschreiben will, was er zu tun und zu lassen hat.

Mir geht das ja nach mehr als zwanzig Jahren Niederlande nicht anders. Ich gebe frank und frei zu, dass ich meinen Hund in den meisten Fällen nach wie vor frei laufen lasse, obwohl nach deutschem Vorbild auch in den Niederlanden inzwischen an vielen Orten eine allgemeine Anleinpflicht eingeführt wurde. Aber die Chance, darauf angesprochen zu werden, wenn man sich nicht dran hält, ist in Deutschland immer noch weitaus höher als in den Niederlanden.

Gerade als Deutscher kann man sich hier deshalb nach wie vor unglaublich frei fühlen – auch wenn der Schlachtruf »*Moet kunnen*« an Kraft eingebüßt hat, Unverbindlichkeiten verschwunden und die Immigrationsgesetze schärfer geworden sind.

»Es ist einfach ein Naturgesetz, dass eine Gegenreaktion erst einmal ganz heftig ausfällt«, erklärte mir Willem an jenem lauen Samstagabend im August 2005, als wir uns in Leiden verabredet hatten. Ihm hatte der Anbruch konservativerer Zeiten ganz besonders zu schaffen gemacht. Aber selbst Willem war zuversichtlich. »Das muss sich halt erst alles wieder einpendeln, das ist nur eine Frage der Zeit«, meinte er und hielt mir eine angebrochene Tüte *drop* vor die Nase, seine Lieblingssorte, die doppelt salzigen Äffchen.

Ich lehnte wie üblich dankend ab und steuerte auf den Tisch zu, den wir auf der schwimmenden Terrasse von *Dende* reserviert hatten, einem neuen Restaurant am *Nieuwe Rijn* mitten im Leidener Grachtengürtel. Pim hatte es uns angeraten. Bei *Annie's Verjaardag* eine Brücke weiter waren bereits alle Tische besetzt gewesen.

Pim und Wim hatten ihre Hochzeitsfeier, die im September stattfinden würde und zu der wir alle eingeladen waren, zunächst auch auf einer solchen schwimmenden Terrasse abhalten wollen. Aber im letzten Moment hatten sich die beiden dann doch für *Rick's* entschieden. »Irgendwie sind wir da wie zu Hause«, hatte Pim gemeint, und *Rick's* hatte ebenfalls eine schöne Terrasse, wenn auch nicht am Wasser.

»Hoffentlich ist das Wetter bei der Hochzeit auch so gut wie heute«, wünschte ihm Willem, als er sich setzte – und zwar vorsichtshalber auf den Stuhl gleich neben mir mit Aussicht auf die Gracht. Der Grund allerdings war ein anderer: Unser Tisch stand direkt am Wasser, und es gab wieder einmal nichts, aber auch gar nichts, was den freien Fall in die Gracht bremsen würde! Auch das war beim Alten geblieben.

»Hedy kommt später«, ließ mich Willem wissen. Sie saß noch in einer Sitzung mit anderen Botanikern, um das Projekt »Blaue Tulpe« voranzutreiben, das nun tatsächlich bald beginnen würde. »Sie ist völlig aus dem Häuschen«, erzählte Willem lachend.

Über uns zwischen dem hellen Grün der Laubbäume erschienen bereits die ersten Sterne am Himmel, und neben dem filigranen Rathausturm der alten Rembrandt-Stadt wurde die schlanke Sichel des Mondes sichtbar.

Es war einer jener seltenen Sommerabende, in denen Holland mediterrane Züge annimmt und es bis nach Mitternacht warm und trocken bleibt. Sämtliche Terrassen in der Leidener Innenstadt waren besetzt, auch die auf dem Wasser, die sich fast alle Restaurants mit Grachtenlage angelegt hatten.

Auf dem Wasser selbst herrschte ebenfalls Hochbetrieb: Ein Boot nach dem anderen zog an unserem Tisch vorbei, paddelnd oder leise brummend mit Motor, groß und teuer ausgestattet mit üppigen Loungekissen oder alt und klapprig mit kargen Holzbänken. Man wunderte sich, dass der Kahn nicht unterging.

Auch der Inhalt der Kühltaschen und randvollen Picknickkörbe an Bord variierte in allen Preisklassen – angefangen bei einfachen *broodjes* und Bier bis zu Champagnerflaschen in Kühlern voller Eiswürfel, deren Korken wir regelmäßig knallen hörten.

»Die kalvinistische Zurückhaltung ist auch nicht mehr das, was sie mal war«, grinste ich und reichte Willem die Weinkarte. Nach dem Motto »Man gönnt sich ja sonst nichts!« wurde doch tatsächlich auch hinter den Deichen immer häufiger auf den Putz gehauen. Selbst modisch hatten sich die Kalvinisten entwickelt: Mit Daphne war eine neue Frauengeneration herangewachsen, die auch schon mal in federleichte Schnürsandaletten schlüpfte und Wert auf raffinierte Spitzendessous legte. Es gab also durchaus auch positive Veränderungen. Für die bevorstehende Hochzeit von Pim und Wim hatte sich selbst Hedy ein paar Pumps mit Absatz angeschafft. Wenn das kein Zeichen war!

»Ob sie darauf auch laufen kann, muss sich allerdings noch herausstellen«, schmunzelte Willem und studierte die Weinkarte: »Sollen wir uns eine Flasche Wein gönnen? Die haben hier einen ganz tollen Lambrusco aus der Lombardei. Aber du willst ja vielleicht eher einen Franzosen, so frankophil, wie du nach wie vor bist!«

Da hatte Willem recht, und deshalb wurde es ein Sauvignon Blanc aus dem Loiregebiet.»Habt ihr denn etwas zu feiern?«, wollte ich wissen. »Hedys Tulpenprojekt vielleicht?«

»Nein, eher ein neues Zuhause«, antwortete mein Freund und holte eine Mappe mit Fotos aus seiner Tasche.

»Was, wollt ihr wieder umziehen?« Ich war total erstaunt.

»Wir wollen raus aus der Stadt, und die Besitzer dieses Hauses wollen rein, das ist eine einmalige Gelegenheit – guck mal!«

Ich sah einen eleganten weißen Bungalow. Er lag malerisch im Grünen auf der Utrechter Seenplatte und hatte gleich mehrere Terrassen – eine vorne, eine hinten und eine auf dem Dach – sowie eine Reling, die ringsherum lief.

»Der schwimmt ja!«, stellte ich erstaunt fest.

Zufrieden lehnte sich Willem in seinem Stuhl zurück. »Ja, das ist eine der neuen *waterwoningen*, die derzeit gebaut werden.«

Ich hatte davon gehört, Aquawohnen hieß dieser Trend. Immer mehr Niederländer zog es aufs Wasser hinaus, nicht nur, weil Baugrund in diesem dicht besiedelten Land immer mehr zur Mangelware und dementsprechend teuer wurde: Die *waterwoningen* sind darüber hinaus die Antwort der pragmatischen Niederländer auf den steigenden Meeresspiegel und die zunehmenden Regenfälle, die der Klimawandel mit sich bringt. Mit immer höheren und breiteren Deichen allein ist es da nicht mehr getan. Gut ein Drittel des Landes liegt unter oder gerade mal auf dem Niveau des Meeresspiegels, und der wird bis zum Jahr 2100 um bis zu 1,30 Meter steigen und bis 2200 sogar um bis zu vier Meter. Das haben Experten der sogenannten Deltakommission der Regierung in Den Haag prophezeit.

Ich war inzwischen so eingebürgert, dass mich das so wie die weitaus meisten Niederländer nicht mehr weiter aus der Ruhe brachte. Erstens lag mein Backsteinhäuschen immerhin auf Normalnull, ich hatte mich und Nelson also relativ auf dem Trockenen. Zweitens vertraute ich so wie der Rest des Landes auf die hohe Kunst der Wasserbauingenieure. Denn die waren nach wie vor furchtlos und innovativ und ihre *waterwoningen* dafür der beste Beweis.

Der Clou: Diese schwimmenden Heime können sich dem Wasserspiegel problemlos nach oben oder unten anpassen. Dank ihres Fundaments, einer mit Styropor gefüllten Betonwanne, liegen sie viel stabiler im Wasser als ein Hausboot. In Amsterdam, östlich vom Hauptbahnhof, war sogar ein ganzes Stadtviertel mit mehr als vierzig schwimmenden Häusern geplant. Ich fand das sehr beeindruckend.

»Und das ist erst der Anfang«, prophezeite Willem, als er die Mappe wieder verstaute. Es gab schon Architekten mit kühnen Visionen, die sich ganz auf das Aquawohnen spezialisiert hatten. Sie planten schwimmende Plattformen, auf denen nicht nur einzelne Häuser, sondern ganze Apartmentkomplexe samt Tiefgaragen und Gärten Platz fanden. Auf ihren Computerschirmen war auch die treibende Stadt der Zukunft bereits Realität: Die bestand aus schwimmenden Stadtteilen, die wie Eisschollen hin und her geschoben werden konnten.

»Das ist alles unglaublich faszinierend«, sagte Willem, der dazu gerade eine Fotoreportage produziert hatte. »Da sieht man mal wieder, worin ein kleines Land ...«

»... ganz groß sein kann«, vollendete ich lachend seinen Satz. »Wann wisst ihr denn, ob das mit eurem Traumhaus auf der Seenplatte etwas wird?«

»Das wird wohl Herbst werden«, seufzte Willem. »Vorerst konzentrieren wir uns einmal auf die Sommerferien.«

Wie fast jedes Jahr wollten er und Hedy auch 2005 in die Berge, denn Rucksacktouren von Hütte zu Hütte liebten die beiden ja mehr als alles andere. Dieses Mal sollte es in die Dolomiten gehen.

»Aber erst wollen wir noch im Schwarzwald und am Bodensee einen Zwischenstopp einlegen«, sagte er.

Deutschland war als Urlaubsziel in der letzten Zeit immer

beliebter geworden, manchmal konnte ich das gar nicht fassen. Anstatt ganz schnell durchzufahren oder in einem großen Bogen drum herum, wie mir die niederländische Schriftstellerin Anna Enquist einmal gebeichtet hatte, verbrachten immer mehr Niederländer ihre Ferien jetzt in Deutschland. Das machte inzwischen sogar meinem Favoriten Frankreich, bisher auch Urlaubsland Nummer eins der Niederländer, Konkurrenz.

Auch Rijn und seine Nelleke wollten 2005 noch vier Wochen lang durch Süddeutschland kreuzen – mit etwas Glück in ihrem neuen Wohnwagen, einem total ausgefallenen amerikanischen Modell, einem Airstream, silbergrau aus Aluminium. Bestellt jedenfalls hatten sie ihn sich schon.

»*Hoe ouder, hoe gekker*«, meinte Willem nur, »je älter, desto verrückter!«

Rijn hatte sich sogar extra einen Reiseführer angeschafft, in dem auch eine Reihe gut gemeinter Tipps stand, mit denen der Deutschlandurlauber gewappnet über die Grenze geschickt werden sollte. Ich hatte mich beim Lesen kaputtgelacht: Bei Rot stehen bleiben, wurde einem da geraten, bloß nicht gleich jeden plump duzen oder mit dem Vornamen anreden! Und wildfremden Leuten auch keine drei Küsschen auf die Wangen drücken. Nein, Abstand halten und die Hand geben! Und auf den Autobahnen sofort wieder rechts einordnen, sonst denkt ganz Deutschland wirklich, dass NL »nur links« bedeutet!

Der niederländische ADAC, der ANWB, hatte vor Kurzem sogar fünf Sonderseiten »Deutschland für Anfänger« herausgebracht. Darin bescheinigte er den Deutschen nicht nur Humor, sondern ließ auch den niederländischen Fußballer Youri Mulder zu Wort kommen, der neun Jahre für Schalke 04 gekickt hatte: »Auch mit Deutschen kann man sich gut amüsieren«, offenbarte der seinen Landsleuten. Tischmanieren allerdings sollte man schon haben, selbst bei Schalke 04 werde mit Messer und Gabel gegessen. Das müsse man bei einem niederländischen Klub gar nicht erst versuchen, so Youri Mulder.

»Überhaupt stehen deutsche Tugenden wie Tischmanieren und Höflichkeit, Fleiß und Gründlichkeit hier hinter den Deichen auf einmal hoch im Kurs«, hatte ich meiner Freundin Christine bei einem unserer monatlichen Telefonate erzählt. Immer mehr niederländische Arbeitgeber holten sich aus diesem Grund sogar ihre Arbeitnehmer aus Deutschland, und eine Untersuchung hatte ergeben, dass 88 Prozent aller Niederländer inzwischen ein positives Deutschlandbild hatten.

»Du liebe Güte!«, sagte Christine nur, denn so wie ich konnte auch sie das kaum fassen.

Wo waren die Vorurteile geblieben? Wo der hässliche Deutsche? Auf einmal schien sich in den Poldern eine wundersame Wandlung zu vollziehen.

Den besten Beweis hatte auch die Qualitätszeitung Volkskrant gerade geliefert, die im Sommer 2005 eine Sonderbeilage voller Tipps über Deutschland herausbrachte. »*Duitsland is ok!*«, stand in fetten Lettern auf dem Titelblatt. Ich musste beim Frühstück gleich zweimal gucken, als ich das sah, und ich kam auch beim Lesen nicht aus dem Staunen heraus: Trinke deutschen Wein und trage Birkenstock, stand da. Kauf ein bei Tchibo – und freu dich über deutsche Knöllchen, denn nicht nur Essen und Taxifahren, auch Falschparken und Geschwindigkeitsüberschreitungen sind in Deutschland weitaus billiger als in den Niederlanden.

»Stimmt, das kostet bei euch bloß die Hälfte«, wusste auch Willem zu berichten, als wir an jenem bezaubernden Sommerabend auf der schwimmenden Restaurantterrasse im Leidener Grachtengürtel saßen.

»Übrigens sind bei euch auch die Brötchen viel besser und die Straßen sauberer«, meinte er und schenkte mir noch ein Glas Sauvignon Blanc ein.

»Und die deutschen Fußballfans sind viel kritischer, die schätzen das Können ihrer Kicker weitaus realistischer ein als wir das von unserer Oranje-Elf!«

Vielleicht lag es ja daran, so mutmaßte Willem, dass die Niederländer immer noch kein Fußballweltmeister geworden waren. Auch daran jedenfalls hatte sich nichts geändert.

»Hör auf, sonst werde ich noch rot«, unterbrach ich lachend seine Lobeshymne auf Deutschland. Was war bloß in die Niederländer gefahren?

»Freu dich doch«, sagte mein Freund, als hinter der nächsten Brücke, da, wo die schwimmende Terrasse von *Annie's Verjaardag* liegt, auf einmal entfernt Klaviermusik ertönte. Es waren ganz unverkennbar die Klänge von Liszts *Liebestraum*.

»Bislang habt ihr Deutschen uns Niederländer doch immer einseitig so toll und putzig gefunden«, fuhr Willem fort. »Jetzt wird diese Liebe endlich erwidert.«

Der Liebestraum kam immer näher. Wir guckten nach rechts und erblickten einen alten Kahn, der langsam auf uns zukam. Mitten auf dem Deck stand ein großer Flügel, auf dem ein junger Mann hingebungsvoll Liszt spielte. Er trug einen dunklen Frack. Mit seinen blonden Locken sah er aus wie ein Holländer aus dem Bilderbuch.

Als er an unserem Tisch vorbeifuhr, blickte er kurz auf und zwinkerte mir zu – ganz kurz nur, kaum dass man's sehen konnte. Aber für den Bruchteil einer Sekunde hatten wir Augenkontakt.

Dann glitt das Schiff weiter unter dem Sternenhimmel durch die Sommernacht – vorbei an den voll besetzten Terrassen, und überall verstummten die Gespräche.

»Oh, ist das nicht wunderbar«, sagte Willem. Beide lauschten wir hingerissen. Ich hatte eine Gänsehaut.

»Was ist denn, du sagst ja gar nichts mehr?«, fragte mein Freund nach einer Weile.

Ich drückte nur seine Hand. Manchmal braucht es keine Worte.

Nachspann

»Heute geschlossene Gesellschaft!«, stand draußen auf einem Schild an der Tür von *Rick's*. Drinnen strahlte Dolores, die mal wieder frisch verliebt war, mit dem Brautpaar um die Wette. Sie war felsenfest überzeugt davon, dass es dieses Mal der Richtige war, und präsentierte selbstsicher ein Dekolleté, das zur Feier des Tages ganz besonders großzügig ausgefallen war. Antonio hatte das Mikrofon schon auf dem Tresen bereitgelegt und würde bald für uns singen.

Wir saßen an einem langen, festlich gedeckten Tisch mit schneeweißer Tischdecke, den Dolores üppig mit Hunderten von bunten Tulpen dekoriert hatte. Sie standen in dicken Sträußen in überquellenden Vasen und zu Girlanden gedreht um Teller und Gläser herum. »Wir sind hier ja schließlich auf einer holländischen Hochzeit!«, hatte Do betont, und Tulpen gab es in diesem Land schon lange nicht mehr bloß im Frühling, sondern zu jeder Jahreszeit, sogar im Dezember – dann waren es sogenannte Eistulpen.

Ich lehnte mich im Stuhl zurück und guckte in die Runde. Fast alle Menschen, die mir in den letzten fünfzehn Jahren ans Herz gewachsen waren, hatten sich versammelt, um Pim und Wim zu feiern. Die hatten sich für diesen großen Tag schick herausgeputzt und sahen umwerfend gut aus – wie Keanu Reeves und Jude Law im Dreiteiler, es war wirklich jammerschade für die Damenwelt! Zwischen ihnen thronte Daan, Pims Sohn, der bei der Hochzeit seines Vaters natürlich nicht fehlen durfte und mit dem Brautpaar um die Wette strahlte.

»Könnt ihr vielleicht etwas weniger verliebt gucken?«, rief Rijn mit gespielter Empörung. Er schenkte erst dem Brautpaar und dann sich selbst ein neues Glas Wein ein, um dann wieder von seinem ebenso ausgefallenen wie teuren Wohnwagen zu schwärmen, den er sich mit seiner Nelleke doch tatsächlich geleistet hatte: »Ganz verrückt, stell dir vor, der kommt aus den USA«, sagte er zu Willem, der verständnisvoll nickte, obwohl er bereits alle Einzelheiten kannte.

Neben mir war Nina angeregt mit Hedy ins Gespräch vertieft: »Was, fünf Jahre?!«, rief sie und ließ ungläubig die mit Spaghetti voll bepackte Gabel sinken, die bewies, dass auch ihre allerneueste Diät von kurzer Dauer gewesen war.

»Ja, so lange dauert es, bis eine neue Tulpensorte zum ersten Mal blüht, dann wissen wir, ob das Experiment gelungen ist«, antwortete Hedy. Sie hatte Nina gerade von ihrem Projekt »Blaue Tulpe« erzählt, das endlich begonnen hatte, und von der Jugendphase, die Tulpen im Gegensatz zu den meisten anderen Pflanzen haben. Deshalb würde es sich erst in fünf Jahren herausstellen, ob ihr Experiment erfolgreich verlaufen und die blaue Tulpe auch wirklich blau blühen würde.

»Das heißt, ihr müsst euch bis 2010 oder 2011 gedulden?«, fragte Thibaut, der zusammen mit Marieke am anderen Tischende saß.

»Ja, so um den Dreh«, seufzte Hedy lachend.

Einen Moment lang herrschte Schweigen am Tisch. Jeder dachte darüber nach, was bis dahin alles geschehen würde. Das konnte ich an den Gesichtern ablesen.

Ob es Nina wohl gelungen war, ihre marokkanische Schwiegertochter Noha zu »importieren«?

Hatte Dolores wirklich ihren Traummann gefunden – und Daphne endlich ihr Studium abgeschlossen und neben einem festen Job auch einen festen Freund? Bislang hatte sie bloß lauter »*Knipperlicht*-Beziehungen« geführt, »Blinklicht«-Beziehungen, wie sie es selbst nannte, die wie eine Lampe an- und ausgeknipst wurden.

Marieke und Thibaut hatten bis 2011 bestimmt längst ihr einstiges *antikraak*-Haus auf den Wallen picobello saniert. Vielleicht waren dann, wie es Thibaut als grenzenloser Optimist fast schon trotzig prophezeite, auch endlich Karadžić und Mladić in Den Haag eingetroffen und mussten sich vor dem Jugoslawientribunal verantworten.

Rijns Sohn, der schöne Adriaan, wäre bestimmt mindestens einmal nach Srebrenica zurückgekehrt, um seine Vergangenheit zu bewältigen. Und sein Vater machte in einem silbernen Airstream-Wohnwagen mit seiner Nelleke Europas Straßen unsicher.

Hedy würde zusammen mit Willem als Pioniere des Aquawohnens in ihrem schwimmenden Traumhaus auf der Utrechter Seenplatte wohnen. Und wer weiß, vielleicht blühten in den Töpfen auf ihren vielen Terrassen dann lauter blaue Tulpen.

Und ich? Nachdenklich spielte ich mit dem Weinglas in meinen Händen. Würde ich immer noch als Korrespondentin über die Niederlande berichten? Von meinem kleinen Backsteinreihenhäuschen aus, mit dem Apfelbaum im Garten, das uns Sexie-Hexie-Oma einst verkauft hatte? Ganz alleine? Oder würde ich doch wieder einen persönlichen Bilderbuchholländer finden, für den es meinen Freunden zufolge – allen voran Nina – längst höchste Zeit war?

Nachdenklich starrte ich auf die unzähligen bunten Tulpen vor mir auf der weißen Tischdecke. Dann hob ich zuversichtlich mein Glas und blickte in die strahlenden Augen des Brautpaares, das mir gegenübersaß: »Auf euch!«, sagte ich. Und dann, mit einem Blick in die Runde: »*En op de blauwe tulp* – und auf die blaue Tulpe!«

Ausblick

Et voilà: Als Hedys Tulpe Jahre später das Geheimnis ihrer Farbe enthüllt, hat sich Kerstin nicht nur in eine romantische Ruine in Frankreich verliebt, die sie nun regelmäßig an ihren Sehnsuchtsort führt. Sondern sich auch, ohne den finanziellen Ruin zu scheuen, ein Haute-Couture-Brautkleid angeschafft. Bevor sie es anziehen kann und die Champagnerkorken knallen, muss sie sich allerdings erst von ihren Freundinnen entführen lassen und beweisen, wie gut sie nach wie vor auf Klompen steht. Aber das ist eine andere Geschichte ...